全世界无产者，联合起来！

列宁全集

第二版增订版

第三十八卷

1919年12月—1920年4月

中共中央 马克思 恩格斯 列宁 斯大林 著作编译局编译

人民出版社

《列宁全集》第二版是根据中国共产党中央委员会的决定，由中共中央马克思恩格斯列宁斯大林著作编译局编译的。

凡　　例

1. 正文和附录中的文献分别按写作或发表时间编排。在个别情况下，为了保持一部著作或一组文献的完整性和有机联系，编排顺序则作变通处理。

2. 每篇文献标题下括号内的写作或发表日期是编者加的。文献本身在开头已注明日期的，标题下不另列日期。

3. 1918年2月14日以前俄国通用俄历，这以后改用公历。两种历法所标日期，在1900年2月以前相差12天（如俄历为1日，公历为13日），从1900年3月起相差13天。编者加的日期，公历和俄历并用时，俄历在前，公历在后。

4. 目录中凡标有星花*的标题，都是编者加的。

5. 在引文中尖括号〈　〉内的文字和标点符号是列宁加的。

6. 未说明是编者加的脚注为列宁的原注。

7. 《人名索引》、《文献索引》条目按汉语拼音字母顺序排列。在《人名索引》条头括号内用黑体字排的是真姓名；在《文献索引》中，带方括号[　]的作者名、篇名、日期、地点等等，是编者加的。

目　录

前言 …………………………………………………………………………… I—XII

1919 年

立宪会议选举和无产阶级专政(12 月 16 日) ………………… 1—25
*对关于征用和没收的法令草案的意见(1919 年 12 月 16 日和 1920 年 1 月 24 日之间) ……………………… 26—28
*致我们的接班人(12 月 18 日以前) ……………………………… 29
*在普列斯尼亚区纪念 1905 年十二月起义大会上的讲话(12 月 19 日) ……………………………………… 30—34
*俄共(布)莫斯科市代表会议文献 ……………………… 35—41
1 关于星期六义务劳动的报告(12 月 20 日) ………………… 35
2 就星期六义务劳动的报告所作的总结(12 月 20 日) ……… 41
*人民委员会关于向莫斯科调运粮食问题的决定草案(12 月 23 日) …………………………………………… 42
为战胜邓尼金告乌克兰工农书(12 月 28 日) ……………… 43—51
*人民委员会关于供给工人衣鞋问题的决定草案(12 月 30 日) …………………………………………… 52
*人民委员会关于采购原料指示的决定草案(12 月 30 日) ……… 53
论纯洁俄罗斯语言(休息时的联想,即一些会上的发言引起的联想)(1919 年或 1920 年) ……………………………… 54—55

1920 年

致彼得格勒省妇女代表大会主席团(1月10日) …… 56

在全俄工会中央理事会共产党党团会议上的讲话(1月12日)　速记记录 …… 57—62

*国防委员会关于全俄肃反委员会运输局的决定草案(1月16日) …… 63

*俄共(布)中央政治局关于对阿塞拜疆政府的政策的决定草案(1月17日或18日) …… 64

*俄共(布)中央政治局关于协约国企图通过俄国合作组织开始同俄国建立贸易关系问题的决定(1月17日或18日) …… 65

*俄共(布)中央政治局关于总司令对给土耳其斯坦方面军司令的命令提出抗议一事的决定草案(1月17日或18日) …… 66

*约翰·里德《震撼世界的十天》一书序言(1月20日) …… 67

俄共给德国独立社会民主党的复信草稿(提纲)(1月20日) …… 68—75

*致格·马·克尔日扎诺夫斯基(1月23日) …… 76—77

*俄共(布)中央政治局关于工人检查问题的指示(1月23日) …… 78

*对《工农检查院条例》草案的意见和补充(1月24日) …… 79—81

*在普列斯尼亚区非党工人和红军战士代表会议上的讲话(1月24日)　报道 …… 82—86

*关于鼓动指导列车和轮船工作的指示(1月25日) …… 87—88

* 关于合作社的决定草案和指示(1月26日) …………………… 89—90
* 在全俄国民经济委员会第三次代表大会上的讲话(1月27日) 报道 …………………………………………… 91—95
* 人民委员会关于卸马铃薯和清除莫斯科街道、铁路积雪的决定草案(1月27日) ………………………………… 96
* 在省、县执行委员会主席会议上的讲话(2月1日) ………… 97—98
* 对工人和职员奖励条例草案的意见(2月1日) ……………… 101
致国防委员会各委员(2月1日) ………………………………… 102
* 国防委员会关于运输状况的决定草案要点(2月2日) ……………………………………………… 103—104
* 在第七届全俄中央执行委员会第一次会议上关于全俄中央执行委员会和人民委员会工作的报告(2月2日) ……………………………………………… 105—125
* 在莫斯科枢纽站铁路员工代表会议上的讲话(2月5日) 简要报道 ……………………………………… 126—127
* 人民委员会关于对机车修理工人的优待的决定草案(2月5日) ……………………………………………………… 128
* 在各省肃反委员会第四次代表会议上的讲话(2月6日) …… 129—136
* 关于乌克兰斗争派的决议草案(2月6日) ………………………… 137
既然是战争，就要有作战姿态(2月7日) …………………… 138—139
* 对法国社会党决议草案的意见(2月8日和14日之间) …… 140—144
* 在布拉古舍—列福尔托沃区非党代表会议上的讲话(2月9日) 报道 ……………………………………… 145—147
政论家短评(2月14日) ……………………………………… 148—159

就党代表大会的筹备工作给俄共各级组织的信(2月17日和26日之间) …… 160—164
* 答美国世界新闻社驻柏林记者卡尔·维干德问(2月18日) …… 165—167
* 答英国《每日快报》记者问(2月18日) …… 168—169
* 同美国《世界报》记者林肯·埃尔的谈话(2月20日以前) …… 170—176
协约国在"下棋" …… 170
合众国迫害社会党人 …… 171
欧洲依赖俄国 …… 173
世界需要俄国商品 …… 173
国内形势前景很好 …… 175
严厉批评社会党领袖 …… 176
致女工(2月21日) …… 177—178
* 对共产国际执行委员会关于斗争派问题的决议的意见(2月22日) …… 179
* 在全俄各省国民教育局社会教育处处长第三次会议上的讲话(2月25日) …… 180—184
* 在全俄哥萨克劳动者第一次代表大会上的报告(3月1日) …… 185—204
* 在全俄医疗卫生工作者第二次代表大会上的讲话(3月1日) 记录 …… 205—206
* 人民委员会关于商品储备问题的决定草案(3月2日) …… 207
* 对托洛茨基《经济建设的当前任务》提纲草案的意见(3月3日) …… 208—209

迎接国际劳动妇女节(3月4日) …………………………… 210—211
*关于对未成年者的审判　对法令草案的意见和修改(3月4日)…………………………………………………………… 212
*在莫斯科工人和红军代表苏维埃会议上的讲话(3月6日) ………………………………………………………… 213—219
*在莫斯科苏维埃庆祝第三国际成立一周年大会上的讲话(3月6日) ……………………………………… 220—228
*人民委员会关于改善国营农场组织的措施的决定草案(3月9日) ……………………………………………………… 229
*对国防委员会关于吸收林务员参加木材采伐工作的决定草案的修改(3月12日)……………………… 230—231
*在俄共(布)莫斯科省第十七次代表会议上关于国际形势和国内经济状况的报告(3月13日) ………… 232—244
*在全俄水运工人第三次代表大会上的讲话(3月15日)…… 245—251
*在全俄工会中央理事会共产党党团会议上的讲话(3月15日)　记录 ………………………………………… 252—255
*在纪念雅·米·斯维尔德洛夫逝世一周年大会上的讲话(3月16日)　记录………………………………… 256—263
*俄共(布)中央政治局关于全俄工会中央理事会党团成员破坏党的纪律一事的决定(3月17日)……………… 264—265
*《无产阶级革命和叛徒考茨基》一书英文版序言(不晚于3月)…………………………………………………… 266—267
*两次留声机片录音讲话(3月底) …………………… 268—270
1 关于运输工作……………………………………………… 268
2 关于劳动纪律……………………………………………… 269

*俄共(布)第九次代表大会文献(3—4月)………………………… 271—323
*1 代表大会开幕词(3月29日)…………………………………………… 271
*2 中央委员会的报告(3月29日)………………………………………… 273
*3 关于中央委员会报告的总结发言(3月30日)……………………… 295
*4 关于经济建设问题的发言(3月31日)……………………………… 305
*5 关于合作社问题的发言(4月3日) ………………………………… 313
*6 代表大会闭幕词(4月5日) ………………………………………… 318
*对星期六义务劳动条例草案的补充(不早于3月底)……………… 324
*论妥协(3—4月) ……………………………………………………… 325—327
*在全俄矿工第一次代表大会上的讲话(4月4日和6日之间)……………………………………………………………… 328—334
*在全俄工会第三次代表大会上的讲话(4月7日) ……… 335—348
从破坏历来的旧制度到创造新制度(4月8日) …………… 349—351
*人民委员会专门委员会关于李可夫同志迟到问题的决定(4月14日) ……………………………………………………… 352
*在全俄纺织工人第三次代表大会上的讲话(4月19日) … 353—359
*在俄共(布)莫斯科委员会庆祝弗·伊·列宁五十寿辰大会上的讲话(4月23日) ……………………………………… 360—362
劳动国防委员会决定草案(4月23日) ……………………………… 363
*对劳动口粮法令的意见(4月27日) ………………………… 364—365
*在全俄玻璃瓷器业工人代表大会上的讲话(4月29日) … 366—369
*俄国的形势和其他国家的革命策略 同雅·弗里斯的谈话(4月底) …………………………………………………… 370—376

附　录

*在国防委员会关于运输状况的决定草案上的修改和
批语(1920年2月2日)…………………………………… 377—379
*莫斯科苏维埃代表登记表 ………………………………… 380

注释 …………………………………………………………… 381—426
人名索引 ……………………………………………………… 427—468
文献索引 ……………………………………………………… 469—491
年表 …………………………………………………………… 492—523

插　图

弗·伊·列宁(1920年) …………………………………………… XII—1
1919年12月28日列宁《为战胜邓尼金告乌克兰工农书》手稿
第1页…………………………………………………………… 45
1920年《曙光》杂志第2卷第1号封面和该刊所载列宁《在全俄
国民经济委员会第三次代表大会上的讲话》的中译文(节译) …… 94—95
1920年2月1日列宁《对工人和职员奖励条例草案的意见》
手稿第1页……………………………………………………… 99
1920年2月18日列宁《答美国世界新闻社驻柏林记者卡尔·
维干德问》手稿第4页 ………………………………………… 166—167
1920年3月29日列宁填写的俄共(布)第九次代表大会代表
履历表 …………………………………………………………… 272—273
1920年11月7日《共产党》杂志第1号所载列宁在俄共(布)
第九次代表大会上作的《中央委员会的报告》的中译文(节译) ……… 279

前　言

本卷收载列宁在1919年12月至1920年4月期间的著作。

1919年底，红军在国内战争的各条战线上，经过与国内外反革命势力的激烈较量，先后战胜了高尔察克、邓尼金、尤登尼奇的白卫军队，解放了大部分被占领的国土，取得了国内战争的决定性胜利。帝国主义和国内反革命武装力量妄图扼杀苏维埃俄国的阴谋破产了。英、法、意等国不得不在1920年1月宣布解除对苏维埃俄国的封锁。不久，苏维埃政府同爱沙尼亚签订了和约，同拉脱维亚、立陶宛、芬兰等国也开始了和平谈判。虽然外高加索、远东等地还处在武装干涉军的铁蹄之下，波兰的地主和资产阶级军队以及盘踞在克里木的白卫军残部卷土重来的危险依然存在，但是，历经战乱的年轻的苏维埃共和国终于又一次获得了一个短暂而又可贵的喘息时机。俄国共产党和列宁决定抓住这一喘息时机，再一次把工作重点由战争转到国内建设：医治战争创伤、振兴俄国经济、谋划社会主义建设。由于苏维埃政权及时采取了一系列有力措施，由于共产党员和工人们的忘我劳动，苏维埃俄国的经济开始出现转机。但是，1920年4月下旬，波兰地主和资产阶级的军队以及弗兰格尔的部队对乌克兰大举进攻，战火重又燃起，和平建设被迫中断。苏维埃俄国在布尔什维克党和列宁的领导下，举国上下又一次紧急动员起来，投入了保卫无产阶级政权的战斗。

编入本卷卷首的《立宪会议选举和无产阶级专政》一文阐明了布尔什维克党领导十月社会主义革命取得胜利的条件和建立无产阶级专政后的任务。列宁指出:布尔什维克党所以夺得革命的胜利,是因为它“得到无产阶级绝大多数人的拥护”;“得到近半数军队的拥护”;“在决定性时机和决定性地点,即在两个首都和靠近中部地区的各方面军中的力量占压倒的优势”(见本卷第11页)。无产阶级在革命胜利后利用新的国家政权来实现自己的阶级目的:镇压资产阶级的反抗,尽可能把劳动农民吸引过来,利用从资产阶级那里剥夺来的工厂和全部生产资料组织大机器生产,在资本主义的废墟上建立社会主义。列宁强调,只有把大多数非无产阶级的劳动群众争取过来,才能巩固革命的胜利。他还指出,无产阶级夺得国家政权后,阶级斗争并没有停止,而是用另一种形式、另一种方法在继续进行。无产阶级专政就是无产阶级利用国家政权这个工具进行的阶级斗争。列宁最后总结了俄国无产阶级革命的经验,剖析了资产阶级议会制的实质,批判了第二国际代表人物及其追随者鼓吹的机会主义观点,他强调指出:“要使无产阶级作为夺取胜利的准备,必要条件之一就是进行长期的、顽强的和无情的斗争,去反对机会主义、改良主义、社会沙文主义以及诸如此类的资产阶级影响和思潮。”“不进行这种斗争,不预先完全战胜工人运动中的机会主义,就根本谈不上无产阶级专政。”(见本卷第25页)列宁还在收入本卷的《在各省肃反委员会第四次代表会议上的讲话》、《在纪念雅·米·斯维尔德洛夫逝世一周年大会上的讲话》、《在全俄矿工第一次代表大会上的讲话》、《在全俄工会第三次代表大会上的讲话》中进一步阐述了无产阶级专政的性质和任务。他指出，要使社会主义取得胜利，只打倒资本家是不够的，还必须消灭无产阶级与农民之间的差别，掌握国家政权的无产阶级要把作为劳动者的农民吸引过来，因此无产阶级专政具有新的意义："它不仅仅是、甚至不完全是运用整个国家政权机构的强制手段来镇压剥削者的反抗"，无产阶级还要起"组织者的作用"，"应当善于在新的更完善的基础上组织经济"，"应当按新的方式组织劳动，创造新的形式来吸引群众参加劳动，遵守劳动纪律"（见本卷第340页）。列宁还说："两年来在空前艰难困苦的条件下，在俄国创造了真正奇迹的无产阶级专政，如果不以劳动者的团结作为自己的主要动力，那就根本不可能存在。"（见本卷第257页）

列宁在为俄共（布）第九次代表大会所作的俄共（布）中央委员会的报告以及《在第七届全俄中央执行委员会第一次会议上关于全俄中央执行委员会和人民委员会工作的报告》、《在全俄哥萨克劳动者第一次代表大会上的报告》、《在俄共（布）莫斯科省第十七次代表会议上关于国际形势和国内经济状况的报告》等著作中，对当时的国际关系作了鞭辟入里的分析，阐明了苏维埃俄国的对外政策。他指出，帝国主义使整个世界分成两类国家：一类是剥削别人、压迫别人的国家，这类国家占少数；另一类是给这些国家当殖民地的弱小民族的国家，这是占多数的国家。后者作为资产阶级国家，仇视苏维埃制度，但是作为被压迫国家，愿意同苏维埃俄国媾和。苏维埃俄国的和平外交政策正是以此作为依据的。列宁指出，苏维埃政府的和平政策得到了地球上绝大多数居民的拥护，它的同盟者的人数愈来愈多。列宁在和美国世界新闻社驻柏林记者卡尔·维干德、英国《每日快报》记者以及美国《世界报》记者林肯·埃尔的谈话中一再表示苏维埃政权渴望和平，愿意同各国人民和平共居，愿意同一切国家进行贸易，愿意向外国资本提供条件优厚的租让，但是决不允许别人假借和平来扼杀苏维埃政权。列宁高度评价了同爱沙尼亚缔结的和约，认为这是打开了一扇通向欧洲的窗户。

《在第七届全俄中央执行委员会第一次会议上关于全俄中央执行委员会和人民委员会工作的报告》以及《在普列斯尼亚区非党工人和红军战士代表会议上的讲话》、《在全俄国民经济委员会第三次代表大会上的讲话》、《在省、县执行委员会主席会议上的讲话》、《既然是战争，就要有作战姿态》等著作，论述了苏维埃政府工作重点的转移问题。列宁认为，根据时局的变化，必须把全力从事战争的整个苏维埃政权机器转上和平经济建设的轨道，号召全党、全国立即打一场不流血的战争，来克服饥饿、寒冷和经济破坏所带来的困难，把俄国建成一个文明的、光明的、丰足的、健康的国家。列宁指出，要实现这种转变，“不能靠一般公式，靠纲领中的一般原理，靠共产主义的一般原则，而必须估计到从资本主义向共产主义过渡、从我国的过去向我国的现在过渡的这些条件的特点”（见本卷第 121 页），注意把组织国防的全部经验运用到不流血的经济战线上。列宁同时指出，在实行这种转变时，要估计到敌人再次发动进攻的可能性，不能削弱自己的军事力量。

苏维埃俄国当时的经济形势十分严峻，生产力受到连年战争的极大破坏。面对这问题成堆、困难如山的局面，列宁认为首先必须集中主要力量恢复铁路运输和燃料开采，把运输部门这一整个国民经济中最薄弱的环节作为恢复国民经济的关键。运输瘫痪已经使一些中心城市不能及时得到粮食和燃料，运输问题已经到了非立即解决不可的时候。列宁在这一时期所写的《人民委员会关于向莫斯科调运粮食问题的决定草案》、《国防委员会关于全俄肃反委员会运输局的决定草案》、《国防委员会关于运输状况的决定草案要点》、《人民委员会关于对机车修理工人的优待的决定草案》以及他所作的《在莫斯科枢纽站铁路员工代表会议上的讲话》、《在全俄水运工人第三次代表大会上的讲话》、关于运输工作的留声机片录音讲话等都反映了列宁为扭转运输瘫痪局面所作的不懈努力。

列宁在这一时期的著作中还提出了劳动军事化和组建劳动军的问题。由于恢复国民经济的任务十分繁重，劳动力又极其缺乏，列宁要求用最大的努力，把一切可以投入的力量全部集中在劳动战线上；吸收暂时还不能大批复员的红军部队参加经济建设，把其中一部分部队组建成劳动军，这是在特定的条件下采取的临时性措施。列宁说："劳动军事化并不是凭空想出来的，而是经济极度破坏的必然产物。"（见本卷第 240 页）列宁还要求最大限度地加强劳动纪律，指出劳动纪律是整个社会主义经济建设的关键。他说："我们率领红军取得胜利，不只是靠了鼓动工作，而且是靠了严格的铁的纪律。红军中的一切制度必须在所有的劳动战线上建立起来。"（见本卷第 127 页）

列宁强调在先进技术基础上恢复和发展国民经济。在 1920 年 1 月 23 日给格·马·克尔日扎诺夫斯基的信中，他再一次谈到必须尽快制定出一个俄国电气化计划草案，争取在 10—20 年内实现全国电气化。他要求用这个伟大的纲领来吸引工人和觉悟的农民群众。同年 2 月，他在第七届全俄中央执行委员会第一次会议上所作的报告、在全俄各省国民教育局社会教育处处长第三次会议上的讲话以及同外国记者的几次谈话一再阐明电气化的重大意义。他指出:“我们必须为新的经济建设创造新的技术基础。这个新的技术基础就是电。我们必须在这个基础上建设一切。”(见本卷第124页)“实现电气化将是走向按共产主义方式组织社会经济生活的第一个重要阶段。”(见本卷第176页)列宁还要求教学工作适应国家的工业改造和经济改造的远大计划。

俄共(布)第九次代表大会文献是列宁在这一时期的重要著作。列宁在他参加起草的《就党代表大会的筹备工作给俄共各级组织的信》中指出,经济建设是这次党代表大会的中心议题,大会的任务是研究和总结实际经验,确定实际措施来战胜经济破坏,力争恢复、改善、改组和发展俄国整个国民经济。列宁自始至终参加了俄共(布)第九次代表大会的工作,他代表中央委员会向大会作了报告,还多次在会上讲话。

列宁在报告中全面分析了苏维埃共和国所处的国际国内形势。他指出,年轻的苏维埃政权面对国内外强大的敌人,坚持斗争达两年之久,取得了决定性的胜利。他总结了取得胜利的经验,指出:为了取得胜利,“必须有党的纪律,有极严格的集中,绝对相信成千上万人的空前未有的重大牺牲定能有助于这些任务的实现”,因此出现这一历史奇迹的“根本原因就在于集中、纪律和空前的自我牺牲精神”(见本卷第276页)。他还指出,苏维埃政权所以取得胜利,还因为它得到全世界劳动者的支援,并且从敌人的营垒中争取到了同盟者。

列宁在谈到经济问题时再次强调,为了迅速恢复国民经济,需要建立铁的纪律,需要有无产阶级及其政党的统一意志,需要加强一长制。关于一长制问题,在俄共(布)第九次代表大会之前,布尔什维克党内已经进行了热烈的争论。列宁在全俄国民经济委员会第三次代表大会上的讲话中就指出，俄国从战争转向和平经济建设，需要确立管理生产的新制度。列宁认为一长制“最能保证最合理地利用人力，最能保证对工作进行实际的而不是口头的检查”，“集体管理制即使搞得好也要浪费大量人力，不能保证集中的大工业环境所要求的工作速度和工作的精确程度”（见本卷第91、92页）。列宁在全俄水运工人第三次代表大会上的讲话中，批驳了那种认为集体管理是工人管理，个人管理不是工人管理的错误看法，指出一切问题的解决应当服从生产的利益。列宁在俄共（布）第九次代表大会上进一步解释了为什么要用一长制取代集体管理制的问题。他批驳了反对派提出的一长制同苏维埃民主制相抵触的错误论点，明确指出：社会经济制度的性质不是由管理生产的原则，而是由所有制的形式来决定的。苏维埃政权的国家政治制度是民主制，但这并不意味着生产管理上不要权威，不要责任制。一长制只是组织和领导生产的一种具体管理制度。列宁说：“苏维埃社会主义民主制同个人管理和独裁毫不抵触，阶级的意志有时是由独裁者来实现的，他一个人有时可以做更多的事情，而且一个人行事往往是更为必要的。”（见本卷第309—310页）

列宁还尖锐地指出，在关于集体管理制的议论中，往往充斥着一种最无知的情绪，即反对专家的情绪。他在俄共（布）第九次代表大会上所作的关于经济建设问题的发言以及《在全俄医疗卫生工作者第二次代表大会上的讲话》、《在全俄水运工人第三次代表大会上的讲话》中针对党内反对派反对起用内行、专家的主张，反复强调学习资产阶级的文化知识和管理经验、起用资产阶级管理人才和技术专家的重要性。他说：“要管理就要懂行，就要精通生产的全部情况，就要懂得现代水平的生产技术，就要受过一定的科学教育。”“应该珍视每一个专家，把他们看做技术和文化的唯一财富，没有这份财富，什么共产主义也不可能实现。”（见本卷第247、249页）列宁同时十分重视从工人和农民中培养能够担任组织者和管理者的各种人才。列宁在俄共（布）第九次代表大会上关于经济建设问题的发言中说，工人阶级夺取政权后，一是“像任何阶级一样，要通过改变同所有制的关系和实行新宪法来掌握和保持政权，巩固政权”；二是“任何一个新兴的阶级都要向先前那个阶级学习，都要起用旧阶级的管理人员”；三是“工人阶级必须增加本阶级出身的管理人员，开办学校，在全国范围内培养工作干部”（见本卷第307页）。

列宁在俄共（布）第九次代表大会的闭幕词中还特别论述了无产阶级执政党在思想上、组织上保持纯洁性的重大意义。他说：“我们的党是执政党，因而自然也就是公开的党，是加入之后就有可能掌权的党，我们在这个时期不得不进行斗争，防止坏分子，防止那些旧资本主义的渣滓钻进和混入执政党里来。”（见本卷第318页）党作为工人阶级先锋队，必须有铁的纪律，“党员的忠诚是我们实行和保持我们最严格的纪律的基本条件”（见本卷第319页）。列宁还强调指出，我们的任务与其说是扩大党的规模，不如说是提高党员质量，使无产阶级先锋队能胜任它所担当的任务。

列宁在《俄共（布）中央政治局关于工人检查问题的指示》、《对〈工农检查院条例〉草案的意见和补充》等著作中多次谈到了建立和加强社会主义监督机构的问题。列宁认为，随着大规模建设的开展，吸引广大群众参加管理的任务正在提到首位，应当吸收更多的工人和劳动农民来管理工业、管理整个国民经济，为此必须建立起国家监督。列宁提出要“把**全体**劳动群众，男子**特别是妇女**，都吸收来参加工农检查工作”（见本卷第 79 页）。工农检查机构应当逐步学会更多地参加对生产和分配的监督，应当把反对投机倒把、拖拉作风和官僚主义的斗争摆在首位。

列宁高度关注提高妇女的地位，积极倡导妇女参加社会经济生活，参加国家的管理，认为只有这样，妇女才能获得平等和自由。他在《致女工》一文中说：“我们要使女工不但在法律上而且在实际生活中都能同男工平等。要做到这一点，就要使女工愈来愈多地参加公有企业的管理和国家的管理。”“无产阶级如果不争得妇女的完全自由，就不能得到完全的自由。”（见本卷第 177、178 页）

《为战胜邓尼金告乌克兰工农书》论述了俄国共产党和苏维埃政府的民族政策。列宁指出：社会主义的利益要求各国、各民族的劳动者建立起最充分的相互信任和最紧密的联合，只有工人的国际联合才能战胜资本这一国际势力；由于历史上沙皇政府执行民族压迫的政策，少数民族对俄罗斯民族的不信任情绪是可以理解的；共产党员作为国际主义者，坚决反对民族仇恨、民族纠纷和民族隔绝；俄国共产党和苏维埃政府在力求实现俄国各民族的紧密团结和打击一切分裂各民族的行为时，应当对少数民族中继续存在的对俄罗斯民族的不信任情绪采取非常谨慎、非常耐心、肯于让步的态度。

列宁的在俄共（布）莫斯科市代表会议上关于星期六义务劳动的报告分析了社会主义同共产主义的区别，指出：“社会主义是直接从资本主义生长出来的社会，是新社会的初级形式。共产主义则是更高的社会形式，只有在社会主义完全巩固的时候才能得到发展。社会主义的前提是在没有资本家帮助的情况下进行工作，是在劳动者的有组织的先锋队即先进部分施行最严格的计算、监督和监察下进行社会劳动;同时还应该规定劳动量和劳动报酬。”“所谓共产主义,是指这样一种制度,在这种制度下,人们习惯于履行社会义务而不需要特殊的强制机构,不拿报酬地为公共利益工作成为普遍现象。”(见本卷第36、37页)列宁认为,如果把“共产党”这个名称解释为现在就实行共产主义制度,那就是极大的歪曲,会带来实际的害处。列宁在《从破坏历来的旧制度到创造新制度》一文中,进一步揭示了共产主义劳动的特点,指出:共产主义劳动是一种自愿的劳动,是无定额的劳动,是不指望报酬、不讲报酬条件的劳动,是按照必须为公共利益劳动的自觉要求而进行的劳动;这样的劳动在目前的社会制度下还不能广泛而普遍地实行。他认为“建立新的劳动纪律,建立人与人之间社会联系的新形式,创立吸引人们参加劳动的新方式和新方法——这是一项需要许多年甚至几十年才能完成的工作。”(见本卷第351页)

《在俄共(布)莫斯科委员会庆祝弗·伊·列宁五十寿辰大会上的讲话》充分表明,列宁从来反对对他个人的任何颂扬。他在这篇讲话中教导与会者要除旧布新,不要热衷于祝寿之类的活动,他谆谆告诫全党在胜利的时候要十分警惕骄傲自满。他说:“我希望我们决不要使我们的党落到骄傲自大的地步。”(见本卷第362页)

列宁在领导苏维埃俄国进行武装斗争和经济建设的同时,十分关注国际共产主义运动和工人运动的发展。他在《俄共给德国独立社会民主党的复信草稿(提纲)》、《政论家短评》、《对法国社会党决议草案的意见》、《俄国的形势和其他国家的革命策略(同雅·弗里斯的谈话)》等著作中,严厉批评了第二国际和考茨基、谢德曼等人的机会主义,揭露了法国龙格派和德国独立社会民主党的错误,指出他们只是口头上承认无产阶级专政和苏维埃政权,在行动上仍然是无产阶级专政的敌人，或者是一些不能或不愿意理解无产阶级专政的意义并将其实现的人。列宁认为，只有实际上承认无产阶级专政的党才是无产阶级政党。列宁在 1920 年春天写的一篇未完成的文章《论妥协》中针对英国工党领袖兰斯伯里的提问，论述了“拥护无产阶级革命的人是否可以同资本家妥协”的问题，指出笼统地否定妥协是荒谬的，“拥护无产阶级革命的人是可以同资本家妥协或达成协议的。一切都要看达成的是**什么**协议，是**在什么情况下**达成的。”“有时甚至连最革命的阶级的最革命的政党也不得不妥协，问题在于要善于通过一切妥协来保持、巩固、锻炼、发展工人阶级及其有组织的先锋队即共产党的革命策略、革命组织、革命意识、决心和素养。”（见本卷第 325、326 页）

在《列宁全集》第 2 版中，本卷文献比第 1 版相应时期所收文献增加 36 篇，其中有《在俄共（布）莫斯科省第十七次代表会议上关于国际形势和国内经济状况的报告》、《在各省肃反委员会第四次代表会议上的讲话》、《在省、县执行委员会主席会议上的讲话》、《同美国〈世界报〉记者林肯·埃尔的谈话》、《俄国的形势和其他国家的革命策略（同雅·弗里斯的谈话）》、《俄共（布）中央政治局关于协约国企图通过俄国合作组织开始同俄国建立贸易关系问题的决定》、《俄共（布）中央政治局关于工人检查问题的指示》、《关于鼓动指导列车和轮船工作的指示》、《俄共（布）中央政治局关于全俄工会中央理事会党团成员破坏党的纪律一事的决定》、《对法国社会党决议草案的意见》等等，其中《俄国的形势和其他国家的革命策略（同雅·弗里斯的谈话）》是根据挪威《社会民主党人报》发表的谈话全文译出的。收入本卷的《在纪念雅·米·斯维尔德洛夫逝世一周年大会上的讲话》是根据速记记录译出的讲话全文，而

《列宁全集》第1版所收的是这一讲话的简要报道。

在本增订版中，本卷比《列宁全集》第2版新增两篇正文文献。一篇是在俄共(布)莫斯科市代表会议上就星期六义务劳动的报告所作的总结，一篇是《在全俄工会中央理事会共产党党团会议上的讲话》。

弗·伊·列宁

（1920年）

立宪会议选举和无产阶级专政

（1919年12月16日）

社会革命党人[1]出版的文集《俄国革命的一年（1917—1918年）》（1918年莫斯科土地和自由出版社莫斯科版）里，载有尼·瓦·斯维亚季茨基的一篇饶有趣味的文章：《全俄立宪会议选举的结果（序言）》。总共79个选区，作者列举了其中54个选区的数字。

作者考察的范围差不多包括俄国欧洲部分和西伯利亚各省。没有包括的省份有：奥洛涅茨、爱斯兰、卡卢加、比萨拉比亚、波多利斯克、奥伦堡、雅库特和顿河区。

我们先引证尼·瓦·斯维亚季茨基所发表的主要结果，然后再来研究从这些材料中得出的政治结论。

一

54个选区在1917年11月份投票的总数是36 262 560票。作者按7个地区（外加陆军和海军）开列的选票总数是36 257 960票，但是，他开列的各党派的得票数，加起来就同我所指出的正好一致。

各党派得票情况如下：俄罗斯社会革命党人得 1 650 万票，如果加上其他各民族（乌克兰、穆斯林以及其他民族）的社会革命党人所得的票数，则为 2 090 万票，即占总票数的 58％。

孟什维克得 668 064 票，如果加上与它相类似的各个集团如"人民社会党人"[2]（312 000 票）、"统一派"[3]（25 000 票）、合作社派[4]（51 000 票）、乌克兰社会民主党人（95 000 票）、乌克兰社会党人（507 000 票）、德意志社会党人（44 000 票）和芬兰社会党人（14 000 票）所得的票数，那么总共是 170 万票。

布尔什维克得 9 023 963 票。

立宪民主党人[5]得 1 856 639 票。如果加上"土地所有者和占有者联盟"（215 000 票）、"右派集团"（292 000 票）、旧教徒[6]（73 000 票）和各种民族主义者，即犹太民族主义者（55 万票）、穆斯林民族主义者（576 000 票）、巴什基尔民族主义者（195 000 票）、拉脱维亚民族主义者（67 000 票）、波兰民族主义者（155 000 票）、哥萨克民族主义者（79 000 票）、德意志民族主义者（13 万票）、白俄罗斯民族主义者（12 000 票），以及"各种团体和组织"（418 000 票）所得的票数，那么各地主和资产阶级党派所得的选票总共是 460 万票。

大家知道，从 1917 年 2 月至 10 月的整个革命时期内，社会革命党人和孟什维克始终是结成联盟的。此外，无论这个时期或这以后事态的整个发展都清楚地证明：这两个党共同代表小资产阶级民主派，他们也和第二国际所有的党一样毫无自知之明，竟自称为社会主义政党。

我们把参加立宪会议选举的三大类党派合起来计算，便得出如下结果：

无产阶级的政党（布尔什维克）	902万＝ 25％
小资产阶级民主派的政党（社会革命党人、孟什维克及其他）	2 262万＝ 62％
地主和资产阶级的政党（立宪民主党人及其他）	462万＝ 13％
共　计	3 626万＝100％

现在我们把尼·瓦·斯维亚季茨基按地区计算的数字列举如下：

选票数目（单位千）

地　区①（军队单列）	投俄罗斯社会革命党人票者	百分比	投布尔什维克票者	百分比	投立宪民主党人票者	百分比	共　计
北部地区	1 140.0	38	1 177.2	40	393.0	13	2 975.1
中部工业地区	1 987.9	38	2 305.6	44	550.2	10	5 242.5
伏尔加河流域黑土带地区	4 733.9	70	1 115.6	16	267.0	4	6 764.3
西部地区	1 242.1	43	1 282.2	44	48.1	2	2 961.0
东乌拉尔地区	1 547.7	43(62％②)	443.9	12	181.3	5	3 583.5
西伯利亚地区	2 094.8	75	273.9	10	87.5	3	2 786.7
乌克兰	1 878.1	25(77％③)	754.0	10	277.5	4	7 581.3
陆军和海军	1 885.1	43	1 671.3	38	51.9	1	4 363.6

① 作者的划法与通常的不尽相同，他把俄国划分为以下几个地区：**北部地区**，其中包括阿尔汉格尔斯克省、沃洛格达省、彼得格勒省、诺夫哥罗德省、普斯科夫省、里夫兰省。**中部工业地区**，其中包括弗拉基米尔省、科斯特罗马省、莫斯科省、下诺夫哥罗德省、梁赞省、图拉省、特维尔省、雅罗斯拉夫尔省。**伏尔加河流域黑土带地区**，其中包括阿斯特拉罕省、沃罗涅日省、库尔斯克省、奥廖尔省、奔萨省、萨马拉省、萨拉托夫省、辛比尔斯克省、坦波夫省。**西部地区**，其中包括维捷布斯克省、明斯克省、莫吉廖夫省、斯摩棱斯克省。**东乌拉尔地区**，其中包括维亚特卡省、喀山省、彼尔姆省、乌法省。**西伯利亚地区**，其中包括托博尔斯克省、托木斯克省、阿尔泰省、叶尼塞斯克省、伊尔库茨克省、外贝加尔州、阿穆尔河沿岸省。**乌克兰**，其中包括沃伦省、叶卡捷琳诺斯拉夫省、基辅省、波尔塔瓦省、塔夫利达省、哈尔科夫省、赫尔松省、切尔尼戈夫省。

② 括号中的62％是斯维亚季茨基把穆斯林社会革命党人和楚瓦什社会革命党人加上后得出的数字。

③ 括号中的77％是我把乌克兰社会革命党人加上后得出的数字。

从这些按地区计算的数字中可以看出，在立宪会议选举时，布尔什维克是无产阶级的政党，社会革命党是农民的政党。在纯农业地区即大俄罗斯的纯农业地区（伏尔加河流域黑土带地区、西伯利亚地区、东乌拉尔地区）和乌克兰的纯农业地区，社会革命党人得了选票的62％—77％。在各工业中心，布尔什维克比社会革命党人占优势。这种优势在尼·瓦·斯维亚季茨基列举的那些按区域计算的数字中是被过于缩小了，因为他把工业最发达的区域和工业不发达的以及非工业的区域合在一起了。例如，斯维亚季茨基按省列举的社会革命党、布尔什维克党、立宪民主党以及"各民族集团和其他集团"所得的票数，说明如下情况：

布尔什维克在北部地区所占的优势似乎微不足道：40％对38％。但是，这个地区既包括非工业区，又包括工业区，在非工业区（阿尔汉格尔斯克省、沃洛格达省、诺夫哥罗德省、普斯科夫省）社会革命党人占优势，而在工业区的情形是：首都彼得格勒，布尔什维克得45％（选票），社会革命党人得16％；彼得格勒省，布尔什维克得50％，社会革命党人得26％；里夫兰省，布尔什维克得72％，社会革命党人零票。

在中部工业地区各省：莫斯科省，布尔什维克得56％选票，社会革命党人得25％；莫斯科首都区，布尔什维克得50％，社会革命党人得8％；特维尔省，布尔什维克得54％，社会革命党人得39％；弗拉基米尔省，布尔什维克得56％，社会革命党人得32％。

顺便指出，关于布尔什维克过去和现在都只得到无产阶级"少数人"的拥护的说法，在这些事实面前该是多么可笑啊！而这种说法，我们无论是从孟什维克（668 000票，再加上外高加索的70

万—80万票，对布尔什维克的900万票）或第二国际社会主义叛徒们那里，都可以听到。

二

获得总票数四分之一的布尔什维克胜利了，同资产阶级结成联盟（联合）并同它一起共获得总票数四分之三的小资产阶级民主派却失败了，怎么会发生这种怪事呢？

因为现在，在协约国[7]——称霸世界的协约国——帮助了布尔什维主义的一切敌人两年之后，再要否认布尔什维克胜利的事实，那简直太可笑了。

现在的情况是，那些遭到失败的人们，包括第二国际的所有拥护者，由于怀有疯狂的政治仇恨，甚至不能严肃地提出布尔什维克为什么会胜利这个极有意味的历史的政治的问题。现在的情况是，只有从庸俗的小资产阶级民主派的观点来看，这才是“怪事”，而上面这一问题的提出以及对这一问题的回答将彻底揭穿这种民主派的无知和偏见。

从阶级斗争和社会主义的观点，从被第二国际抛弃了的这个观点来看，这个问题无疑是可以得到解答的。

布尔什维克所以获得了胜利，首先是由于他们得到了无产阶级大多数人的拥护，其中包括无产阶级最有觉悟、最坚决、最革命的部分即这个先进阶级的真正先锋队的拥护。

我们拿两个首都彼得格勒和莫斯科来看。在这两个地方，选举立宪会议时总共投了1 765 100票。其中：

社会革命党人……………………………………………………………218 000 票
布尔什维克………………………………………………………………837 000 票
立宪民主党人……………………………………………………………515 400 票

尽管那些自称为社会党人和社会民主党人（切尔诺夫分子、马尔托夫分子、考茨基分子、龙格分子、麦克唐纳分子等等之流）的小资产阶级民主派，在“平等”、“普选”、“民主”、“纯粹民主”或“彻底民主”这些女神面前磕得头破血流，城市和农村在经济上和政治上**不平等**这一事实并未因此而消失。

这是在整个资本主义时代，特别是在从资本主义向共产主义过渡的时代不可避免的事实。

城市不可能和农村平等。在这个时代的历史条件下，农村也不可能和城市平等。城市必然要**带领**农村。农村必然要**跟城市走**。问题仅仅在于，“城市”阶级中的**哪个阶级**能够带领农村，能够担当这个任务，以及**城市**对农村的**领导**采取什么形式。

1917 年 11 月布尔什维克得到了无产阶级极大多数人的拥护。同布尔什维克在无产阶级中竞争的党——孟什维克党，这时已被击溃（布尔什维克以 900 万票对孟什维克的 140 万票，140 万票是把 668 000 票和外高加索的 70 万—80 万票加在一起而得的数目）。而且这个党是经过 15 年的斗争（1903—1917 年）才被击溃的，这一斗争**锻炼**、教育并组织了无产阶级的先锋队，把它**锤炼成了**真正的革命先锋队。同时，1905 年的第一次革命还为进一步的发展作好了准备，**在实践中**决定了两党的相互关系，对 1917—1919 年的伟大事变起了总演习的作用。

自称为第二国际“社会党人”的小资产阶级民主派，喜欢用什么无产阶级“统一”有好处这类甜言蜜语来回避极其严肃的历史问题。他们搬弄这些甜言蜜语时,却忘记了**机会主义**在1871—1914年工人运动中**逐渐滋长起来**这一历史事实,忘记了(或者是不愿意)**考虑一下**机会主义在1914年8月破产的原因,国际社会主义运动在1914—1917年发生分裂的原因。

要是无产阶级的**革命**部分没有在各方面极认真地作好驱逐和压倒机会主义的准备,那么连建立无产阶级专政的想法也是荒唐的。那些现在想以口头上承认无产阶级专政来摆脱困境的德国"独立"社会民主党[8]、法国社会党[9]等等的领袖们,必须牢牢记住俄国革命的这个教训。

其次,布尔什维克不仅有无产阶级大多数人的拥护,不仅有在反对机会主义的顽强的长期斗争中经过锻炼的无产阶级**革命**先锋队的拥护,而且在两个首都还有——如用军事术语来说——强大的"突击部队"。

在决定性时机和决定性地点在力量上占压倒优势,这个取得军事胜利的"规律"也是取得政治胜利的规律,特别是在残酷的、激烈的、称为革命的阶级战争中取得政治胜利的规律。

首都或大工商业中心(这两个概念在我们俄国是一致的,但并非在任何时候都是一致的)在很大程度上决定着人民的政治命运——自然,其条件是必须有足够的地方力量、农村力量支持这些中心,哪怕这种支持并不是马上得到的也好。

在两个首都,在俄国的两个最主要的工商业中心,布尔什维克的力量占决定性的压倒优势。在这里,我们获得的选票**差不多**比社会革命党人多**三倍**。在这里,我们获得的选票**比社会革命党人和立宪民主党人加在一起的还要多**。此外,我们的敌人已经四分五裂,因为立宪民主党人同社会革命党人和孟什维克(孟什维克不论在彼得格勒或在莫斯科，都只获得了3%的选票)的“联合”在劳动群众中间已经名声扫地。当时，根本谈不上社会革命党人和孟什维克同立宪民主党人**真正**团结一致来对付我们。① 大家知道，同社会革命党和孟什维克的工人、农民相比，社会革命党人和孟什维克的领袖们是非常接近于主张同立宪民主党人结成联盟的，但是到1917年11月，连这些领袖都想**撇开**立宪民主党人而同布尔什维克联合(并且就此向我们讨过价钱)![10]

1917年10月至11月，我们把两个首都夺取过来是有**十分把握**的，因为当时我们的力量占压倒优势，政治上又有最充分的准备，无论是从集合、集中、训练、考验和锻炼布尔什维克“军队”方面来说，或是从分化、削弱、拆散、瓦解“敌军”方面来说，都是如此。

我们既然有十分把握能用迅速的、决定性的打击夺取两个首都，夺取整个资本主义国家机器的这两个中心(无论从经济上或从政治上讲)，我们就能够不顾官僚和“知识界”疯狂反抗，不顾怠工等等，而通过中央国家政权机关**用事实向非**无产阶级劳动群众**证明**，无产阶级是他们唯一可靠的同盟者、朋友和领导者。

三

但是，在谈无产阶级对非无产阶级劳动群众的关系这个最重要的问题之前，还应该谈一下**军队**。

在帝国主义战争时期，军队吸取了人民力量的全部精华。第

① 值得指出的是，上面引证的数字也表明了无产阶级政党的统一和团结一致，而小资产阶级政党和资产阶级政党却四分五裂。

二国际的机会主义混蛋们（不仅包括社会沙文主义者即公开主张“保卫祖国”的谢德曼和列诺得尔之流，而且包括“中派[11]分子”）通过他们的言行使军队更加服从德国集团和英法集团的帝国主义强盗的指挥，而真正的无产阶级革命者却从来没有忘记马克思在1870年说过的话：“资产阶级将教会无产阶级掌握武器！”①只有奥德和英法俄的社会主义叛徒们才会在帝国主义战争即从交战双方来说都是掠夺性的战争中谈什么“保卫祖国”，而无产阶级革命者则集中全部注意力（从1914年8月起）来使军队革命化，利用军队**反对**帝国主义的资产阶级强盗，把两个帝国主义强盗集团之间进行的非正义的和掠夺性的战争变成各国无产者和被压迫劳动群众反对“本国的”、“本民族的”资产阶级的正义的和合理的战争。

社会主义叛徒们在1914—1917年**没有做好**利用军队**去反对各**国的帝国主义政府的**准备工作**。

布尔什维克从1914年8月起，就通过自己的全部宣传、鼓动和秘密组织活动做好了这种准备工作。对这一点，社会主义叛徒们，各国的谢德曼、考茨基之流，当然只能支吾搪塞，说什么布尔什维克的鼓动**瓦解了**军队。但我们**自豪**的是，我们履行了自己的义务，瓦解了我们的阶级敌人的力量，**从敌人那里**把武装的工农群众争取了过来，去同剥削者**作斗争**。

我们工作的成就，还反映在俄国这次连军队也参加的1917年11月立宪会议选举的投票上。

下面就是尼·瓦·斯维亚季茨基列举的这次投票的主要结果：

① 参看《马克思恩格斯文集》第10卷第349页。——编者注

1917 年 11 月立宪会议选举的投票数目
（单位千）

陆海军部队	投社会革命党人票者	投布尔什维克票者	投立宪民主党人票者	投各民族集团及其他集团票者	共计
北方面军	240.0	480.0	?	60.0②	780.0
西方面军	180.6	653.4	16.7	125.2	976.0
西南方面军	402.9	300.1	13.7	290.6	1 007.4
罗马尼亚方面军	679.4	167.0	21.4	260.7	1 128.6
高加索方面军	360.0	60.0	?	—	420.0
波罗的海舰队	—	(120.0)①	—	—	(120.0)①
黑海舰队	22.2	10.8	—	19.5	52.5
总　计	1 885.1	1 671.3 +(120.0)① 1 791.3	51.8 +?	756.0	4 364.5 +(120.0)① +?

结果是：投给社会革命党人的有 1 885 100 票，投给布尔什维克的有 1 671 300 票。如果后者加上波罗的海舰队的 12 万票（大概的数字），那么投给布尔什维克的有 1 791 300 票。

可见，布尔什维克所得的票数，比社会革命党人**略微少一点**。

可见，到 1917 年 10 月、11 月，军队已有**一半拥护布尔什维克**。

如果不是这样，我们是不能获得胜利的。

但是，由于我们在全部军队里拥有差不多半数的选票，所以我们在**两个首都附近**乃至离两个首都不很远的各个方面军中已占压倒的优势。如果除开高加索方面军不算，那么布尔什维克一般说

① 这是大概的数字：这里当选的布尔什维克有两个人。尼·瓦·斯维亚季茨基是以每个当选者平均获得 6 万票计算的，所以我就用了 12 万这个数字。

② 关于究竟哪个党从黑海舰队得了 19 500 票，并没有说明。这一栏内的其余票数，显然差不多都是投给乌克兰社会党人的，因为当选的有 10 个乌克兰社会党人和 1 个社会民主党人（即孟什维克）。

来比社会革命党人占优势。拿北方面军和西方面军来说，布尔什维克得**选票 100 万以上**，而社会革命党人得 42 万票。

可见，在军队方面，布尔什维克到 1917 年 11 月也有了**政治上的“突击部队”**，而这就保证了布尔什维克在决定性地点和决定性时机占压倒优势。既然布尔什维克在北方面军和西方面军中已有巨大优势，而在远离中部地区的其余方面军中又有时间和可能**把农民从社会革命党方面争取过来**（这一点到下面再谈），所以根本谈不上什么军队方面对无产阶级十月革命、对无产阶级夺取政权的任何反抗。

四

我们根据立宪会议选举的材料考察了布尔什维主义获得胜利的三个条件：(1)得到无产阶级绝大多数人的拥护；(2)得到近半数军队的拥护；(3)在决定性时机和决定性地点，即在两个首都和靠近中部地区的各方面军中的力量占压倒的优势。

但是，如果布尔什维克不能把大多数非无产阶级劳动群众吸引过来，不能把他们从社会革命党和其他小资产阶级党派那里争取过来，那么这些条件就只能提供一种极短暂的和极不巩固的胜利。

主要之点就在这里。

第二国际的“社会党人”（应读做小资产阶级民主派）之所以不理解无产阶级专政，其主要根源就在于他们不理解：

掌握在一个阶级即无产阶级手里的国家政权，可能并且

应该成为把非无产阶级劳动群众吸引到无产阶级方面来的工具，成为把这些群众从资产阶级和各小资产阶级党派那里争取过来的工具。

满脑子小资产阶级偏见的、忘掉了马克思的国家学说精髓的第二国际“社会党人”先生们，把**国家政权**当做一种圣物，当做一种偶像或者是正式投票产生的合力，当做“彻底民主”的绝对物（以及诸如此类的胡说）。他们没有看到国家政权不过是**一个工具，各个**阶级可以而且应该利用（并应该善于利用）它**来为自己的阶级目的服务**。

资产阶级用国家政权作为资本家阶级反对无产阶级、反对一切劳动者的工具。在最民主的资产阶级共和国里也是这样。只有马克思主义叛徒才“忘记了”这一点。

无产阶级应该（在集结了足够强大的政治和军事的“突击部队”之后）推翻资产阶级，夺取它的国家政权，以便运用这个**工具**来达到**自己的**阶级目的。

无产阶级的阶级目的是什么呢？

镇压资产阶级的反抗。

“中立”农民，并尽可能把农民——至少是不从事剥削的劳动农民中的大多数——吸引过来。

用从资产阶级那里剥夺来的工厂和全部生产资料来组织大机器生产。

在资本主义的废墟上组织社会主义。

* * *

机会主义者先生们，包括考茨基分子在内，嘲弄马克思的学说，他们“教导”人民说：无产阶级应当首先利用普选权争得多数，然后根据这种多数人的投票表决来取得国家政权，最后在这个"彻底"（有些人说："纯粹"）民主的基础上组织社会主义。

而我们却根据马克思学说和俄国革命经验说：

无产阶级应该首先推翻资产阶级并**为自己**争得国家政权，然后用这一国家政权即无产阶级专政作为本阶级的工具来取得大多数劳动者的同情。

* * *

无产阶级掌握的国家政权怎样才能成为无产阶级用来影响非无产阶级劳动群众的阶级斗争工具呢？怎样才能成为把他们吸引到无产阶级方面来的阶级斗争工具呢？怎样才能成为使他们脱离资产阶级即把他们从资产阶级那里争取过来的阶级斗争工具呢？

第一，无产阶级做到这一点，**不是**利用旧的国家政权机构，而是彻底**摧毁**它、粉碎它（不顾那些惊慌失措的小市民的号叫和怠工者的恐吓），并创立**新的**国家机构。这个新的国家机构是适合于无产阶级专政的，是适合于无产阶级为**争取**非无产阶级劳动群众而反对资产阶级的斗争的。这个新的机构不是什么人臆想出来的，而是从无产阶级的阶级斗争中，从这个斗争向广度和深度的扩展中**成长起来的**。这个新的国家政权机构，新的国家政权**类型**就是**苏维埃政权**。

俄国无产阶级夺得国家政权几小时后，便立刻宣布解散旧的国家机构（正如马克思所指出的那样，这种机构经过几个世纪逐渐成为适合于为资产阶级的阶级利益服务的机构，即使在最民主的共和国里也是如此①），并把**全部政权**转交给**苏维埃**。苏维埃只允

① 参看《马克思恩格斯文集》第 2 卷第 563—566 页，第 3 卷第 107—112 页。——编者注

许被剥削的劳动者参加，而不容许任何剥削者插足。

无产阶级**在**它夺得国家政权**之后**，立刻用这个办法，一举而把小资产阶级的和“社会主义的”党派中拥护资产阶级的**大量群众**从资产阶级那里**争取过来**，因为这些群众都是被剥削劳动者，他们受过资产阶级（包括它的应声虫切尔诺夫之流、考茨基之流、马尔托夫之流及其他人在内）的欺骗，他们**获得了苏维埃政权**，也就**第一次**获得了维护自己利益、反对资产阶级的群众性斗争的工具。

第二，无产阶级能够并且应当立刻或者至少是很快地从资产阶级和小资产阶级民主派那里，把“**它们的**”**群众**即跟它们走的群众争取过来，争取的**方法是用革命的手段来剥夺地主和资产阶级，以满足群众最迫切的经济需要**。

资产阶级无论掌握多么“强大的”国家政权，也**不能**做到这一点。

无产阶级在它夺得国家政权的第二天就**能**做到这一点，因为它既有做到这一点的机构（苏维埃），又有做到这一点的经济手段（剥夺地主和资产阶级）。

俄国无产阶级正是这样把**农民**从社会革命党人那里**争取过来的**，确实可以说，是在无产阶级夺得国家政权**几个小时**之后就争取过来的。这是因为取得了胜利的无产阶级在战胜了彼得格勒资产阶级几小时之后，就颁布了《土地法令》①，在这个土地法令中以革命的速度、毅力和果敢精神立刻完全**满足了大多数**农民的全部迫切的经济需要，用非赎买的办法完全剥夺了地主。

为了向农民证明无产者不是想用多数票压他们，向他们发号

① 见本版全集第 33 卷第 18—21 页。——编者注

施令，而是要帮助他们，做他们的朋友，取得了胜利的布尔什维克在《土地法令》中并没有加上**自己的片言只字**，而是逐字逐句照抄**社会革命党人**在**社会革命党的**报纸上所公布的农民委托书（当然是最革命的委托书）[12]。

社会革命党人曾大发雷霆、愤愤不平、怒气冲天、大喊大叫，说“布尔什维克把他们的纲领偷去了”；但是，这只会使人嘲笑社会革命党人：好一个出色的政党，为了实现它的纲领中一切革命的、一切有益于劳动者的东西，竟要先把它打败，把它从政府中赶出去才行！

第二国际的叛徒、蠢材和书呆子们永远也不能理解的这个辩证法就在于：无产阶级要是不把大多数居民争取过来，就不能取得胜利。但是，如果把这种争取工作局限于**在资产阶级统治的条件下**进行的选举中获得大多数选票，或者认为这种争取工作只取决这一点，那就是愚不可及或是对工人的公然欺骗。无产阶级为了要把大多数居民争取过来，第一，应当推翻资产阶级，把国家政权夺到自己手里；第二，应当彻底粉碎旧的国家机构，建立苏维埃政权，这样一举而摧毁资产阶级和小资产阶级妥协派在非无产阶级劳动群众中间的统治、威信和影响；第三，应当用**革命手段**、**靠*剥夺剥削者***来满足**大多数**非无产阶级劳动群众的经济需要，以**彻底铲除**资产阶级和小资产阶级妥协派在**大多数**非无产阶级劳动群众中间的影响。

自然，只有在资本主义发展到相当的程度时，这一切才有可能做到。没有这个基本条件，无产阶级既不能成为一个单独的阶级，也不能在罢工、游行示威、羞辱和驱逐机会主义者的多年斗争中，得到长期的有效的锻炼、教育、训练和考验。没有这个基本条件，那些中心在经济上和政治上的作用就无从谈起，这种作用表现在无产阶级一经掌握这些中心，也就掌握了全部国家政权，或者更确切些说，也就掌握了国家政权的命脉、心脏和枢纽。没有这个基本条件，无产阶级的状况和非无产阶级劳动群众的状况也就不可能那样息息相关、紧密相连，而这种关系（息息相关、紧密相连）是无产阶级影响这些群众、有效地诱导他们所必需的。

五

我们再往下谈。

无产阶级能够夺得国家政权，实现苏维埃制度，靠剥夺剥削者来满足大多数劳动者的经济需要。

这样是否就足以保证取得完全的和最终的胜利呢？

还不够。

只有小资产阶级民主派，只有作为他们现代主要代表人物的"社会党人"和"社会民主党人"才存在着幻想，以为在资本主义制度下，劳动群众能够具备高度的觉悟、坚强的性格、敏锐的洞察力和广阔的政治视野，**单凭投票表决**就可以决定或者不需要长期的斗争经验就完全可以**预先决定**他们跟哪个阶级或哪个政党走。

这是幻想。这是考茨基之流、龙格之流、麦克唐纳之流的书呆子和甜言蜜语的社会党人所制造的甜蜜的神话。

如果资本主义不是一方面使**群众**必然处于饱经折磨、备受压制、胆战心惊、分离涣散（农村！）和愚昧无知的状态，另一方面又把专事造谣欺骗、处处愚弄和蒙蔽工农等等的庞大机构交给资产阶级，那么资本主义就不成其为资本主义了。

因此，只有无产阶级才能**引导劳动者**摆脱资本主义走向共产主义。要小资产阶级和半小资产阶级劳动群众预先决定"究竟是和工人阶级在一起还是和资产阶级在一起"这个极其复杂的政治问题，那是根本不可能的。非无产阶级劳动阶层**发生动摇**是必然的，他们必然要通过亲身的**实际经验**，才能对资产阶级的领导和无产阶级的领导**作出比较**。

正是这种情况经常被崇拜"彻底民主"的人们忽略过去，他们以为极其严肃的政治问题可以用投票表决来解决。其实，这些问题如果很尖锐并且为斗争所激化，就要由**国内战争**来解决，而在国内战争中，非无产阶级劳动群众（首先是农民）的**经验**，他们把无产阶级政权同资产阶级政权加以比较、对照而得到的经验，有巨大的意义。

在这方面，把1917年11月俄国立宪会议选举同1917—1919年的两年国内战争加以对照，能使我们获得极大的教益。

请你们看一看，究竟哪些地区布尔什维克获得的选票最少。首先是东乌拉尔地区和西伯利亚地区：投布尔什维克的选票分别占12％和10％。其次是乌克兰：投布尔什维克的选票占10％。在其余地区，投布尔什维克票的百分比最小的是大俄罗斯农业区，即伏尔加河流域黑土带地区，但是在这个地区投给布尔什维克的选票占16％。

我们看到，正是在1917年11月间布尔什维克得票百分比最小的地区，反革命活动、暴动以及反革命力量的组织最得势。正是在这些地区，高尔察克和邓尼金的政权支持了好多个月。

凡是无产阶级影响最小的地区，小资产阶级居民的动摇就表现得特别明显：

起初，他们拥护布尔什维克，因为布尔什维克给了他们土地，而复员的士兵又给他们带来了和平的消息。后来，他们反对布尔什维克，因为布尔什维克为了革命在国际范围内的发展，为了保存俄国这个革命策源地，签订了布列斯特和约[13]，“伤害了”小资产阶级最浓厚的情感即爱国主义感情。当布尔什维克表明将严格地不容违抗地要求农民按照固定价格把余粮交给国家的时候，那些余粮最多的地方的农民就特别讨厌无产阶级专政。于是乌拉尔、西伯利亚、乌克兰的农民就倒向高尔察克和邓尼金。

再后，农民体验了高尔察克统治区和邓尼金统治区每个办报人在每号白卫分子报纸上所鼓吹的高尔察克“民主”和邓尼金“民主”，看到关于民主和“立宪会议”的言论，事实上不过是在掩盖地主和资本家的专政罢了。

于是又开始重新转向布尔什维主义，高尔察克和邓尼金后方的农民起义蓬勃发展起来。农民把红军当做解放者来欢迎。

归根结底，正是小资产阶级劳动群众主要代表者农民的这些动摇，决定了苏维埃政权和高尔察克、邓尼金政权的命运。但是，在这个“归根结底”之前，有一个相当长的严重斗争和痛苦考验的时期，这种斗争和考验在俄国经历了两年还没有结束，即在西伯利亚和乌克兰一带还没有结束，而且不能担保再过一两年就会**完全**结束。

拥护“彻底”民主的人们不去仔细想想这个历史事实的意义。他们过去和现在都给自己臆造出一种童话，仿佛无产阶级在资本主义制度下能够“说服”大多数劳动者，并用投票表决的方式把他们牢牢地争取过来。而现实证明，只有在长久的残酷的斗争中，**动**

摇的小资产阶级的沉痛经验，才**会使他们**在比较了无产阶级专政和资本家专政之后得出结论：前者比后者好。

在理论上，所有学过马克思主义并愿意考虑19世纪各先进国家政治历史经验的社会党人，都承认小资产阶级在无产阶级和资本家阶级之间**摇摆不定**是不可避免的。这种动摇的经济根源已被经济科学十分清楚地揭示出来了，而这个经济科学的种种道理又是第二国际社会党人在报纸、传单和小册子上重复过千百万次的。

但是，人们不善于把这些道理运用于无产阶级专政的特殊时代。他们用小资产阶级民主派的偏见和幻想(关于阶级“平等”，关于“彻底的”或“纯粹的”民主，关于用投票表决来解决重大的历史性问题等等的偏见和幻想)来代替**阶级斗争**。他们不愿理解，夺得了国家政权的无产阶级并不因此停止自己的阶级斗争，而是用另外一种形式、另外一些手段把斗争继续进行下去。无产阶级专政是无产阶级利用国家政权这样的工具所进行的阶级斗争。这种阶级斗争的任务之一，就是根据长久的经验、根据许多实际例子来向非无产阶级劳动阶层证明，对他们来说，拥护无产阶级专政要比拥护资产阶级专政有利，第三条道路是没有的。

关于1917年11月立宪会议选举的材料，给我们提供了此后两年国内战争发展进程所展示的情况的基本背景。这场战争中的基本力量在立宪会议选举中就**已经**了了分明，无产阶级军队的“突击部队”的作用、动摇不定的农民的作用、资产阶级的作用都十分明显。尼·瓦·斯维亚季茨基在他的文章中写道：“立宪民主党人取得最大胜利的地区也就是布尔什维克取得最大胜利的地区，即北部地区和中部工业地区。”(第116页)自然，在资本主义最发达的那些中心，站在无产阶级和资产阶级之间的中间分子力量最弱。

自然，在这些中心，阶级斗争最剧烈。资产阶级的主力正是在这些地方，无产阶级正是在这些地方，也只有在这些地方，才能粉碎资产阶级。也只有无产阶级才能彻底粉碎资产阶级。无产阶级只有把它彻底粉碎之后，才能利用国家政权这样的工具，最终获得居民中的小资产阶级阶层的同情和拥护。

关于立宪会议选举的材料——要是我们善于利用它，善于阅读它的话——向我们一次再次地说明了马克思的阶级斗争学说的基本道理。

另外，这些材料也说明了民族问题的作用和意义。试拿乌克兰来说吧，在近来几次讨论乌克兰问题的会议上，有些同志责难本文作者过分“强调了”乌克兰的民族问题。立宪会议选举的材料表明，还在 1917 年 11 月，在乌克兰获得多数的是**乌克兰的**社会革命党人和社会党人(340 万票加 50 万票，共 390 万票，投俄罗斯社会革命党人的有 190 万票，而全乌克兰的总票数是 760 万票)。在西南方面军和罗马尼亚方面军中，乌克兰社会党人获得的选票分别占总票数的 30%和 34%(投俄罗斯社会革命党人票的分别占总票数的 40%和 59%)。

在这种情况下，忽视乌克兰的民族问题的意义——大俄罗斯人时常犯这种毛病(犹太人也犯这种毛病，也许比大俄罗斯人稍少一些)——就是犯严重而危险的错误。在乌克兰的俄罗斯社会革命党人和乌克兰社会革命党人早在 1917 年就发生了分裂，这决不是偶然的。我们既然是国际主义者，第一，就应该特别坚决地反对“俄罗斯”共产党人的大俄罗斯帝国主义和沙文主义的(有时是不自觉的)残余，第二，就应该正是在民族问题这个比较不大重要的问题上(对国际主义者说来，国界问题是次要的，甚至是极其次要的)作出让步。重要的是其他问题,重要的是无产阶级专政的基本利益,重要的是正在同邓尼金作斗争的红军的统一和纪律这一利益,重要的是无产阶级对农民的领导作用;至于乌克兰是否要成为一个单独的国家,那是一个极其次要的问题。如果乌克兰的工人和农民要尝试一下各种制度,比方说他们在若干年内既实际试一下同俄罗斯联邦合并,又实际试一下与它分离而成为一个独立的乌克兰苏维埃社会主义共和国,又试一下同它结成各种形式的亲密联盟,如此等等,即使出现这样的前景也丝毫不会使我们感到惊奇,也不应该使我们感到恐慌。

如果企图预先一劳永逸地、"果断地"和"坚定不移地"决定这个问题,那就是见解狭隘,或者简直是愚蠢了,因为非无产阶级劳动群众在**这样的**问题上摇摆是十分自然的,甚至是不可避免的,但对无产阶级来说这是毫不足惧的。一个真正称得上国际主义者的无产阶级代表,对待**这种**摇摆应该极其审慎和容忍,应该让非无产阶级劳动群众**自己**根据亲身的经验来**克服**这种摇摆。而对其他的、比较根本的问题(其中一部分我在上面已经提出),我们则应采取不容忍、不留情、不调和、不动摇的态度。

六

把 1917 年 11 月立宪会议的选举和俄国无产阶级革命从 1917 年 10 月至 1919 年 12 月的发展加以比较,就能作出一些有关各资本主义国家的资产阶级议会制和无产阶级革命的结论。现在让我们试把其中主要的结论简略叙述一下,或者至少提一提也好。

1. 普选制是测量各个阶级对自己任务的理解是否成熟的标尺。它表明各个阶级**想要**怎样完成自己的任务。这些任务的**完成**本身不是用投票表决所能达到的,而是要通过各种形式的阶级斗争,直到进行国内战争才能达到的。

2. 第二国际的社会党人和社会民主党人站在庸俗的小资产阶级民主派的观点上,赞同它的偏见,以为投票表决能够解决阶级斗争的根本问题。

3. 为了通过选举和各党派在议会中的斗争达到教育群众的目的,参加资产阶级的议会活动,对革命无产阶级的政党来说是必要的。但是,把阶级斗争局限于议会内的斗争,或者认为议会内的斗争是最高的、决定性的、支配着其余一切斗争形式的斗争,那就是实际上倒向资产阶级反对无产阶级。

4. 第二国际的一切代表人物和拥护者以及德国的所谓"独立"社会民主党的所有领袖,实际上正在这样倒向资产阶级,因为他们口头上承认无产阶级专政,事实上却在自己的宣传中向无产阶级灌输这样一种思想,即为了以后使政权转到无产阶级手中,无产阶级在资本主义制度下应首先在形式上反映大多数居民的意志(也就是说,在资产阶级议会里取得多数选票)。

德国"独立"社会民主党人之类的腐朽的社会主义运动的领袖们根据这一前提所发出的反对"少数人专政"等等的一切号叫,只是说明这班领袖不理解甚至在最民主的共和国中实际上也是资产阶级专政在统治,不理解用无产阶级的阶级斗争来摧毁这种专政的条件。

5. 这种不理解特别表现在下面这点上:他们忘记了各资产阶级政党所以能统治下去,在极大程度上是靠它们对民众的欺骗,靠资本的压迫，以及在资本主义的本质这个问题上的自我欺骗。这种自我欺骗是各小资产阶级政党最显著的特点，这些政党通常总是想用多多少少隐蔽的阶级调和的形式来代替阶级斗争。

那些自称为“社会党人”而实际上是资产阶级的奴仆的小资产阶级民主派说：“首先应当让大多数居民——在保存私有制的条件下，即在保存资本权力和资本压迫的条件下——公开表示拥护无产阶级政党，只有那时，无产阶级政党才能并且应当夺取政权。”

我们说：“首先应当让革命无产阶级推翻资产阶级，摧毁资本压迫，打碎资产阶级的国家机构，那时获得了胜利的无产阶级才能靠剥夺剥削者来满足大多数非无产阶级劳动群众的需要，迅速博得这些群众的同情和拥护。”相反的情况将是历史上罕见的例外（像芬兰的例子所表明的那样，在这种例外的情形下，资产阶级也可能发动国内战争[14]）。

6. 或者换一种说法：

资产阶级和它的应声虫即自称为社会党人和社会民主党人的小资产阶级民主派说：“首先我们保证在保存私有制和资本压迫（即形式上平等而事实上不平等）的条件下承认平等或彻底民主这一原则，然后在这个基础上争取由大多数人来作出决定。”

我们则说：“首先是无产阶级进行阶级斗争夺取国家政权，破坏事实上不平等的柱石和基础，然后由战胜了剥削者的无产阶级带领所有劳动群众去**消灭阶级**，也就是去实现并非骗局的唯一的社会主义的**平等**。”

7. 在各资本主义国家中，除了无产阶级，或除了无产阶级中已认识到自己的革命任务并能为实现这些任务而斗争的那一部分人以外，还有人数众多的没有觉悟的无产阶级、半无产阶级和半小资产阶级劳动者阶层，他们跟资产阶级走，跟资产阶级民主派走（其中包括跟第二国际的“社会党人”走），受资产阶级民主派的欺骗，因而不相信自己的力量，或者不相信无产阶级的力量，没有认识到靠剥夺剥削者来满足自己最迫切的需要的可能性。

这些被剥削劳动者阶层为无产阶级先锋队提供同盟者，无产阶级先锋队和这些同盟者加在一起，就在居民中占了可靠的多数，但是，无产阶级只有用国家政权这样的工具，即只有在推翻了资产阶级并破坏了它的国家机构之后，才能争取到这些同盟者。

8. 在任何一个资本主义国家中，无产阶级的力量都要比无产阶级在人口总数中所占的比重大得多。这是因为无产阶级在经济上控制着整个资本主义经济体系的中心和命脉，还因为无产阶级在经济上和政治上代表资本主义制度下大多数劳动者的真正利益。

因此，甚至当无产阶级占人口少数时（或者说当觉悟的和真正革命的无产阶级先锋队占人口少数时），它也能推翻资产阶级，然后从人数众多的半无产者和小资产者中把许多同盟者吸引过来，因为半无产者和小资产者从来不会预先就表示拥护无产阶级统治，不会懂得无产阶级统治的条件和任务，而只是根据自己以后的经验才确信无产阶级专政是必然的、正确的和合乎规律的。

9. 最后，在每个资本主义国家中，总是有很广大的小资产阶级阶层，他们必然在资本和劳动之间摇摆不定。无产阶级为了自己的胜利，首先应当正确地选择对资产阶级举行决定性进攻的时机，并且要考虑到资产阶级与它的小资产阶级同盟者分道扬镳或这种联盟不稳固等情况。其次，无产阶级应当在自己胜利之后利用小资产阶级的这种摇摆来中立他们，阻止他们站到剥削者方面去，应当善于**在小资产阶级摇摆不定的情况下**坚持一个相当时期，如此等等。

10. 要使无产阶级作好夺取胜利的准备，必要条件之一就是进行长期的、顽强的和无情的斗争，去反对机会主义、改良主义、社会沙文主义以及诸如此类的资产阶级影响和思潮。这些影响和思潮的产生是不可避免的，因为无产阶级是在资本主义环境中行动的。不进行这种斗争，不预先完全战胜工人运动中的机会主义，就根本谈不上无产阶级专政。如果布尔什维主义没有在1903—1917年预先学会战胜孟什维克，即战胜机会主义者、改良主义者和社会沙文主义者，并把他们从无产阶级先锋队的党中毫不留情地驱逐出去，那么它就不能在1917—1919年战胜资产阶级。

现在最危险的自我欺骗（有时简直是愚弄工人），就是德国的“独立党人”领袖们和法国的龙格派[15]等等口头上承认无产阶级专政，**行动上**在继续推行那种旧的惯用的政策，即向机会主义作大大小小的让步，对机会主义采取调和态度，百般迎合资产阶级民主（即他们所说的“彻底民主”或“纯粹民主”）和资产阶级议会制等等的偏见。

1919年12月16日

载于1919年12月《共产国际》杂志第7—8期

译自《列宁全集》俄文第5版第40卷第1—24页

对关于征用和没收的法令草案的意见[16]

（1919年12月16日和1920年1月24日之间）

见文中意见。

关于征用和没收的法令①

……9.被征用和没收的粮食和其他日用必需品归俄罗斯联邦所有，从征收之日起三天之内经由粮食机关转交；家具和家庭日常用品经由分配机关；金钱和贵重物品经由人民银行；武器经由各军事委员部；农具等经由农业人民委员部机关等等。

转交到什么地方？措辞不很好。

10.数量不超过粮食人民委员部所规定的标准#的粮食专卖品和属于定量配给的粮食，不应征收；不属于定量配给的粮食，无论其数量多少，如果没有充分根据怀疑是用来投机倒把的，也不应征收。

注：责成粮食人民委员部于1920年1月15日以前公布上述标准。

#余粮收集制呢？如果余粮不属于余粮收集制的范围，应征收吗??最好**同粮食人民委员部一起**考虑一下关于余粮收集制的**问题**。

11.日用必需品，如已使用的衣服、鞋子、家

用词不当。就是

① 法令条文中的着重线是列宁加的。——俄文版编者注

具、餐具等不应征用；尚未使用的物品以及制作这些物品所需的材料，只留下满足家庭成员实际需要所必需的数量，条件是：无论是已使用的还是尚未使用的物品，其保存的数量不足以说明这些物品是用来进行投机倒把的。

说，可以拿走一个居民多余的裤子？这太过分了。这里表达得有点不对，太笼统了。应该换成别的说法。

……13. 个人和团体的书籍只要不超过 3 000 种，乐谱不超过 1 000 种，均不应征收。对拥有超过上述数量的书籍和乐谱，但持有教育人民委员部图书馆司保护证书的个人和团体，其书籍和乐谱也不应征收。在征收超出上述标准的书籍或乐谱时，物主有权选择留下哪些书籍或乐谱。

我认为，这里还需要加以限制：甚至不是由地方，而是由**中央政权**作出特别决定。否则不能征收超过 3 000 种的书籍。

14. 金额未超过当地家庭每人年平均最低工资率的纸币不应没收。超过这一标准的多余现款应予没收。

有没有这样的法令？就是说，农民超过（5 × 2000）10000 卢布以上的现款就**全部**没收？**不能这样做**。

15. 金银制品以及制品上所镶宝石，平均每人每种未超过一件者，不应没收。

这里也需要限制。

戒指？坠儿？

……#18. 农民未使用雇佣劳动进行生产所需数量的农业用品和日用品（其数量按家庭成员多少和当地经济条件好坏而定）不应征收。特别是不应

注意

而第二匹马呢？ 第二头奶牛呢？	征收仅有的一匹马和一头奶牛、一头小牲畜和一只家禽。

不能这样。这是需要**更加慎重**的一条。

粮食人民委员部和陆军人民委员部有没有针对这一点的规定？

#这大概是最重要和最危险的一条。不能允许征收第二匹马和第二头奶牛。

载于1945年《列宁文集》俄文版第35卷

译自《列宁全集》俄文第5版第40卷第337—339页

致我们的接班人[17]

（1919 年 12 月 18 日以前）

值此举行红色周之际，谨向彼得格勒省的工农青年致敬。

年轻的同志们，你们要在这方面更加努力地工作，用你们朝气蓬勃的青春力量来建设光辉灿烂的新生活。

弗·乌里扬诺夫（列宁）

载于 1919 年 12 月 18 日《接班人报》第 1 号

译自《列宁全集》俄文第 5 版第 40 卷第 25 页

在普列斯尼亚区纪念 1905 年十二月起义大会上的讲话

（1919 年 12 月 19 日）

同志们，我们今天开大会来纪念 14 年前莫斯科爆发的十二月起义和普列斯尼亚的战斗。

同志们，1905 年莫斯科起义是俄国规模最大的革命工人运动之一，尽管当时起义还不可能获得成功，但它的意义是十分重大的。只有现在，当我们看到俄国革命多年来的整个历史准备过程的时候，才能真正认清 1905 年十二月起义和红色普列斯尼亚工人同沙皇政府的军队进行搏斗的意义。同志们，现在我们清楚地看到，当时俄国工人的力量还多么弱小；我们看到，当时所遭受的牺牲现在已经成百倍地得到了补偿。

但是必须指出，1905 年 12 月，沙皇政府就不得不拿出全部力量来镇压这样一次还很微弱的处于萌芽状态的工人起义了。不久以前，我们的莫斯科党组织出版了两本回忆录，追述十二月起义、普列斯尼亚战斗的日子，追述当时力量薄弱的地下党组织怎样作起义的准备，这次起义怎样得到了莫斯科的工人和全体劳动人民的大力支持。不久以前发表的这些新材料中，特别有趣的是一个宪警人员的招供，他说，革命者当时，在 1905 年 12 月，还不知道我们这些沙皇制度的维护者是多么虚弱。这个沙皇的奴仆供认说：

“要是革命者的打击稍微再有力一些，再持久一些，那么在当时我们已经开始混乱的局面下，我们就会支持不住的。”这就是特务的特别有趣的招供，它表明，当时普列斯尼亚工人为工人的自由和解放事业所作的牺牲没有白费，他们用自己的英雄榜样向一切敌人显示了工人阶级的力量，并且撒下了千千万万的火种，这些星星之火经过漫长而艰苦的岁月终于燃起了熊熊的烈火，取得了革命的胜利。

1905 年之后，俄国工人运动经历了本身历史上困难最多流血最多的时期。沙皇政府用前所未闻的野蛮手段来对付 1905 年莫斯科起义的英雄。莫斯科起义被镇压下去之后，俄国工人阶级还几次尝试掀起群众斗争。1906 年春天爆发了群众性罢工和农民运动；1907 年又作了一次尝试。但是，这些尝试只是牵制了反动派的进攻，却并没有能够完全把它阻止。在以后的漫长岁月中，运动转入了地下，成千上万的工人阶级的儿女在绞架上、在监狱里、在流放地、在苦役中牺牲了。

以后我们又看到，从 1910—1911—1912 年起，工人阶级又开始集聚力量。1912 年 4 月勒拿惨案[18]之后，强大的群众性罢工浪潮起来了，波及全国各个角落，大大动摇了沙皇制度。1914 年夏天，彼得格勒甚至出现了街垒。也许促使沙皇政府孤注一掷，下决心发动战争的原因之一，是他们想利用战争来摧毁革命运动。然而，战争不但没有摧毁革命运动，反而使革命运动传播到各个先进的国家中去了。

我们清楚地看到，德帝国主义及英法帝国主义强盗们进行了四年战争的目的是掠夺。1918 年德国人强迫我们签订了掠夺性的布列斯特-里托夫斯克和约，当时法国和英国曾不断地谴责这个和约，可是不到一年，就在 1918 年，当德国失败、德帝国垮台的时候，法英资本家就强迫战败的德国签订了凡尔赛和约[19]，这个和约现在成了采用各种野蛮和强制手段的典型，比我们的布列斯特-里托夫斯克和约更厉害。

现在我们已经看到，每星期都有千千万万法国、英国和美国的工人醒悟过来了，他们过去受了骗，以为他们进行的战争是反对德帝国主义的战争。他们看到，在这场战争中有上千万人丧了命或成了残废。为了什么呢？为了让一小撮百万富翁发财致富。这一小撮百万富翁在这场战争之后都变成了亿万富翁，同时却把所有的国家都弄到破产的地步。

同志们，就产业工人、尤其是城市工人所遭受的灾难来说，我们现在正处在一个艰苦时期。你们知道这个时期是多么艰苦，我国工人阶级是怎样挨饿受冻。我们也知道，落后的俄国吃尽了四年战争的苦头，后来两年又被迫进行了一场英法支持下挑起的战争，但破产的不仅是俄国，就连最先进最富裕的国家，如法国和美国等战胜国，也都弄到了彻底破产的地步。它们那里正在闹煤荒，铁路运输停顿，因为工业和运输业在四年战争中遭到了空前的破坏。数百万最好的生产人员在这场帝国主义战争中毁灭了。结果我们看到，俄国工人阶级早在1905年起义反对沙皇制度时就向工人、向全世界指出过的道路，俄国工人阶级在推翻资产阶级时继续走过的道路，已经引起了各个国家甚至最先进国家的工人的瞩目和同情。

同志们，我已经说过，我们在今年冬天要忍受前所未闻的灾难和困苦。但是，我们说，我们一定能够坚持到底，因为过去尽管苦难深重，优秀的工人代表、最有觉悟的工人和农民都帮助了我们，他们帮助我们建立红军，使我们可能取得最终的胜利。我们知道，现在高尔察克的部队已被彻底打垮，不久以前西伯利亚的起义显然已使高尔察克残部无法投奔邓尼金，在新尼古拉耶夫斯克近郊我们俘虏了大批军队，从这些情况看来，高尔察克的军队已经完全不存在了。我们看到，在邓尼金原来可以炫耀一番战绩的南方，目前我们红军的攻势愈来愈猛烈。你们知道，基辅、波尔塔瓦和哈尔科夫等城市都已收复，我们现在正在极迅速地向煤炭产地顿涅茨煤田挺进。

同志们，这样我们就看到，工人阶级为了彻底战胜资本而遭到的前所未闻的严重灾难和牺牲已经完全得到了补偿。我们看到，一直用千百万卢布和各种军用物资先后援助过高尔察克、尤登尼奇和邓尼金的外国资本家现在也动摇起来了。

你们知道，他们用铁箍似的封锁圈切断了俄国同其他国家的联系。你们知道，他们不让我们的代表出境。你们知道，在1905年以前就同布尔什维克一起反对沙皇制度的革命家李维诺夫同志担任驻英国大使期间，那里的工人大会没有一次不以热烈的掌声和对本国政府的抗议声来欢迎他，所以英国人竭力想把李维诺夫同志赶走。可是，现在这些切齿痛恨李维诺夫的人已经允许他到哥本哈根去了，不仅允许他去，而且还给他提供旅途上的便利（李维诺夫同志是乘英国巡洋舰到那里去的）。我们知道，李维诺夫同志在哥本哈根逗留的每一天都意味着俄国取得更大的胜利。那里经常有工人代表以及成千家资产阶级报纸的记者请他解释这一转变是怎么回事。我们知道，这一转变就是西欧资产阶级再也不能继续实行封锁，再也不能用千百万卢布来援助俄国反革命的将军了，因为每一个富裕先进的国家的工人都不允许他们这样做。

意大利众议院的表决也许是欧洲各国政策发生转变的最明显

的表现。关于表决的消息,我们是从我们的电台收到的法国发给美国的电讯中得知的。这个消息说,意大利众议院讨论了俄国问题,社会党人提议立即承认苏维埃共和国,赞成他们的提案的有100票,反对的有200票;这就是说,只有工人赞成承认苏维埃共和国,而所有的资产阶级代表都反对。但以后意大利众议院一致通过了一个决议,要意大利政府敦促协约国各国完全解除封锁并完全停止对俄国事务的任何干涉。这就是地主和资本家的代表占三分之二甚至四分之三的众议院通过的决议,一个战胜国通过的决议,一个完全是在工人运动压力下通过的决议。

这个决议清楚地表明,国际政局的确在开始发生转变,各国工人运动的巨大内在力量的确产生了我们一向期待的结果。我们曾经向俄国工人指出这种结果,我们对他们说,我们为此在斗争中忍受重大的牺牲是值得的,是必须的,我们为此挨饿受冻、受苦受难是会得到补偿的。我们这样做不仅能够拯救苏维埃俄国,而且可以随着斗争的进展每周都得到其他国家千百万工人的同情和支持。因此,今天当我们纪念我们牺牲了的同志和红色普列斯尼亚的英雄的时候,我们一定能从中得到更大的勇气和坚强的决心,来迎接即将到来的胜利。

我们将克服一切困难,作出一切牺牲,去彻底战胜资本,并引导世界各国工人这样去做。(鼓掌)

载于1950年《列宁全集》俄文第4版第30卷

译自《列宁全集》俄文第5版第40卷第26—31页

俄共(布)莫斯科市代表会议文献[20]

1

关于星期六义务劳动的报告

(1919年12月20日)

同志们,代表会议的组织者通知我说,你们要我作一个关于星期六义务劳动问题的报告,并且为了能够充分讨论这个问题的最主要方面,要我把报告分两部分来谈:第一,莫斯科组织星期六义务劳动的情况和效果;第二,关于如何进一步组织星期六义务劳动的一些具体结论。我只想谈谈一般原则,谈谈组织星期六义务劳动——我们党的建设和苏维埃建设中的新事物——使我产生的一些看法。因此,关于具体问题,我只非常简略地谈一下。

刚开始组织共产主义星期六义务劳动的时候,还很难判断这样的事能受到人们多大的注意,它能否变成一件大事。我记得,报道这件事的消息第一次在党的报刊上发表时,那些同工会建设工作和劳动人民委员部关系比较密切的同志的最初反应,如果不说是悲观的,至少也是格外审慎的。在他们看来,没有任何根据把星期六义务劳动看成了不起的大事。从那以后,星期六义务劳动有了非常广泛的发展,现在谁也不能否认它在我国建设中的重要性了。

的确,我们经常使用“共产主义”这个词,甚至把它用于我们党的名称。但是仔细考虑一下这个问题,你就会想到,这里除产生了好的一面外,可能还给我们造成了某种危险。我们不得不更改党的名称的主要原因,是希望尽可能明确地同占统治地位的第二国际的社会主义划清界限。自从社会主义运动中绝大多数正式的党在帝国主义战争期间通过自己的领袖倒向本国资产阶级方面或本国政府方面以后,我们已经很清楚,旧的社会主义已遭到极其严重的危机和破产。为了最明确表示我们不能把那些在帝国主义战争期间跟着本国政府走的人看做社会主义者,为了指明旧的社会主义已经腐朽、已经死亡,为了这一点,主要是为了这一点,当时才产生了更改我们党的名称的想法。况且,从纯粹理论的观点来看,“社会民主党”这个名称早已不正确了。早在40年代,当这个名称在法国刚开始在政治上广泛使用的时候,它就是小资产阶级社会改良主义政党的名称,而不是革命无产阶级政党的名称。由此可见,更改我们党的名称(它已成了新国际的名称)的主要动机和原因,是要同旧的社会主义坚决划清界限。

如果我们问一下自己,共产主义同社会主义的区别是什么,那么我们应当说,社会主义是直接从资本主义生长出来的社会,是新社会的初级形式。共产主义则是更高的社会形式,只有在社会主义完全巩固的时候才能得到发展。社会主义的前提是在没有资本家帮助的情况下进行工作,是在劳动者的有组织的先锋队即先进部分施行最严格的计算、监督和监察下进行社会劳动;同时还应该规定劳动量和劳动报酬。这种规定所以必要,是因为资本主义社会给我们留下了诸如分散的劳动、对公共经济的不信任、小业主的各种旧习惯这样一些遗迹和习惯,这些在所有农民国家中都是最常见的。这一切都是同真正共产主义经济背道而驰的。所谓共产主义，是指这样一种制度，在这种制度下，人们习惯于履行社会义务而不需要特殊的强制机构，不拿报酬地为公共利益工作成为普遍现象。自然，在那些为彻底战胜资本主义正在采取最初步骤的人看来，"共产主义"的概念是很遥远的。因此，尽管我们改变党的名称的做法非常正确，尽管这样做好处很大，尽管我们已经完成的事业规模巨大，十分宏伟(现在共产党遍于全世界，共产国际[21]成立虽然还不到一年，但从工人运动的角度来看，它比垂死的老朽的第二国际要强大得多)，但如果把"共产党"这个名称解释为似乎现在就实现共产主义制度，那就是极大的歪曲，那就是胡乱吹嘘，会带来实际的害处。

正因为这样，对待"共产主义"这个词要十分审慎。也正因为这样，共产主义星期六义务劳动见之于实践后就有了特殊的价值，因为就在这种极小的事情中开始出现了某种共产主义的东西。我们在剥夺了地主和资本家以后，只获得了建立社会主义那些最初级形式的可能，但是这里还丝毫没有共产主义的东西。拿我国目前的经济来看，我们就能看出，这里社会主义的幼芽还很嫩弱，旧的经济形式还占很大的支配地位，这表现在小规模经营占优势，还表现在最厉害最猖獗的投机倒把活动上。可是，当我们的敌人小资产阶级民主派，即孟什维克和社会革命党人反驳我们时说：你们粉碎了大资本主义，而从你们所有的毛孔中冒出来的却是最恶劣的投机性的高利贷性的资本主义，那我们就回答他们：如果你们以为我们能从大资本主义直接过渡到共产主义，那你们就不是革命者，而是改良主义者或空想主义者。

大资本主义在各个地方，甚至在那些还没有采取任何走向社会主义的步骤的国家中,都遭到了根本的破坏。从这个角度来看,我们的敌人对我们提出的所有这些批评和反驳都是无足轻重的。大资本主义被粉碎以后,当然会开始出现新的、投机性的小资本主义的萌芽来取代它。我们现在正同大资本主义的残余作激烈的斗争,它转入了各种小投机倒把活动,那就更难抓住它,并且它采取的是最恶劣的最没有组织的商业形式。

在战争环境中变得激烈得多的斗争,引起了最疯狂的投机倒把活动,在资本主义规模较大的地方尤其如此。所以把革命过渡设想成另一个样子是完全不正确的。从现时的经济来看,情况就是这样。如果要问苏维埃俄国现时的经济制度是什么,那就应当说,它是在大生产中为社会主义奠定基础,是在资本主义以千百万种形式进行最顽强的反抗的情况下改造资本主义旧经济。和我们遭到同样战争灾害的西欧国家,例如奥地利,与我们的唯一区别就是那里资本主义瓦解得更厉害,投机倒把活动更猖獗,却没有社会主义建设的萌芽,没有反击资本主义的东西。但是,在我们经济制度中暂时还没有什么共产主义的东西。"共产主义的东西"只是在出现星期六义务劳动时,即出现个人为社会进行的大规模的、无报酬的、没有任何权力机关和任何国家规定定额的劳动时,才开始产生。这不是农村中历来就有的邻舍间的帮忙,而是为了全国需要进行的、大规模组织起来的、无报酬的劳动。因此,把"共产主义"这个词不仅用于党的名称,而且用来专指我们生活中真正实现着共产主义的那些经济现象,这样做就更正确。如果说在俄国现在的制度中也有某种共产主义的东西,那就是星期六义务劳动,其他都不过是为巩固社会主义而对资本主义进行的斗争。在社会主义完全取得胜利以后,从社会主义中必然会生长出共产主义来,生长出我们从星期六义务劳动中看到的那种不是书本上的而是活生生的现实当中的共产主义来。

星期六义务劳动的原则意义就是如此，它表明这里正在形成和开始产生一种崭新的、与一切旧有的资本主义准则相反的东西，一种比战胜了资本主义的社会主义社会更高的东西，即大规模组织起来以满足全国需要的无报酬的劳动。因此，当今年党中央委员会发出支援国家的号召①，忍受着极度饥饿极度困苦的莫斯科—喀山铁路员工首先起来响应的时候，当某些迹象表明共产主义星期六义务劳动已不是个别现象，已经开始推广并得到群众支持的时候，那就可以说，这里已经发生了一件极其重要的有原则意义的事情，我们确实应该在各方面支持这件事，如果我们不愿意做一个仅仅从反对资本主义这个原则意义说够格的共产党员。从实际建设社会主义社会的角度来看，这还是不够的。应当说，这种运动其实是可以大规模开展的。我们是否已经证实了这一点，这个问题我现在不准备回答，因为关于我们称之为共产主义星期六义务劳动的那一运动有多大规模，还没有总的综合材料。我只知道一些零碎的情况，在党的报刊上看到星期六义务劳动在许多城市正获得愈来愈广泛的发展。彼得格勒的同志说，星期六义务劳动在彼得格勒开展得比莫斯科广泛得多。至于说到外省，许多实际了解这个运动的同志对我说，他们正在收集有关这种新的社会劳动形式的大量材料。但是，只有在各种报刊和各城市党代表会议反复讨论这个问题以后，我们才能得到综合的材料来说明星期六义务劳动是否已真正成为普遍现象，说明我们在这方面是否已真

①　见本版全集第36卷第263—266页。——编者注

正取得了重大的成就。

不管我们是否能很快得到这种完整而又经过核实的材料,但是毫无疑问,从原则上来看,除星期六义务劳动以外,我们再没有其他的事可以表明,我们不仅称做共产党员,不仅想做共产党员,而且真正在实现某种共产主义的东西,不只是社会主义的东西。因此,每一个共产党员,每一个愿意忠实于共产主义原则的人,都应该拿出全部精力来帮助解释这件事并实际地加以运用。这就是星期六义务劳动的原则意义。因此,每一个党代表会议都必须经常不断地提出这个问题,并且既从理论方面也从实践方面来讨论这个问题。我们不应该只从理论方面、原则方面来看这件事。共产主义星期六义务劳动对我们具有巨大价值,不仅是因为它在实践中实现共产主义。除此以外,星期六义务劳动对我们还有双重意义:从国家的角度看,它是对国家真正实际的支援;从党的角度看(我们这些做党员的不应该忽视这一点),它对清除混到党内来的分子和抵制腐朽资本主义环境对党的影响是有意义的。从经济方面来说,星期六义务劳动是必要的,它能使苏维埃共和国摆脱经济破坏并开始实现社会主义。对问题的这第二个方面,我想再稍微详细地谈谈……①

载于1927年10月26日《真理报》第245号　　　　译自《列宁全集》俄文第5版第40卷第32—38页

① 速记稿到此中断。——俄文版编者注

2
就星期六义务劳动的报告所作的总结

（1919 年 12 月 20 日）

经验表明，星期六义务劳动无疑是纯洁党的好办法。它不是万能的洗涤剂，却是效力很大的洗涤剂。至于说我们不善于强迫人们劳动，不要忘记，资产阶级的强制机关有几个世纪的历史，而我们的国家还非常年轻。另外，在群众目前极其贫困的状况下，靠强制提高不了劳动生产率，榜样倒是可以产生非常好的影响的。星期六义务劳动的意义就在于，它不是强制劳动，而是自愿的劳动，真正共产主义的劳动。

译自 1999 年《不为人知的列宁文献（1891—1922）》俄文版第 312 页

人民委员会关于向莫斯科调运粮食问题的决定草案[22]

（1919 年 12 月 23 日）

(1)认为粮食人民委员部的过错在于执行极其重要的任务时严重失职。

(2)如直达线路收发电报完全不通，应于**一小时后**向人民委员会主席正式控告邮电人民委员部。[23]

(3)对不执行粮食人民委员部命令或执行不力的省粮食委员应进行审讯。[24]

(4)派一名官员去粮食人民委员部把线路切实管起来。

(5)星期六①召集人民委员会会议，检查执行情况并讨论关于各项运粮任务的决定。

(6)要求邮电人民委员部对未及时送达粮食人民委员部电报一事作出书面说明，并提出需要采取的措施或需要修改的规章法令，以保证绝对迅速地发送粮食委员部的命令。

载于 1933 年《列宁文集》俄文版第 24 卷

译自《列宁全集》俄文第 5 版第 54 卷第 421—422 页

① 指 1919 年 12 月 27 日。——编者注

为战胜邓尼金告乌克兰工农书

(1919 年 12 月 28 日)

同志们！四个月以前，1919 年 8 月底，我曾经为战胜高尔察克写过一封给工人和农民的信[①]。

现在，我又为战胜邓尼金把这封信全文重新印发给乌克兰的工人和农民。

红军攻克了基辅、波尔塔瓦和哈尔科夫，正胜利地向罗斯托夫推进。乌克兰的反邓尼金起义如火如荼。必须集中全力把试图恢复地主和资本家政权的邓尼金军队彻底粉碎。必须消灭邓尼金，确保我们决不再受到任何侵犯。

西伯利亚被高尔察克占领以后，当地人民受尽了地主和资本家的压迫，过了好多个月才被红军解放，这个教训全俄罗斯的工人和农民都已经领略了，现在乌克兰的工人和农民也应当记取。

邓尼金在乌克兰的统治，也同高尔察克在西伯利亚的统治一样，是一个严酷的考验。毫无疑义，从这个严酷的考验中得出教训，就会使乌克兰工农像乌拉尔和西伯利亚的工农一样，更清楚地理解苏维埃政权的任务，更坚定地保卫苏维埃政权。

在大俄罗斯，地主土地占有制已彻底废除。乌克兰也应当这样做，乌克兰工农苏维埃政权应当把彻底废除地主土地占有制，即

① 见本版全集第 37 卷第 147—155 页。——编者注

乌克兰工人农民彻底摆脱地主的一切压迫和打倒地主本身所取得的成就巩固下来。

但是，除了这个任务以及过去和现在大俄罗斯劳动群众和乌克兰劳动群众同样肩负的其他许多任务以外，乌克兰苏维埃政权还有一些特殊任务。在这些特殊任务中，有一个是目前值得特别注意的。这就是民族问题，或者说是这样的问题：乌克兰要成为一个单独的、独立的乌克兰苏维埃社会主义共和国而同俄罗斯社会主义联邦苏维埃共和国结成联盟（联邦）呢，还是同俄罗斯合并成为一个统一的苏维埃共和国？这个问题，所有的布尔什维克、所有觉悟的工人和农民都应当仔细加以考虑。

俄罗斯社会主义联邦苏维埃共和国全俄中央执行委员会和俄国共产党（布尔什维克）都已经承认了乌克兰的独立。所以不言而喻和理所当然的是，只有乌克兰工人和农民自己在全乌克兰苏维埃代表大会上，才能够作出决定并且一定会作出决定：究竟是把乌克兰同俄罗斯合并起来，还是让它成为一个独立自主的共和国；如果取后者，那么在这个共和国和俄罗斯之间应该建立什么样的联邦关系。

为了劳动者的利益，为了劳动者争取劳动完全摆脱资本压迫的斗争获得胜利，应该怎样解决这个问题呢？

第一，劳动的利益要求在各国、各民族的劳动者之间有最充分的信任和最紧密的联合。拥护地主和拥护资本家即资产阶级的人竭力分裂工人，加剧民族纠纷和民族仇恨，以削弱工人的力量，巩固资本的权力。

资本是一种国际的势力。要战胜这种势力，需要有工人的国际联合和国际友爱。

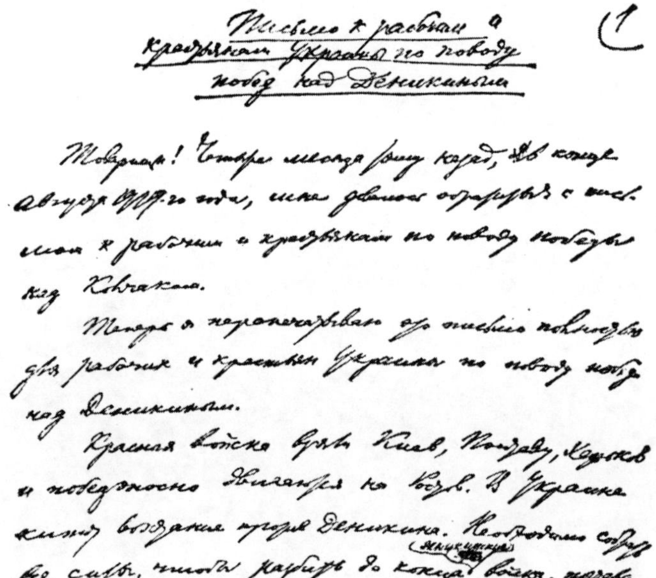

Письмо к рабочим и крестьянам Украины по поводу побед над Деникиным

1

Товарищи! Четыре месяца тому назад, в конце августа 1919-го года, мне довелось обратиться с письмом к рабочим и крестьянам по поводу победы над Колчаком.

Теперь я перепечатываю это письмо полностью для рабочих и крестьян Украины по поводу побед над Деникиным.

Красные войска взяли Киев, Полтаву, Харьков и победоносно двигаются на Ростов. На Украине кипит восстание против Деникина. Необходимо собрать все силы, чтобы разбить до конца деникинские войска, пытавшиеся восстановить власть помещиков и капиталистов. Необходимо уничтожить Деникина, чтобы обеспечить себя от малейшей возможности нового нашествия.

Рабочим и крестьянам Украины следует ознакомиться с теми уроками, которые для всех русских крестьян и рабочих вытекают на опыте завоевания Сибири Колчаком и освобождения Сибири красными войсками после долгих месяцев помещичьего и капиталистического гнета.

На Украине господство Деникина было

1919年12月28日列宁
《为战胜邓尼金告乌克兰工农书》手稿第1页
（按原稿缩小）

我们是反对民族仇恨、民族纠纷和民族隔绝的。我们是国际主义者。我们力求实现世界各民族工农的紧密团结，力求使它们完全合并成为一个统一的世界苏维埃共和国。

第二，劳动者不应当忘记，资本主义把民族分成占少数的压迫民族，即大国的(帝国主义的)、享有充分权利和特权的民族，以及占大多数的被压迫民族，即附属或半附属的、没有平等权利的民族。罪恶滔天、反动透顶的1914—1918年战争使两者分得更清楚了，使在这种基础上产生的民族间的憎恨和仇视也更加剧了。没有充分权利的附属民族对大国压迫民族的愤慨和不信任，例如乌克兰民族对大俄罗斯民族的愤慨和不信任，已经积累好几百年了。

我们主张建立**自愿的**民族联盟，这种联盟不允许一个民族对另一个民族施行任何暴力，它的基础是充分的信任，对兄弟般团结一致的明确认识，完全的自觉自愿。这样的联盟是不能一下子实现的。应当十分耐心和十分谨慎地去实现这种联盟，不要把事情弄坏，不要引起不信任，要设法消除许多世纪以来由地主和资本家的压迫、私有制以及因瓜分和重新瓜分私有财产而结下的仇恨所造成的不信任心理。

所以，在力求实现各民族统一和无情地打击一切分裂各民族的行为时，我们对民族的不信任心理的残余应当采取非常谨慎、非常耐心、肯于让步的态度。但在争取劳动摆脱资本压迫的斗争中涉及劳动基本利益的一切问题上，我们决不让步，决不调和。至于现在暂时怎样确定国界(因为我们是力求完全消灭国界的)，这不是基本的、重要的问题，而是次要的问题。这个问题可以而且应当从缓解决，因为在广大农民和小业主中，民族的不信任心理往往是根深蒂固的，操之过急反而会加强这种心理，对实现完全彻底的统一这个事业造成危害。

俄国工农革命即1917年10月至11月革命的经验，这个革命在两年内胜利地抵御国内外资本家的侵犯的经验，非常清楚地表明，资本家能够暂时利用波兰、拉脱维亚、爱斯兰和芬兰的农民和小业主对大俄罗斯人的民族不信任心理，能够暂时利用这种不信任心理在他们和我们之间制造纠纷。经验表明：这种不信任心理的消除和消失非常缓慢；长期以来一直是压迫民族的大俄罗斯人表现得愈谨慎、愈耐心，这种不信任心理的消失就愈有保证。我们承认了波兰、拉脱维亚、立陶宛、爱斯兰和芬兰各国的独立，这样就能慢慢地但是不断地取得这些小邻国中深受资本家欺骗压抑的最落后的劳动群众的信任。我们采用了这种方法，现在就能满有把握地使他们摆脱“他们自己”民族的资本家的影响，完全信任我们，向未来的统一的国际苏维埃共和国迈进。

在乌克兰还没有完全从邓尼金手中收复以前，在全乌克兰苏维埃代表大会召开以前，全乌克兰革命委员会[25]是乌克兰政府。参加这个革命委员会的，即担任政府委员的，除乌克兰布尔什维克共产党人外，还有乌克兰斗争派共产党人[26]。斗争派同布尔什维克的区别之一，就在于前者坚持乌克兰无条件独立。布尔什维克不认为**这一点**是引起分歧和分裂的问题，不认为**这一点**会妨碍同心协力地进行无产阶级工作。共产党人只要在反对资本压迫和争取无产阶级专政的斗争中能够团结一致，就不应当为国界问题，为两国的关系是采取联邦形式还是其他形式的问题而发生分歧。在布尔什维克中间，有人主张乌克兰完全独立，有人主张建立较为密切的联邦关系，也有人主张乌克兰同俄罗斯完全合并。

为这些问题而发生分歧是不能容许的。这些问题将由全乌克兰苏维埃代表大会来解决。

如果大俄罗斯共产党人坚持要乌克兰同俄罗斯合并，乌克兰人就很容易怀疑，大俄罗斯共产党人坚持这样的政策，并不是出于对无产者在反资本斗争中的团结一致的考虑，而是出于旧时大俄罗斯民族主义即帝国主义的偏见。产生这种不信任是很自然的，在相当程度上是难免的和合乎情理的，因为许多世纪以来大俄罗斯人在地主和资本家的压迫下，养成了一种可耻可憎的大俄罗斯沙文主义偏见。

如果乌克兰共产党人坚持乌克兰无条件的国家独立，也会使人怀疑，他们坚持这样的政策，并不是为了乌克兰工农在反对资本压迫的斗争中的暂时利益，而是出于小资产阶级的、小业主的民族偏见。这是因为我们千百次地从过去的经验中看到，各国小资产阶级“社会党人”，如波兰、拉脱维亚、立陶宛、格鲁吉亚等国的孟什维克、社会革命党人等形形色色的所谓社会党人，都装扮成拥护无产阶级的人，唯一的目的就是用这种欺骗手段来偷运他们同“自己”民族的资产阶级妥协而反对革命工人的政策。我们在俄国1917年2月至10月克伦斯基执政的例子中看到过这种情况，我们在一切国家中从前和现在都看到过这种情况。

由此可见，大俄罗斯共产党人和乌克兰共产党人的互不信任是很容易产生的。怎样消除这种不信任呢？怎样克服这种不信任而求得相互信任呢？

要达到这一点，最好的方法是共同斗争，反对各国的地主和资本家，反对他们恢复自己无限权力的尝试，捍卫无产阶级专政和苏维埃政权。这种共同的斗争会在实践中清楚地表明，不管怎样解决国家独立问题或国界问题，大俄罗斯工人和乌克兰工人一定要结成紧密的军事联盟和经济联盟，不然，“协约国”的资本家，即英、法、美、日、意这些最富裕的资本主义国家联盟的资本家就会把我们一一摧毁和扼杀。我们同得到这些资本家金钱和武器援助的高尔察克和邓尼金作斗争的例子，清楚地说明这种危险是存在的。

谁破坏大俄罗斯工农同乌克兰工农的团结一致和最紧密的联盟，谁就是在帮助高尔察克之流、邓尼金之流和各国资本家强盗们。

所以，我们大俄罗斯共产党人，对我们当中产生的一点点大俄罗斯民族主义的表现，都应当极其严格地加以追究，因为这种表现根本背离共产主义，会带来极大的害处，使我们和乌克兰同志之间发生分裂，从而有利于邓尼金和邓尼金匪帮。

所以，我们大俄罗斯共产党人在同乌克兰布尔什维克共产党人及斗争派发生意见分歧时，如果这些意见分歧涉及乌克兰的国家独立问题、乌克兰同俄罗斯联盟的形式问题，总之是涉及民族问题，我们就应该采取让步的态度。但是在无产阶级斗争、无产阶级专政、不允许同资产阶级妥协、不允许分散我们抵抗邓尼金的力量这样一些对各民族来说是共同的根本问题上，我们大家，无论大俄罗斯共产党人、乌克兰共产党人或任何其他民族的共产党人，都是不能让步、不能调和的。

战胜邓尼金，消灭邓尼金，使这样的进犯不再重演，这就是大俄罗斯工农和乌克兰工农的根本利益。这个斗争是长期而又艰苦的，因为全世界的资本家都在帮助邓尼金，而且将来还会帮助各种各样的邓尼金。

在这个长期而又艰苦的斗争中，我们大俄罗斯工人同乌克兰工人应当结成最紧密的联盟，因为孤军作战大概是不会胜利的。至于乌克兰同俄罗斯的国界如何划定，两国的相互关系采取何种形式，这都并不那么重要。在这方面可以而且应当让步；在这方面可以试一试采用各种各样的方法。工人和农民的事业，战胜资本主义的事业，是不会因此遭到毁灭的。

如果我们之间不能保持最紧密的联盟，共同反对邓尼金，反对我们两国的和一切国家的资本家和富农，资本家就**能够**摧毁和扼杀苏维埃乌克兰和苏维埃俄罗斯，就是说，劳动的事业一定会被葬送掉，多年都不能恢复。

各国资产阶级，各种小资产阶级政党，即联合资产阶级反对工人的"妥协主义"政党，最卖力地分裂各民族工人，煽起互不信任的心理，破坏工人紧密的国际联合和国际友爱。资产阶级如果得逞，工人事业就会失败。希望俄罗斯共产党人和乌克兰共产党人能够耐心地、坚定地、顽强地共同奋斗，粉碎任何资产阶级的民族主义阴谋，消除各种民族主义偏见，给全世界劳动者作出榜样，表明不同民族的工人和农民可以结成真正巩固的联盟，共同为建立苏维埃政权、消灭地主和资本家的压迫、建立世界苏维埃联邦共和国而斗争。

尼·列宁

1919年12月28日

载于1920年1月4日《真理报》第3号和《全俄中央执行委员会消息报》第3号

译自《列宁全集》俄文第5版第40卷第41—47页

人民委员会关于供给工人衣鞋问题的决定草案[27]

(1919年12月30日)

委托小人民委员会[28]务必于星期六①以前从速重新审查其决定，保留其中所有原则部分和共同部分，但要根据扩军这项新的军事任务修改向工人供应的数字。责成李可夫同志指定全权代表出席会议，并发给该代表明确的委托书。

译自《列宁全集》俄文第5版
第54卷第422页

① 即1920年1月3日。——编者注

人民委员会关于采购原料指示的决定草案[29]

（1919 年 12 月 30 日）

委托最高国民经济委员会主席团于星期六①以前把指示修改好，以便全面贯彻苏维埃第七次代表大会的决定，具体是

（1）关于否决权问题[30]；

（2）更严格更全面地贯彻征收原则；

（3）确定发挥地方主动精神和奖励其成绩的详细的规定和办法；

（4）制定反对拖拉作风的办法。

苏维埃第七次代表大会决定中提到的指示的草案全文应于一周内提出。[31]

载于 1933 年《列宁文集》俄文版第 24 卷

译自《列宁全集》俄文第 5 版第 54 卷第 422—423 页

① 即 1920 年 1 月 3 日。——编者注

论纯洁俄罗斯语言

（休息时的联想，即一些会上的发言引起的联想）[32]

（1919年或1920年）

我们在破坏俄罗斯语言。我们在滥用外来语，用得又不对。本来可以说"недочеты"或者"недостатки"或者"пробелы"①，为什么偏要说"дефекты"②呢？

一个刚学会阅读，特别是刚学会阅读报纸的人，只要他用心读报，当然会不知不觉地吸收报上的词语。可是恰恰我们报上的语言也开始遭到破坏。一个刚学会阅读的人把外来语当做新鲜玩意来用还情有可原，可是一个著作家这样做就不能原谅了。现在不是该向滥用外来语的现象宣战了吗？

老实说，如果滥用外来语使我痛恨（因为这使我们难于影响群众），那么在报上写文章的人所犯的一些错误就简直把我气坏了。例如，有人把"будировать"③当做激起、打搅、唤起的意思来用。然而法语"bouder"一词的意思却是生气、发怒。因此，"будировать"的意思实际上就是生气、发怒。仿效下诺夫哥罗德法语[33]用词，就等于仿效俄国地主阶级中那些学过法语而没有学好、又把俄语糟

---

① 这三个俄语词的意思都是"缺点"、"缺陷"。——编者注

② 这是俄语中的外来语，来自拉丁语的defectus一词，意思也是"缺点"、"缺陷"。——编者注

③ 这是俄语中的外来语，来自法语的bouder一词。——编者注

踢了的最糟糕的人物身上的糟粕。

现在不是该向糟蹋俄罗斯语言的现象宣战了吗?

载于1924年12月3日《真理报》第275号

译自《列宁全集》俄文第5版第40卷第49页

致彼得格勒省妇女代表大会主席团[34]

(1920年1月10日)

同志们！我不能参加你们的大会，因此想通过信件来向你们表示祝贺，祝你们的大会圆满成功。

现在，我们正在顺利地结束国内战争。苏维埃共和国不断战胜剥削者，从而逐步巩固起来。今后，苏维埃共和国可以而且应该集中自己的力量来完成对我们大家、对全体劳动者更重要更切合心意更息息相关的任务，即进行不流血的战争来战胜饥饿、寒冷和经济破坏。在这场不流血的战争中，女工和农妇应该起特别重大的作用。

希望彼得格勒省妇女代表大会帮助我们在这场应当而且必然会使苏维埃政权取得更伟大的胜利的不流血的战争中建立、团结和组织起一支劳动妇女大军。

致共产主义敬礼

弗·乌里扬诺夫(列宁)

1920年1月10日

载于1920年1月16日《彼得格勒真理报》第11号

译自《列宁全集》俄文第5版第40卷第50页

在全俄工会中央理事会共产党党团会议上的讲话[35]

（1920年1月12日）

速 记 记 录

同志们！我有一项极其讨厌的工作，这就是担任人民委员会主席，因此我几乎在人民委员会的每一次会议上都给令人厌恶的本位主义的争吵弄得痛苦不堪。粮食人民委员部气势汹汹地指责交通人民委员部，历数它的罪状。常常闹得不可开交，我有多次体验，因此我说，总有一天我们开完一次会后我会去跳水自杀。我这样说是为了指出，在这个会上也出现了最荒唐的本位主义的争吵，对此人民委员会是有责任的。托洛茨基同志说，提出用部门机关取代最高国民经济委员会是信口开河，胡说八道，发神经病，也可以说是人们跟官僚主义混蛋们打了一天交道后才这样说的。这些人来这里就胡扯些本位主义的东西，还不得不为此花费时间，真叫人感到难为情。

托洛茨基同志好就好在没有这么做。他的提纲的最后一点是，请建立跨部门的委员会，我们已经这么办了。他在自己的提纲中建议中央委员会提出下述任务：要建立跨部门的委员会。部门负责人和官僚们，请不要说什么我们最高国民经济委员会不比军事部门差。这是一味博得廉价掌声的好办法，只是这个办法包含着十足幼稚的利益,包含着是最高国民经济委员会好还是粮食人民委员部好这种既讨厌又愚蠢的争吵。这两个机构都不行。

是谁挑起这场讨厌的本位主义的争吵的呢?不是托洛茨基同志,他在提纲中什么也没有说。论战是洛莫夫、李可夫、拉林同志挑起的。他们每个人都拥有最高的官衔——最高国民经济委员会主席团委员。他们当中还有一位最高国民经济委员会主席,这位主席的头衔多得很,如果我要列举出他的所有的头衔,那我的 10 分钟发言就得花掉 5 分钟。因此,说这个会上大家彬彬有礼、亲密无间、对会议确实兴致勃勃是没有根据的。有兴致,那并不是因为李可夫同志和其他参加讨厌的笔墨官司的人都发了言。托洛茨基同志提出关于新任务的问题,而他们则把与苏维埃第七次代表大会的本位主义的论战端了出来。难道我们不知道洛莫夫、李可夫和拉林同志在他们的十分愚蠢的文章中并没有直截了当地把这一点说出来吗?会上有一位发言人说:不能同苏维埃第七次代表大会进行论战。如果苏维埃第七次代表大会有错误,那么请直截了当地说,在会上加以纠正,指出这是错误,而不要去胡扯什么集中和分散。李可夫同志说,有必要谈集中和分散,因为托洛茨基同志没有提出过这个问题。这个人以为,这儿坐着的人都很落后,他们连托洛茨基同志提纲的头几行都忘记了。提纲说:“管理经济要有总的计划……”等等。最尊敬的李可夫、洛莫夫和拉林,你们看得懂俄文吗?让我们回到你们 16 岁那个时候吧,让我们来从头闲扯集中和分散的问题吧。这是最高国民经济委员会会务委员会委员——主席团委员的国家任务。这是胡说八道、一文不值的垃圾,把时间花费在这方面简直叫人感到难为情,可耻。

当我们议论新任务的内容时就争论起来了。争论的问题是关于集体管理机构和一长制。至于集体管理制和一长制，如果我们在工人集会上说我们赞成集体管理制，同时却贯彻资产阶级的原则，那是一文不值的。这样的论战我在人民委员会里常常听见。这种说法很愚蠢，只有在本位主义的争吵中才说得出口。集体管理制变成了泡在会议上，说什么一长制不是唯一可行的组织办法的人的空谈。我们当然需要让工人学习管理。集体管理机构当然也是可以学会的。如果他们不会别的办法，那就让他们待在集体管理机构里吧。学习是不需要集体管理机构的，找一些助手就行了。我们要把集体管理原则和权力的一长制原则结合起来；贯彻集体管理原则的目的只是为了使工人学会自己管理。集体管理机构应该由四五位同志组成，他们都配备有助手。我们将有时实行集体管理制，有时实行一长制。那些差的、不得力的、落后的和不开展的人，让他们去实行集体管理制，让人们去议论纷纷，说得厌了也就不再说了。

战争教会人们把纪律强化到极限，把数万、数十万人，即数万、数十万同志集中起来，他们为拯救苏维埃共和国而牺牲。要不是他们流血牺牲，我们大家都已经见鬼去了。尤登尼奇春天要来，协约国正在策划，我们不了解它将策划出什么来。

我现在要谈复员和利用军事力量的问题，目的是使军事力量和军事机关适应即将到来的时期的需要。我们正处在转折的前夕。从来没有一场战争是这么结束的：叫大家各自回家，而人人都欢天喜地。宣布复员，让所有的工人各奔东西，去领取3普特的口粮等等。当然到会的人在拍手鼓掌，而他们知道工人们在受什么样的苦，饿成什么样子。但你们因此博得廉价的掌声。我们大家都知道饥荒十分严重。但是请你们把粮食运来吧。请大家想一想复员意味着什么。谁说要复员，这是废话，空话。请试一试让第3集团军复员，这个集团军干得很出色，已经提出了自己的方案。

那些发笑的人对当前的形势根本不了解，也不善于思考。不管这些方案有多少错误，我们花10分钟就看明白了，但是基本上按托洛茨基同志电报中所说的办法去解决。您的基本思想很值得重视。一个集团军驻扎在乌拉尔，在西西伯利亚的边上，它能干什么呢？返回彼得格勒。它又回不来。火车不通。另一个集团军正开赴南方。你们去收集几千万［普特］。① 你们知道，需要收集3亿普特粮食，而不是空谈经济建设。你们试一试去收集这3亿普特。一个集团军开到西西伯利亚，驻扎在那里，离又离不开。另一个集团军开到罗斯托夫的南面，也离不开，因为那里是顿涅茨克州，而我们也不可能从那里调兵。一个集团军进入塔夫利达省，正在攻打梅利托波尔，那里粮食多极了，但不能把军队调走，因为那里有反革命匪帮，也有粮食。关于这一点，即关于这些具体任务没有人考虑过。与其像孩子一样胡闹，还不如考虑一下，该做些什么。

人民在挨饿，铁路不通，而我们军队里的每一个战士都说，我现在才明白什么是纪律。军队打击并处决损人利己的家伙。这个军队也有缺点，军队机关干的蠢事一点不比最高国民经济委员会、交通人民委员部等机构干的少，托洛茨基同志永远不会去写这些情况。而现在这个机构有可能采取强制措施和执行纪律，因此我们说：我们要把这些粮食收集到手并且运回来，因为我们的全部困难就在这里。为了收集到3亿普特，需要有一个机构。这个机构在哪里？就在挨饿的庄稼汉能够帮助饱汉弄到食物的地方。我们

① 方括号内的文字是俄文版编者补上的。——编者注

来到的是能吃饱的省份。说阿拉克切耶夫式的统治[36]的人真可耻——这是毫无价值的自由主义的论据,这是一文不值的蛊惑言论。他们竟然把社会主义的军队,把这个军队的纪律和组织称做阿拉克切耶夫式的统治,而正是这支军队发挥了前所未有的热情,彼得格勒和莫斯科的工人才没有沦为饥荒的牺牲品。我们怎么说得出这种话?这种说法同在人民委员会里开始的争吵一样:挥起棍子就打。我不幸在人民委员会的每次会议上都见到过这种情景。这不是阿拉克切耶夫式的统治,而是我们的罪过,又是取得胜利所不可或缺的东西。

我们战胜邓尼金和高尔察克靠的是我们比世界上所有资本主义国家都强的纪律,而托洛茨基同志实行了死刑,这种做法我们是要加以称赞的。他通过共产党员的自觉组织和鼓动来实行死刑。我们为了一万个白卫军官而牺牲了几万个优秀的共产党员,这样做才拯救了国家。现在必须采用这些方法,不采用这些方法就运不来粮食。只有在乌克兰粮食才富足。我们运不回粮食来,因为要给工人发放口粮,就必须收集余粮。为了抓建设,就必须让几百万工人去干活。

有人说:好吧!让工人离开军队回家吧。谁也不走,因为大家都知道这儿在闹饥荒。他们要留在能吃饱肚子的地方,留在梅利托波尔和其他地方,同自己的军队在一起,军队可以多吃两倍的东西;但是如果军队不吃东西,它就救不了你们。应该考虑的不是最高国民经济委员会的主管部门,而是共和国的整个形势。你们难道没有读过克列孟梭的文章?他说“我来推动波兰和罗马尼亚去干”。你们怎么能让军队复员呢?这是空谈,而不是严肃的论战。我们只复员一小部分人,其余的人我们要留下以防不测。要做到这一点该怎么办呢？彼得格勒和沃罗涅日的工人不可能赶来。如果他们能够赶来，我们就不会让他们复员。

有人说：我不想待在兵营里，我想为建设出力。如果采取这种态度，那简直可笑。这样来理解国家任务是可耻的，在这一点上连论战都没有意思。这些人在地方机关里犯的错误同我们在最高国民经济委员会和其他机关里犯的错误一样多，但是他们能为我们解围，因为没有他们我们就不可能把粮食和食油从车里雅宾斯克运出来，那里没有粮食机构，又没有工夫去建立。你们用《共产主义ABC》[37]是战胜不了富农和匪徒的，这需要有可靠的力量。军队今天在梅利托波尔，明天又要开赴别的地方。任何一个有头脑的工人都能理解我们，赞同我们。如果你们想进行论战，那就去批评第七次代表大会的决定吧，可是我有言在先，在党的代表大会上和中央委员会的任何会议上你们都会挨揍的。存在着官僚主义、拖拉作风、纪律涣散，我们正在反对这种纪律涣散和官僚主义，必须同这些不良现象作战。流血的战争结束了，但是不流血的、真正的、要求有军队纪律和作用的战争并没有结束，这场战争要求人们去参加战斗，而不是待在家里。为了进行这场战争，需要利用那些驻扎在波兰和我们之间、邓尼金和我们之间，驻扎在北高加索的军队。要这些军队干什么？让它们复员吗？纯粹是胡说八道。应该把这些军队同整个机关、整个共产主义先锋队一起派去收集和运送粮食。既然我们不惜处决几千人，那我们也不惜采取上述措施，以此来拯救国家。（鼓掌）

译自1993年2月5日《俄罗斯报》

国防委员会关于全俄肃反委员会运输局的决定草案[38]

1920 年 1 月 16 日

全俄肃反委员会务必于三周内颁发一项详细指示，不仅要规定全俄肃反委员会运输局的工作制度，而且要规定全俄肃反委员会运输局代表应对怠工或投机倒把行为失察或知情不报负严重责任。

全俄肃反委员会运输局代表尤其应同那些由铁路工人中真正的无产阶级部分所组成的共产党支部和工会基层组织保持联系，因为这些人并不利用职务之便大肆进行投机倒把活动。

载于 1933 年《列宁文集》俄文版第 24 卷

译自《列宁全集》俄文第 5 版第 40 卷第 51 页

俄共(布)中央政治局关于对阿塞拜疆政府的政策的决定草案[39]

(1920 年 1 月 17 日或 18 日)

鉴于阿塞拜疆政府拒绝接受我们所提出的对邓尼金采取联合军事行动的建议,而且还向在里海从事反对我国的活动的英国军队提供方便,责成外交人民委员部对阿塞拜疆政府采取十分审慎和不予信任的方针。外交人民委员部在十分明确地强调指出我们一贯承认每个民族的劳动群众的自决权的同时,应对阿塞拜疆政府的此类行径提出坚决抗议。

载于 1959 年《列宁文集》俄文版第 36 卷

译自《列宁全集》俄文第 5 版第 40 卷第 52 页

俄共(布)中央政治局关于协约国企图通过俄国合作组织开始同俄国建立贸易关系问题的决定

(1920年1月17日或18日)

鉴于协约国企图通过合作社进行商品交换,公然打算利用合作社这一机构来复辟资本主义,中央委员会责成中央消费合作总社主席、粮食人民委员部、最高国民经济委员会主席以及商业人民委员部根据上述看法特别仔细地讨论一下合作社问题,并立即制定措施,保证我们完全掌握合作社机构,首先要掌握那些可能进行商品交换的地点(乌克兰、远东)的所有合作社机构。

译自《列宁全集》俄文第5版
第40卷第53页

俄共(布)中央政治局关于总司令对给土耳其斯坦方面军司令的命令提出抗议一事的决定草案[40]

(1920年1月17日或18日)

(1)确认列宁和托洛茨基通过电报下达的命令是正确的。

(2)确认对这项命令的下达形式提出抗议是一种不应有的军事官僚主义的表现。

(3)通知总司令:他通过斯米尔加同志转达的口头抗议已予审理并被确认是错误的。需要作结论时,就应作出结论。

译自《列宁全集》俄文第5版第54卷第423页

约翰·里德《震撼世界的十天》一书序言

（1920 年 1 月 20 日）

美国版序言[41]

我以极大的兴趣全神贯注地读完了约翰·里德的《震撼世界的十天》一书，由衷地把这部著作推荐给各国工人。我希望这本书能发行千百万册，译成各种文字，因为它真实地、异常生动地记述了那些对于理解什么是无产阶级革命，什么是无产阶级专政具有极其重要意义的事件。这些问题现在正得到广泛的讨论，但是在决定接受或拒绝这些思想以前，必须了解所作的决定的全部意义。约翰·里德的这本书无疑有助于阐明这个问题，而这正是世界工人运动的基本问题。

尼·列宁

载于 1923 年莫斯科红色处女地出版社出版的约翰·里德《震撼世界的十天》一书

译自《列宁全集》俄文第 5 版第 40 卷第 48 页

俄共给德国独立社会民主党的复信草稿(提纲)[42]

(1920年1月20日)

我们终于接到了(德国)独立党关于谈判的**正式**提议,我们现在,作为一个政党,应该十分坦率地答复他们,不使用共产国际在某种程度上必须使用的那种"外交辞令"。

复信应当向赞同无产阶级专政和苏维埃制度的工人群众说明事情的真相,因为不仅在德国,而且在法国、英国以及其他许多国家里,工人的领袖都在**欺骗**工人(有意或无意地,即出于他们的自我欺骗),这些领袖只在口头上赞同工人中间流行的这些口号(无产阶级专政和苏维埃政权),行动上仍和从前一样,不按这些口号的精神,而是按与这些口号背道而驰的精神进行工作,进行宣传和鼓动等等。

下面是(俄共给德国独立社会民主党的)复信的提纲初稿:

(各点的前后次序**也**还应该重新安排)

1. 无产阶级专政意味着有能力、有准备、有决心用革命手段、用剥夺剥削者的办法,把全体被剥削劳动群众吸引过来(吸引到无产阶级革命先锋队这一边来)。

德国独立党的日常鼓动(例如《自由报》[43])不谈这一点。龙格派也不谈这一点。

2. 对农村无产者、半无产者以及小农(在收割庄稼等农忙时节也不使用雇佣劳动的农民,很少出卖粮食或不出卖粮食的农民),特别需要进行这种鼓动。应该最简明通俗而又非常具体地天天向这些阶层的居民说明,无产阶级掌握国家政权以后,一定会**剥夺地主**,**使**这些阶层的居民的境况立即得到改善。无产阶级一定会使他们摆脱大土地占有者的压迫,使这个居民阶层作为一个整体获得大地产,使他们摆脱债务的盘剥,等等。对城市中不是无产阶级或不完全是无产阶级的劳动群众也应当这样做。

德国独立党(以及龙格派)不进行这种鼓动。

3. 苏维埃制度就是要揭穿资产阶级的谎话,指出他们所谓"出版自由"就是富人、资本家收买报刊的自由,就是资本家收买几百种报纸来制造所谓"社会舆论"的自由。

德国独立党(我们一说到他们,**总是**同时也指龙格派、英国独立党[44]等等)不认识这一真理,不传播这一真理,不天天为用革命手段来消灭资产阶级民主派虚伪地称之为出版自由的那种资本对报刊的奴役而进行鼓动。

独立党不进行这种鼓动,只在口头上承认(Lippenbekenntniss)苏维埃政权,行动上完全受资产阶级民主派的偏见的束缚。

他们对于为什么要没收印刷厂、仓库和储存的纸张这个**主要问题**都说明不了,因为连他们自己也不明白。

4. 对集会自由(只要有钱人占有最好的建筑物或在购买公共建筑物,这就始终是一句谎话)、"武装**人民**"、信仰自由(=资本收买许许多多教会组织用宗教鸦片麻醉群众的自由)以及资产阶级民主制的其他各种自由都是这样。

5. 无产阶级专政意味着资产阶级被无产阶级**一个**阶级,也就是它的革命先锋队所推翻。要求这个先锋队**先**通过资产阶级议会、资产阶级立宪会议等的选举,也就是**在存在着雇佣奴隶制**、存在着剥削者、剥削者的压迫和生产资料私有制的情况下,通过选举取得**多数人民的**拥护,——要求这样做或以此为前提,实际上就是完全抛弃无产阶级专政的观点而转向资产阶级民主派的观点。

德国独立党和法国龙格派就是这样做的。这些政党一再重弹小资产阶级民主派所谓"人民"(受资产阶级欺骗和资本压迫的人民)多数的滥调,客观上还是站在资产阶级方面反对无产阶级。

6. 无产阶级专政的前提和标志是清楚地认识到下列事实:无产阶级由于它在任何资本主义社会中的客观经济地位,都**正确地**体现着**一切**被剥削劳动群众、一切半无产者(即部分靠出卖劳动力为生的人)和一切小农等等的利益。

这些居民阶层跟着资产阶级和小资产阶级的政党(其中包括第二国际各国"社会主义"政党)走,并不是出于自由的意志(如小资产阶级民主派所想象的),而是由于资产阶级对他们的露骨欺骗、资本对他们的压迫以及小资产阶级领袖的自我欺骗。

无产阶级要把这些居民阶层(半无产者和小农)吸引过来并且能够把他们吸引过来,只有**在**取得胜利**以后**,只有在夺得国家政权以后,就是说,只有在推翻了资产阶级,使**全体**劳动者摆脱了资本的压迫,并用事实向他们**表明**无产阶级国家政权究竟带来了什么好处(好处就是摆脱了剥削者)以后才能做到。

这个观点是无产阶级专政思想的基础和实质。德国独立党和法国龙格派不理解这个观点,不向群众灌输这个观点,不天天宣传这个观点。

7.无产阶级专政意味着认识到必须用暴力镇压剥削者的反抗,而且有准备、有能力、有决心做到这一点。既然资产阶级,甚至最主张共和和民主的资产阶级(例如德国、瑞士和美国的资产阶级),也经常用大屠杀、私刑、暗杀、军事暴力和恐怖手段来对付共产党员,实际上也就是对付无产阶级的一切革命行动,那么在这种条件下要放弃暴力和恐怖手段,那就变成了哭哭啼啼的小资产者,就是在散播社会和平这种反动市侩幻想,具体地说,就是害怕耀武扬威的军官。

罪恶滔天、反动透顶的1914—1918年帝国主义战争,在世界各国,甚至在最民主的共和国里,培养了成千上万的反动军官,把他们推上了政治前台,由他们策划并实行恐怖,以维护资产阶级的利益,维护资本的利益,反对无产阶级。

因此,德国独立党和法国龙格派在议会演说、报纸文章以及一切宣传鼓动中所实际表现出来的对恐怖的态度,事实上完全背离了无产阶级专政的实质,实际上采取了小资产阶级民主派的立场,**败坏了**工人的革命意识。

8.对国内战争也是这样。既然已经发生过帝国主义战争,既然反动将军和军官在对无产阶级实行恐怖,既然各资产阶级国家的现行政策**就是为发动新的**帝国主义战争**作准备**(不仅是有意识地在作准备,而且这是它们全部政策的客观必然结果),既然情况是这样,环境是这样,那么看见对付剥削者的国内战争就痛哭、谴责、害怕,那就是真正变成了反动分子。

这是害怕工人取得胜利,为了这一胜利可能要有几万人作出牺牲;这也无疑是在放任帝国主义者再进行一场新的大厮杀,这样的大厮杀昨天已经断送了而且明天还会断送千百万人的性命。

这实际上是**鼓励**资产阶级将军和资产阶级军官们袭用、谋划和准备反动的暴力行动。

德国独立党和法国龙格派对国内战争问题采取的小资产阶级温情感伤的态度,事实上就是这样反动。他们闭眼不看白卫军的阴谋,不管资产阶级怎样训练白卫军,组建白卫军,却假仁假义(或者胆小怕事),不肯为创建一支能镇压剥削者反抗的无产者的赤卫队或红军而工作。

9. 无产阶级专政和苏维埃政权意味着清楚地认识到必须**摧毁**和粉碎资产阶级的(即使是民主共和制的)国家机构、法院以及民政和军事的官僚机构等等。

德国独立党和法国龙格派没有表明他们已认识到了这一真理,已在天天宣传这一真理。更糟糕的是,他们的**一切**宣传都是同这种精神**相违背的**。

10. 任何革命(与改良不同)本身都意味着一场危机,而且是一场极其深刻的政治危机和经济危机,这不取决于战争造成的危机。

无产阶级革命政党的任务在于向工人和农民说明,要有敢于应付这场危机的勇气,从革命手段中找到战胜这场危机的**力量泉源**。无产阶级只有以革命热情、革命毅力和不怕惨重牺牲的革命决心来战胜最大的危机,才能打败剥削者,使人类最终摆脱战争、资本压迫和雇佣奴隶制。

别的出路是没有的,因为对资本主义采取的改良主义态度,昨天已经造成了(明天必然还会造成)使千百万人丧命的帝国主义大厮杀和无休止的各种各样危机。

没有这个基本思想,无产阶级专政就是一句空话。但是独立党和龙格派不理解这个思想，在宣传鼓动中看不出有这个思想，也不向群众说明这个思想。

11. 改良主义事实上在第二国际(1889—1914年)中占优势并葬送了第二国际，独立党和龙格派不是加深和提高群众对改良主义的腐朽性和危害性的认识，而是模糊这种认识，掩盖病症，不揭露病症。

12. 独立党虽然退出了第二国际，在口头上谴责第二国际(例如克里斯平的小册子)，但行动上却跟诺斯克之流和谢德曼之流先生们的奥地利党的党员弗里德里希·阿德勒握手言欢。

独立党容忍那些完全否认无产阶级专政一切基本概念的文人留在党里。

这种言行不一致是德国独立党和法国龙格派**领袖们**的全部政策的特征。就是这些领袖不理睬向往苏维埃制度的工人**群众**的革命心情，而赞同小资产阶级民主派和被改良主义腐蚀了的无产阶级上层分子的偏见。

13. 独立党和龙格派不理解，也不向群众说明：先进国家的帝国主义超额利润曾经使(而且现在正在使)这些国家得以**收买**无产阶级的上层分子，把超额利润(从殖民地得来的和对弱国进行金融剥削得来的超额利润)的零头扔给他们，培植熟练工人的特权阶层，等等。

不揭露这种祸害，不同工联主义的官僚作斗争，也不同染上行会习气的市侩、工人贵族以及工人上层特权的种种表现作斗争，不把这类人物无情地从革命政党中驱逐出去，不面向**下层**，不面向日益广泛的**群众**，不面向被剥削者这一真正的**多数**，就谈不上无产阶级专政。

14.独立党和龙格派不愿意或者不知该怎样同受帝国主义腐蚀的工人上层分子决裂,还表现在他们不鼓动人们去直接地和无条件地支持各**殖民地**人民的**一切**起义和革命运动。

在这样的情况下谴责殖民政策和帝国主义,那就是假仁假义,或者是愚蠢市侩的无谓叹息。

15.独立党和龙格派不在军队中进行鼓动工作(争取打入军队,**以便**教育军队转到工人方面来**反对**资产阶级)。他们不建立这方面的组织。

他们不经常宣传建立**不合法组织**的必要性,也不去**建立**不合法组织,以回击资产阶级的暴力和**他们**不断破坏"法制"(不论在帝国主义战争期间还是**在**战争**以后**)的行为。

如果不把合法工作和不合法工作、合法组织和不合法组织结合起来,那么无论在德国、瑞士、英国、法国和美国,都根本不会有真正的革命的无产阶级政党。

16.总而言之,独立党和龙格派的一切宣传、一切鼓动、一切组织都是市侩民主主义的,而不是革命无产阶级的;是和平主义的,而不是社会革命的。

因此,他们对无产阶级专政和苏维埃政权的"承认",就只停留在口头上。

结论:鉴于这种情况,俄共认为唯一正确的做法是不同独立党和龙格派结成一个国际,**等到**法国工人和德国工人中的革命群众**纠正了**独立党和龙格派这些政党的弱点、错误、偏见和不彻底性以后再说。

俄共认为共产国际不能容纳这样的政党。

然而俄共并不拒绝同一切愿意同它磋商、听取它的意见的政党进行**协商**。

载于1920年3月22日《共产国际》杂志第9期(非全文)

全文载于1924年《共产国际》杂志第8期

译自《列宁全集》俄文第5版第40卷第54—61页

致格·马·克尔日扎诺夫斯基

(1920年1月23日)

格列勃·马克西米利安诺维奇：

文章[45]已收到，读过了。

好极了。

需要**许多**这样的文章。到那时我们就出版小册子[46]。我们缺乏的正是有魄力或"有预见"的专家。

应该：(1)**暂时**把注释去掉或压缩。在报上刊登，注释就太多了(明天我和编辑谈一谈)。

(2)不能补充一个**计划**吗？不是技术的计划(这当然要**很多人**来做，而且也不是很快就能做好的)，而是政治的或国家的计划，即向无产阶级提出的任务。

例如：在10年(5年?)内建成**20—30**个(30—50个?)电站，使全国布满以400俄里(或200俄里，如果不能搞更大的)为半径的发电中心，其中有的用泥炭，有的用水力，有的用页岩，有的用煤，有的用石油(把整个俄国**大概地**、**极**粗略地规划一下)。现在就开始购买必要的机器和样品。10年(20年?)以后，我们就能使俄国"电气化"。

我想，这样的"计划"——再说一遍，不是技术的而是国家的——计划草案，您是能够提出来的。

计划应该现在就提出来，要通俗易懂，一目了然，使群众为清晰而鲜明的（有充分**科学**根据的）远景所吸引：干吧，在10—20年内，我们就会使整个俄国，不论工业和农业，都实现**电气化**。我们将制造出**多少个**（几千或几百万马力或千瓦？？天晓得）机器奴隶等等。

要是再附上一幅标有发电中心和供电范围的俄国**略**图不是更好吗？或者现在还做不到？

再说一遍，必须用为期10—20年的**伟大**纲领来吸引工人和觉悟的农民**群众**。

我们在电话里谈吧。

您的 **列宁**

1月23日

附言：克拉辛说，铁路电气化我们现在办不到。真是这样吗？如果是这样，那么再过5—10年也许能办到？在乌拉尔也许能办到？

能否写一篇专门论述电站网"国家计划"的文章？文中附上电站分布图或大致的一览表（数目），还要谈谈如何集中全国动力的发展远景。

接信后，请来电话，我们再谈。

载于1925年1月22日《经济生活报》第18号

译自《列宁全集》俄文第5版第40卷第62—63页

俄共(布)中央政治局关于工人检查问题的指示[47]

(1920年1月23日)

责成全俄中央执行委员会主席团和国家监察人民委员部遵照执行俄共中央的指示:

一、任何国家管理部门都不得建立新的机构,而应改善现有的各人民委员部。

二、大力发展、加强和扩大工农检查机构,使国家监察人民委员部的一切工作全盘"工人化"(及"农民化")。

三、工人检查不应吸收熟练工人参加,而只应吸收非熟练工人主要是妇女参加。

四、在阿瓦涅索夫的参与下立即拟定出国家监察人民委员部所属工农检查机构的新草案,并在1920年1月28日以前提交政治局。

载于1928年《列宁文集》俄文版第8卷

译自《列宁全集》俄文第5版第40卷第64页

对《工农检查院条例》草案的意见和补充

（1920年1月24日）

送：斯大林同志

抄送：阿瓦涅索夫、托姆斯基、
全俄中央执行委员会
主席团委员基谢廖夫

根据中央委员会的指示①，我认为应该把三个草案并成一个。

我认为还要补充下列几点：

（1）国家监察人民委员部所属工农检查“局”应当是一种临时性的机关，其任务是把工农检查制度贯彻到国家监察人民委员部的**各个**部门中去，然后这个独立的部门就可取消。

（2）目的：把**全体**劳动群众，男子**特别是妇女**，都吸收来参加工农检查工作。

（3）为此，地方上应当编造名册（依据宪法），除公务人员等等不参加以外，吸收所有其他人员**轮流**参加工农检查工作。

（4）参加的方式应该依照参加者的水平而异：不识字的、水

① 见本卷第78页。——编者注

平极低的工农可以充当“目击者”、证人、见证人或见习者，经过一定**考验的**、识字的和水平高的工农可以享有全权(或几乎全部权利)。

(5)应该使工农检查机构特别注意(还应该制定严密的条例)并**扩大**对于产品、**商品**、仓库、工具、材料、燃料等等(特别是食堂等单位的)的计算的监督。

必须吸收**妇女**而且是**全体妇女**参加这一工作。

(6)为了不因吸收大批人参加而发生混乱，应当确定逐步吸收、轮流替换等原则。同时必须周密地考虑参加的方式(一般一次吸收两三个人，在极少的和特殊的情况下可以多一些，以免因为他们而让职员白白耽搁工作)。

(7)应该拟就详细的指示。

(8)国家监察人民委员部的官员必须(依照特别指示)：第一，吸收工农检查机构的代表(或代表小组)参加国家监察人民委员部的各项工作；第二，在**非党**工农代表会议上讲大课(讲课必须根据经过特别批准的提纲进行，要通俗易懂，要说明国家监察人民委员部的原则和工作方法。如不是讲课，可以宣讲我们即将出版的小册子，即在党的特别协助下将由国家监察人民委员部，即由斯大林和阿瓦涅索夫负责出版的小册子)。

(9)**逐步地**请各地农民(必须是非党农民)参加中央的国家监察人民委员部的工作：起初即使每省只有一两个人也行(如果没法再多的话)，以后根据交通情况及其他条件再行**增加**。对非党工人也应该如此。

(10)通过党和工会来逐步开展对劳动者参加国家监察人民委员部工作情况的检查，即通过它们检查：是否人人都参加这一工作，在培养他们参加管理国家事务方面，这种做法的效果如何。

列　宁

1920年1月24日

载于1928年《列宁文集》俄文版第8卷

译自《列宁全集》俄文第5版第40卷第65—66页

在普列斯尼亚区非党工人和红军战士代表会议上的讲话

（1920 年 1 月 24 日）

报　道

由于红军最近的胜利，我们所处的国际形势大大改变了，因而应该寻求完成我们的国际任务的新途径。

苏维埃政权刚一成立，国际资本的一切力量就向它猛烈进攻，这些力量比苏维埃政权的力量大得多，因此，持动摇态度的人曾怀疑过苏维埃政权能取得胜利。可是苏维埃政权终究胜利了。只要仔细想想苏维埃政权是怎样胜利的，就会懂得应该做些什么才能继续取得胜利。

列宁同志指出，打垮资本力量是一个很伟大的胜利，粉碎高尔察克是一个很伟大的胜利，它迫使协约国解除了封锁，放弃了扼杀俄国的计划。

战胜比我们强大得多的敌人这一事实表明，正确的是布尔什维克，而不是那些硬说我们反抗世界资产阶级是在做一件毫无成功希望的事情的人。封锁解除后我们虽然稍微松了一口气，但是西欧资产阶级大概还要同我们斗的。就在封锁刚解除的今天，西欧资产阶级正在唆使波兰白卫军进攻我们，因此还必须提高警惕，防备新的进攻，并且接受两年来的斗争教训，利用我们过去用以取得胜利的那些手段。

孟什维克经常说，西欧的无产者不支持我们，他们让人家扼杀我们，他们已经让人家扼杀了匈牙利[48]。这些话说得似乎也对。然而为什么协约国的军队从北方和敖德萨撤退了呢？这是因为协约国的士兵，也就是工人，愈深入苏维埃俄国，就愈坚决地拒绝同我们作战。这就是说，我们取得胜利的原因之一在于：要同我们作战就必须开来一支大军，这支大军又只能由工人和农民组成，但是这些西欧的工人是不愿意同我们作战的。这就是说，我们之所以胜利，不是因为我们强些，而是因为协约国各国的劳动者同我们比同他们本国的政府更接近。

胜利的第二个原因是“14 国进攻”没有得逞[49]。这就是说，小国是不能联合起来反对布尔什维克的，因为它们害怕，一旦它们自己取得胜利而邓尼金同时也取得胜利，俄罗斯帝国就会复辟，又会不给小国活路。我们同爱沙尼亚缔结和约，已经使我们事实上打破了封锁，即使宣布正式解除封锁只是一种骗局，那也无关紧要了。

协约国中的大国不能联合起来反对苏维埃政权，因为它们彼此之间仇恨太深。德国不满意掠夺性的凡尔赛和约，一心要向法国复仇。法国唆使波兰进攻我们。英国则允许爱沙尼亚媾和，只要爱沙尼亚同它做生意就行。日本在西伯利亚驻有比我们强大的军队，但它不能同我们作战，它怕美国进攻，两国因争夺在中国的帝国主义殖民利益而互相仇视。这就是说，我们取得胜利的第二个原因在于：工人是团结一致的，而资产者既然是资产者，就不能不为了多得一点利润而互相争吵，互相厮杀。

在这种情况下，我们取得了国内战争头两年的胜利，这两年是最困难的两年，因为我们的国家被帝国主义战争破坏了，我们得不到粮食和煤炭。现在我们的粮食和燃料都很充裕。在西伯利亚，单靠余粮收集制就获得了 2 100 万普特粮食。诚然，我们不能立即运出这些粮食，但要知道，整个欧洲的运输都被破坏了，我们这里的运输是白卫军故意破坏的。除基辅大桥外，第聂伯河上所有的桥梁都被他们炸毁了，这也就是军事行动和粮食运输受到阻碍的原因。我们的古里耶夫有石油，里海沿岸一解冻，我们就能把石油运出来。我们估计到这一切，并进行着运油的准备工作。为了恢复运输，我们正在建立劳动军[50]，其中的一支队伍已经动手修筑亚历山德罗夫盖—古里耶夫的铁路来运送石油。我们不能让军队复员，因为我们还有波兰这样的敌人。运输的破坏也妨碍复员。因此，我们将利用军队来恢复运输。

白卫分子在他们所有的宣传品上都说布尔什维克的鼓动工作很成功，说布尔什维克在鼓动工作上是不惜花钱的。但是，人民听过各种各样的鼓动，听过白卫分子的，也听过立宪会议派的。如果认为人民跟着布尔什维克走是因为布尔什维克的鼓动较为巧妙，那就可笑了。不是的，那是因为布尔什维克的鼓动说实话。

邓尼金和高尔察克的行动本身就在鼓动人民反对他们，鼓动人民拥护苏维埃政权。正因为这样，我们才取得了胜利。我们轻而易举地在几小时之内就推翻了沙皇。我们在几星期之内打倒了地主和资本家。但这只是做了一半工作。必须学会按照新的方式工作。从前是剥削者组织劳动，从前是饥饿把劳动联合起来，现在把劳动联合起来的应该是工人和农民的这样一种觉悟：必须劳动才能摆脱困难的处境。

但是并非所有的人都有这样的觉悟。所以我们开始了新的不流血的斗争来培养这种觉悟。在过去，一切革命的结局都是有利于一小撮资本家和剥削者的。这是因为起义的劳动者还没有意识到团结的必要。每个人只顾自己，大家你争我夺，于是骗子和投机倒把分子乘机而起。

例如一个农民有粮食，旁边有一个人在挨饿，他总想以 1 000 卢布把粮食卖给这个挨饿的人而不愿把粮食贷给工人政权。甚至还有人说："这样做得对呀！"邓尼金和高尔察克都试行过自由贸易，但是优秀的觉悟的工人和农民看清了这是怎么一回事，离开了他们。

从前人们说："人人为自己，上帝为大家。"这句话不知道造成了多少苦难。

我们说："人人为大家，没有上帝也过得去。"我们要努力使工人和把粮食贷给国家的农民结成兄弟般的联盟，所以说贷给，是因为我们暂时还拿不出任何东西来交换，而花花绿绿的票子又不值钱。迄今为止，我们进行斗争只是为了不让敌人扼杀我们。而现在，比我们强大得多的敌人已被打垮，我们的手腾出来了，我们应当着手建设新生活，首先是恢复运输。

在南方接近产粮区的地方，我们有红军夺来的工厂，要让这些工厂开足马力，一天三班，不要像没吃饱饭的人那样工作。

我们应当把我们曾用来战胜过国外敌人的共产主义鼓动的全部力量都放到恢复运输上。

我们进行过"出色的"对外贸易，输出了 7 亿普特粮食。因此俄国和外国的百万富豪们大发其财，而俄国的工人和农民却挨了饿。现在，我们必须使大家相信，唯一的生路就是"大家为大家！"我们要不惜任何代价消灭自由贸易和投机倒把，因为自由贸易和投机倒把只会使一小撮人握有粮食，而使其余的人挨饿。我们应该使农民相信——他们是会相信我们的，因为邓尼金已经让他们看到了自由进行投机倒把的“好处”——他们一定会懂得，唯一的生路就是把粮食贷给工人和手工业者，工人和手工业者会用制成品和纺织品，而不是用花花绿绿的票子来还他们这笔债的。

我们开始了伟大的战争，但是我们不能很快结束这场战争，因为这是劳动军进行的一场不流血的斗争，目的是要消灭饥饿、寒冷和斑疹伤寒，使俄国成为一个文明的、光明的、丰足的、健康的国家。但是这场战争结束时，我们一定会取得像我们在反对白卫分子的斗争中所取得的那样决定性的胜利。

关于同爱沙尼亚媾和的条件问题，列宁同志回答说，我们作了很多让步，主要的是在俄罗斯人和爱沙尼亚人杂居的有争议的领土问题上作了让步。我们不愿为了一块土地而让工人和红军战士流血，况且这个让步不会是永远的，因为爱沙尼亚正处在克伦斯基执政时期，工人开始认识到他们的立宪会议领袖们洗劫工会和杀死 20 个共产党员的卑鄙行为，他们很快就会推翻这个政权，建立苏维埃爱沙尼亚，同我们缔结新的和约。

载于 1920 年 1 月 28 日《真理报》第 18 号和《全俄中央执行委员会消息报》第 18 号

译自《列宁全集》俄文第 5 版第 40 卷第 67—71 页

关于鼓动指导列车和轮船工作的指示[51]

（1920 年 1 月 25 日）

1. 具体问题：

(1)加强鼓动指导列车和轮船在经济方面和实际方面的工作，办法是将这些车船上的农艺师和技术人员编入政治部，挑选技术书刊和有关内容的影片，等等。

(2)通过电影委员会摄制关于生产(反映生产的各个不同部门的)、农业、工业、反宗教以及科学等方面的影片，并通过李维诺夫同志立即在国外订购这样的影片。电报订货单送列宁同志签字。

(3)制作乡一级的大型示意图，标明所做过的全部工作及工作过的地区。该图应挂在群众集聚的公共场所。

(4)分析整理巡回宣传所收集到的材料，出版图解、图表等等。

(5)必须注意仔细选择影片，并考虑每部影片在放映时对居民所起的作用。

(6)把列车和轮船的工作扩大到铁路沿线和沿河两岸以外的地区，办法是增加列车和轮船上的辅助运输工具(摩托车、汽车、自行车)以及利用当地的运输工具。

(7)在国外建立采购和运输影片、胶片及各种电影器材的代办处。

(8)注意挑选列车和轮船上的工作人员。

(9)有关全俄中央执行委员会的指导列车和轮船活动方面的问题，授权布罗夫同志在紧急情况下直接请示列宁同志，在非紧急情况下通过秘书请示列宁同志。

2. 全局问题：

(1)立即通过党中央委员会召集全俄中央执行委员会、党中央委员会、各人民委员部的代表以及列车和轮船原政工人员参加的会议。该会议应了解列车和轮船上各项工作的总结，并以全俄中央执行委员会、党中央委员会和人民委员会的名义制定巡回宣传的条例。

(2)制定的条例由列宁同志提交党中央委员会、人民委员会通过。

(3)在人民委员会之下，根据所定条例拟设立一个指导巡回宣传的特别常设委员会。

载于1920年《全俄中央执行委员会建立鼓动指导列车和轮船的经过及其机构、方法和形式》文集(非全文)

全文载于1932年《克鲁普斯卡娅全集》第2卷

译自《列宁全集》俄文第5版第40卷第72—73页

关于合作社的决定草案和指示[52]

（1920年1月26日）

明天提交人民委员会的法令草案，并不是谈合作社的合并，而是谈最后完成各类合作社的联合。该草案对奥·尤·施米特提出的草案作了修改，目的是为了格外谨慎地对待地方上非消费性的生产合作社，并在最短期间内取消各合作社代表大会选出的理事会。

指示如下：

（一）更多地关心劳动者的利益，而不只是关心富人和富农的利益。按照这种精神修改法令序言部分的措辞。

（二）更广泛地帮助生产合作社，同时要特别发挥地方的主动性，提倡高级形式的农业和手工业。

（三）新的全国合作总社在联合各种生产合作社时所采取的具体步骤，须经人民委员会批准。

（1）委托瞿鲁巴和列扎瓦向人民委员会提出一个决定草案（先不确定草案是否公布），更恰当、更系统、更明确地作出合作社参加采购各种产品的规定，作出参加的形式、方式、条件和方法等项规定。

（2）委托中央统计局会同中央消费合作总社、粮食人民委员部和最高国民经济委员会，在……期限内拟定一个计划，对各地在合作社参加或不参加的情况下采购食物的方法和结果进行抽查。

将计划提交人民委员会批准施行。

考虑一下，是否也可以采用发调查表的方法，如果可以的话，是否把调查的项目简要地报告人民委员会？

调查的目的是：详细研究虽然为数不多但很典型和确切的事实，如产品的收集、运送、保管、转运怎样进行，产品有哪几种，数量多少，转运距离多远，等等？采取强制手段的次数有多少，情况如何？是否用商品来交换，用了多少，用了哪些商品？已征集的和超额的部分的百分比各占多少，征集的期限多长？各类农户参加交粮的情况如何（如果他们获得了商品，在这方面各类农户情况又如何）？

载于1950年《列宁全集》俄文第4版第30卷

译自《列宁全集》俄文第5版第40卷第74—75页

在全俄国民经济委员会第三次代表大会上的讲话[53]

（1920 年 1 月 27 日）

报　道

列宁同志说，他只是大致地谈一下最近他接触较多的一些问题。其中之一就是如何组织管理的问题，即关于集体管理制和一长制的问题[54]。人们在争论这个问题的时候，往往对这个问题作抽象的论断，以此证明集体管理制优于一长制。但这却使我们远远离开了目前的实际任务。这种论断会使我们退回到我们已经结束了的苏维埃政权初建阶段。现在该是采取更切实的办法的时候了。

集体管理制，作为组织苏维埃管理的基本形式，是在初期即一切需要从头建设的时期所必需的一种萌芽的东西。但是，在组织形式已经确定、已经比较稳定的情况下，要进行实际工作，就必须采取一长制，因为这种制度最能保证最合理地利用人力，最能保证对工作进行实际的而不是口头的检查。

我们不能把苏维埃政权在军事建设方面取得的经验看做孤立的经验。战争本身包含着各个部门的各种建设。我们军队的建设所以能够获得成就，就是因为它是像整个苏维埃建设那样进行的，是根据在任何部门的建设中都表现出来的阶级对比关系进行的。

这里同样可以看到无产阶级这一领导阶级人数不多，而农民却人数众多。如果说在其他部门这一对比关系的实质表现得还不十分明显，那么在面对敌人、每犯一次错误都要付出重大代价的军队中，这一对比关系已受到了真正的考验。这个经验应当加以仔细地考虑。这个经验有一个合乎规律的发展过程，开始实行集体管理制是偶然的、不明确的，后来集体管理制成了军队所有机关都遵行的组织制度，而现在，从总的趋势看，一长制已经是唯一正确的工作方法了。在任何苏维埃工作中，觉悟的无产者人数都不多，不大开展的无产者人数很多，而作为这一切的基础的农民则人数极多，他们完全习惯于个体经营，因而也习惯于贸易自由和投机自由，孟什维克、社会革命党人和非党人士把它叫做自由，而我们则称之为资本主义的遗产。这就是我们所处的环境，这种环境要求采用相应的工作方法。军队的经验向我们说明了，组织管理怎样从初期的集体管理制形式有规律地发展到一长制，现在，军队中实行一长制的至少有$\frac{5}{10}$了。

集体管理制即使搞得好也要浪费大量人力，不能保证集中的大工业环境所要求的工作速度和工作的精确程度。你们研究一下主张集体管理制的人，就会在他们的决议中看到一种极其抽象的说法，什么集体管理机构的每一个成员必须个人负责来完成任务。这对我们来说是极其简单浅显的道理。但是，你们当中每一个有实际经验的人都知道，一百回里面只有一回才是真正这样做的。在绝大多数的场合下，这不过是一句空话。集体管理机构的任何一个成员都没有接受明确的任务，也就不可能由个人负责来完成这些任务。我们这里对工作根本没有任何检查。假设某个工会的中央委员会提出某某人做候选人，而你们要一份他本人报的经办事认真的人审查过的完成任务情况的材料，那你们是得不到这样的材料的。我们大家都只是刚刚开始真正认真办事情。

我们的错误在于幻想靠自己的力量来完成一切。我们极端缺乏的是工作人员，而我们又不善于从蕴藏着大量管理和组织人才的普通工人、农民中间去选拔工作人员。假如我们能尽快抛弃多半是徒劳无益的争论而切实有效地去做工作，那就会好得多。这样我们才能真正尽到先进阶级组织者的责任，才能发掘出成千上万有组织才能的新人。我们必须提拔他们，考验他们，给他们任务，再逐渐委以重任。我希望，在国民经济委员会代表大会以后，在总结工作以后，我们能够走上这条道路，能扩充组织者的人数，以便补充和扩大这两年来损耗不少的那个过于狭小的阶层，因为要完成我们提出的任务，要使俄国摆脱贫困和饥寒，我们就需要比现在多十倍的、能对千百万人负责的组织者。

我们最关心的第二个问题，就是劳动军问题。

我们现在面临着因两个时期的交替而产生的任务。整天打仗的时期还没有完全结束。一系列迹象表明，俄国资本家不可能再打下去了。但是他们还会作卷土重来的尝试，这是毋庸置疑的。所以我们还必须时刻戒备。然而总的来说，我们已胜利地结束了他们在两年前对我们发动的战争，现在正转而执行和平任务。

应当了解这一转变的特点。国家遭到了彻底破坏，饥寒交迫，贫困到了极点。正是在这个国家里，人民已经深信他们能够战胜全世界（可以毫不夸大地说，是战胜全世界，因为整个资本主义世界已遭到失败），所以士气旺盛，满怀信心。正是在这种特殊的情况下，为了完成迫切的任务，我们才建立劳动军。

我们应当集中力量来做主要的工作——把粮食收集起来运往

中心地区。只要偏离这项工作，稍微分散精力，就会极严重地危害以至葬送我们的事业。而为了尽快地利用我们的机构，我们必须建立劳动军。关于这一点，你们已经看到了中央的提纲和一些报告[55]，因此我不准备再具体谈这个问题了。我只想指出，在从国内战争转到执行新的任务时，我们应当把一切投到劳动战线，应当用最大的努力，以作战时那样的果断、义无反顾的果断把全部力量集中在这条战线上。现在我们不容许任何偏离的做法。我们在提出这一口号时指出，我们应当大力动员工人和农民的全部力量，要求他们在这方面全力帮助我们。这样，把劳动军建立起来，把工农的全部力量动员起来，我们就能完成我们的基本任务。我们就能够收集几亿普特粮食。粮食我们是有的。但是要把这几亿普特粮食收集起来运到中心地区，就要作出非同寻常的努力，就要动员全国所有的力量，就要具有作战时那样的果断和毅力。在我们这里，在中央，我们主要是制定这方面的计划和讨论这方面的问题，目前不要在其他问题上，如拨款问题、工业建设问题和有关远大计划的一切问题上分心。摆在我们面前的主要任务，就是立即起来反对热衷于远大的计划和任务的危险。我们应当集中力量来做最主要的和最基本的工作，丝毫不容许离开我们所提出的主要任务，这就是：收集粮食和食品，由国家按照固定价格来收集，即由工人国家用社会主义方法而不是由投机倒把势力用资本主义方法来收集，消除运输瘫痪现象，把这些粮食和食品运到中心地区。谁忘记这个任务，谁就是在犯罪。

为了比较正确地完成我们的基本任务，一切国家机关的领导者，特别是国民经济委员会的领导者，必须把千百万工人和农民发动起来。为此就要制定一个改造俄国的远大计划。为了实现这一

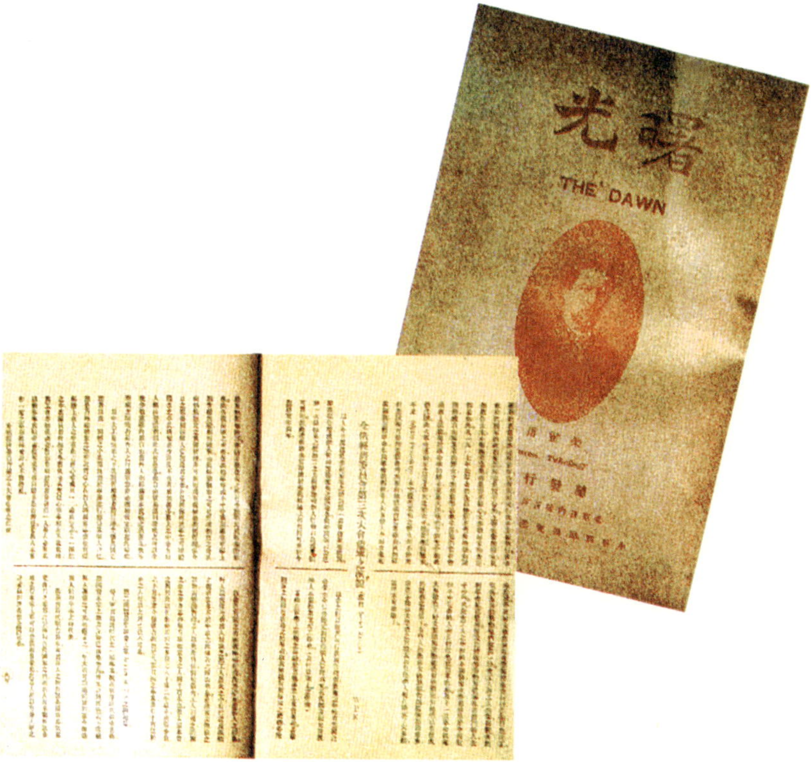

1920年《曙光》杂志第2卷第1号封面和
该刊所载列宁《在全俄国民经济委员会
第三次代表大会上的讲话》的中译文(节译)

点我们有足够的资金、材料、技术潜力和原料，我们有足够的一切，能够吸引全体工人和农民从各方面开始这一改造工作。同志们，我们要展开顽强的斗争，这个斗争要求我们在这个时期在劳动战线上付出重大的牺牲，但是我们非进行这个斗争不可，因为我们的国家饥寒交迫，运输瘫痪，斑疹伤寒流行。我们必须同所有这些灾难进行斗争，在大机器工业的基础上从各方面开始建设我们的国家，把我们国家变成文明的国家，并通过正确的社会主义斗争，使我们从世界资本主义和帝国主义国家现在所陷入的那个泥坑中爬出来。

载于1920年1月29日《真理报》第19号

译自《列宁全集》俄文第5版第40卷第76—80页

人民委员会关于卸马铃薯和清除莫斯科街道、铁路积雪的决定草案[56]

（1920 年 1 月 27 日）

（1）责成粮食人民委员部于三日内详细拟定出关于再次开展马铃薯运动的决定并提交人民委员会讨论。[57]

（2）责成布尔杜科夫＋加米涅夫、捷尔任斯基、库尔斯基提出资料，说明健康的成年男子有多少、他们的业余时间的情况以及使用他们完成市内紧迫任务的情况，并提出关于如何使用他们的决定草案。

（3）责成全俄肃反委员会指派一名负责的、有经验的党员侦查员研究一下有关莫斯科工人和职员的劳动义务制安排极为不当的资料。

由捷尔任斯基或他的副手负责于四天后向人民委员会报告。

（4）责成内务人民委员部采取更加有力的措施完成扫雪义务劳动，于三日内向人民委员会作出关于扫雪义务劳动的报告。[58]

载于 1933 年《列宁文集》俄文版第 24 卷

译自《列宁全集》俄文第 5 版第 54 卷第 424—425 页

在省、县执行委员会主席会议上的讲话

（1920 年 2 月 1 日）

会议[59]开幕前，在一次执行委员会主席会议上，列宁同志谈到时局问题时说：

既然国际形势还是像现在这样，而且整个局面、整个事态的发展也都说明形势是稳定的，那么，我们就应该把经济工作的任务放在首位。我们不仅必须把运输工作放在首位，而且必须真正地抓起来，挽救运输业，因为灾难正在日益迫近。我们这里一列列满载粮食的列车开不出去，我们的粮食超过我们的运输能力。运输能力不足，常给军事行动造成困难。2 月是运输最艰难的月份，我们确实面临着一场大灾难。

运输遭到完全破坏的危险正威胁着我们，其情况比 10 月份尤登尼奇和邓尼金最得势的那些日子还要严重得多。必须拿出更大的力量来挽救运输业。在这方面，我们应该再三动员。我们必须把许多机关的工作人员强行抽调出来，一次不行就再抽调一次，以便消除运输瘫痪现象。

管理和政治的全部艺术，在于要适时地估计到并了解应该把主要力量和注意力集中在什么地方。现在我们要在两个月内使运输摆脱困境。如果我们两个月内在运输方面创造不出像战胜高尔察克那样的奇迹，我们就有遭到一场大灾难的危险。

需要采取一系列强有力的革命措施。这是一项军事任务和战斗任务，要求像作战那样进行战斗。

载于1920年2月3日《红色日报》(彼得格勒)第24号

译自《列宁全集》俄文第5版第40卷第85—86页

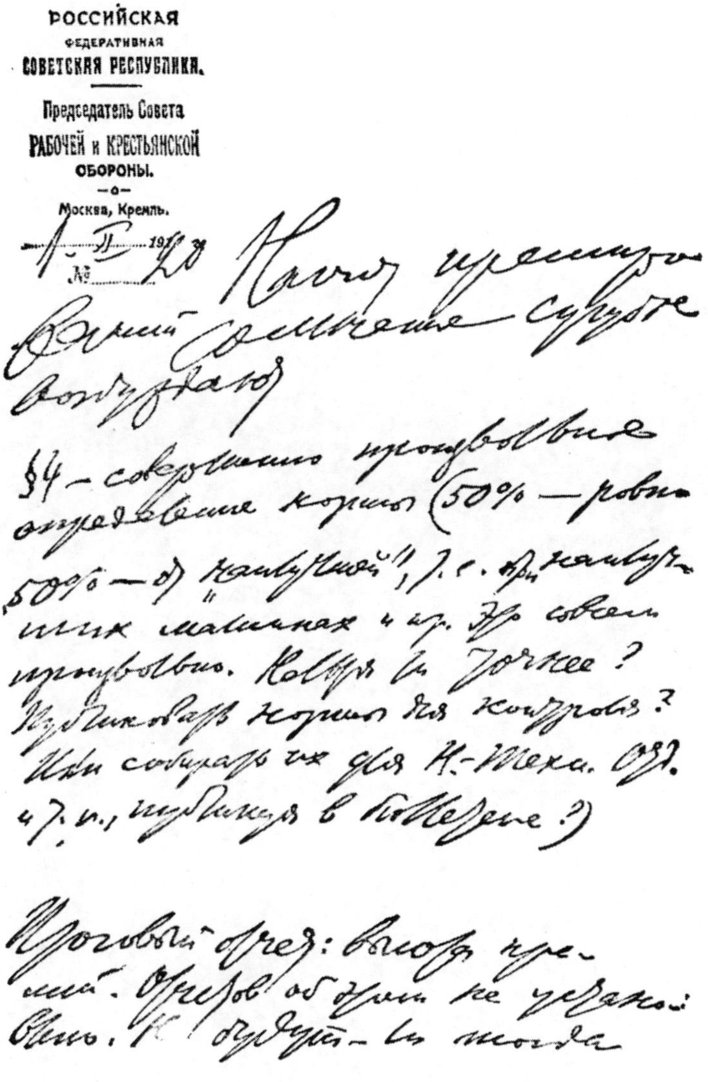
РОССИЙСКАЯ
ФЕДЕРАТИВНАЯ
СОВЕТСКАЯ РЕСПУБЛИКА.

Председатель Совета
РАБОЧЕЙ и КРЕСТЬЯНСКОЙ
ОБОРОНЫ.

Москва, Кремль.

1 – II – 1920

№

К вопросу премиро-
вания (мнение служа-
щих)

§ 4 — совершенно произвольное
определение нормы (50% — ровно
50% — до „наилучшей“, т. е. при наилуч-
ших машинах и пр. Это совсем
произвольно. Нельзя ли точнее?
Публиковать нормы для контроля?
Или собирать их для Н.-Техн. Отд.
и т. п., публикуя в бюллетене?)

Итоговый отчет: выдача пре-
мий. Отчетов об этом не установ-
лено. К будущему — и тогда

1920年2月1日列宁
《对工人和职员奖励条例草案的意见》手稿第1页

对工人和职员奖励条例草案的意见[60]

1920年2月1日

对奖励问题以下几点很值得怀疑。

第4条——定额的规定完全是随意的(把“最佳”定额,即在使用最好的机器等情况下的定额,打50%的折扣,不多不少50%。这完全是随意定的。能不能更精确些?公布定额以便监督?或者把定额交科学技术等部门审核,在公报上公布?)。[61]

总报表:各种奖金的最大数额。没有规定申报这个项目。这样会不会使纯属舞弊的行为实际上合法化?

应该吸收**消费者**监督定额。有没有这样的先例?合作社有吗?等等。

草案散乱,抽象,不切实际,规定得倒是很全,但毫无检查措施。

列 宁

载于1945年《列宁文集》俄文版第35卷

译自《列宁全集》俄文第5版第40卷第82页

致国防委员会各委员[62]

2月1日

铁路运输情况十分严重。**粮食已经运不来了**。必须采取非常措施才能挽救危局。这两个月(2—3月)必须实行下列办法(并且要寻求其他一些类似的适当的办法):

一、**减少**非运输部门工作人员的口粮;**增加**运输部门工作人员的口粮。

即使还要死几千人,但国家将能得救。

二、在这两个月内,除粮食人民委员部和军事委员部外,把所有部门四分之三的负责工作人员都调到铁路运输部门和铁路修理部门去。在这两个月内,相应地停止其他人民委员部的工作(或减少工作十分之九)。

三、在**铁路线**两旁30—50俄里的地区以内**实行戒严**,以动员清扫线路,**并把一切**有关省份的县、乡执行委员会四分之三的负责工作人员调到**这个地区的各个乡**去进行工作。

载于1924年《探照灯》杂志第4期

译自《列宁全集》俄文第5版第40卷第81页

国防委员会关于
运输状况的决定草案要点

（1920年2月2日）

1920年2月2日会议[63]

（1）50％→100％直达列车。

（2）喀山铁路。

（3）萨马拉—兹拉托乌斯特—车里雅宾斯克

{加强?粮食的**运输**。

（4）加强车里雅宾斯克地区的粮食装运工作。

（5）派出高级负责工作人员去（彼得格勒和莫斯科的）修理厂。

（6）奖给服装。

（7）西方面军的修理列车。

（8）派遣阿尔然诺夫。

＋（9）铁路局长的军事助理。

＋（10）把一号铁路交给军队。

—（11）从全俄肃反委员会抽调工作人员去运输部门。

（12）对修理厂和运输部门应一视同仁。

（13）把国防委员会军需特派员已移交给粮食人民委员部的存粮交给运输部门的工人。

(14)把国家建筑工程委员会和最高国民经济委员会其他局以及其他部门的铁路专家调到运输部门。	动员

(15)增派军队(4 万)去清除积雪。

(16)关于**第 5 点**+全俄中央执行委员会委员。

(17)在修理方面加紧组织星期六义务劳动。

(18)在 30—50 俄里的地区内戒严。

(19)派工作人员加强铁路沿线各乡。

(20)燃料工作要特别加强。

(21)请中央组织局通告全党加强上述方面的工作。

(22)修订调运计划,以加强粮食和燃料的运输。

(23)关闭某些工厂,使之转而从事修理工作。

(24)采购铁锹和手套。

(25)扫雪机及其分配。

(26)给铁路工务处代表发指示。

载于 1933 年《列宁文集》俄文版
第 24 卷

译自《列宁全集》俄文第 5 版
第 40 卷第 343—344 页

在第七届全俄中央执行委员会第一次会议上关于全俄中央执行委员会和人民委员会工作的报告

（1920年2月2日）

同志们，我关于人民委员会和全俄中央执行委员会（在闭会期间，全俄中央执行委员会的职权由它的主席团行使）的工作报告自然要分两大部分：第一是谈谈国际政治，谈谈苏维埃共和国所处的国际形势；第二是谈谈国内建设和基本经济任务。现在我按照这个次序来谈一下我们所要总结的最近这两个月我们工作的主要情况。

在苏维埃共和国所处的国际形势方面，起决定作用的基本事实就是红军取得的胜利。大家知道，高尔察克军队的残部在远东几乎已被消灭干净，日本和美国这两个形式上结成同盟的强国已日益明显地进行争夺，互相敌视，不能拿出全部力量来进攻苏维埃共和国。在我们消灭了尤登尼奇的军队以后，在1月初又在南方收复了新切尔卡斯克和顿河畔罗斯托夫以后，敌军的主力已遭到了决定性的打击，苏维埃共和国的军事形势发生了根本变化，虽然战争还没有结束，但是各国都已清楚地看到，他们原以为能够摧毁苏维埃共和国的军事力量，这种希望已经落空了。

协约国最高会议的一项没有正式通知我们的决定通过电讯传到了我们这里，从中可以看出，它们已意识到苏维埃共和国所处的国际形势发生了根本变化。这个决定是它们在1月16日通过的，它宣布解除对苏维埃共和国的封锁。最高会议通过的决定的主要部分是这样说的。(读决定)[64]

我不需要评论这里面的外交辞令，那是非常明显的，不值得去纠缠协约国对俄国的态度没有改变这种说法。如果协约国这样理解自己的政策，以为解除封锁并不是改变过去的政策，那就表明它们自己的政策没有根据。但是对我们说来，重要的不是这个决定的政治方面，而是这个决定的经济方面。解除封锁这一事实是有国际意义的重大事件，它表明社会主义革命的新时期到来了，因为封锁实际上是全世界帝国主义者用来扼杀苏维埃俄国的主要的和真正可靠的武器。

在最近一次苏维埃代表大会上，我曾经提出并详细说明了这样一个看法：同苏维埃俄国进行斗争的结果，不仅法国、英国及其他先进国家的工人和农民迫使这些国家放弃这种斗争，就是这些国家里的小资产阶级群众也开始愈来愈反对封锁①。英国和法国这类国家的中间阶层采取这种反对态度，当然不能不影响到国际帝国主义者的政策。我们也知道这些帝国主义者爱耍外交手腕，所以不能期望他们十分干脆，毫无保留，不想再走老路，不想玩点什么花招把他们现在不能公开推行的旧政策再搬出来。然而应该指出，我们基本上已取得了极其巨大的胜利，甚至像舰队这种只有协约国才有的武器也不中用了。尽管动摇分子恐吓我们，说舰队

① 参看本版全集第37卷第378—380页。——编者注

是不可战胜的，但我们还是使它起不了什么作用。政治关系的发展说明，就连这支不可战胜的舰队也没有能力进攻我们。我们虽不可能在海上进行军事抵抗，却已迫使帝国主义强国放弃使用这一武器。

当然，国际政治的这种变化不是一下子就显示出来的，但是事实上我们已有可能同世界各国发生关系，从而有可能得到比较先进的国家的援助。当然，这些国家的经济状况和财政状况也很糟，而且还在走下坡路，我们不能有太多的指望，然而当我们有可能发展我国的工业的时候，我们可以指望从这些国家得到进行生产和恢复工业所需要的机器。最主要的是：我们同先进国家完全隔绝的状态，这种由于封锁造成的状态，已经打破了。

继协约国最高会议被迫放弃使用这一武器后，我们在国际政治方面又取得了许多胜利，而最大的胜利是我们同爱沙尼亚缔结了和约。我们今天从越飞和古科夫斯基那里获得的消息说："今天，2 月 2 日莫斯科时间晨两点，俄国同爱沙尼亚签订了和约。从雷瓦尔来签字的是爱沙尼亚外交部长比尔克。"

同志们，这个经过反复讨论的极其重要的和约文件已由信使送出，明天早晨可以送到，但我们现在已通过电报得到了确切的全文，明天就可以发给大家。我们将审查并批准这个文件。这个文件对我们有极其重大的意义。俄国同爱沙尼亚缔结的和约具有巨大的世界历史意义。爱沙尼亚政府也正在成为民主政府，就要同我们建立巩固的关系，但是它过去一直受到整个帝国主义世界的支持，因此，同这个政府缔结和约，应当认为是具有重大历史意义的事件。

我们知道，处在帝国主义和民主制之间的人通常总是不倒向这边就倒向那边。现在看来，我们无疑是获得了胜利，因为和约已经签订了，所以这个国家现在就不得不同我们的敌人对立起来了。从根本上来说，这一事实说明：在帝国主义时代，整个世界分成许许多多大国和小国，小国极其软弱，同富裕的大国相比是微不足道的，大国则完全可以支配许多弱小的国家。帝国主义造成了一个时代，使整个世界，使地球上全体居民分成两类国家，一类是剥削别人、压迫别人的国家，是占少数的国家，另一类是给它们当殖民地的弱小民众的国家，是占多数的国家。

我们争得了同爱斯兰缔结的和约，我们证明了，我们这个无产阶级的、共产主义的国家是能前进的。何以见得呢？我们向以前反对和平、进行战争的协约国各国证明，我们善于从我们的敌人和资产阶级政府那里博得同情，从一个小国那里博得同情，这种同情比称霸世界的强国用来控制这个小国的一切军事压迫、一切财政援助、一切经济束缚更有力量。协约国看到，我们不是仅仅能在使用暴力时取得胜利，我们能够驳倒全世界资产阶级政府散布的所谓布尔什维克只是靠暴力才能维持的那种谎言和诬蔑。爱斯兰一向受到沙皇地主俄国的暴力统治，为什么在同它的关系上我们比世界帝国主义的联合势力占上风呢？因为我们证明：我们善于及时地和真诚地放弃暴力，采取和平政策，博得了一个小国资产阶级政府的同情，使国际资本对它的竭力支持落了空。这是一个具有历史意义的事实。爱斯兰是一个小国，一个小共和国，它却受到全世界帝国主义资本不可胜数的种种经济压迫和军事压迫，它的全体居民都处在这些压迫之下。这个和约证明，我们不管怎样疲惫、虚弱、分散，仍然能够战胜各国支持的白卫军。强大的协约国善于用更厉害的暴力来回答暴力，而这个和约证明，我们善于不用暴力来赢得资产阶级对我们的同情和支持。

这里摆着一项极困难的国际任务。资本主义的发展在不同的国家有不同的速度、不同的情况和不同的方式方法。社会主义共和国现在是单独一国同全世界资本主义国家并存着，在迫使这些国家的资产阶级发生动摇。于是有人说了："可见你们的地位是靠不住的；你们虽然用暴力战胜了白卫军，但是对整个世界你们怎么办呢？"我们说，我们也要战胜它。这不是一句空话，同爱斯兰缔结的和约就是证明。在人们确认我们放弃暴力是出于至诚的地方，国际资本的全部压力已经失去作用。国际资本曾经说："不要同布尔什维克订立和约，不然我们就不给你们财政援助和经济援助，而用饥饿来征服你们。"可是爱斯兰这样的形式上独立的小国却说："我们认为，同协约国这些称霸世界的民主国家相比，布尔什维克更能够同弱小的民族、甚至同资产阶级政府和平相处。"

民主最主要是表现在战争与和平这个基本问题上。一切强国都在准备新的帝国主义战争。全世界的工人每天都可以看到这一点。美国和日本眼看就要厮杀起来；英国在战胜德国后侵占了很多殖民地，对此其他帝国主义强国是永远不会甘心的。一场新的疯狂的战争正在酝酿中，群众也意识到了这一点。就在这样的情况下，出现了爱沙尼亚同兵力雄厚的俄国缔结的民主的和约，可是有人曾诬蔑俄国，说它在消灭尤登尼奇、高尔察克和邓尼金后，会用全部兵力进攻这个小国。从缔结和约的条件中可以看到，我们在领土问题上作了许多让步，作了许多不完全符合严格遵守民族自决原则的让步。这样，我们用行动证明了，边界问题对我们是次要的问题，而和平关系问题，善于等待每个民族内部生活条件发展的问题，则是具有极其重要意义的问题，而且我们已经在这个问题上赢得了敌视我们的民族的信任。我们能够这样对待爱斯兰决不是偶然的，这表明单独存在的、似乎是软弱无力的无产阶级共和国，已开始把依附于帝国主义国家的那些国家争取过来，而这样的国家是占大多数的。正因为如此，我们同爱沙尼亚缔结的和约就有了世界历史意义。不管协约国怎样竭力发动战争，即使能够再一次挑起战争来破坏这个和约，有一个历史事实总是确定不移的：世界资本尽管施加许多压力，我们却比似乎是民主的而实际上是掠夺成性的帝国主义资产阶级更能取得一个由资产阶级统治的小国的信任。

在这方面，同似乎是民主的而实际上是掠夺成性的世界列强的政策比较，我们的政策怎么样呢？——关于这个问题，我们偶然获得了一些非常有意思的文件，现在就来给你们介绍介绍。这些文件是一个姓奥莱尼科夫的白卫军官，也可能是个文官，送来的，他本来受某一白卫政府的委托把这些极重要的文件交给另一个白卫政府，但是他把文件交给了我们。[65]（鼓掌）这些文件是辗转送到俄国来的，现在我给你们念一念，虽然要占很多时间，但是文件很有意思，非常清楚地说明了政治内幕。第一个文件是萨宗诺夫给古尔克维奇公使的电报：

第668号，1919年10月14日于巴黎
谢·德·萨宗诺夫谨向康斯坦丁·尼古拉耶维奇致以崇高的敬意，并送上Б.А.巴赫梅捷夫第1050号和И.И.苏金第23号关于波罗的海沿岸各省的情况问题的电报副本，请查收。

下面是一个更有意思的文件，这是10月11日从华盛顿发出的电报：

收字第3346号，1919年10月12日收
巴赫梅捷夫致外交大臣
第1050号，1919年10月11日于华盛顿
我第1045号电报谅已收悉。

（密码） 国务院把给盖得的指令口头告诉了我。盖得名义上是美国政府驻俄国波罗的海沿岸各省的专员。他并不是派驻某一个俄国政府的代表。他的使命是观察和汇报情况。他的行动不应使当地居民产生一种希望，以为美国政府会同意支持比要求自治更进一步的分离倾向。相反，美国政府希望，波罗的海沿岸的居民能在全国性的工作中帮助他们的俄罗斯弟兄。这个指令的基本意思，如我在6月17日致政府的备忘录中所说的那样，是对协约国各国政府同最高执政达成的协议的解释。盖得已经得到了总统在最近一些演说中猛烈抨击布尔什维主义的言论摘要。

总之，美国政府通知说，他的代表可以发出任何指令，但不能支持独立，也就是不能在独立问题上对这些国家作保证。大国在欺骗爱沙尼亚，这一点已经直接间接透露了出来而且也瞒不过爱沙尼亚。当然这一切大家本来是可以猜想得到的，但是我们握有文件，就要把它们公布出来：

收字第3347号，1919年10月12日收
苏金致外交大臣
第28号，1919年10月9日于鄂木斯克

（密码） 诺克斯向最高执政转达了英国陆军部的通知，其中英国陆军部警告说，波罗的海沿岸各国有想同布尔什维克订立和约的倾向，因为布尔什维克保证立即承认它们的独立。同时，英国陆军部提出一个问题，即政府是否应该设法使这些诺言不起作用而由政府自己去满足上述国家的愿望。我们引述了最高执政6月4日致各大国的照会中所叙述的原则来答复诺克斯，并指出，波罗的海沿岸各国同布尔什维克签订和约毫无疑问是一种危险，因为这会使一部分苏维埃军队脱身出来，并会冲破阻止布尔什维主义渗入西方的壁垒。我们认为，要想和谈这件事本身就证明，这些自治单位的政党是极端腐败的，自己不能防止侵略性的布尔什维主义的渗入。

我们相信各大国不可能赞同布尔什维主义的进一步传播，我们认为必须停止对波罗的海沿岸各国的援助，这是各大国借以施加影响的有效办法，而

且要比在许诺方面同布尔什维克竞赛更为恰当,因为布尔什维克已经是没有东西可以失掉的了。

谨向您转达上述情况,并请您在巴黎和伦敦知照有关方面;巴赫梅捷夫处我们另行通知。

收字第 3286 号,1919 年 10 月 9 日收
萨布林致外交大臣
第 677 号,1919 年 10 月 7 日于伦敦

（密码）古契柯夫曾告诉陆军部作战处长,说我们可以提供船只,以便于英国向尤登尼奇提供补给。作战处长给古契柯夫写信说,据陆军部的意见,尤登尼奇现在拥有一切,同时,英国在继续提供补给方面有困难。但是他又补充说,既然我们有船只,只要我们能得到贷款,就可以根据商业原则组织对尤登尼奇的供应。同时,拉德克利夫将军认为尤登尼奇的军队应有相当的装备,因为它是“波罗的海沿岸各国中唯一能够对布尔什维克积极作战的一支力量。”

外交大臣致华盛顿巴赫梅捷夫
第 2442 号,1919 年 9 月 30 日于巴黎

（密码）我从瑞典方面极其可靠的来源获悉,美国驻斯德哥尔摩公使莫里斯说,美国愈来愈同情布尔什维克,想不再援助高尔察克,以便同莫斯科建立联系,促进美国的贸易。官方代表的这类声明令人困惑莫解。

收字第 3244 号,1919 年 10 月 5 日收
巴赫梅捷夫致外交大臣
第 1021 号,1919 年 10 月 4 日于华盛顿
第 2442 号来电收悉。

（密码）国务院有人秘密告诉我,驻斯德哥尔摩公使莫里斯,特别是驻哥本哈根的哈普古德确实是以左倾著名的,但是他们在这里并没有丝毫影响和威望,政府已不得不对他们定期发出训令,坚决指出美国的政策始终是支持我们政府同布尔什维克作斗争的。

上面就是我们要公布的全部文件,这些文件清楚地说明:围绕着爱斯兰问题的斗争是怎样进行的,协约国的英国和法国曾怎样同高尔察克和美国勾结起来对爱沙尼亚百般施加压力,不让它同

布尔什维克缔结和约,而答应在领土上作出让步并保证对方独立的布尔什维克又是怎样在这场竞赛中获得胜利的。我说这一胜利具有巨大的历史意义,是因为取得这一胜利并没有使用暴力。这是对全世界帝国主义的胜利,是使布尔什维克博得全世界同情的胜利。这一胜利决不是说明现在就要订立普遍和约;但是这一胜利说明,我们代表着地球上大多数居民的利益,要求和平,反对军事帝国主义强盗。这样的认识才导致共产主义的敌人——资产阶级的爱斯兰同我们订立和约。既然我们无产阶级组织,苏维埃共和国订立了和约,对于受帝国主义大国压迫的资产阶级政府采取和平的方针,那就可以断定应该怎样制定我们的国际政策。

现在我们给自己提出的主要任务是:战胜剥削者并把动摇者争取过来,这是世界性的任务。许多资产阶级国家就是动摇的:作为资产阶级国家,它们仇视我们;另一方面,作为被压迫国家,它们又宁愿同我们媾和。这就是爱沙尼亚同我们订立和约的原因。当然,这个和约只是第一步,将来才会发生影响,但是它一定会发生影响,这是无可怀疑的。我们同拉脱维亚到现在为止只有红十字会的谈判,同波兰政府也是如此[66]。再说一遍,同爱沙尼亚订立的和约一定会发生影响,因为道理是一样的:别人正在像挑唆爱沙尼亚一样竭力挑唆拉脱维亚和波兰同俄国作战。这也许会得逞,我们必须警惕,因为对波战争有可能爆发。但是我们相信,并且我们获得的主要成就已经证明,我们能够订立和约,作出让步,使一切民主力量发展起来。这点在目前具有特殊的意义,因为波兰问题非常尖锐。我们获得的许多消息说明,除资产阶级的、保守的、地主的波兰外,除波兰一切资本主义政党势力外,协约国的各个国家都在拼命挑唆波兰同我们作战。

你们知道，人民委员会向波兰劳动人民发出了呼吁书。我们将请你们批准这份呼吁书，以便粉碎波兰地主集团的诽谤。我们还要提出一份告波兰劳动群众书。这份呼吁书将是对帝国主义列强的一个打击，帝国主义列强竭力怂恿波兰反对我们，而我们则把占人口多数的劳动者的利益放在第一位。[67]

现在我想读一下昨天我们截获的一份电报，这份电报告诉我们，美国资本怎样竭力诬蔑我们，挑唆波兰同我们作战。这份电报说。（读电报）我从来没有说过和听到过这样的话，可是他们能够造谣，因为他们拿出资本来并不是平白无故的，而是有一定目的的，就是为了散布谣言。他们的资产阶级政府给他们保证了这一点。（继续读电报）这份电报由资本家出钱从欧洲拍到美洲，替资本家进行活动，用最无耻的办法挑唆波兰同我们作战。美国资本拼命对波兰施加压力，为此竟恬不知耻地硬说布尔什维克打算在消灭高尔察克和邓尼金以后，把自己的全部“铁军”开去打波兰。

我们必须立即在这次会议上批准人民委员会的决定，然后我们应该做我们以前对其他国家做过的事情，采取我们对高尔察克和邓尼金的军队采取过的措施。我们应该立即向波兰的民主力量呼吁，说明事情的真相。我们很清楚，这是我们分化他们的最有效的手段。这种方法最终会把他们引上我们所需要的道路，引上已把各国劳动居民引上的那条道路。不管多么困难，这种政策应该肯定下来，我们开始执行了这样的政策，就一定要把它贯彻到底。

应该指出，我们对其余的国家也执行过同样的政策。我们曾建议格鲁吉亚和阿塞拜疆跟我们订立反对邓尼金的协定。但是它们借口不干涉他国事务而拒绝了。我们要看一看，格鲁吉亚和阿塞拜疆的工人和农民将怎样看待这件事情。

这种政策在用于西边各民族时比用于俄国各民族时更为慎重。我们对拉脱维亚、爱沙尼亚、波兰这样的国家采取了这种政策,对许多发展水平和大多数殖民地国家相同的东方国家也采取了这种政策(殖民地国家人口占全世界人口的多数,它们遭受着至今还拥有殖民地奴隶的英国的压迫)。我们对西边欧洲国家采取十分慎重的政策,要对它们等待一段时间,使它们能度过自己的克伦斯基执政时期。而东方的国家要落后得多,它们深受宗教狂热的毒害,对俄罗斯民族更不信任,几十年来以至几百年来受俄罗斯这个大国实行的沙皇资本主义政策的压迫和帝国主义压迫,因此我们在这里的政策应该更加慎重,更有耐心。

我们让巴什基尔共和国实行了自治[68]。我们应该建立鞑靼自治共和国[69],并对东部各民族继续执行这种政策。我们对自己说:我们是在帝国主义列强的广阔的正面同它们相对峙,我们是一个反对帝国主义的联盟,这个联盟要求军事上的紧密团结,所以我们认为任何破坏这种团结的做法都是完全不能容忍的,都是违背反国际帝国主义斗争的利益的。但是,我们在奉行这种政策时应该更加慎重。欧洲国家还必须经历一个克伦斯基执政时期,而发展水平比较低的国家则更多地保留着不信任的因素。对待它们,我们必须采取更加从容的方法。我们支持这些国家独立自主。我们向这些国家的劳动群众呼吁说:军事力量的统一是必须的,违背这种统一是不能允许的。

我们相信,我们继续贯彻我们建立紧密联盟的政策,就能在同东部各民族的关系方面获得比现在更大的成就。这些成就是了不起的。苏维埃共和国在东部各民族中间享有很高的声誉,原因和我们能跟西边一个小国订立和约的原因相同:我们被看做是反对帝国主义的不屈不挠的战士,我们是唯一进行反帝国主义战争的共和国,我们这个共和国不仅善于利用各种时机避免采用暴力,而且善于在不采用暴力的情况下取得胜利。

不言而喻,我们对乌克兰共和国执行的也是这样的政策,而且更加完善了。这里问题比较简单,因为全俄中央执行委员会和乌克兰苏维埃共和国中央执行委员会之间以前就订立了条约[70]。这个条约意味着两个共和国在反对帝国主义国家的斗争中结成了亲密的联邦关系。我们在这个条约的基础上正在建立日益亲密的联盟。乌克兰的工农群众也吃过邓尼金统治的苦头,相信只有同俄罗斯共和国最亲密的联盟才是国际帝国主义真正无法战胜的,相信在反对帝国主义斗争的条件下国家的分离不会有好处,因为帝国主义会利用分离来推翻苏维埃政权;这种分离是犯罪行为。我们的政策在乌克兰深深地扎下了根,我们相信,即将举行的全乌克兰工农苏维埃代表大会将会郑重地确认这个政策。以上就是我在国际形势问题上所要谈的一些意见,至于我代表人民委员会和全俄中央执行委员会所应提出的具体建议,我已一一列出,所有这些草案将提交本次会议批准。

下面谈谈国内建设工作。首先我要谈谈我们政府采取的一些措施,然后再谈最主要的问题,即转上新轨道的问题,从军事任务转到国家建设任务的问题。

在我们所要总结的这两个月的一系列日常工作中,比较突出的是我国对内政策的一些基本措施,其中特别重要的是需要全俄中央执行委员会批准的关于废除死刑的决定[71]。你们知道,在对邓尼金取得重大胜利和攻克罗斯托夫以后,全俄肃反委员会和内务人民委员部的领导人捷尔任斯基同志立即向人民委员会提出废除一切由肃反委员会决定采用的死刑的建议，并已在他主管的部门付诸实施。欧洲的资产阶级民主派竭力散布反苏维埃俄国的谰言，说它基本上是一个恐怖主义的国家；资产阶级民主派和第二国际的社会党人都在散布这样的谰言，考茨基还专门写了一本名叫《恐怖主义和共产主义》的书，说共产主义政权依靠恐怖主义。大家不难想象，他们在这方面散布的谰言多么荒唐。为了驳斥这种谰言，我们采取了捷尔任斯基同志已实行的和人民委员会已赞同的措施，这项措施需要全俄中央执行委员会予以批准。

我们实行恐怖是协约国的恐怖主义逼出来的，因为称霸世界的强国不顾一切地派遣大批军队向我们扑来。假如我们对军官们和白卫军的这些行动不予以无情的回击，那我们连两天都不能支持，这也就叫做恐怖，但这是协约国的恐怖手段逼出来的。在刚刚获得决定性的胜利而战争尚未结束的时候，在收复罗斯托夫以后，我们立刻取消了死刑，从而表明我们是按照我们所许诺过的那样来对待我们的纲领的。我们说，使用暴力是为了要镇压剥削者，镇压地主和资本家；这个问题一解决，我们就不再使用任何非常措施。我们用事实证明了这一点。因而我认为，并且也希望和相信，全俄中央执行委员会一定会一致批准人民委员会的这一措施，规定在俄国不准采用死刑。不言而喻，要是协约国试图重新采用战争方式，那我们也就不得不重新实行旧日的恐怖；我们知道，我们生活在不讲理的弱肉强食的时代。以上就是我们的考虑。决定性的斗争刚一结束，我们就立刻开始废除其他一切强国无限期地还在采用的那些措施。

其次，我想提一下工人检查问题的讨论情况。关于这个问题，有人要作专门报告，我如果谈多了，那就不对了。我们看到，吸引广大群众参加管理的任务正在提到首位，这个任务比进行大规模建设的任务更急迫。你们会得到详细的草案，等你们讨论修正后，你们就会懂得，大规模的建设必须在广大工人群众更广泛地参加下进行。这是我们的基本任务，在目前这种经济破坏的情况下这项任务干起来是很难的，但是我们正在坚定不移地为完成这个任务而努力。

我们面前还有一个问题，就是合作社问题。我们曾提出一项任务，要求把所有的居民吸收到合作社里来，这种合作社要不同于过去那种至多只吸收上层分子的合作社。

社会主义如果不学会利用资产阶级文化、资本主义文化所建立的技术、文化和机构，它就不可能实现。合作社也在这些机构之列，一个国家的资本主义发展水平愈高，合作社就愈发达。我们给我国的合作社提出的任务是把全国居民都吸收进来。至今合作社只吸收上层分子，使有钱交纳股金的人得到了好处，而劳动群众享受不到合作社的服务。这种合作制我们坚决摒弃，但并不是根本取消合作制。我们曾在1918年3—4月间给合作社规定了任务，要把所有居民都吸收进来。如果合作社组织者重视合作运动创始人的遗训(合作社原来的任务就是满足劳动者的利益)，他们就应当支持这样做。我们相信，大多数合作组织的参加者是支持我们的，但是我们决不会产生错觉，以为我们博得了大多数合作社领导者对我们的支持，因为这些人是抱着资产阶级和小资产阶级观点的，把合作社仅仅看做资本主义经营和所谓贸易自由的一种新形式，其实这种自由意味着少数人发财而多数人遭到破产。相反，我们宣布国家的任务就是要使合作社真正为劳动群众服务，以便把全体居民都吸收进来。这一点是不可能立刻做到的。我们提出这一任务后，就一直在进行工作，今后还要继续进行工作，以便最终完成这一事业，通过合作社把全体居民联合起来。我们可以满怀信心地说，可能再过几星期，也可能再过几个月，整个苏维埃共和国就要变成一个劳动者的大合作社。那时，劳动者将在更大的范围内发挥他们的主动性，将更广泛地参加建设。

为了做到这一点，我们已经决定要逐步地慎重地把各种合作社，不仅是消费合作社，还有信用合作社、生产合作社等等，联合成中央消费合作总社。我们相信，我们在这方面采取的步骤会得到中央执行委员会和各地工作人员的支持。各地工作人员在正式完成合作社的联合以后，一定能展开经济建设工作，吸引大多数工农参加这一工作，使合作社成为同旧资本主义国家遗留下来的官僚主义进行斗争的极重要的因素，这也是我们提出的最重要的任务之一。我们在我们的纲领中也把反对官僚主义列为一项最重要的任务。我们将用各种办法在各机关进行这一斗争，其中办法之一就是把合作社联合起来，就是不要再面向合作社内的资产阶级上层，而要面向应独立进行合作社建设的真正的劳动群众。

再次，关于国内建设问题，我想谈谈我们在农业方面所做的事情。为了对土地的使用进行整顿，农业人民委员于 1919 年 7 月颁布了关于防止经常重新分配份地的措施的通告。这个通告公布在 7 月 1 日《全俄中央执行委员会消息报》上，并收入《工农政府法令汇编》。这个通告很重要，因为它答复了农民屡次提出的意见。农民们认为在小经济的条件下，经常重新分配份地会妨碍劳动纪律的加强，妨碍劳动生产率的提高。人民委员会也有这种看法，它已责成农业人民委员部提出关于重分办法的条例草案。最近将对这一草案进行审议[72]。同样，农业人民委员部还要采取一系列紧急措施使耕畜和农具能重新备齐。在这方面，地方工作人员的经常性工作具有很大的意义，我们希望全俄中央执行委员会的委员们适当地督促和协助各级政权，使农业人民委员部的这些措施能尽快实现。

现在我谈一下我们建设中的最后一个问题，按实质说是最主要的一个问题，即劳动军和劳动动员的问题。在社会生活急剧过渡和急剧转变的时候，最困难的事情就是要估计到各种过渡的特点。在资本主义社会中社会主义者应怎样进行斗争，这个问题并不难解决，并且早已解决了。怎样设想一个发达的社会主义社会，这也不困难。这也已经解决了。但是，怎样实际地从旧的、习惯了的、大家都熟悉的资本主义向新的、还没有产生的、没有牢固基础的社会主义过渡，却是一个最困难的任务。这一过渡搞得好也需要许多年。在这一时期内，我们的政策又要照顾到许多较小的过渡。我们担负的任务的全部困难、政策的全部困难和政策的全部艺术，就在于要估计到每一种这样的过渡的特殊任务。

我们刚刚大体上和基本上完成了作战任务，虽然还没有彻底完成。以前，我们提出的任务是不惜任何代价击退白卫军的进攻。那时我们说，我们这里一切都必须为了战争。这个政策是正确的。我们很清楚，由于实行这一政策，后方遭到了空前的困难——饥饿、寒冷、经济破坏；但是，得到了好评的红军（我曾看过作这种评价的典型作品）在一个最落后的国家中完成了作战任务，这也就证明，这个国家里蕴藏着新生力量，不然就不可能建立起这支模范军队，不可能战胜物质条件远为优越的敌军。我们当时强调了全部国家机关在这方面的任务，抓住了这个任务的特点——一切服从于战争的利益。但是在这以后，形势要求我们作迅速而急剧的转变。我们还没有结束战争。必须保持充分的作战准备，必须消灭邓尼金的军队，必须让每个国家的地主和资本家看到，如果他们还想同俄国较量一下，再打一次仗，他们也会落到高尔察克和邓尼金那样的下场。因此我们不能丝毫削弱我们的军事力量。但是，同时必须把整个国家转上另外的轨道，必须改造整个机构。不可能并且不需要继续强调一切为了战争，因为作战任务已基本完成了。

从战争转向和平建设的任务提出来了，但是我们要在非常特殊的情况下进行和平建设：我们不能解散军队，因为必须估计到波兰或哪一个强国可能进攻我们，估计到协约国还在继续怂恿它们打我们。我们不能削弱自己的军事力量，但是同时必须把全力从事战争的整个苏维埃政权机器转上和平经济建设的新轨道。我们的任务的这种特点既要求我们特别小心，也清楚地说明：我们在处理这样的问题时，不能靠一般公式，靠纲领中的一般原理，靠共产主义的一般原则，而必须估计到从资本主义向共产主义过渡、从我国的过去向我国的现在过渡的这些条件的特点，估计到过去国家把全部注意力集中在战争上，现在国家在军事方面已取得了决定性的胜利，就应该用军事办法来完成经济任务。我们说用军事办法，是因为我们的情况，正如大家所知道的那样，是异常困难的。在这残冬时节，劳动群众继续遭到空前的困难——饥饿、寒冷、经济破坏。我们要坚决克服这一切困难。我们知道，我们能够做到这一点。红军的刚毅精神已经向我们证明了这一点。

过去，我们四面被围，跟产粮区和产煤区断绝了联系，尚且能够进行斗争，现在，我们已经收复了这些地区，已经有可能同乌克兰一起来完成经济建设任务，我们就一定能够完成我们的基本任务:把大量的粮食和其他食物收集起来运到工业中心去,以便开始工业建设。我们应当集中全力来完成这一任务。离开这个任务去完成任何其他的实际任务都是不容许的;在完成这个任务时,要用军事办法,要十分果断,要让其他各种利益都服从这一利益。我们知道,这会使许多极为正当的要求受到限制,使许多极为正当的利益受到损害,但是我们不承受这种损害,就不会取得战争的胜利。现在必须实行急剧而迅速的转变,给和平经济建设奠定基础。这就是要建立丰富的粮食储备,把粮食运到中心地区;运输业的任务就是运送原料和粮食。从 1917 年 8 月至 1918 年 8 月,我们收集了 3 000 万普特粮食,第二年度收集了 11 000 万普特,现在 5 个月就收集了 9 000 万普特。这些粮食是我们粮食人民委员部的机构收集的,是用社会主义的方法而不是用资本主义的方法收集的,是按照固定价格向农民摊派而不是通过由农民在自由市场上出卖粮食这种办法收集的,这就是说我们找到了一条道路。我们相信,这条道路是正确的,一定能使我们获得巨大的成果,以保证我们进行大规模的经济建设。

必须集中全力来完成这一任务,必须把在军事建设中发挥过作用的一切军事力量调到这一新轨道上来。就是这种特殊的形势、这种特殊的转变使我们想到了组织劳动军,使我们相继制定了关于建立乌拉尔第一劳动军和乌克兰劳动军的法令、关于后备集团军人员从事劳动的法令,以及关于成立普遍劳动义务制推行委员会的决定(这项决定已由苏维埃政权颁布)[73]。关于所有这些法令,全俄中央执行委员会将有一位委员给你们作详细的报告。当然,我无须多谈这方面的问题,这在专门的报告中会谈得很清楚。我只是强调一下这个问题在我们总的政策中的意义,强调一下这种转变的意义，这种转变向我们提出的特殊任务是：用军事办法动员一切力量，把这些力量组织起来，以便把大批积存的食物收集起来运到工业建设中心去。为了达到这个目的，要坚决建立起劳动军，要按军事方式组织起来，要压缩甚至撤销一系列机关，以便在最近几个月内坚决消除运输瘫痪现象，战胜残冬时节带来的饥寒贫困，摆脱绝境。必须摆脱这种状况。我们能够做到这一点。全俄中央执行委员会一定会批准一切有关劳动义务制和劳动军的措施，更深入地向广大民众灌输这一思想，要求各地工作人员都来实现这一思想，那时候我们就可以完全相信，我们一定能在丝毫不放松作战准备的情况下完成这一最艰巨的任务。

我们不应该放松我们的作战准备，但是同时要坚决把苏维埃共和国转上经济建设的新轨道。在最近几个星期，也许在最近几个月，这个任务一定要完成。每个苏维埃组织或党组织必须竭尽全力消灭运输瘫痪现象，增加粮食储备。

这样，并且只有这样，我们才能为大规模的工业建设、为俄国的电气化奠立巩固的基础。为了让居民特别是农民看到，我们在这方面的远大计划不是凭空制定的，而是根据技术条件和科学理论制定的，我认为我们必须通过一项决议（我希望中央执行委员能赞成这样做），请最高国民经济委员会协同农业人民委员部拟定一个关于俄罗斯电气化问题的草案。

由于国家出版社的帮助和原库什涅列夫印刷所（现在是国营第 17 印刷所）工人的努力，我得以使克尔日扎诺夫斯基的小册子《俄罗斯电气化的基本任务》在极短时间内出版了，明天就分发给全俄中央执行委员会各位委员。在最高国民经济委员会电工技术处工作的克尔日扎诺夫斯基同志在这本小册子里总结了过去的工作，并提出了一些问题。就这些问题进行宣传（不是实际解决，而是宣传）是目前最重要的任务之一。

我希望中央执行委员会通过一项决议，以中央执行委员会的名义责成最高国民经济委员会和农业人民委员部在科学技术人员协助下，在几个月内（这段时间里我们的实际任务是另外一些任务）制定一个广泛的完备的俄罗斯电气化计划。小册子的作者十分正确地选了下面一句格言作为小册子的题词："蒸汽时代是资产阶级的时代，电的时代是社会主义的时代。"我们必须为新的经济建设创造新的技术基础。这个新的技术基础就是电。我们必须在这个基础上建设一切。这件事要干许多年。我们不怕干上一二十年，但是，我们必须让农民看到，我们不是要造成旧日那种工农业的相互隔绝状态，不是要造成那种培育了资本主义和引起了产业工人和农业工人之间的对立的最深刻的矛盾，而是要向农民归还我们向他们借的粮食债，因为我们知道，纸币当然不是粮食的等价物。我们必须把工业生产组织起来，向农民供应工业品，还农民这笔债。我们必须让农民看到，在现代最高技术的基础上，在把城乡连接起来的电气化的基础上组织工业生产，就能消除城乡对立，提高农村的文化水平，甚至消除穷乡僻壤那种落后、愚昧、粗野、贫困、疾病丛生的状态。我们一完成当前的基本任务，就要来进行这一工作。为此，我们一分钟也不能离开我们的基本的实际任务。

在今后几个月内，要用全部力量来运输粮食和扩大粮食基地，我们一点也不应该离开这一任务。与此同时，要让科学技术专家制定一个全俄电气化的长期计划[74]。我们同外界、同资本主义的欧洲已建立了联系，我们同爱沙尼亚缔结了和约，给自己开了一扇窗户，我们希望这一切能使我们马上得到必需的技术援助。我们要在今后几个月内完成运输和粮食方面的基本任务，我们要在最近一个时期丝毫也不分散精力而是集中全力来完成推行劳动义务制这一任务，完成了这些任务之后，我们就会让人们看到我们有能力转而执行长期建设任务，有能力把整个俄国转到最高技术的基础上，消除城乡对立，坚决彻底地消除农村的落后、涣散和愚昧状态，铲除这种至今还使农村陷于保守、落后和受压迫状态的主要根源。在这方面，在争取和平地取得改造工业这一不流血战线上的胜利方面，如果我们能利用我们的各种军事经验，发挥我们的全部能力，团结所有的力量去完成这一任务，那我们就能取得比我们在战场上的胜利更彻底更伟大的胜利。（鼓掌）

载于1950年《列宁全集》俄文第4版第30卷

译自《列宁全集》俄文第5版第40卷第87—110页

在莫斯科枢纽站铁路员工代表会议上的讲话[75]

（1920 年 2 月 5 日）

简 要 报 道

在代表们热烈鼓掌后，列宁发表了长篇讲话。

列宁同志说，在国际形势方面，最突出的事情是同爱沙尼亚签订了和约。这项和约是一扇通向欧洲的窗户。它使我们有可能同西欧各国进行商品交换。我们的敌人硬说，西欧的革命还很遥远，没有西欧革命我们就坚持不下去。但是，我们不仅坚持下来了，而且胜利了。

我们没有从任何地方得到一颗子弹就取得了胜利，我们之所以能胜利，完全是因为工人和红军战士知道他们为什么而战。

被协约国任意摆布的弱小民族开始倾向于同苏维埃俄国媾和，这是因为我们用事实证明，帝国主义者欺骗了他们，而俄国无产阶级亲切地向他们伸出了和平之手。继爱沙尼亚之后，波兰也行动起来了。有消息说，波兰将讨论苏维埃俄国的媾和建议。这一不流血的胜利具有巨大的意义。

列宁接着谈到国内状况，他指出，这方面的主要问题是如何消除运输瘫痪现象。现在铁路运输正处于千钧一发的境地。火车一停驶，各个无产阶级中心城市就会遭到毁灭。为了支援运输业，顺利地战胜饥饿和寒冷，需要工人群众英勇奋斗。在使我们遭到惨重牺牲的国内战争时期，我们能够表现出空前未有的英勇精神，取得了战争的胜利，现在，战争转到了另一条战线上，转到了工业战线上，我们仍然需要表现出同样的英勇精神，作出同样的牺牲。现在我们必须在这条不流血的战线上取得胜利。

应当懂得，这里也需要作出牺牲。要振兴我国的经济，就必须为之付出牺牲。“不胜利，毋宁死”——这句话应当成为工业战线上的口号。应当使工人们认识到，必须进行最紧张的斗争，才能在这条战线上取得胜利。斗争将是非常艰巨的，而且不得不由疲惫而饥饿的工人来进行；但是如果他们懂得，工人阶级的命运取决于这一斗争的胜负，那他们就一定能够达到目的。

目前国防委员会正在讨论运输问题[76]。但是，工人们自己应当团结起来，同运输瘫痪现象和加剧这种现象的投机倒把活动进行斗争。有些人不把余粮交给国家，而把铁路变成进行投机倒把的工具。他们是在反对我们，因此觉悟的工人应当团结起来同他们作斗争。

我们率领红军取得胜利，不只是靠了鼓动工作，而且是靠了严格的铁的纪律。红军中的一切制度必须在所有的劳动战线上建立起来。应当把建立红军的全部经验在铁路劳动大军中加以运用，把这支军队提高到红军所达到的水平。不作出牺牲，不实行铁的纪律，不利用专家，红军就不会胜利，铁路大军也不会胜利。（鼓掌）

载于1920年2月7日《彼得格勒真理报》第28号

译自《列宁全集》俄文第5版第40卷第111—112页

人民委员会关于对机车修理工人的优待的决定草案[77]

（1920年2月5日）

（1）公布直达列车运行情况，以奖励修理工作。

（2）责成交通人民委员部制定一个按照直达列车运行情况进行奖励的计划，目的是对直达列车只进行最必要的修理，而不是大修。

（3）把有关直达列车修理情况的一切材料加以汇总和补充，交中央统计局研究。

（4）责成全俄工会中央理事会，莫斯科、彼得格勒、伊万诺沃和特维尔工会理事会研究如何利用最好的工厂昼夜24小时进行修理的问题。

载于1933年《列宁文集》俄文版第24卷

译自《列宁全集》俄文第5版第40卷第345页

在各省肃反委员会第四次代表会议上的讲话[78]

（1920年2月6日）

同志们，现在你们要在苏维埃俄国向新时期转变的条件下进行工作。你们大家当然都知道，转变时期的这些条件之所以产生，既有国际原因，又有国内原因，说得确切些，也就是由于最近以来国际战线和国内战线的形势发生了变化。

根本变化就是，在尤登尼奇和高尔察克失败之后，在我们战胜邓尼金之后，白卫反革命主要势力被粉碎了。虽然在这方面仍要谨慎小心，因为最近在罗斯托夫地区，在新切尔卡斯克进攻受阻，出现了邓尼金可能重整旗鼓的危险。但是，主要的胜利造成了新的局面。显然，资产阶级已经不可能认真指望形势会变得对它有利。这一点之所以更加清楚，还因为国际形势也发生了很大的变化，以至协约国不得不解除封锁。我们得以同爱沙尼亚签订了和约。在这方面我们取得了一项主要的成就，这就大大巩固了我们的地位，我们很可能还会同所有其他边境上的国家签订和约，到那时候，协约国实际上就再也不可能侵犯我们。

这样一来，我们同反革命势力、同隐蔽的和公开的白卫武装力量激烈斗争的第一个时期，看来就要结束了。但是，这样或那样的反革命活动和暴乱的尝试很可能还会不断发生。除此之外，俄国革命运动的经验表明，伴随着大规模的武装斗争常常出现各种纯粹恐怖主义的行动。因此，自然可以预料，几乎是最惯于掌握武器和使用武器的反革命武装势力的军官们，是不会不利用这个武器来为自己服务的。

因此，虽然根据捷尔任斯基同志的倡议在收复罗斯托夫之后已废除了死刑，但是我们一开始就声明，我们一点也不忽视恢复枪决的可能性。这个问题我们要视情况而定。自然，苏维埃政权保留死刑不会超过必要的限度，而且在这方面苏维埃政权用废除死刑的办法迈出了任何一个资产阶级共和国的任何一个民主政权从未走过的一步。

你们知道，各边疆地区都有相当多数的工人和农民受过白卫分子的压迫，他们在那里受压迫的时间愈长，转到我们这边来就愈加坚定。因此，我们知道，资产阶级的一切尝试是早就注定要失败的。但是，这些尝试还会出现，这一点两年来我们从苏维埃政权的经历中已经看到了。我们看到，成千上万的军官、地主分子肆无忌惮地犯下了种种罪行，他们同外国帝国主义列强的代理人合谋炸毁桥梁。所以我们说，这种尝试是决不会停止的。我们考虑到全国新的形势，仍然必须绝对保持戒备，并且记住，历史性大规模的武装斗争时期虽然即将结束，但这丝毫也不排斥我们应该保持戒备。

镇压反革命的机关、肃反委员会的机关过去和现在都面临相当复杂而困难的问题。一方面要理解并考虑到从战争向和平的转变，另一方面要时刻保持戒备，因为我们不知道要多久才能争取到持久的和平；我们应该考虑到，采用这种新的办法对资产阶级各阶层会有什么影响，要注意并在实践中检验这些改变产生的结果，只有顾及到这些情况，才能根据这个实践经验进行这种或那种改变。

总而言之，我们要像以往一样保持足以击退敌人的饱满的战斗力。敌人可能会作进犯的尝试，邓尼金可能会站住脚而继续进行国内战争，一些反革命集团可能会搞恐怖活动，因此，保持战斗准备是我们的职责。我们在保持这种战斗准备，不削弱镇压剥削者反抗的机关的同时，应该考虑到新出现的从战争向和平的转变，逐渐改变策略，改变镇压的办法。

我想这个问题在你们的讨论中占了不小的比重，当然，要作出实际的具体决定，你们比我占有的材料要多得多。我不怀疑，你们对这些材料会努力进行具体而切实的研究。你们应当仔细考虑，在俄国最近解放的地区，在西伯利亚，在乌克兰，镇压反革命的机关的活动在哪些方面发生变化，我们应该如何根据这种情况来改变我们的活动方式。我不打算涉及所有的细节，多谈这个问题，因为我不可能熟悉实际材料，但是我再说一遍，最重要的是要考虑到每个肃反委员会实际工作中所掌握的具体材料。此外，这类代表大会的任务是尽可能详尽地讨论这些实际材料，以便地方上每个工作人员不致局限在自己的狭小圈子里，而是通过交换意见能够制定出比较可靠的、能长期稳定下来的策略。

我想要特别提请注意镇压反革命机关、反间谍机关和反投机倒把机关所面临的问题，注意不流血的劳动战线，因为从建设苏维埃政权的角度来看，从巩固工农政权和恢复被破坏的经济的角度来看，这条战线现在已经被提到了首位。

你们知道，粉碎协约国支持的高尔察克、尤登尼奇和邓尼金的任务，镇压反革命的地主和资本家（他们在此之前还相信他们已经胜利在握，因为全世界最富的强国都支持他们）的任务，曾要求我们在国内全力以赴，因为我们当时面临的问题是保卫苏维埃共和国本身的生存问题。

可以说，苏维埃政权在这两年中做出了堪称奇迹的事情，因为在反对国际资本的斗争中它取得了世界上前所未有、闻所未闻的极大胜利。这是因为我们团结了一切力量，真正实行了无产阶级专政，这体现在以下方面：工人阶级先进、优秀而忠诚的先锋队在苏维埃政权建立两年以来表现出了无比的英雄气概和果敢精神；同时较不开展的那部分工农中的所有动摇分子表现出了空前剧烈的摇摆，而他们摇摆得愈厉害，就愈倒向我们这边。他们经受的考验愈多，转到我们这边来就愈快。

我们为了使力量集中，曾不顾一切叹息、牢骚和怨言而采取了一些强制措施。我们在十月革命以前和以后都坚持这样的观点：没有革命的暴力，新制度就不可能产生；我们从无党派的小资产阶级知识分子那里听到的种种怨言和牢骚都无非是一种反应。由殊死的阶级斗争所推动的历史表明：当地主和资本家感到已经到了最后斗争的关头，他们是什么事情都能干出来的。

历史表明，没有革命的暴力，就不可能取得胜利。不用革命的暴力镇压工农的直接敌人，就不可能摧毁这些剥削者的反抗。而另一方面，革命的暴力对劳动群众内部左右摇摆的不坚定分子也不能不有所表现。

我们亲眼看到了红军所取得的巨大胜利，当我们回顾苏维埃政权所经历的两年，想到我们是如何获得这些胜利的时候，我们不会不想起十月革命是在军队完全瓦解、军事组织完全不存在的情况下爆发的。我们当时没有军队，我们不得不经过长期而艰苦的工作来组织、团结、集中和重建这支军队。我们就是在这个建立新的、纪律严明的红军的过程中，也曾不得不采用革命暴力。这种革命暴力用来对付自私自利的人也是完全正确的。当先进分子把自己的全部力量用来同反革命作斗争的时候，当先进分子以极大的自我牺牲精神成千上万地倒在战场上的时候，一部分得到土地的落后农民以及一部分落后工人却只在为自己干活。这时，先进分子就不得不建立并加强新的纪律，这种纪律是依靠革命的暴力来维持的，它之所以能够维持，只是因为工农劳动群众中所有有觉悟的人都支持这种暴力，并且认识到，没有这种铁的纪律，我们就建立不起红军，就经受不住两年斗争的考验，而且根本就不能抵御有组织的、联合起来的资本的进攻。在这方面，进行纪律教育，维护纪律，团结我们的力量，以坚持今后的斗争——这样一些任务现在正逐渐有所改变。起初我们把全部力量，把一个遭到破坏的国家的全部力量投入了战争。因此，全国遭受到更大的破坏。

两年前谁也不相信，俄国，一个遭到四年帝国主义战争破坏的国家，能够再经受住两年的国内战争。的确，如果 1917 年 10 月底有人问，我们是否能经受住反对全世界资产阶级的两年国内战争，那么，我不知道我们当中是否有很多人会作出肯定的回答。可是事实表明，工农群众发挥出来的劲头比实现了十月革命的人们所预想的要大得多。结果，我们认识到，而且国内各条战线也向我们表明，新力量的源泉比我们所期望的要大得多。同时，这个源泉还表明，在军事战线上能打胜仗的红军在国内战线上正遇到新的障碍，这特别反映在目前的运输问题上。当然，现在我们的粮食也很困难，我们现在挨饿受冻比任何时候都严重，但是，由于我们解放了几个最主要的产粮省，粮食状况正在改善，所以，我们当前的主要危机在运输方面。然而，应该指出，即使在一切最富有的、没有这样经过连年战争的国家里，也同样存在着这个危机。甚至连这些国家也缺少车厢。俄国经过了六年战争，桥梁和机车都遭到蓄意破坏，这里会发生什么情况是可想而知的了。

我们在这方面的情况当然是十分严重的，因而肃反委员会各运输局及其整个机构，一切有觉悟的革命群众的任务是齐心合力帮助我们摆脱这种可以毫不夸大地称之为近乎灾难的危急状况。还应该指出，冬季之后，2 月份的运输情况，由于积雪，即使在平时也总是比其他季节更糟。现在我们的运输危机到了铁路有全线停车的危险地步。最近莫斯科的粮食储备只够 3 天了，而几十列火车却停在那里，因为燃料不足，而且无法运来。

我们十分清楚我们在两年战争期间采用过的那些克服这种灾难性状况的办法。这些办法就是提高群众觉悟，公开向他们发出号召。过去每当我们束手无策时，我们就认为应该求助于工农群众，向他们讲清楚面临的严重状况。我们向他们呼吁并指出依靠谁来拯救苏维埃俄国，需要怎样鼓足干劲，才能全力以赴完成一个确定的任务。当苏维埃政权同它的敌人作斗争的时候，这些任务曾不止一次发生变化，对国家所处状况的全部理解就在于正确考虑要抓的那些任务，以便克服经济破坏现象，转入正常的建设。所以，你们现在也知道，已经把最大的注意力用来向工人和农民说明运输方面的危急状况。这里需要无产阶级和农民拿出全部力量。比如运输燃料这样的事情，就是艰难的任务；如果没有工农高涨的热情，没有像红军取得节节胜利的大好时候所实行的群众性集体劳动，这项任务是绝对完不成的。比如当前运输燃料、清理铁路线的工作进行起来很困难，就因为人们许过一连串的诺言，说要拿产品给农民作为补偿。运东西需要马匹，这是自然的事，农民却不干，他们很不乐意，很不友好，因为他们得不到一定数量的商品作为报酬；而我们则由于运输完全停滞，连一点商品也拿不出来。所以，我们说农民就算是给自己的工农国家赊账，也应该完成这些任务，以拯救饥饿的工人和恢复工业。农民应该给我们赊账，因为，例如，某些地方的农民非常缺盐，而我们盐储存得很多，只是无法运去，其原因是运输部门连运输最起码的粮食的任务也无力完成。

正是在这种情况下还需要纪律，需要宣传鼓动工作去教育和团结全体工人和农民。而我们采取的革命暴力则把这种纪律变成现实，现实表明，觉悟的工人阶级提出了我们一定要彻底完成的坚定的实际任务。在同尤登尼奇、高尔察克以及邓尼金斗争最艰难的时候，我们就是这样，让共产党员、负责工作人员到第一线去，这些优秀战士献出了生命，我们蒙受了重大牺牲，与此同时，我们建立了纪律，惩罚了自私自利的人。我们最大限度地鼓起了人民群众的干劲，因而我们不断取得胜利。为了挽救运输业，今天我们也应采用过去行之有效的这些办法，竭尽全力来达到同样的目的。

我们有粮食、食盐，我们有足够数量的原料、燃料，我们能够恢复工业，但这需要紧张斗争好几个月，而在这场斗争中肃反委员会的各机关应该成为执行无产阶级集中意志的工具，成为建立我们在红军中得以建立的那种纪律的工具。

我深信，会后你们的机关通过实际工作会得出一致的看法，而且在这里你们就会得出一致的看法：县运输肃反委员会应起什么作用，县运输肃反委员会应如何组织起来，它们应如何从自己的队伍中间挑选出新的工作人员，以便打击投机倒把分子和怠工者，这两种人在铁路员工中比在其他方面都要多。这是依靠你们的实际经验可以完成的任务，是你们通过交换意见应该完成的任务。铁路员工的特点是:大部分工人是名副其实的工人,少数人才参加投机倒把活动,在这里运输肃反委员会的任务就是使劳动分配恰当,节约劳动力这件事有人负责,通过铁路员工中共产党员的努力来做到这一切。只有依靠这些优秀的群众,我们才能建立一支力量来战胜这股投机倒把的自发势力,战胜在腐朽的沙皇政府时代形成的这些投机倒把分子。为了战胜资本主义制度遗留给我们的这股势力,我们只有一种手段:这就是最大限度地加强纪律和革命毅力。肃反委员会应该依靠共产党支部,依靠工会,把自己的工作同宣传鼓动工作结合起来,激发铁路员工群众对这场斗争的自觉态度。

我深信,只要组织起来,吸取我们过去的经验,我们在新的工作中一定能够取得我们在武装斗争方面所得到的那样巨大的胜利。(长时间热烈鼓掌)

载于 1957 年《共产党人》杂志第 5 期

译自《列宁全集》俄文第 5 版第 40 卷第 113—121 页

关于乌克兰斗争派的决议草案

(1920年2月6日)

认为斗争派是一个以鼓吹分散兵力和支持盗匪活动来破坏共产主义基本原则的党派,它的所作所为正符合白卫分子和国际帝国主义的利益。

他们反对同俄罗斯联邦结成紧密的或最紧密的联盟这一口号,这同样是与无产阶级的利益相矛盾的。

我们始终不渝地执行的全部政策,目标应该是在不远的将来肃清斗争派。为此,对斗争派的任何罪行,都要给予迅速而严厉的惩罚。特别是要收集该党大多数党员非无产阶级的极不可靠的品质方面的材料。

肃清的时机将在短期内由政治局确定,并通知乌克兰革命委员会。①

载于1945年《列宁文集》俄文版第35卷

译自《列宁全集》俄文第5版第40卷第122页

① 在手稿中接着还有列宁的如下指示:"委托托洛茨基和拉柯夫斯基明天以前将这一决议的措辞修改得更确切一些,并于明天用密码电报将决议发给乌克兰革命委员会。"——俄文版编者注

既然是战争，就要有作战姿态

（1920 年 2 月 7 日）

被俄国工农推翻的地主和资本家，在全世界资本家的援助下迫使我们进行了两年国内战争。

现在我们正在胜利地结束这场战争。

我们已赢得了第一个和约，表明我们的国际政策胜过世界各国联合起来的资本家的政策。全世界的资本家竭力阻挠爱沙尼亚同我们缔结和约。我们战胜了他们。我们同爱沙尼亚缔结了和约，这是第一个和约，随之而来的将是其他的和约，这个和约使我们有可能同欧洲和美洲进行商品交换。

我们正在胜利地结束剥削者强加于我们的流血战争。两年来，我们学会了怎样取得胜利，并实际取得了胜利。

现在该进行不流血的战争了。

大家都去战胜饥饿和寒冷，战胜斑疹伤寒和经济凋敝，战胜愚昧和经济破坏，夺取这场不流血战争的胜利。

我们不得不进行这场不流血的战争，因为四年帝国主义战争和两年国内战争造成了经济破坏。要战胜这两场战争引起的贫穷、困苦、饥饿和灾害，就必须牢牢记住、好好领会并处处坚决遵循一条准则：

既然是战争，就要有作战姿态。

过去，工人和农民建立了没有地主和资本家并且反对地主和资本家的红军，战胜了剥削者。

现在，工人和农民也一定能建立起从事和平劳动的红军，一定能恢复农业和工业，为自己争得新的幸福。

实现这一目标的首要步骤，就是立即以革命刚毅精神不顾一切地，像作战那样坚决、团结、神速、忘我地去**恢复运输**。

同志们，大家都行动起来！

我们要证明，我们在和平劳动的战场上一定能比在反对剥削者的战场上创造出更大的英雄主义奇迹和胜利奇迹！

1920年2月7日

载于1920年2月8日《真理报》第28号

译自《列宁全集》俄文第5版第40卷第123—124页

对法国社会党决议草案的意见[79]

（1920 年 2 月 8 日和 14 日之间）

I 两项“建议”（Ⅰ—13 条=各段落；Ⅱ—23 条=各段落）

(1)第二国际由于战争脱离了、“放下”了“教育”工作。

？仅仅？不是这样

(2)战争使第二国际“分裂”(déchirée)了，“一部分”同资产阶级分掌了政权。

((哪一部分？什么时候？))

(3)第二国际“不适应革命形势”……

总计=8+9+8=25 行都是**水分**，废话，托词。人们表示不满，“但是”……有“仍然忠实的”分子(第 11 条)Ⅱ

应为：

第二国际已成为社会主义的叛徒和资产阶级的同盟者，因为它在 1914—1918 年战争中为“保卫祖国”辩护，而这场战争从双方来说都是强盗的、掠夺性的、反动的、帝国主义的战争。

(4)第三国际“引证”完整的纲领……加入它的有哪些哪些人

各种人引证。而**实际上**?

(5)瑞士、合众国和德国独立党人退出了第二国际。

总计＝14＋12＝26行是水分

在这样的战争中不是保卫祖国,即不是保卫掠夺成性的资产阶级,而是用革命的手段推翻它。其途径是建立无产阶级专政,即苏维埃政权。这就是第三国际的基础。

(6)法国社会党“考虑到”那些“仍然是可尊敬的”(??)独立党人的决定,确认“它不能留下”(但是不退出?)。……德皇的同谋者((原来如此! 而彭加勒的同谋者呢? 克列孟梭的呢? 劳合-乔治的呢? 威尔逊的呢?))

应为:

退出(还是不退出?)。退还是不退?

{12行模棱两可的话!}

(7)重新组合(什么样的? 就像玩内阁游戏?)“国际社会主义的传统原则”。 {+12行**是水分**} {不对}

为什么“传统”导致了破产呢?

工人的领袖和上层。分享帝国主义的超额利润。机会主义,同资产阶级的联盟。不善于和不愿意进行革命的宣传、鼓动;合法的和非法的组织。

(8)对俄国革命 不可能一切都 (19行中有**8**行是准确

了解得很准确…… **但是**第三国际的原则性声明没有一个是同社会主义运动的基本原则相抵触的。	的，是**拥护**无产阶级专政和拥护苏维埃的。）	这样，总计＝**94**行中有8行是明确的，即不到10%!! 留下这8行，其他的去掉，岂不更好？
无产阶级专政是一切革命主张的基础。	7行胜过94行	拥护无产阶级专政！拥护工人和不使用雇佣劳动、不剥削他人劳动的小农的苏维埃！打倒资产阶级议会，苏维埃万岁！只有照这种精神进行全部工作的人才是社会主义者。
成立苏维埃是最有效的手段之一。		
(9)但是……要特别重视现有的工人组织、工会和合作社……并因此要同第三国际“共同讨论”。	14行模棱两可的话	在它们的内部工作务必按照这种精神去做，即无情地驱逐机会主义的领袖，建立共产党支部和共产党党团，始终不渝地宣传共产主义。

(10)谴责与资产阶级同谋，特别是谴责内阁主义。	(8行)	不够。没有“谴责”**社会沙文主义**。
(11)法国社会党附和德国独立党的建议，并希望努力使“忠于阶级斗争原则的第二国际成员”(??)和参加第三国际的政党联合起来。	9行模棱两可的话	? 对还是不对?
(12)“积极的同情”……(少一些同情，多一些行动!)并**同**英国和美国的**无产者**(紧密)“团结一致”。	8行模棱两可的话	什么样的思潮？是社会沙文主义的和机会主义的，还是革命的? (α)对分裂避而不谈!! (β)等待革命。
(13)召集持“社会主义运动的传统原则”立场的各党代表的“预	10行重复和模棱两可的话。	

备会议”，以便同第三国际进行谈判。

总计＋ 94
49

143行

其中8行是明白的，准确的，有道理的，很重要的。

其余的都是托词。

载于1959年《列宁文集》俄文版第36卷

译自《列宁全集》俄文第5版第40卷第346—350页

在布拉古舍—列福尔托沃区非党代表会议上的讲话

（1920年2月9日）

报　道

列宁同志在他的讲话中谈到了当今苏维埃时期的两个迫切问题:国际形势问题和劳动战线问题。

列宁同志说,我们的红军用自己的胜利巩固了苏维埃俄国的地位,并使我们第一次战胜了协约国帝国主义者。为什么能战胜他们呢？很明显,这不单单是因为我们在前线打了胜仗,还因为我们把同我们交战的那些国家的士兵吸引到我们这方面来了。协约国派登陆部队登陆反而瓦解了自己的军队,不得不很快把军队撤走。士兵们拒绝攻打我们。单是“苏维埃政权”即劳动者政权这几个字就已经使全世界无产者感到欢欣鼓舞。

我们通过宣传鼓动把协约国的军队争取过来了。我们战胜帝国主义者,不只依靠了我们的士兵,而且依靠了协约国的士兵对我们的同情。另一方面,我们不是在口头上而是在行动上证明了我们对毗邻的小国采取爱好和平的政策。英国曾通过丘吉尔的口以14国进攻威胁我们,可是进攻没有成功,因为我们在取得军事胜利的同时,始终不渝地反复提出媾和建议。我们曾向爱沙尼亚建议媾和,根本没有考虑什么边界,只考虑我们不想为任何边界而使工农流血。

封锁所以解除，完全是因为苏维埃政权赢得了敌对各国的工人的同情。在意大利，甚至那些社会党的代表大会也一致通过决议，要求解除对苏维埃俄国的封锁，恢复同苏维埃俄国的贸易关系。各个小国的资产阶级政府虽然不喜欢布尔什维克，但却深信，布尔什维克希望同它们保持睦邻关系，而邓尼金将军或其他哪位将军所勾结的那些人，一旦取得胜利，第二天就会撕毁承认弱小民族独立的一切文件。我们没有放一枪一炮就缔结了和约，为同所有跟我们交战的国家缔结和约开了头。我们用事实证明了，在苏维埃政权的和平政策面前，各国政府都必须放下武器。

我们已经开了一扇通向欧洲的窗户，力求充分地加以利用。有人试图怂恿波兰进攻我们，但这种尝试一定会失败。不要很久，我们就会同所有的国家缔结和约，尽管他们现在说他们不承认我们。他们像怕火一样，怕布尔什维主义传染病在他们家里流行。虽然他们用一道万里长城把自己围住，但还是都染上了布尔什维主义传染病。布尔什维主义传染病就存在在这些国家的内部。这种传染病是到过苏维埃俄国并呼吸过这里的空气的法国和英国士兵带回去的。因此，我们获得了双重胜利。我们曾在所有的战线上击溃了白卫匪帮，现时正在国际范围内赢得和平。我们赢得和平不是依靠大炮，而是依靠对我们的同情。我们不仅博得了工人的同情，而且博得了弱小民族的资产阶级政府的同情。

接着列宁同志简略地谈到劳动战线问题。

他说，同志们，我们熬过了饥寒交迫、斑疹伤寒流行和铁路运输瘫痪的空前艰难的冬季，现在春天就要到了。我们必须在这条战线上也取得胜利。我们能在战时牺牲一切，贡献出全部优秀的战士——先进工人、共产党员和军校学员，他们奋勇当先，流血牺牲，振奋了全军士气。现在我们也要说：我们应当在这条战胜经济破坏的战线上经受住考验；共产党员和先进工人们，最真诚、最忠实、最优秀和最坚定的人们，像以前那样前进吧！要为每一列火车和每一个火车头而战斗，而斗争。我号召非党代表会议为这一任务而斗争。

同志们，我在结束报告之前，还要稍微谈一下全俄中央执行委员会最近一次会议采取的措施。这次会议采取了许多措施，最近就要在报上公布，应当在各种工人集会、俱乐部、各工厂和各红军部队宣读和讨论这些措施。在全俄中央执行委员会的重要决定中，我认为应当予以认真注意的，就是关于同我们机关中的官僚主义作斗争的决定。而全俄中央执行委员会关于把我们的国家监察部这一机构改组为工农监察机构或工人检查机构的决定[80]，就是反对官僚主义的措施之一。我们过去没有把专家从军队中赶走，而是给他们派去了工人政治委员，同样，我们现在也不应当驱逐旧官吏，而应当给这些资产阶级专家派去一批工人，让这些工人自己用心观察，学会做工作，把工作担当起来。应当使工人进入一切国家机关，让他们监督整个国家机构，而这应当由非党工人去做，应当让他们在非党工农代表会议上选出自己的代表去做。要帮助那些负担太重而过于劳累的共产党员。我们应该尽量把工人和农民输送到这种机关中去。我们一定要把这项工作抓起来，把它做好，把官僚主义赶出我们的机关。必须让广大的非党群众来检查一切国家工作，学会自己管理。

载于1920年2月13日《真理报》第32号

译自《列宁全集》俄文第5版第40卷第125—128页

政论家短评

（1920 年 2 月 14 日）

一

让·龙格公民寄给我一封信，信的基本内容就是他在《如何欺骗俄国人?》一文（1920 年 1 月 10 日《人民报》[81]）中的那些控诉。龙格把这份报纸连同“国际重建委员会”（«Comité pour la Reconstruction de l'Internationale»）[82]的简报一起寄给了我。在简报上刊载了即将在斯特拉斯堡举行的法国社会党代表大会的两个决议草案。代表“国际重建委员会”在简报上签名的有 24 人：阿梅代·迪努瓦、范妮·克拉尔（女）、科西、德莱皮纳、保尔·福尔、吕·奥·弗罗萨尔、欧仁·弗罗、古尔多、莱西亚尼（女）、勒特罗凯、保尔·路易、让·龙格、莫里斯·莫兰、迈耶拉、穆列、莫朗日、帕利科、佩舍、玛丽安娜·罗兹（女）、丹尼尔·勒努、塞尔万蒂埃、锡克斯特-凯南、托马西、韦弗伊。

我觉得回答让·龙格的控诉和攻击是多余的，因为 1920 年 1 月 16 日《工人生活报》[83]上斐·洛里欧的题为《别闹，龙格！》（«Tout doux，Longuet！»）[84]和《共产国际》杂志[85]第 7—8 期合刊上托洛茨基的《让·龙格》这两篇文章已作了充分的答复。现在已经没有多少意见要补充的了。也许还需要收集一下关于 1919 年 7 月 21 日罢工[86]失败的史料，但是，我在莫斯科无法做到这点。我只在一份奥地利共产党的报纸上看到了摘自《前进报》[87]的一段话，这段话揭露了一个最卑鄙的社会主义叛徒(或者无政府主义者叛徒?)、过去的工团主义和反议会主义的空谈家茹奥(Jouhaux)在这一事件中所扮演的卑鄙角色。龙格为什么不委托一个人编一本书，把有关 1919 年 7 月 21 日罢工失败问题的一切文件，欧洲各共产党报纸上所有有关的短评和文章，以及对所有领导和参加这次罢工的人的专访材料都收集起来呢? 这在巴黎是很容易做到的。这样的书我们是非常乐于出版的。全世界的"中派"(德国的独立党，法国的龙格派，英国的独立工党等等)连篇累牍、津津乐道地谈论什么"社会主义教育"，可是"社会主义教育"决不是学究式地教条式地重复那些人人厌烦的、1914—1918 年后再也没有人相信的关于社会主义的空泛道理，而是毫不动摇地**揭露**领袖们的**错误**和运动的错误。

例如，在 1914—1918 年战争期间主张"保卫祖国"的所有社会党、工会、工人合作社的领袖和著名代表，都已成为社会主义的叛徒。应当毫不动摇地揭露他们的错误，系统地说明这场战争从**双**方来说都是强盗分赃的战争，说明无产阶级若不用革命手段推翻资产阶级，这种战争***必然会***再次发生。这样才是真正地进行"社会主义教育"。

正是我上面提到的两个决议，唱着进行这种教育的高调而实际上却干着败坏社会主义的勾当，因为它们掩饰并避而不谈那些背叛和变节行为，那些因循、守旧、自私和庸俗习气，那些需要通过真正的教育加以克服和自觉抛弃的错误。

二

龙格派的这两个决议都是毫无用处的。但对于一个特殊的目的,即对于说明目前西欧工人运动中一个也许是最危险的祸害,它们却是非常有用的。这个祸害就是,老领袖们看到群众对布尔什维主义和苏维埃政权的向往不可遏止,就在**口头上**承认无产阶级专政和苏维埃政权以寻找(**而且往往找到!**)出路,而行动上他们却仍然是无产阶级专政的敌人,要不然就是一些不能或不愿理解无产阶级专政的意义并将其实现的人。

这种祸害会引起极其巨大的危险。匈牙利第一个苏维埃共和国的覆灭(第一次失败了,但第二次必定胜利)非常清楚地说明了这一点。奥地利共产党中央机关报《红旗报》(«Die Rote Fahne»,维也纳出版)[88]上的许多文章揭露说,这次覆灭的主要原因之一是"社会党人"的叛变,他们在口头上转到了库恩·贝拉方面并且自称为共产党人,但行动上并没有执行符合无产阶级专政的政策,而是动摇不定,畏缩不前,跑到资产阶级方面去,有些人完全是暗中破坏和出卖无产阶级革命。包围着匈牙利苏维埃共和国的、称霸世界的帝国主义强盗(即英法等国的资产阶级政府),当然利用了匈牙利苏维埃政权政府**内部**的这种动摇不定,假手罗马尼亚刽子手残酷地扼杀了这个政权。

一部分匈牙利社会党人**真诚地**转到库恩·贝拉方面,**真诚地**自称是共产党人,这是毫无疑问的。但是问题的实质并不因此而有丝毫改变,因为一个"真诚地"自称是共产党人的人,却不真正实行强硬无情、坚定不移和英勇无畏的政策(只有实行这种政策才同承认无产阶级专政相称),而是动摇不定,畏缩不前,那他就会由于自己缺乏主见、犹豫不决和优柔寡断,而像一个公开的叛徒一样犯下叛变的罪行。就个人来说,由于软弱而叛变和蓄谋的叛变之间是有很大差别的,但从政治上说,两者之间**毫无**差别,因为政治是千百万人的实际命运,而千百万工人和贫苦农民是被由于软弱而叛变的叛徒出卖,还是被为了谋私利而叛变的叛徒出卖,他们的命运并不因此而有所改变。

在我们现在谈到的决议上签名的龙格派中,哪些人属于上述第一类,哪些人属于第二类,是不是另外还有一类,现在无法知道,而且要弄清这个问题的尝试也是徒劳的。重要的是,龙格派这个**政治流派**,现在正实行着那些断送了匈牙利苏维埃政权的匈牙利"社会党人"和"社会民主党人"的政策。龙格派实行的正是这种政策,因为他们虽然在口头上自称为无产阶级专政和苏维埃政权的拥护者,行动上却仍然我行我素,继续在决议中维护并在实际上实行旧的政策,对社会沙文主义、机会主义和资产阶级民主作小小的让步,犹豫不决,优柔寡断,含糊其词,支吾搪塞,默不作声,如此等等。作这些小小的让步,犹豫不决,优柔寡断,含糊其词,支吾搪塞和默不作声,综合起来就必然是对无产阶级专政的**背叛**。

专政是一个大字眼,一个严峻的、血腥的字眼,它表示出两个阶级、两个世界、两个世界历史时代的你死我活的无情斗争。

这样的字眼是不能随便乱说的。

一方面把实现无产阶级专政提到日程上来,但同时又"怕得罪"阿尔伯·托马、布拉克和桑巴先生之流,怕得罪最卑鄙的法国社会沙文主义的其他骑士,以及《人道报》和《战斗报》[89]等叛徒报纸的英雄们，这就是背叛工人阶级，——不管是由于轻率、觉悟不够、缺乏主见或由于其他原因，这总是背叛工人阶级。

言行不一致断送了第二国际。第三国际诞生还不到一年，但在跟着群众跑的政客们眼里，它已成为一种时髦的和诱惑人的东西。第三国际已开始有言行不一致的危险。应当随时随地坚决揭露这个危险，连根铲除这种祸害的任何表现。

龙格派的决议（德国独立党即德国的龙格派的最近一次代表大会[90]的决议也是如此）把“无产阶级专政”变成了偶像，正如第二国际的决议成了领袖们、工会官吏们、国会议员们和合作社负责人们的偶像一样。对偶像应该祈祷，可以画十字，对偶像应该顶礼膜拜，但是偶像丝毫不会改变实际生活和实际政策。

不，先生们，我们不准许把“无产阶级专政”这一口号变成偶像，我们决不容忍第三国际言行不一致。

如果你们拥护无产阶级专政，那就不要对社会沙文主义采取含糊的、不彻底的、妥协的政策。而你们奉行的正是这种政策，在你们第一个决议的头几行中就反映了这种政策。请看，说什么战争使第二国际“分裂了”（a déchiré），使它放下了“社会主义教育”（éducation socialiste）工作，而“这个国际的某些部分”（certaines de ses fractions）由于同资产阶级分掌政权而“削弱了自己”，如此等等。

这不是自觉地和真诚地赞同无产阶级专政思想的人说的话。这或者是进一步退两步的人说的话，或者是政客说的话。如果你们愿意说这种话，确切些说，当你们还在说这种话，实行这种政策的时候，就请你们留在第二国际里吧，你们应该待在那里。或者是让那些曾经用群众的压力把你们推向第三国际的工人**脱离你们**,把你们留在第二国际,而自己转到第三国际来吧。这样的工人,不管他们是法国社会党的,德国独立社会民主党的,或者是英国独立工党的,只要他们能够遵守上述条件,我们就对他们说:欢迎之至!

如果承认无产阶级专政,如果同时还谈到 1914—1918 年战争,那么就应当改变一下说法:这场战争是英、法、俄帝国主义强盗同德、奥帝国主义强盗为了分赃,为了瓜分殖民地和划分金融势力“范围”而进行的战争。在这种战争中鼓吹“保卫祖国”就是背叛社会主义。如果不彻底阐明这个真理,如果不把这种背叛思想从工人的头脑中、心坎里和政策中清除干净,就**不能**摆脱资本主义的灾难,**不能**摆脱资本主义存在时所**不可避免的**新的战争。

你们不想说或不能说这种话,不想进行或不能进行**这样的**宣传吗?你们想“饶恕”自己,或者想“饶恕”你们那些昨天在威廉或诺斯克的德国和资产阶级统治的英国、法国鼓吹“保卫祖国”的朋友吗?那么请你们也**饶恕**第三国际吧!请你们行行好,别加入第三国际吧!

三

到现在为止我只谈了第一个决议。第二个决议也不见得高明多少。它“郑重地”(“solennelle”)谴责“混乱”,甚至谴责“一切妥协”(“toute compromission”——这是空洞的革命词句,因为反对**一切**妥协是不行的)。此外,还有一些含糊的、不彻底的、不是阐明而是模糊“无产阶级专政”概念的提法,重复一些空泛的议论,攻击

“克列孟梭先生的政策”（这是法国资产阶级政客们惯用的手段——把集团的更替说成是制度的改变），阐述基本上是**改良主义的**纲领——征税、“资本主义垄断企业的国有化”等等。

龙格派没有理解也**不愿**理解（在某种程度上是**无法**理解），用革命词句掩饰着的改良主义是第二国际的主要祸根，是第二国际遭到可耻破产的主要原因，是“社会党人”支持这场为了解决英俄法和德国这两个资本家强盗集团哪一个来掠夺全世界的大问题、使1 000万人丧生的战争的主要原因。

龙格派事实上仍然同从前一样，是用革命词句掩饰着的改良主义者，不过现在他们使用的革命词句是一个新的字眼：“无产阶级专政”。这样的领袖同德国独立社会民主党的领袖以及英国独立工党的领袖一样，无产阶级是不需要的。无产阶级不能同这样的领袖一起来实现自己的专政。

承认无产阶级专政，并不意味着在**任何**时刻都一定要进行冲击，举行起义。这是胡说八道。要举行成功的起义，必须进行长期的、精细的、顽强的、牺牲巨大的准备工作。

承认无产阶级专政，这意味着坚决地、无情地、而主要是完全自觉地、完全彻底地同第二国际的机会主义、改良主义、不彻底性和暧昧态度决裂，同那些**不能不**继承旧传统的领袖，同老的（不是指年龄，而是指手段）国会议员、工会和合作社的官吏等等决裂。

应当同他们决裂。怜悯他们就是犯罪，因为这意味着为了几万或十来万人的微小利益而出卖千百万工人和小农的根本利益。

承认无产阶级专政，这意味着根本改变党的日常工作，深入下层，到只有建立**苏维埃**、推翻资产阶级才能摆脱资本主义灾难和战争的千百万工人、**雇农**和小农那里去。应该向群众、向千百万人具体地简单明了地讲清这一点，应该对他们说，**他们的**苏维埃应当掌握**全部**政权，他们的先锋队，革命无产阶级的政党应当**领导**斗争，——这才是无产阶级专政。

龙格派根本不理解这个真理，根本不愿意而且根本没有能力一天天实现这个真理。

四

在奥地利，共产主义运动经历了最艰难的时期，这个时期好像还没有完全结束：还有成长过程中的病症；还存在一种错觉，以为一个集团只要自称是共产党人，无须深入群众扩大影响就能成为一支力量；在人选方面还有错误（这是每次革命初期**不可避免的**错误，我们也有过**一系列**这样的错误）。

科里乔纳和托曼主编的共产党人的日报《红旗报》表明，运动正走上郑重行事的道路。

奥地利社会民主党人愚蠢、卑鄙和无耻到何种程度，这可以从伦纳这一类奥地利谢德曼分子的整个政策中非常清楚地看到，而已变成平庸的叛徒的奥托·鲍威尔和弗里德里希·阿德勒之流帮助了（部分是由于他们极端愚蠢和缺乏主见）这些奥地利的谢德曼分子。

奥托·鲍威尔的小册子《通往社会主义的道路》就是一个例子。我手头的一本是柏林自由出版社出版的，这家出版社大概是属于完全同这本小册子一样贫乏、庸俗和卑鄙的独立党的。

只要看一下第 9 节（《剥夺剥夺者》）中的几句话就够了：

"……剥夺不能够也不应当用粗暴地〈brutaler,野蛮地〉没收资本家和地主的财产的方式来进行,因为用这种方式来进行,就不能不招致生产力的巨大破坏,而这就会使人民群众自己遭到破产,使人民的收入来源断绝。相反,剥夺剥夺者应当以整顿和调节的方式……"通过税收"来进行"。

这位博学之士还大致地说明,怎样通过税收从有产阶级那里得到他们收入的"$\frac{4}{9}$"……

看来够了吧?至于我,看了这些话后(我正是从这小册子的第9节看起的),就再也没有看下去,没有特殊的需要我也不打算再读奥托·鲍威尔先生的小册子了,因为很明显,这位出色的社会主义叛徒充其量也不过是一个不可救药的有学问的傻瓜罢了。

这是一个满脑子小资产者思想的书呆子的典型。他在战前曾经写过一些有益的学术著作和论文,曾"从理论上"推断,阶级斗争会尖锐到发生国内战争的程度。他甚至参加了(假如我得到的消息是确实的)1912年巴塞尔宣言[91]的起草工作,这个宣言完全预见到正是战争,即后来在1914年爆发的战争会引起**无产阶级革命**。

但是,当这场无产阶级革命真正到来的时候,他的书呆子习气和庸人天性就占了上风,他惊慌起来,**开始用改良主义词句**这种油**来浇熊熊的革命烈火**。

他牢牢记住了(书呆子不会思考,他们善于死记硬背):从理论上说剥夺剥夺者可以不用没收的办法。他经常重复这句话,把它记住了。他在1912年就已把它背得烂熟,在1919年又把它背了一遍。

他不会思考。在这样一场甚至使胜利者也濒于灭亡边缘的帝国主义战争已经结束的时候,在许多国家都开始了国内战争,国际上许多事实证明帝国主义战争必然会变为国内战争的时候,也就是在基督诞生的第一千九百一十九个年头，居然还有人在维也纳鼓吹用“整顿”和“调节”的方式来剥夺资本家收入的“$^4/_9$”，能做出这种事的人不是精神病患者，就是伟大的德国古典诗篇中那位爱不释手地“一本又一本地”读书的……大家熟悉的主人公[92]。

这位非常可爱的好心人大概是一位德行十分高尚的家长，最诚实的公民，学术著作的最忠实的读者和作者，但他忘记了一件很小很小的事：用这种“整顿”和“调节”的方式向社会主义过渡（抽象地说，这种过渡无疑对“人民”是最有利的）的前提是，无产阶级的胜利已绝对巩固，资本家的处境已绝对没有希望，资本家已绝对必须并且也绝对愿意老老实实地服从。

这样凑巧的事有可能吗？

从理论上来说，即在这件事上完全抽象地来说，这当然是可能的。例如，假定在九个国家里，包括所有强国在内，威尔逊、劳合-乔治、米勒兰之流以及资本主义的其他英雄们的处境已经与我国的尤登尼奇、高尔察克和邓尼金及其部长们的处境相同。假定在这以后，第十个小国的资本家向工人提议：好吧，让我们服从你们的决定，老老实实地帮助你们用“整顿”的方式和平地（毫无破坏！）“剥夺剥夺者”，这样一来，第一年我们可以拿原收入的$^5/_9$，第二年拿$^4/_9$。

在我上面所说的条件下，第十个国家的资本家会在一个最小的和“和平的”国家里提出这样的建议，这是完全可以设想的，这个国家的工人如果能切实讨论这个建议（要讲讲价钱，因为商人是不可能不要高价的）并接受这个建议，也不会有丝毫坏处。

现在，经过这一番通俗的解释后，也许连学者奥托·鲍威尔和哲学家弗里德里希·阿德勒（他当哲学家像当政治家一样走运）都会明白问题究竟在哪里了吧？

还没有？还不明白？

请你们想一想，最亲爱的奥托·鲍威尔，最亲爱的弗里德里希·阿德勒，目前世界资本主义及其领袖的处境与俄国的尤登尼奇、高尔察克和邓尼金的处境相同吗？

不，不相同。在俄国，资本家在拼命的反抗之后已被击溃。但是在全世界，资本家还掌握着政权。他们还是统治者。

假如你们，最亲爱的奥托·鲍威尔和弗里德里希·阿德勒，到现在还不明白问题在哪里，那我再给你们更通俗地说明一下吧。

请你们设想一下，当尤登尼奇兵临彼得格勒城下、高尔察克占领着乌拉尔、邓尼金控制着整个乌克兰的时候，当这三位英雄的口袋里揣着威尔逊、劳合-乔治和米勒兰之流打来的关于运送金钱大炮、派遣军官士兵来的一沓沓电报的时候，——请你们设想一下，在这样的时候，俄国工人的代表走到尤登尼奇、高尔察克或邓尼金面前，向他们说：我们工人是多数，我们把你们收入的$\frac{5}{9}$给你们，然后我们用“整顿”和和平的方式把其余部分拿走。一言为定，“毫无破坏”，你们干不干？

如果这位工人代表穿得很平常，并且接见他的只是邓尼金之类的俄国将军，那么将军大概会把这个工人送进疯人院，或者干脆把他赶走。

但如果工人代表是一位衣冠楚楚的知识分子，而且是一位颇受尊敬的父亲的儿子（像善良而可爱的弗里德里希·阿德勒那样），并且接见他的不是邓尼金一个人，还有法国或英国的“顾问”在座，那么这位顾问无疑会对邓尼金说：

“喂，将军，这个工人代表倒很聪明，他正适合当我们的部长，就像英国的韩德逊，法国的阿尔伯·托马，奥地利的奥托·鲍威尔和弗里德里希·阿德勒一样。”

1920年2月14日

载于1920年3月《共产国际》杂志第9期

译自《列宁全集》俄文第5版第40卷第129—139页

就党代表大会的筹备工作给俄共各级组织的信

(1920年2月17日和26日之间)

敬爱的同志们：

党代表大会定于3月27日召开。大会的议程已经公布[93]，大会的筹备工作，各级党组织无疑都已开始进行。党中央认为有责任对这项工作提出一些意见。

我们党进行了15年(1903—1917年)的顽强斗争，证明自己同俄国工人阶级保持着联系，有能力同工人阶级中的各种资产阶级影响作斗争，并且有能力在最复杂和最困难的情况下领导无产阶级的革命斗争。这样的党从十月革命时起自然应该把直接实现无产阶级专政的任务也担当起来。因此，我们的党代表大会不仅对整个工人运动，而且对整个苏维埃政权的建设，对领导俄国共产主义运动，甚至在某种程度上对领导国际共产主义运动，都具有极其重要的意义。

目前时局的特点是，苏维埃政权必须实行最困难的转变，即由全力执行军事任务转到执行和平经济建设任务，因此我们党代表大会的意义就更加重大了。

我们党员的数量大大增加了，这主要是由于在征收党员周[94]时有大批工农加入了党。征收党员周是在我国革命最困难的时刻，即在尤登尼奇和邓尼金逼近彼得格勒和莫斯科的时候组织的。在这种严重关头入党的工人和农民，是革命无产阶级和不从事剥削的农民中最优秀和最可靠的领导骨干。我们的当前任务，就是要最迅速、最有效和最切实地帮助这些年轻的党员成长，把他们培养成建设共产主义的干部，使他们最有觉悟，能够胜任最重要的职务，并且同群众即同大多数工人和不剥削他人劳动的农民保持最密切的联系。

根据目前这个历史时刻的特点，这次党代表大会的中心议题是经济建设问题，尤其是关于总管理机构、中央管理机构以至一切苏维埃政权机关实行工人化的措施、方法、方式和效果的问题。

这个问题应当成为党代表大会上的主要问题，因为怎样由流血战线上的斗争转到不流血战线上的斗争，转到劳动战线上的斗争，转到战胜经济破坏，争取恢复、改善、改组和发展俄国整个国民经济的战线上的斗争，现在是俄国整个苏维埃建设的主要问题（由于俄国已成为世界革命的策源地，这在很大程度上也是国际共产主义运动的问题）。

收集和运送国家的大批粮食，恢复被破坏的运输，像作战时那样迅速、果断和纪律严明地实行这些措施；此外密切配合这些措施，实行苏维埃政权机关"工人化"，消除机关中的怠工行为和官僚主义，最大限度地提高劳动生产率，最大限度地发动国内的一切力量来恢复我国的经济，——这就是目前形势坚决要求我们实现的、需要千百万工农以奋不顾身的革命精神来完成的迫切任务。

党代表大会应当考虑到劳动军这个年轻的新型组织的经验，考虑到一切苏维埃政权机关两年多来的工作经验，并作出一系列决定，使我们整个社会主义共和国能够更坚定、更坚决、更果断、更切实地集中劳动群众的一切力量，来完满地完成迅速而彻底地战胜经济破坏这个迫切的任务。

我们请求全体党员和各级党组织，无论在各级苏维埃机关的实际工作中，或者在代表大会的筹备工作中，都要集中全力来实现这项任务，因为这两方面的工作融合成了一个统一而不可分割的整体。

纯粹从理论上探讨、争论一般问题并作出原则性决议，这样的时期幸而已经过去了。这是已经过去的阶段，这是昨天和前天已经完成的任务。应当前进了，应当懂得现在我们面临的是**实际**任务，应当以全部力量，以真正的革命毅力，以我们的优秀同志、工农红军战士在战胜高尔察克、尤登尼奇、邓尼金时所发扬的那种奋不顾身的精神，来完成迅速战胜经济破坏这项**切实的**任务。

应当向前进，应当向前看，应当把经过深思熟虑的、经过全体党员的共同劳动和共同努力精心**提炼过的**进行经济建设的**实际经验**带到代表大会上来。

我们已经学会了一些东西，要前进，要战胜经济破坏，就不要事事从头做起，不要乱改一通，而要善于充分**利用**已经建立的东西。尽量少采取整个重建的做法，尽量多提供些切实可行的、经过实践检验证明行之有效的措施、方法、方式和意见来达到我们的主要目的，即更深入、更广泛、更迅速、更有效地使我们的机关“工人化”，吸收更多的工人和劳动农民来管理工业，管理整个国民经济。不仅要吸收受过充分工作锻炼的个别农民和工人参加，而且一定要更广泛地吸收**工会**参加，其次要吸收非党工农代表会议参加。要把资产阶级专家，即在资产阶级环境中培养出来的掌握了资产阶级文化成果的专家全部吸收进来（因为我们这里资产阶级专家太少了),还要让我国的劳动群众按照我们党纲的要求切实地**向这些专家学习**,同时又让这些"资产阶级专家同觉悟的共产党员所领导的普通工人群众手携手地同志般地共同劳动"(像我们党纲上说的那样),这些就是我们的主要的实际任务。

同志们!我们过去所以能战胜历史摆在第一个社会主义共和国前进途中的空前未有的困难,是因为无产阶级正确地理解自己作为专政者,即作为全体劳动者的领导者、组织者和教育者所肩负的任务。我们所以能取得胜利,是因为正确地规定了最迫切、最重要、最紧急的任务,并且真正集中了全体劳动者、全体人民的全部力量来完成这项任务。

军事胜利比经济胜利容易取得。战胜高尔察克、尤登尼奇和邓尼金比较容易,而要战胜在工人周围、工人身边和工人中间的千百万小业主所保持的和不断产生着的旧的小资产阶级习惯、关系、习气和经济条件就要困难得多。

要在这方面获得胜利,就需要更加沉着,更加耐心,更加坚定,更加顽强,更加有条不紊,需要有进行大规模组织和管理的更高超的艺术。而这正是我们这个落后的国家所最缺乏的。

全体党员都应该努力把经过检验、经过提炼、经过总结的**实际**经验带到代表大会上来。如果我们能尽一切努力,善于仔细地、认真地、实事求是地收集、检验和提炼**实际**经验,即我们每个人所做过的、所完成的和我们看到的我们周围的人所做过的、所完成的事情,如果能这样,而且也只有这样,我们的党代表大会以及我们所有的苏维埃机关才能完成**实际**任务:最迅速最有把握地战胜经济破坏。

从讨论一般问题的代表大会和会议进到总结**实际经验**的代表

大会和会议，这就是当前的口号。研究实际经验，以便剔除有害的东西，集中一切有价值的经验，精确地确定一些当前的实际措施，并且不惜任何牺牲而坚决予以实现，这就是我们所理解的当前的任务和党代表大会的任务。

载于 1920 年 3 月 2 日《俄共(布)中央通报》第 13 期

译自《列宁全集》俄文第 5 版第 40 卷第 140—144 页

答美国世界新闻社驻柏林记者卡尔·维干德问[95]

（1920年2月18日）

1.“我们是否准备进攻波兰和罗马尼亚？”

不。我们曾以人民委员会和全俄中央执行委员会的名义，郑重地正式地申明我们的和平愿望。遗憾的是，法国资本家政府却唆使波兰（大概还有罗马尼亚）进攻我们。甚至从里昂发出的很多美国电讯都在这样说。

2.“我们对亚洲的计划是什么？”

和对欧洲的一样：同各国人民和平共居，同正在觉醒起来要求过新生活，过没有剥削、没有地主、没有资本家、没有商人的生活的各国工人和农民和平共居。1914—1918年的帝国主义战争，这场因瓜分世界而引起的英法（和俄国）集团的资本家对德奥集团的资本家的战争，唤醒了亚洲，使亚洲人（和其他地方的人一样）更强烈地渴望自由、渴望和平劳动、渴望制止战争再起。

3.“同美国保持和平的基础是什么？”

请美国资本家不要触犯我们。我们是不会触犯他们的。我们甚至准备用黄金向他们购买运输和生产用的机器、工具及其他东西。而且不仅用黄金买，还要用原料买。

4.“实现这种和平的障碍是什么?”

我们这方面没有任何障碍。美国的(还有其他各国的)资本家奉行的帝国主义才是障碍。

5.“我们对于美国把俄国革命者驱逐出境的看法如何?”

我们接收了他们。我们国内是不怕革命者的。我们根本不怕任何人。如果美国还有那么几百个或几千个本国公民使它感到害怕,那我们准备就我们接收美国所害怕的一切公民(当然,刑事犯除外)问题举行谈判。

6.“俄德两国建立经济联盟的可能性如何?”

很遗憾,可能性不大。这是因为谢德曼之流是很坏的同盟者。我们主张一无例外地同所有的国家都建立联盟。

7.“我们对协约国要求交出战犯的看法如何?”

认真地说,各国的资本家都是战犯。把土地超过 100 公顷的地主和资本超过 10 万法郎的资本家全部交给我们吧。我们一定能教会他们从事有益的劳动,叫他们不敢再充当可耻的、卑鄙的、血腥的角色,即充当剥削者和为瓜分殖民地而发动战争的罪犯。这样,战争很快就会绝迹了。

8.“同我们保持和平对欧洲的经济有何影响?”

用机器换粮食、亚麻和其他原料,难道会对欧洲不利吗?显然不会是不利的。

9.“我们对苏维埃这一世界力量未来的发展的看法如何?”

未来是属于全世界的苏维埃制度的。这一点有事实为证,例如,计算一下每一个国家在每一个季度中增加了多少拥护苏维埃和同情苏维埃的小册子、书籍、传单和报纸就足以说明问题。情况只能是这样。既然城市工人、农村工人即雇农和日工以及不剥削雇佣工人的小农都懂得，也就是大多数劳动者都懂得，苏维埃会使他们掌握全部政权，使他们摆脱地主、资本家的压迫，那么还有什么办法能够阻止苏维埃制度在全世界取得胜利呢？至少我不知道这种办法。

10."俄国是否还必须担心外来的反革命干涉？"

很遗憾，还必须担心，因为资本家是些愚蠢而贪婪的人。他们多次进行过这种愚蠢而贪婪的干涉活动。因此，在每个国家的工人和农民没有把本国的资本家**改造好**以前，还必须担心资本家故技重演。

11."俄国是否愿意同美国有生意往来？"

当然愿意，正如我们愿意同一切国家有生意往来一样。我们同爱沙尼亚缔结了和约，对爱沙尼亚作了巨大的让步，就证明我们愿意这样做，为此，在一定条件下甚至愿意实行租让。

弗·乌里扬诺夫(尼·列宁)

1920年2月18日

载于1920年2月21日《纽约晚报》第12671号

译自《列宁全集》俄文第5版第40卷第145—147页

答英国《每日快报》记者问[96]

（1920 年 2 月 18 日）

（1）“我们对解除封锁的态度如何？”

我们认为这是向前跨进了一大步。这使我们能够从协约国各国资本家政府强加于我们的战争转入和平建设。这一点对我们是最主要的。我们正集中全力恢复被战争（最初是资本家争夺达达尼尔和殖民地的战争，后来是协约国和俄国的资本家反对俄国工人的战争）破坏了的国家经济生活，同时，我们正在许多科学家和技术人员的帮助下制定全俄电气化计划。这是一个为期多年的计划。电气化将使俄国发生根本变化。在苏维埃制度基础上实行电气化，会使共产主义的原则，没有剥削者、没有资本家、没有地主、没有商人的文明生活的原则在我国获得最终的胜利。

封锁的解除一定会促进电气化计划的实现。

（2）“协约国放弃进攻的决定是否会影响苏维埃政权的进攻行动？”

是协约国同它的同盟者和仆从高尔察克、邓尼金以及跟我们毗邻的各国的资本家进攻了我们。我们没有进攻过任何人。我们甚至不惜作物质上的牺牲，同爱沙尼亚缔结了和约。

我们迫切期待协约国用**行动**来证实自己的“决定”。遗憾的是，签订凡尔赛和约的过程和它的后果表明，协约国的言行大多是不一致的，它们的决定大多是一纸空文。

(3)“从苏维埃政治的角度来看，我们是否认为现状是令人满意的?”

是的，因为政治上的任何一种现状都是由旧到新的转变。从很多方面说，现状是由战争向和平的转变。这种转变是我们所希望的。因此，我们认为现状是令人满意的。

(4)“协约国停止军事行动以后，我们的目标是什么?”

前面已经说过，我们的目标是进行和平的经济建设。现在有一个由科学家和技术人员组成的委员会(确切些说，是几个委员会)正在按照全俄中央执行委员会二月会议(1920 年)的决议拟定以电气化为基础的详细的经济建设计划。

载于 1920 年 2 月 23 日《每日快报》第 6198 号

译自《列宁全集》俄文第 5 版第 40 卷第 148—149 页

同美国《世界报》记者林肯·埃尔的谈话[97]

（1920年2月20日以前）

协约国在“下棋”

关于协约国决定解除封锁的消息，列宁说：

很难相信这样一个含糊的建议的诚意，看来，这个建议是同通过波兰领土向我们发动进攻的准备相配合的。乍看起来，最高会议打算通过俄国的合作社来恢复贸易关系的计划很像是真的。但是，合作社已不再存在，已经同我们的苏维埃分配机关合并了。因此，协约国说他们想同合作社打交道，这会是什么意思呢？当然，这是不清楚的。

所以我说，经过较为仔细的研究以后，我们认为，巴黎这个决定只不过是协约国走的一步棋，其动机至今还不清楚。

列宁沉默了片刻，然后满面笑容地补充说：

比如说，这比福煦元帅访问华沙的意图还要不清楚。

我问，他是否认为波兰进攻的可能性很大？（应该提请注意的是，俄国流行的议论是说波兰人要进攻布尔什维克，而不是相反。）

列宁回答说，毫无疑义，克列孟梭和福煦是两位非常非常严肃的先生，而其中的一位制定了这个侵略计划，另一位则打算付诸实施。这当然是严重的威胁，但是，我们曾经对付过更加严重的威胁。然而，这在我们当中引起的与其说是恐惧，不如说是失望，因为协约国仍然想得到他们不可能得到的东西。要知道波兰的进攻如同高尔察克和邓尼金当时的进攻一样，也是不能按照他们的意愿来解决俄国问题的。别忘了，波兰自己还有许多麻烦事呢！其实，波兰显然不可能从它的任何邻国，其中包括从罗马尼亚得到援助。

不过，我觉得现在比过去更接近媾和，——我说了自己的看法。

是的，是这样的。既然媾和是同我们进行贸易的自然结果，那么协约国就不能再长久地回避媾和。我听说，克列孟梭的继任人米勒兰表示愿意考虑同俄国人民建立贸易关系的问题。这可能说明法国资本家的情绪发生了急剧的变化。但是，在英国，丘吉尔的地位仍然是强有力的，而劳合-乔治大概想同我们建立生意往来，却又不敢公开断绝同支持丘吉尔政策的政界和财界的关系。

合众国迫害社会党人

美国怎么样？

很难弄清那里发生的事。你们的银行老板似乎比任何时候都更害怕我们。不管怎么说，你们的政府不仅对社会党人，而且对整个工人阶级都采取非常残酷的镇压手段，这比任何其他政府，甚至比反动的法国政府还要厉害。美国政府明目张胆地迫害外国人。其实，美国如果没有外侨工人又怎么办呢？外侨工人对你们的经济发展是绝对必需的。

不过，美国某些企业家仿佛开始明白，在俄国做些有利可图的生意比同俄国打仗更明智。这是一个好的征兆。美国的工业产品——机车、汽车等等——对我们来说，比其他任何国家的商品都更需要。

你们的媾和条件是什么？

用不着花时间谈论这个问题。全世界都知道我们准备签订的和约的条件是公正的，这一点连最富有帝国主义性的资本家也提不出异议。我们不止一次地公开申明我们的和平愿望，申明我们需要和平，以及我们愿意向外国资本提供最慷慨的租让和保障。但是我们无意让人假借和平来扼杀我们。

为什么像我们这样的社会主义国家不能同资本主义国家有无限制的生意往来，我看不出有任何理由不能这样做。我们并不反对使用资本主义国家的机车和农业机器，那么，为什么他们要反对利用我们社会主义国家的小麦、亚麻和白金呢？要知道社会主义国家粮食的味道同任何其他国家粮食的味道是一样的，不是吗？当然，他们不得不同可怕的布尔什维克，即同苏维埃政府有生意往来。但是，同苏维埃有生意往来，对美国企业家，比如对生产钢的企业家来说，并不比他们在战时同协约国各国政府在军事装备问题上打交道更困难。

欧洲依赖俄国

这就是为什么我们觉得关于通过合作社同俄国恢复贸易这种说法是缺乏诚意的，或者至少是含糊不清的，与其说这是一个开诚布公的、直截了当的、会立即得到响应和实现的建议，不如说是走的一步棋。还有，最高会议如果真的打算解除封锁，那为什么它不把自己的打算通知我们呢？我们没有得到巴黎任何正式通知。我们所知道的那一点情况，是根据我们截听到的电讯得来的。

欧洲和合众国的国务活动家们大概不懂得，俄国目前的经济破坏只是世界经济破坏的一部分。经济问题，如果不是从国际的角度，而是从个别国家或一些国家的角度来考察，那是不可能解决的。欧洲没有俄国，便不能恢复元气。而欧洲衰弱了，美国的情况就会危急起来。如果美国不能用它的财富换取它所需要的东西，那它的这些财富对它又有什么用处呢？美国积累的黄金既不能吃，也不能穿，不是吗？只要欧洲拿不出美国想用它必须销售的东西换取的商品，美国就不能同欧洲进行有利可图的贸易，也就是说，不能在对美国有实际好处的基础上进行贸易。只要欧洲在经济方面还未恢复元气，它就拿不出这些商品给美国。

世界需要俄国商品

我们俄国有小麦、亚麻、白金、钾碱和很多矿产，这些都是全世界迫切需要的。世界终究会到我们这里来要这些东西,不管我们这里实行的是布尔什维主义或者不是布尔什维主义。有迹象表明,人们在逐渐懂得这个道理。但是,就在这个时候,不仅俄国,而且整个欧洲都快要崩溃了,而最高会议竟仍然在执行支吾搪塞的政策。俄国同欧洲一样,是可以避免彻底崩溃的,但为此必须立即迅速地采取行动。而最高会议行动太慢,慢得吓人。实际上,最高会议好像什么问题也没有解决就解散了,并把自己的职能交给了大使会议,而代替它的只是一个有名无实、毫无用处的国际联盟[98]。国际联盟如果没有合众国作主要支柱,难道它能起什么作用吗?

我问,苏维埃政府对军事形势满意到什么程度。

非常满意。今后对我们发动军事侵略的唯一迹象是在波兰方面,这一点我已经说过了。如果波兰采取这种冒险行动,那么这就会使双方都遭受新的苦难,并造成新的不必要的人员死亡。何况就连福煦也不能担保波兰人能打赢。即使丘吉尔本人和他们一起打仗,他们也打不赢我们的红军。

这时,列宁把头朝后一仰,苦笑了一下。然后他用更加严肃的声调继续说:

如果协约国各国能够派他们本国的军队来打我们,我们当然可能被他们中的任何一个大国击败。但他们不敢这样做。一个十分反常的现象是:俄国同拥有无限实力的协约国各国相比,尽管非常弱,却不仅击溃了协约国派来进攻它的任何武装力量,包括英国、美国和法国军队在内,而且对充当防疫线的各国[99]也取得了外交上和道义上的胜利。芬兰拒绝同我们打仗。我们同爱沙尼亚缔结了和约，很快就要同塞尔维亚①和立陶宛缔结和约。[100]尽管这些小国受到协约国的重金利诱和凶恶威胁，它们还是宁愿同我们建立和平关系。

国内形势前景很好

无疑，这说明我们拥有巨大的道义上的力量。我们的近邻，波罗的海沿岸各国都知道，只有我们才从来不打算威胁他们的独立和安宁。

而俄国的国内形势呢？

形势是危急的，但前景是很好的。开春之前，粮荒将被克服，至少不会让城市居民挨饿。那时燃料也会够用。由于红军的惊人功绩，国民经济已经开始恢复。目前一部分红军已经变成劳动军；这个不平常的现象只有在为实现崇高理想而奋斗的国家里才有可能产生。要是在资本主义国家，这当然是不可能的。过去为了战胜我们的武装敌人，我们牺牲了一切，而现在我们要把我们的全部力量用于恢复经济。这需要好几年工夫，但最终我们一定会胜利。

您认为俄国什么时候能完成共产主义建设？我觉得这是一个难题，但列宁立刻答道：

我们打算在乌拉尔及其他地方建设发电站，使我们的整个工业体系实现电气化。我们的工程师告诉我们，这需要十年时间。

① 报纸有误。塞尔维亚与苏维埃俄国未曾交战。此处看来是指拉脱维亚。——俄文版编者注

实现电气化将是走向按共产主义方式组织社会经济生活的第一个重要阶段。我们的整个工业将从一个可以保证同样供应所有工业部门的总能源得到动力。这将消除在寻求燃料方面的无益竞争，并将给加工工业企业打下坚实的经济基础，否则，我们便不能指望在生活必需品的交换方面达到符合共产主义原则的水平。

同时，我们预计三年之后，俄国将使用 5 000 万只白炽灯。我估计合众国现在有 7 000 万只这样的电灯。但是对电气化还处于襁褓时期的国家来说，能有这个数量的⅔以上，这已经是一个巨大的成绩。依我看，电气化是我们面临的所有伟大任务中最重要的任务。

严厉批评社会党领袖

我们谈话结束时，列宁对欧美的一些社会党领袖提出了许多严厉的批评，当然是不供发表的。从中可以看出，他不相信这班先生有把世界革命事业胜利地推向前进的能力，或者说哪怕是这样做的愿望。看来，他认为布尔什维主义将撇开这些“正式的”社会主义的领袖，而不是依靠他们的帮助来为自己开辟道路。

载于 1920 年 2 月 21 日《世界报》第 21368 号

译自《列宁全集》俄文第 5 版第 40 卷第 150—156 页

致 女 工

(1920 年 2 月 21 日)

同志们！莫斯科苏维埃的选举表明，共产党是受到工人阶级热烈拥护的。

应当使女工们更多参加选举。苏维埃政权是世界上第一个也是唯一的一个完全废除了一切使妇女处于与男子不平等的地位、使男子享有特权(例如在婚姻法方面和对子女的关系方面)的卑鄙的资产阶级旧法律的政权。苏维埃政权这个劳动者的政权，是世界上第一个也是唯一的一个取消了一切因私有制而造成的特权的政权，而在所有的、甚至是最民主的资产阶级共和国的家庭法中，男子还保留着这些特权。

哪里有地主、资本家和商人，哪里甚至在法律上也不可能有男女的平等。

哪里没有地主、资本家和商人，哪里是由没有这些剥削者参加的劳动者的政权在建设新生活，哪里在法律上就有男女的平等。

但这还不够。

法律上的平等还不是实际生活中的平等。

我们要使女工不但在法律上而且在实际生活中都能同男工平等。要做到这一点，就要使女工愈来愈多地参加公有企业的管理和国家的管理。

妇女通过管理很快就会掌握业务，赶上男子。

把更多的女工选进苏维埃去，不管她们是不是共产党员。只要是正直的女工，能有条有理地勤勤恳恳地工作，即使不是党员，也可以把她选进莫斯科苏维埃去！

莫斯科苏维埃应当有更多的女工！让莫斯科的无产阶级证明：它准备尽力而且正在尽力反对过去的不平等制度，反对过去资产阶级对妇女的蔑视，夺取斗争的胜利！

无产阶级如果不争得妇女的完全自由，就不能得到完全的自由。

尼·列宁

1920年2月21日

载于1920年2月22日《真理报》第40号

译自《列宁全集》俄文第5版第40卷第157—158页

对共产国际执行委员会关于斗争派问题的决议的意见

（1920 年 2 月 22 日）

1. 我坚决主张，应该谴责斗争派的反革命性和小资产阶级性，**而不是**它的民族主义。

2. 还必须加以谴责的是，他们对他们的乌克兰教师联合会成员并**不**鄙视（不同这些人进行无情的斗争），不像我们对**我们的**小资产阶级的“全俄教师联合会”那样。[101]

列　宁

2 月 22 日

载于 1933 年基辅出版的尼·尼·波波夫《乌克兰共产党（布尔什维克）历史概要》一书

译自《列宁全集》俄文第 5 版第 40 卷第 159 页

在全俄各省国民教育局社会教育处处长第三次会议上的讲话

（1920 年 2 月 25 日）

请允许我代表人民委员会向你们的会议表示祝贺，并趁这个机会谈几点意见。

提到我们所处的国际形势，我可以谈谈今天收到的英国发来的电讯，它最能说明目前国际形势的特点。电讯说，昨天，24 日，协约国最高会议作出结论：如果俄国的邻国征询关于对俄政策的意见，最高会议将表示，它不会劝它们打仗，从而损害它们的利益，更不会劝它们去进攻俄国；但是，如果俄罗斯苏维埃共和国侵犯这些国家的合法边界，那协约国最高会议就将给它们以支持。接着协约国的先生们表示希望由华盛顿劳工委员会派一个使团来俄国。会议的组织者社会主义叛徒们已就若干社会改革问题同阿尔伯·托马谈妥，想把这些人（他们代表着国际联盟的一部分）派到俄国来，考察一下俄国情况符合“文明”国家的一般要求的程度。

关于协约国昨天所作决定的这条消息清楚地说明，这些先生已经晕头转向，而我们却可以从中得到很大好处。他们花了几亿的钱来支持战争（就英国来说），结果却声明不能再支持战争了。他们那股进攻的狂热劲已经消失了，虽然还在往波兰继续输送军用品，继续输送武器。我们得到确切的情报，说波兰正在重新部署军队，准备进攻，所以我们不能完全相信协约国的声明。尽管来自协约国的外部威胁现在已消失十分之九，但是一定的威胁无论如何还是存在的；对邓尼金的战事结束之后，我们还必须保持作战准备，不能作完全复员的打算。

总之，国际资本主义进犯俄国的危险十分之九已经消失；他们遭到了极大的失败，以致多次提出了派使团来俄国的建议。如果这个使团将包括在战时访问过俄国的阿尔伯·托马之流的先生们，那么这除了使他们丢丑和使我们得到一个进行鼓动的良好机会外，是不会有什么别的结果的。我们会热烈欢迎他们，叫他们不得不尽快从俄国滚出去，使他们除对别国工人进行鼓动外将一无所获。他们想来吓唬一下，可是我们一说我们准备欢迎贵宾，他们就会把自己的打算收拾起来。这说明他们张皇失措到了何等地步。我们现在同爱沙尼亚缔结了和约，有了一扇通向欧洲的窗户，能从那里取得主要产品。我们所处的国际形势确有很大的好转，对苏维埃共和国来说，来自外部的危险已消除了十分之九。

来自外部的危险消除愈多，我们就愈能从事和平建设工作，所以对于你们的工作，对于你们社会教育工作者，我们是寄予希望的。要把学校教育办得比较像样，就要从物质上作一系列改善：兴建校舍，物色师资，以及对组织工作和选拔教员的工作进行内部改革等等。所有这些事情都需要作长期准备。而在社会教育方面，你们不太受这种长期准备的牵扯。居民对于在学校教育系统之外受教育的要求，以及对这方面的工作人员的需要，都在急剧地增长。我们相信，依靠大家的帮助和共同的努力，一定会做出比现在更大的成绩。

最后，我要谈谈社会教育是同宣传鼓动工作相联系的这一特点。在资本主义社会里，教育工作的根本缺点之一是同组织劳动这个基本任务脱节，因为资本家需要驯化和调教的是一些俯首帖耳、训练有素的工人。在资本主义社会里，组织国民劳动的实际任务同教学工作没有联系。教学工作死气沉沉，不切实际，形式主义，深受神父的毒害，无论在什么地方，即使在最民主的共和国中，也必然会把一切有生气的、健康的东西扼杀掉。要直接地、生气勃勃地进行工作是很困难的，因为没有国家政权机关，没有物质和财政上的帮助，就不可能把教育工作开展起来。既然我们能够而且应该为我们整个苏维埃生活从备战和军事抵抗的轨道向和平建设的轨道转变作准备，你们社会教育工作者就应当而且必须在自己的宣传活动中考虑到这种转变，使宣传的任务和计划同这种转变适应起来。

为了说明我对教育、教学、培养和训练的任务及其性质如何适应苏维埃共和国业已改变的任务的看法，我要提一提全俄中央执行委员会最近一次会议通过的关于电气化的决议。这个决议恐怕大家都已知道了。最近报上发表了一个消息，说在两个月内（正式发表的消息说成两周，那是不对的），将拟定出为期 2—3 年（最低纲领）和为期 10 年（最高纲领）的国家电气化计划。我们全部宣传工作和纯粹党的宣传工作的性质，学校教学和教育工作的性质，以及社会教育的性质都应当改变，这并不是说要改变教学原则和教学方针，而是要使教学工作的性质适应向和平建设的转变，这种和平建设要实现国家的工业改造和经济改造的远大计划，因为总的经济困难和总的任务就是恢复我国的经济力量，使得无产阶级革命在小农经济存在的同时，建立起新的经济生活基础。到现在为止，农民还只能把粮食贷给工人国家，因为用花花绿绿的票子，用货币去换粮食是不能使农民满意的。农民对票子不满意,要求有正当的权利,要求用工业品交换他们提供的粮食,但是,不恢复经济,我们又拿不出工业品。恢复经济,这是基本任务,不过我们不能在旧的经济技术基础上进行恢复。这在技术上也是不可能的,而且是荒唐的;必须找到新的基础。这种新的基础就是电气化计划。

我们要向农民这些最不开展的群众指出,要使整个苏维埃建设获得成功,就必须使文化和技术教育进一步上升到更高的阶段。总之,必须恢复经济。最无知的农民都懂得,经济被战争破坏了,不恢复经济,他就不能战胜贫困,就不能用粮食换到必需的工业品。全部宣传工作、教育工作和社会教育工作正是应当同农民的这种最直接、最迫切的需要结合起来,衔接起来,这样就不致脱离最迫切的日常生活需要,而会根据这种需要的发展和农民对这种需要的认识,着重指出唯一的出路是恢复工业。但是,恢复工业不可能在旧基础上实现,因为工业必须在现代技术基础上恢复。这就是说,要使工业电气化,要提高文化。为了建设电站,需要将近10年的工作,而且这是一项要求有更高的文化和觉悟的工作。

我们将要实行远大的工作计划,应当使这个计划在广大农民群众心目中同明确具体的目标联系起来。这决不是几个月就能办到的。实现最低纲领至少也要3年。但是,可以有根据地说,花上10年工夫,我们就能使整个俄国布满电站,使电力工业能够满足现代技术的要求和结束旧式的农民耕作。要做到这一步就需要有更高的文化和教育。

你们不会不看到,目前迫切的实际任务是恢复运输和运送粮食,在目前的生产率状况下,不可能执行远大的任务,所以你们应当在宣传和教育方面注意到根据文化技术的需要进行全盘改造的任务，并完成这个任务。我们要赶快抛弃已经过时的旧的宣传方法，抛弃过去那种只是对农民泛泛地谈阶级斗争的宣传方法，而有人就是根据这种方法杜撰出关于无产阶级文化等等的谬论[102]。这种无用的宣传方法倒是很像孩童时期的幼稚病，我们要赶快根治这种毛病。在宣传鼓动工作中，在教育工作中，我们要改变作风，要比较冷静比较切实地处理问题，这才同苏维埃政权工作人员的作风相称，而苏维埃政权工作人员两年来已经学会了一些东西，他们向农民宣传实际的、切实的和明确的改造整个工业的计划，并说明农民和工人凭现有的教育程度是不能完成这个任务的，是不能消除肮脏、贫困、斑疹伤寒和各种疾病的。这个显然同提高文化教育相关的实际任务，应当成为一个中心，围绕着它来开展我们党的宣传工作和活动，来开展我们的教学工作和训练工作。这样，上述各项工作才会紧紧地同农民群众的切身利益结合起来，才会把文化和知识的普遍提高同迫切的经济需要联系在一起，结果，我们就能使工人群众对教育的需要增长百倍。我们绝对相信，既然我们在两年当中完成了最困难的军事任务，我们就一定能在 5—10 年的时间内完成更困难的任务即文化教育任务。

这就是我对你们的期望。（鼓掌）

载于 1930 年 4 月 25 日《真理报》第 114 号

译自《列宁全集》俄文第 5 版第 40 卷第 160—165 页

在全俄哥萨克劳动者第一次代表大会上的报告[103]

(1920 年 3 月 1 日)

同志们！首先请允许我代表人民委员会向代表大会表示祝贺。很遗憾，我未能在代表大会开幕那一天出席你们的会议，未能听到加里宁同志的报告。但从他告诉我的内容来看，我认为，有关苏维埃建设当前迫切任务的许多问题，特别是有关哥萨克的许多问题，在他的讲话中都已经作了说明。因此，请允许我在我的报告中，着重谈谈苏维埃共和国所处的国际形势，以及在这种国际形势下全体劳动群众包括哥萨克人在内所面临的任务。

苏维埃共和国所处的国际形势从来没有像现在这样有利，像现在这样捷报频传。如果仔细想想在经受空前困难和无数牺牲的两年内形成目前国际形势的条件，想想出现这种形势的原因，那么，每一个有判断力的人都会看到已经开始的整个世界革命的基本力量、基本动力以及基本的力量对比。

两年多以前，还在俄国革命刚开始的时候，我们曾经谈到这个世界革命，说它正日益逼近，这在当时是一种预见，在一定程度上是一种预言，大多数不住在大城市、没有受过党的教育的劳动群众，对这些关于国际革命日益逼近的言论，或者表示怀疑，或者漠不关心，总之是不够理解的。再说，期望广大的劳动群众，特别是分散在辽阔土地上的从事耕作的农民群众事先就能形成一个稍微正确的概念，知道为什么国际革命日益逼近，知道这是真正国际性的革命，——这在当时也是不可能的和违反常情的。我们在空前艰苦的两年中所经历的一切，边远地区的劳动群众正在经历的一切，是值得深思的，而不能只是说一声，过去日子不好过，现在已经比较好过，就算了事。不，应当仔细想想，为什么事情变成了现在这个样子，这种变化意味着什么，我们应当从中吸取什么教训，哪些政党的观点符合这两年来我们本国历史和世界历史让我们看到的事实。这就是我首先要谈的问题。

从国际形势的角度来看，这个问题就特别清楚，因为从大的范围来观察问题，即不是从一党一国的角度看问题，而是从所有国家的总和这样大的范围看问题，那么，细枝末节就会变得无关紧要，而决定世界历史的基本动力就会突出出来。

在我们刚进行十月革命，推翻地主和资本家的政权，发出结束战争的呼吁，并向我们的敌人发出这种呼吁的时候，这以后，在我们遭到德帝国主义者压迫的时候，再往后，1918 年 10—11 月间，当德国被击溃，英、法、美和协约国其他国家成为整个世界的统治者的时候，我们的情况是怎样的呢？当时绝大多数人都这样说：布尔什维克的事业已毫无希望，现在难道还不清楚吗？许多人还补充说：岂止毫无希望，布尔什维克还是一些骗子，他们答应实现和平，结果呢，在德国被击败，在摆脱德国的压迫之后，他们却成了整个协约国的敌人，即成了全世界最强大的国家英、法、美、日的敌人；继帝国主义战争之后又在国内战争中遭到了破坏、削弱和折磨的俄国，现在要经受一场反对世界最先进国家的斗争。这些话是很容易叫人相信的，因此，由于不信任而产生的漠不关心和常常是极端敌视苏维埃政权的情绪传播得愈来愈广，是不足为奇的事。这是不足为奇的。值得奇怪的倒是，我们在反对世界上一切最富有的强国所竭力支持的尤登尼奇、高尔察克和邓尼金的斗争中竟取得了胜利，虽然世界上没有哪一种军事力量可以和这些强国相匹敌，就连大致与它们势均力敌的力量也没有。这是每一个人，甚至瞎眼的人都看见的事实，有些怎么也不愿意正视现实、比瞎子还瞎的人，毕竟也看到我们在这场斗争中取得了胜利。

怎么会发生这样的奇迹呢？我想特别请你们注意这个问题，因为这个问题非常清楚地揭示了整个国际革命的基本动力。实事求是地分析一下这个问题，我们就能对它作出回答，因为这是已经发生了的事情，我们在事后可以说清楚当时发生了什么事情。

我们所以取得了胜利，是因为我们团结一致，能够做到团结一致，是因为我们能够从敌人阵营中争取同盟者。而我们的极其强大的敌人之所以遭到失败，是因为在他们之间没有、也不可能有团结一致，而且将来也不会有团结一致，对他们说来，每跟我们进行一个月的斗争，都意味着他们阵营内部发生一次瓦解。

我来谈一个证明上述论点的事实。

你们知道，英、法、美战胜德国以后，世界上就再没有他们的对手了。他们掠夺了德国的殖民地，地球上已没有一块土地，没有一个国家，不在协约国军事力量的统治之下。看来，当他们同苏维埃俄国为敌的时候，他们清楚地懂得布尔什维主义是抱着实行国际革命的目的的。我们也从不隐讳我们的革命只是一个开端，只有当我们在全世界点燃同样的革命火焰的时候，这个革命才会到达胜利的终点。我们也十分清楚地懂得，资本家是苏维埃政权的疯狂敌人。应当指出，他们在欧战结束时拥有上百万的陆军和强大的海军，我们是拿不出像样的海军和稍微强大的陆军来跟他们抗衡的。为了用武力摧毁我们，协约国只要从这百万军队中抽出几十万士兵，像过去打德国一样地打我们就行了。那些从理论上推断这个问题的人，特别是那些进行过这场战争，根据亲身的体验和观察知道这一点的人，对此是丝毫也不怀疑的。

所以英国和法国就试图用武力来占领俄国。它们同日本签订了条约。差不多没有参加帝国主义战争的日本派出了10万士兵从远东来扼杀苏维埃共和国；英国当时派兵在摩尔曼和阿尔汉格尔斯克登陆，还在高加索采取行动；法国则派自己的陆海军在南方登陆。这就是我们经受的那场斗争的第一个历史阶段。

协约国当时拥有上百万的军队，而且它们的士兵当然不是当时在俄国拼凑起来的既无组织者又无武器的白卫军队所能比拟的。协约国把这些士兵派来打我们。但结果却证实了布尔什维克的预言。布尔什维克曾经说，现在的事情不仅关系到俄国革命，而且关系到国际革命，我们有同盟者，即一切文明国家的工人。这些预言在我们向各国建议媾和[104]的时候还没有直接成为事实。我们的呼吁当时还没有得到普遍的响应。但是1918年1月德国的罢工[105]向我们表明，在德国，支持我们的，不仅有早在专制君主制时期就敢于在讲台上把德国政府和资产阶级称做强盗的李卜克内西，而且还有相当大的工人力量。这次罢工是以工人流血和遭到镇压结束的。而在协约国各国，资产阶级自然是欺骗工人的；资产阶级对于我们的呼吁不是造谣诽谤，就是根本不予公布，因此，我们1917年11月对各国人民的呼吁没有获得直接效果。那些认为单靠一纸呼吁就会引起革命的人当时自然要大失所望了。但我们不是光指望呼吁，我们指望的是影响更加深远的动力。我们那时候说，不同国家的革命将走不同的道路，而且问题当然不是仅仅在于推翻一个拉斯普廷的傀儡或者一个狂暴的地主，而在于同更发达、更文明的资产阶级进行斗争。

于是，当英法军队分别在北方和南方登陆的时候，决定性的考验和最后的关头就来到了。这就会弄清楚一个问题：到底谁正确？是布尔什维克还是孟什维克？前者说，必须指靠工人才能在这场斗争中取胜；后者说，想在一个国家完成革命是疯狂和冒险的举动，因为其他国家会把这个革命镇压下去。这些话你们不仅从各党派的人那里听到过，也从所有刚刚开始议论政治的人那里听到过。好了，决定性的考验到来了。我们在很长时期内不知道结果将会如何。我们在很长时期内对这个结果不能作出估计。但是现在，在事情已经过去以后，我们知道了这个结果。尽管在所有的资产阶级报纸上都充斥着疯狂攻击布尔什维克的谰言，但现在就连英国的报纸也开始登出英国士兵从阿尔汉格尔斯克地区寄去的信，说英国士兵在俄国土地上看到了英文小报，报纸说明他们如何受了欺骗，被调来同那些建立了自己国家的工农作战。这些士兵写道，他们不同意打仗。至于法国，我们知道那里发生了水兵起义，由于这次起义，现在还有几十、几百甚或几千个法国人在服苦役。这些水兵说，他们决不去反对苏维埃共和国。现在我们知道，为什么法国军队和英国军队现时都不来进攻我们，为什么英国士兵从阿尔汉格尔斯克地区撤退，英国政府不敢把他们派到我们国土上来。

我们的一位政论家拉狄克同志写道，俄国是这样一块土地，无论哪个外国士兵一踏上这块土地就会不能作战。这句话似乎口气太大，似乎是空口说白话。但结果确实是这样。实现了苏维埃革命的土地对一切国家都是非常危险的。原来，正确的是俄国的布尔什维克，他们在沙皇政府时代就造成了工人的团结，而工人又成立了许多小组，对一切信任他们的人，不论是法国工人或者英国士兵，都用他们本国的语言去进行鼓动。诚然，我们只有极少数的小报，而英国和法国有千百种报纸在进行鼓动，每一句话都要重复无数次。我们一个月总共才出版两三期四开的小报，1 万个法国士兵最多只能摊到一张小报[106]。到手的有没有这么多，我都没有把握。为什么法国士兵和英国士兵仍然相信这些小报呢？因为我们说的是真话，因为他们一到俄国，就看到自己受骗了。他们本来听到的是要他们保卫自己的祖国，可是到了俄国，却发现是要他们保卫地主和资本家的政权，要他们扼杀革命。我们之所以能在两年时间内就把这些人争取过来，这是因为，尽管他们已经忘记他们曾经处死过本国的国王，但从他们踏上俄国土地的时候起，俄国革命和俄国工农的胜利就使他们记起了本国的革命，使他们从俄国的事件回想起他们本国也曾发生过的事情。

这就证实了布尔什维克是正确的，证实了我们的希望比资本家的希望更踏实可靠，尽管我们既没有钱，又没有武器，而协约国既有武器，又有无敌的军队。可是这些无敌的军队终于被我们争取过来了。我们已经使得资本家既不敢把英国士兵，也不敢把法国士兵派到我们这里来，因为他们根据经验知道，这样对他们自己不利。这就是苏维埃俄国所创造的奇迹之一。

经过了四年的战争，1 000 万人丧了命，2 000 万人残废了，现在帝国主义者在反躬自问：这场战争究竟为了什么？——类似这样的问题会导致揭发出很有趣的材料。不久以前，法国公布了 1916 年进行的谈判内容。早在 1916 年，奥地利皇帝就同法国开始了媾和谈判，但法国对这一点秘而不宣。当时自称社会党人并担任部长职务的阿尔伯·托马来到俄国，答应把君士坦丁堡、达达尼尔和加利西亚让给尼古拉二世。现在这一切材料都公之于世了。这些材料在一家法国报纸上登了出来。现在法国工人质问阿尔伯·托马："你说过你参加内阁是为了保卫法兰西祖国和法国工人的利益，可是1916年奥地利皇帝建议媾和的时候，你阿尔伯·托马却加以隐瞒，使得几百万人为法国资本家发财致富牺牲了生命。"这些揭露还没有完。我们揭露材料时，首先是公布秘密条约，使全世界看到，让几百万人牺牲生命是为了什么。就是为了尼古拉二世能得到达达尼尔和加利西亚。这一点所有的帝国主义者都知道。孟什维克和社会革命党人也知道，要是说他们不知道，要是说他们那时没有好好研究过政治和外交，以致不知道法国报纸上现在登载的那些材料，那除非他们是十足的白痴。现在，这种揭露正逐步深入，而且会一直继续下去。由于这个缘故，各国的工人和农民愈来愈觉察出事情的真相，并开始弄清楚这场帝国主义战争的起因。因此，他们愈来愈相信我们过去说的是真话，而叫他们去保卫祖国的帝国主义者对他们说的却是假话。

正因为这样，我们创造了奇迹：军事力量弱小的我们把英国和法国的士兵争取过来了。现在，这已不是预见，而是事实。诚然，这个胜利是我们历尽艰辛才得来的，我们遭到了难以置信的牺牲。两年来我们经受了空前的饥饿的折磨，特别是我们同东部和南部产粮区的联系被切断后，更是备受饥饿的折磨。虽然如此，我们仍然获得了胜利，这个胜利不只是我们国家的胜利，而且是全世界、全人类的胜利。军事力量最强大的国家竟对付不了军事力量弱小的苏维埃共和国，这种情况在历史上还从来不曾有过。为什么会出现这种奇迹呢？因为我们布尔什维克领导俄国人民进行革命的时候很清楚，这个革命将是艰苦的，将会牺牲几百万人的生命，但是我们也知道，世界各国的劳动群众将会拥护我们，我们坚持的真理将揭穿一切谎言，获得愈来愈多的胜利。

列强进攻俄国失败以后，他们又试用了另一种武器。这些国家的资产阶级有着几百年的经验，是可以更换自己的不可靠的武器的。以前他们派自己的军队镇压和扼杀俄国。现在他们试图依靠我们边境上的国家来扼杀俄国。

沙皇政府和地主、资本家过去摧残拉脱维亚、芬兰等边境上的许多民族。他们对这些地方的世世代代的压迫激起了仇恨。“大俄罗斯人”这个字眼成了所有这些浸在血泊中的民族最憎恨的字眼。因此，协约国派自己的军队进攻布尔什维克失败以后，就把赌注押在这些小国的身上：让我们试试靠他们来扼杀苏维埃俄国吧！

丘吉尔同尼古拉·罗曼诺夫实行一样的政策，他光想打仗并且正在打仗，对议会根本不予理睬。他曾经吹牛，说要率领 14 个国家进攻俄国（这是 1919 年的事了），9 月拿下彼得格勒，12 月占领莫斯科。牛皮吹得有点太过火了。他只想到在这些小国里人们普遍痛恨俄国，却忘了这些小国里的人们也很清楚尤登尼奇、高尔察克和邓尼金都是何许人物。有一个时候，眼看这些人几星期内就会取得完全的胜利。在尤登尼奇发动攻势、逼近彼得格勒的时候，英国一家最有钱的报纸《泰晤士报》[107]发表了一篇社论（我读过这篇社论），对芬兰又是央告又是命令地提出要求说：去帮尤登尼奇的忙吧，全世界都望着你们，你们要拯救全世界的自由、文明和文化，你们去反对布尔什维克吧。这是英国对芬兰说的话。要知道，整个芬兰都是英国的囊中物，它负债累累，不敢说个不字，因为没有英国，不出一星期它就会断粮。

请看，协约国就是这样要求所有这些小国反对布尔什维克的。但它们两次都失败了。其所以失败，是因为布尔什维克的和平政策是郑重的，连敌人也认为它比其他一切国家的更为真诚；是因为许多国家都心里明白，不管它们怎样仇恨压迫过它们的大俄罗斯，但它们知道，压迫它们的是尤登尼奇、高尔察克、邓尼金，而不是布尔什维克。前芬兰白卫政府首脑并没有忘记，1917 年 11 月他亲自从我手中拿到一个文件，我们毫不迟疑地在文件上写了：我们无条件承认芬兰的独立。[108]

当时这好像只是一种姿态。有人认为芬兰工人一旦起义，人们就会忘记这件事。不会的，凡是一个政党的整个政策认定了的事，是不会被忘记的。连芬兰的资产阶级政府也说："让我们来推断一下，因为我们在遭受俄国沙皇压迫的 150 年中毕竟学会了一些东西。如果我们出来反对布尔什维克，那就是说，我们要帮助扶植尤登尼奇、高尔察克和邓尼金。而他们是些什么人呢？难道我们不知道吗？难道他们不就是曾经压迫芬兰、拉脱维亚、波兰和其他许多民族的沙皇将军吗？我们要帮助我们的这些敌人去反对布尔什维克吗？不，我们等一等再说。"

他们不敢公开拒绝，因为他们是依赖协约国的。他们并没有直接帮助我们，他们等待，拖延，写照会，派代表团，成立委员会，坐下来开会，一直开到尤登尼奇、高尔察克和邓尼金被击溃，于是协约国在第二局中也输掉了。我们成了胜利者。

这些小国已经得到了几亿美元，得到了精良的大炮、武器，还有富有作战经验的英国教官。假若它们都来反对我们，毫无疑问，我们是会遭到失败的。这一点每一个人都很清楚。但是它们没有这样做,因为它们承认布尔什维克是更为真诚的。布尔什维克说他们承认任何民族的独立,说沙皇俄国建筑在对其他民族的压迫上,说布尔什维克过去一向不赞成,现在和将来也不会赞成这种政策,说布尔什维克永远不会为了压迫别人而进行战争。当布尔什维克这样说的时候,人们是相信他们的。这一点我们不是从拉脱维亚或波兰的布尔什维克那里知道的,而是从波兰、拉脱维亚、乌克兰等国的资产阶级那里知道的。

布尔什维克的政策的国际影响就表现在这里。这不是在俄国土地上而是在国际范围内考验出来的。这不是被言论而是被火与剑考验出来的。这是在最后的斗争中考验出来的。帝国主义者懂得,他们没有自己的士兵,只有纠集国际力量才能够扼杀布尔什维主义,可是所有这些国际力量都被击败了。

什么是帝国主义呢?这就是,极少数最富有的强国压迫全世界,它们知道,它们控制着全世界的15亿人,并压迫着他们,这15亿人则体会到了什么是英国文化、法国文化和美国文明。这就是说,它们各显神通进行掠夺。现在四分之三的芬兰已为美国的亿万富翁买了下来。英、法两国的军官来到我们的周边各国,给它们训练军队,像俄国的贵族无赖在战败国里那样胡作非为。他们大肆进行投机倒把活动。芬兰、波兰和拉脱维亚的工人愈是挨饿,英国、美国和法国的一小撮亿万富翁及其爪牙对这些工人的压榨就愈厉害。全世界的情况都是如此。

只有俄罗斯社会主义共和国才高举着争取真正的解放的战斗旗帜,逐渐赢得全世界的同情。我们通过小国赢得了世界各国几亿几亿人民的同情。他们现在受着压迫和蹂躏,是居民中最不开展的部分,但是战争教育了他们。广大人民群众卷入了帝国主义战争。英国把印度军队调来同德国人作战。法国召募了几百万黑人来打德国人。黑人被编成突击队,派到最危险的地方去,任凭他们一批批倒毙在机枪扫射之下。但他们终于学会了一些东西。沙皇时代的俄国士兵说,既然是死,那就去跟地主拼死。同样,这些黑人也说,既然是死,就不能帮助法国强盗去抢德国资本家强盗,而要从德国和法国资本家的压迫下求得解放。世界各国,连有3亿雇农受英国人压榨的印度在内,都在觉醒,革命运动都在日益发展。他们大家仰望着一颗明星,仰望着苏维埃共和国这颗明星,因为他们知道,苏维埃共和国为反对帝国主义者承担了最大的牺牲,经受住了严酷的考验。

这就是协约国输掉的第二张牌的意义所在。这意味着我们在国际范围内取得胜利。这意味着我们的和平政策得到地球上绝大多数居民的拥护。这意味着我们的同盟者的数目正在一切国家中增长着,虽然速度比我们希望的慢得多,但终究是在增长着。

我们挫败了丘吉尔筹划的进攻而取得了胜利,表明我们的政策是正确的。在此以后,我们取得了第三个胜利——对资产阶级知识分子的胜利,对社会革命党人和孟什维克的胜利。在世界各国,这些人本来极其仇视我们,现在连他们也转过来反对同苏维埃俄国作战了。各国的资产阶级知识分子、社会革命党人和孟什维克——不幸的是,这种人每个国家都有(鼓掌)——谴责对俄国事务的干涉。这些人在所有的国家里都说这是可耻的行为。

英国曾要德国人封锁苏维埃俄国,德国拒绝了。这件事使英国和其他国家的社会革命党人和孟什维克忍无可忍。他们说:“我们反对布尔什维克,认为他们是暴徒和强盗,但是我们不能支持要德国人同我们一起用封锁的办法去困死饿死俄国。”这样,在敌人阵营内部,在他们本国,在那些像沙皇时代对待革命者那样来对待布尔什维克和中伤布尔什维克的巴黎、伦敦等等城市中,资产阶级知识分子发出了“不许干涉苏维埃俄国”的呼吁。在英国,资产阶级知识分子就是把它作为口号来召开群众大会和发表宣言的。

这就是不得不解除封锁的原因。他们没有控制住爱沙尼亚,我们同它签订了和约,能够开始贸易往来了。我们开了一扇通向文明世界的窗户。现在,大多数劳动者都同情我们,而资产阶级也关心尽快同俄国开始做买卖。

现在帝国主义者害怕我们,他们怕得有道理,因为苏维埃俄国在这场战争结束之后比任何时候都更巩固。英国的一些作家写道,全世界的军队都在瓦解,如果说世界上有哪个国家的军队在日益巩固,那么这就是苏维埃俄国。他们企图诽谤托洛茨基同志,说什么这是因为俄国军队受着铁的纪律的控制,而这种铁的纪律是靠残酷无情的手段和巧妙而广泛的鼓动来执行的。

我们从不否认这一点。战争就是战争,它要求铁的纪律。资本家先生们,难道你们没有采用过这种手段吗?资本家先生们,难道你们没有进行过鼓动吗?难道你们的纸张和印刷厂不比我们的多上百倍吗?跟你们宣传品的数量比较,我们的难道不是沧海一粟吗?可是你们的鼓动失败了,我们的鼓动却胜利了。

社会革命党人和孟什维克曾经试验过是否可以采用和平手段对待资本家并在这个基础上着手实行社会改革。他们好心地想在俄国实行社会改革,只是不要得罪了资本家。他们忘记了,资本家先生们终究是资本家,我们只能去战胜他们。他们说,布尔什维克使俄国在国内战争中血流成河。但是社会革命党人和孟什维克先生们,难道你们不曾试验过 8 个月吗?难道从 1917 年 2 月至 10

月你们不曾同克伦斯基一起执掌政权，并得到所有立宪民主党人、整个协约国和世界上一切最富有的国家的帮助吗？那时候，你们的纲领是不经过国内战争而实行社会改造。如果你们真的开始实行了社会改革，世界上还会有哪一个傻瓜去进行革命吗？为什么你们没有做到这一点呢？因为你们的纲领是空洞的纲领，是荒诞的幻想。因为要跟资本家取得谅解，要用和平的方式使他们就范是决不可能的，尤其是在四年帝国主义战争之后。难道你们以为英国、法国、德国没有聪明的人，他们不懂得，他们投入的是一场争夺殖民地的战争，是为了分赃才使 1 000 万人丧命、2 000 万人残废的？这就是资本主义。怎么可能说服这样的资本主义呢？怎么可能跟使 2 000 万人残废、1 000 万人丧命的资本主义取得协议呢？我们对孟什维克和社会革命党人说："你们曾有机会进行试验，但为什么没有成功呢？因为你们的纲领不过是空想，不仅在俄国是空想，甚至在德国也是空想。在德国，那里的孟什维克和社会革命党人现在执掌着政权，可谁也不听他们的；在德国，那里的科尔尼洛夫已从头到脚武装起来，正在筹划着反动政变[109]；在德意志共和国一些城市的街头有 15 000 名工人被屠杀了。而这就叫做民主共和国！"虽然如此，德国的孟什维克和社会革命党人竟然说布尔什维克是坏蛋，说布尔什维克使国家陷入了国内战争，而他们那里却实现了社会和平，只是 15 000 名工人在街头被杀而已！

他们说，俄国发生国内战争和流血，是由于国家落后。可是请问，为什么在芬兰这类并不落后的国家中也发生了同样的事情呢？为什么在匈牙利也发生了引起全世界公愤的白色恐怖呢？为什么在德皇被推翻后由孟什维克和社会革命党人执掌政权的德意志共和国，卢森堡和李卜克内西竟被杀害呢？为什么那里的科尔尼洛夫比孟什维克强大，而那些虽然受到压制但坚信自己事业的正义性并对群众有着巨大影响的布尔什维克则更强大呢？

这就是人们所说的布尔什维克用来欺骗人民的国际革命，但事实表明，一切对协议的指望都是毫无意义的妄想。

资产阶级国家之间正掀起一场大争吵。美国和日本眼看就要厮杀起来，因为日本在帝国主义战争期间按兵不动，却几乎攫取了有4亿人口的整个中国。帝国主义者老爷们说："我们为共和而战，我们为民主而战，可是为什么日本人从我们眼皮下面窃取了多于它该得的东西呢？"日本和美国正处于交战的前夜，要想制止这场又要使1 000万人丧命和2 000万人残废的战争是根本不可能的。法国也在说："谁得到了殖民地呢？——英国。"法国虽然胜利了，但是负债累累，走投无路，而英国却发了大财。资产阶级国家又已经开始组织新的联合和同盟了，又想为瓜分殖民地而互相厮杀了。帝国主义战争又在酝酿之中，无法制止。所以无法制止，倒不是因为资本家作为单个的人都很凶恶（每个资本家作为单个的人都是一般的人），而是因为他们不能用其他方法挣脱金融关系的束缚，因为全世界都负了债，无力自拔，因为私有制引起了战争，并且永远会引起战争。

这一切使国际革命愈来愈趋于深入。正因为这样，我们把法国和英国的士兵争取到我们这边来了。正因为这样，我们赢得了小国的信任。现在，国际形势对我们空前有利。我们只要估计一下就会说，在我们面前还有许多艰险，但是最大的困难我们已经克服了。称霸世界的协约国对我们已经不可怕了，我们已经在决定性的战斗中把它们战胜了。（鼓掌）

诚然，他们还会唆使波兰来进攻我们。波兰的地主和资本家作出气势汹汹的样子，扬言要取得1772年时的领土，要管辖乌克兰。我们知道，法国在煽动波兰，把几百万金钱投到那里，反正已经是破产了，现在把最后的赌注押在波兰身上。我们对波兰的同志们说，我们珍惜波兰的自由，像珍惜其他任何一个民族的自由一样，俄国的工农受过沙皇制度的压迫，很清楚这种压迫是什么滋味。我们知道：德国、奥地利和俄国的资本当初瓜分波兰是犯了滔天罪行，那次瓜分使波兰人民遭受了多年的压迫，在那些年代使用本民族语言被认为是犯法，在那些年代全体波兰人民一直想要推翻这三重压迫。所以我们是理解波兰人的内心的仇恨的，我们对他们说，我们永不会超过我国军队现在驻防的边界，而我国军队驻防的边界离波兰居民住的地方还远得很。我们建议在这个基础上缔结和约，因为我们知道，这对于波兰将是一个很大的收获。我们不希望为疆界打仗，因为我们希望的是埋葬那可诅咒的过去，即每一个大俄罗斯人都被当做压迫者的那个时代。

但是，如果波兰用沉默来回答我们的媾和建议，如果它仍然听任法帝国主义唆使它对俄国作战，如果每天都有装载军火的列车开到波兰，如果波兰帝国主义者以开战来威胁我们，那我们就要说："来试试吧！你们会取得永远也忘不了的教训的。"（鼓掌）

在帝国主义战争期间，士兵们为了沙皇和地主发财致富而丧命，那时候我们直率而公开地说，在帝国主义战争中保卫祖国就是叛变，就是保卫要得到达达尼尔、君士坦丁堡等地的俄国沙皇。但是当我们公布秘密条约，举行革命来反对帝国主义战争，为这个革命忍受空前的苦难，并终于证明俄国资本家已被镇压，他们甚至已不敢指望恢复旧制度的时候，我们说，我们保卫的不是掠夺别国人民的权利，我们是在保卫自己的无产阶级革命，并且要把它保卫到

底。我们一定要保卫获得了解放的俄国,保卫两年来为苏维埃革命历尽艰辛的俄国,直到流尽最后一滴血!(鼓掌)

我们知道,我们已经熬过了我们被帝国主义军队四面包围而俄国劳动者还不能自觉执行我们的任务的那个时期。当时游击习气盛行,谁都想抓到武器,毫不考虑整体,地方上胡作非为的现象和抢劫行为到处可见。在这两年里,我们建立了统一的、纪律严明的军队。这是一项十分艰巨的任务。你们知道,一下子就把军事学会是不可能的。你们也知道,懂得军事科学的只有军官,即沙皇军队遗留下来的将校们。你们当然听说过,这些旧的将校们策动过多次叛变,前后使我们死了几万人。所有这些叛变分子必须加以肃清,但同时又必须从过去的军官中物色指挥人员,以便工人和农民向他们学习,因为没有科学是无法建立现代化的军队的,必须把军队交给军事专家。这个任务很困难,但是我们也完成了。

我们建立了统一的军队,它现在由经验丰富的共产党员这支先进队伍领导着,而这些共产党员到处都能开展宣传和鼓动。的确,帝国主义者也在进行他们的鼓动,但是现在连农民也开始懂得,这两种鼓动是不同的。农民们凭着本能开始觉察出谁在说真话,谁在说假话。总之,孟什维克目前所进行的那种高尔察克和邓尼金进行过的鼓动,现在已不起什么作用了。就拿他们的宣传画和小册子来说吧。那里面宣传的是立宪会议,是自由与共和,但是以血的代价换得了自由的工人和农民已经懂得,在"立宪会议"这个字眼后面隐蔽着资本家。如果要问,为什么高尔察克和邓尼金虽然受到列强支持而斗争结果仍然是我们得到了胜利,那么,这正是因为长期以来一直拥护他们的农民和哥萨克劳动者现在终于转到工农方面来了,就是这个因素最后决定了战争的结果,使我们获得了胜利。

现在,我们应该在这个胜利的基础上全力以赴地在另一条战线上巩固这个胜利,即在不流血的战线上,在消除同地主、资本家、高尔察克和邓尼金进行的战争所造成的经济破坏的战线上巩固这个胜利。你们知道,我们为这个胜利付出了多大的代价;你们知道,我们同产粮区、同乌拉尔和西伯利亚的联系被切断后,曾经经历了多么艰苦的斗争。在这期间,莫斯科和彼得格勒的工人们忍受了难以忍受的饥饿的折磨。当时有人用"无产阶级专政"这个字眼来吓唬你们,用这个字眼来吓唬农民和哥萨克劳动者,竭力要他们相信,专政就是工人可以横行霸道。而事实上,当英美两国竭力支持高尔察克和邓尼金的时候,各中心城市的工人在实行自己的专政时,努力用自己的榜样向大家表明,应该怎样同地主和资本家决裂而同劳动者一起前进,因为劳动使人联合起来,而私有制使人分离开来。正是我们两年来取得的这个经验教训,引导我们取得了胜利。把我们联合起来的正是劳动,而协约国却无时无刻不在瓦解,因为私有制使帝国主义者变成了野兽,为了猎物在不停地厮打。劳动则使我们成为一种把一切劳动者团结起来的力量。现在,"专政"这个字眼已经只能吓唬那些十分愚昧无知的人了,如果这种人在俄国还有的话。

我不知道,是否还有人,哪怕是一个人,还没有从高尔察克和邓尼金那里取得教训,还不懂得所谓无产阶级专政就是两个首都和工业中心的无产阶级从来没有处于像这两年那样艰苦的环境中。现在,各产粮省农民的情况是,他们有了土地,自己占有全部产品。在布尔什维克革命之后,俄国农民几千年来第一次在为自己劳动,第一次有可能使自己吃得好一些。同时,在这两年的斗争中，工人无产阶级在实行自己的专政时却忍受了空前未有的饥饿的折磨。现在你们懂得，专政就是领导，就是联合那些分散的、涣散的劳动群众，把他们团结成一个反对资本家的统一的整体，以便战胜资本家，以便不再重演已经使 1 000 万人丧命和 2 000 万人残废的血腥大厮杀。为了战胜这种以强大军队和现代文明为后盾的力量，就需要全体劳动者的团结，就需要统一的钢铁般的意志。而能够产生这种统一的钢铁般的意志的只有劳动群众，只有工人无产阶级，只有觉悟的工人。这些工人几十年来通过罢工和示威的斗争得到了锻炼，终于推翻了沙皇制度。他们两年来又在空前艰苦的国内战争中承受了一切，他们建立了一支由几万优秀工人、农民和军校学员组成的统一的红军，并站在最前列进行战斗，流血牺牲。他们在莫斯科和彼得格勒，在伊万诺沃-沃兹涅先斯克、特维尔和雅罗斯拉夫尔等所有的工业中心里，忍受了空前未有的饥饿的折磨。正是这种饥饿的折磨把工人团结起来，并使产粮省的农民和哥萨克劳动者相信布尔什维克是正确的，因为布尔什维克用上述行动使他们能在反对白卫军的斗争中坚持下来。

正因为这样，工人阶级有权利说，它以两年的牺牲和战争向全体劳动农民和每一个哥萨克劳动者证明了我们必须联合起来，必须团结起来。有些人利用饥荒进行投机倒把，因为按 1 000 卢布 1 普特的价格而不按固定价格出售粮食是有利可图的，我们必须同这种人斗争。依靠投机倒把固然可以发财，但这样做会使人退到旧时代去，我们又会陷入那罪恶的深渊，让沙皇制度来统治，让资本家为自己的利润把人类投入帝国主义的大厮杀。这样做就会倒退，这是不能容许的。在对高尔察克和邓尼金的斗争结束后，劳动农民和哥萨克都明白了必须团结起来的真理，于是跟工人站到了一起，认定工人阶级是自己的领导者。劳动农民在工人政权下没有感受到而且不可能感受到任何屈辱；感受到屈辱的仅仅是地主、资本家、富农，而他们是劳动者的凶恶敌人，是给人民制造种种苦难和引起流血战争的帝国主义者的盟友。必须使全体工人、全体劳动群众团结起来，只有这样我们才能取得胜利。

流血的战争结束了，现在我们进行着不流血的战争，来消除四年帝国主义战争和两年国内战争使我们遭受的经济破坏、贫困和疾病。你们知道，这种破坏是骇人听闻的。目前在俄国的边远地带，在西伯利亚和南方有几千万普特粮食，其中已经收集和运出的有几百万普特，而莫斯科却在受着饥饿的熬煎。人们饿得气息奄奄，是因为粮食运不来，而粮食运不来，则是因为国内战争把国家弄得疮痍满目，它破坏了运输，毁坏了几十座桥梁。机车损坏了，而我们又不可能很快把它们修理好。现在我们正在费劲地争取外国的援助。但我们知道，现在已经有可能着手彻底恢复工业了。

当我们没有商品因而不能用商品去换取粮食的时候，我们要怎样才能恢复工业呢？

我们知道，苏维埃政权按固定价格从农民那里取得粮食的时候，只能付给他们票子。这些票子有什么价值呢？它们同粮食是不等值的，而我们拿得出的又只有票子。但是我们说，这是必需的，农民应该贷出粮食。既然知道工人吃饱以后就会偿还他们产品，难道吃饱了的农民还会有哪一个不肯把粮食贷给饥饿的工人吗？没有哪一个正直的、觉悟的农民会拒绝贷出粮食的。有余粮的农民应该把粮食交给国家而取得票子——这就是贷。只有拥护资本主义和剥削制度的人，只有那些想使饱食者靠挨饿者发更大的财的人才不明白这一点，才不认识到这一点。对工人政权来说，

饱食者靠挨饿者发财是不能容许的,我们要不惜任何牺牲坚决加以反对。(鼓掌)

我们现在用一切力量来恢复工业。在这场新的战争中,我们一往无前,并且一定会取得像以前取得的那样的胜利。我们已委托一个由科学家和技术人员组成的委员会拟定俄罗斯电气化计划。两个月以后这个计划就能制定出来,人们可以从中清楚地看到,在若干年后,输电网将布满整个俄罗斯,它将按新方式而不是照老样子恢复起来,将达到我国被俘人员在德国所见到的那种文明水平。

我们应当这样来恢复我们的工业,我们一定要百倍地偿还向农民借来的粮食。我们知道,这决不是一两年所能做到的事情;电气化最低纲领的实现至少要 3 年,而这种文明工业的完全胜利至少要 10 年。但是,我们既然能在这样一场流血的战争中坚持两年,就一定能够克服一切困难坚持 10 年以至更长的时间。我们取得了通过工人来领导劳动群众的经验,我们将依据这个经验在这条同经济破坏作斗争的不流血的战线上克服一切困难,取得比我们在反对国际帝国主义的战争中所取得的更大的胜利。(鼓掌)

载于 1920 年 3 月 2、3、4 日
《真理报》第 47、48、49 号

译自《列宁全集》俄文第 5 版
第 40 卷第 166—187 页

在全俄医疗卫生工作者第二次代表大会上的讲话[110]

（1920 年 3 月 1 日）

记　录

（到会的人用经久不息的掌声和《国际歌》的歌声欢迎列宁同志，列宁同志发表了简短的贺词）同志们，请允许我代表人民委员会向你们的代表大会表示祝贺。关于代表大会的任务和你们所付出的辛劳，我不想在这里多说。除了军事战线以外，大概任何其他工作都没有付出像你们这么大的牺牲。四年的帝国主义战争给人类带来了几百万个残废和各种各样的流行病。

艰巨的、重要的任务已经落在我们身上。军事战线上的斗争证明，帝国主义者的尝试没有得到任何结果。军事方面一些最大的困难已经过去了，现在应该完成和平建设的任务。我们要把流血战线上获得的经验运用到不流血的战线上来，在这条战线上我们得到的同情将多得多。

我们已经吸收成千上万个专家、大批军官和将军来参加工作，他们现在同工人共产党员一样担负着重要的工作。我们应当把国内战争中的全部决心和经验用来同各种流行病作斗争。

医务界人士以前对工人阶级也抱着不信任的态度，也曾幻想过资产阶级制度的复辟。现在，连他们也都已经确信，只有同无产阶级一起，才能使俄国文明昌盛。科学界人士同工人的合作，也只有这种合作，才能够彻底摆脱贫困、疾病和肮脏的折磨。这一点是一定能够做到的。

在无产阶级和科学界技术界人士的联盟的面前，任何愚昧势力都是存在不下去的。

载于1920年莫斯科出版的《全俄医疗卫生工作者联合会全俄医疗卫生工作者第二次代表大会。记录和决议》一书

译自《列宁全集》俄文第5版第40卷第188—189页

人民委员会关于商品储备问题的决定草案[111]

（1920 年 3 月 2 日）

责成外贸人民委员部同国家监察人民委员部和全俄肃反委员会就打击私藏可供出口的商品和储备物资者一事取得一致的意见。

载于 1933 年《列宁文集》俄文版第 24 卷

译自《列宁全集》俄文第 5 版第 54 卷第 425 页

对托洛茨基《经济建设的当前任务》提纲草案的意见

（1920年3月3日）

对草案的意见

对第1节

（一）第1节标题用：《**关于劳动高潮**》[112]。第2行的“劳动愿望的高涨”用“**劳动高潮**”代替。

（二）补充

无论如何应当坚持不懈地、坚定不移地实行为大家所公认的并由国民经济委员会多次代表大会等等所确认的原则，即规定每个工作人员（集体管理机构成员、调度人员、管理人员等）应切实负责完成一定的业务或工作或任务。到目前为止，这一原则还实行得很不够。

（三）应当经常吸收消费者（通过消费合作社等等）参加对生产的监督。

（四）工农检查院应当逐步学会更多地参加对生产和分配的监督。

（五）应当把反对投机倒把、拖拉作风和官僚主义的斗争摆在首位。

（六）应当竭尽全力组织竞赛。在加强纪律和提高劳动生产率的措施中，应当包括这样一条，即对玩忽职守及诸如此类的人要削减口粮。

（七）删去托洛茨基的提纲草案第 4 节的结尾（最后 9 行），或者使语气缓和些，或者表达得更笼统些。

（这就是我的初步意见。）

列 宁

3 月 3 日

载于 1934 年《俄共（布）第九次代表大会（1920 年 3—4 月）》一书

译自《列宁全集》俄文第 5 版第 40 卷第 190—191 页

迎接国际劳动妇女节

（1920年3月4日）

资本主义既有形式上的平等，又有经济上的不平等和随之而来的社会的不平等。这是资本主义的基本特点之一，是资产阶级的拥护者自由派用谎言掩盖着的而小资产阶级民主派却不了解的一个特点。由于资本主义的这一特点，在争取经济平等的坚决斗争中，就必须公开承认存在着资本主义的不平等，在一定条件下，甚至必须把对这种公开的承认作为无产阶级国家制度的基础（苏维埃宪法）。

但是资本主义连形式上的平等（法律上的平等，饱食者和挨饿者、有产者和无产者的“平等”）也**不能**彻底做到。这种不彻底性的最鲜明的表现之一，就是男女间**权利不平等**。权利的完全平等在任何一个资产阶级国家，甚至在最共和、最民主、最先进的资产阶级国家里，也是不曾有过的。

俄罗斯苏维埃共和国一下子就扫除了妇女在法律上不平等地位的**一切**痕迹，保证了妇女在法律上的完全平等的地位。

有人说，妇女的法律地位最能说明文明程度。这句话很有些道理。从这个观点来看，只有无产阶级专政，只有社会主义国家才能够达到而且已经达到了高度的文明。

因此，第一个苏维埃共和国的建立（和巩固），还有与此有关的共产国际的建立必然给女工运动以新的空前强大的推动力。

对那些直接或间接地、完全或部分地受到资本主义压迫的人说来，正是苏维埃制度而且也只有苏维埃制度才保证了民主。这一点从工人阶级和贫苦农民的地位可以清楚地看出来。这一点从妇女的地位也可以清楚地看出来。

但是，苏维埃制度是为**消灭阶级**、实现经济平等和社会平等而进行的最后的斗争。因此，仅仅有民主，哪怕是受资本主义压迫的人(包括受压迫的女性在内)所享受的民主，**对我们说来还是不够的**。

女工运动的主要任务是争取妇女的经济平等和社会平等，而不仅是形式上的平等。让妇女参加社会生产劳动，使她们摆脱"家庭奴役"，从一辈子只是做饭、看孩子这种使人变得愚鲁、卑微的从属地位中解放出来。这就是主要的任务。

这是一个要求根本改造公共设施和社会风气的长期斗争。但是斗争的结果一定会是共产主义取得完全胜利。

1920年3月4日

载于1920年3月8日《真理报》(专刊)

译自《列宁全集》俄文第5版第40卷第192—193页

关于对未成年者的审判[113]

对法令草案的意见和修改

（1920年3月4日）

（1）划分的理论是**不适用的**。

（2）法庭和监狱**起伤害作用**。

（3）**谁**知道孩子们的心理？审判员还是鉴定人？

（4）特殊的机关？

（5）投机倒把分子和其他人？**累犯**？

（1）委托司法人民委员部同卫生人民委员部、教育人民委员部及中央统计局协商制定出追究和审理未成年者每一案件的报告方式。

（2）委托教育人民委员部和卫生人民委员部加强为身心不健康的未成年者成立医疗教育机关的工作。

委托司法人民委员部更严格地监督审理未成年者委员会全体成员及其履行职责的情况。

载于1933年《列宁文集》俄文版第24卷

译自《列宁全集》俄文第5版第40卷第194页

在莫斯科工人和红军代表苏维埃会议上的讲话

（1920年3月6日）

同志们，很抱歉，我恐怕完成不了任务，虽然刚才主席同志提到我是莫斯科苏维埃代表[114]的时候给我暗示了这方面的任务。但是不管怎样，能有机会向新当选的莫斯科苏维埃表示祝贺，我是非常高兴的。现在请允许我简单谈一谈我们的任务，由于国内总的形势的变化，这些任务主要落到了莫斯科工人的身上，尤其是、首先是落到了莫斯科苏维埃的身上。

同志们，看样子，我们有极大的希望在最近的将来彻底胜利地结束这场地主、资本家同全世界资本家勾结起来强加于我们的战争。我今天刚刚接到剩下的几个方面军中最重要的一个方面军即高加索方面军的革命军事委员会委员拍来的电报。这份电报说，各路敌人的顽抗都已被粉碎（鼓掌），因而现在，在高尔察克战线和阿尔汉格尔斯克战线的战事平息以后，看来我们最终结束邓尼金战线的战事也为期不远了。但是，同志们，尽管国内战争的结局和国际形势对我们极为有利，尽管帝国主义列强已明显地濒于彻底失败的境地，尽管它们纠合一切力量进攻我国的尝试已经一一破产，一句话，不管形势对我们怎样有利，还是应该指出，危险，甚至来自外部的危险，还没有完全消除。敌人还在作各种尝试，尤其是法帝国主义还在试图唆使波兰同俄国开战。当然，你们大家从报刊上，从中央执行委员会的决定中，从哥萨克代表大会及其他许多代表大会所作的声明中都已经知道：苏维埃共和国方面已尽了最大的努力来防止这场战争的爆发，我们曾经正式地而且极其友好地向波兰人民提议媾和，我们曾经发表过极其明确的声明，十分庄重地承认波兰国家的独立。我们在军事方面竭力使波兰地主和资本家的意图不能得逞，——说到意图，与其说是波兰地主和资本家的，不如说是法帝国主义的也许更恰当些，因为波兰的地主和资本家受着法国的操纵，对法国负债累累。我们竭力不让这些资本家和地主唆使波兰人民对俄国开战的意图得逞。虽然我们已尽了一切努力，但是往后的事情却不取决于我们。波兰的地主和资本家连自己也不知道他们明天要干什么。波兰的国内形势非常严重，他们正由于自己的阶级地位岌岌可危，一旦感到末日将至，就会进行这种冒险。因此，虽然我们已经取得了许多胜利，但是即使从外部安全的角度来看，我们也还毫无保障。我们应该保持警惕，保持和加强自己的作战准备，才能实现工人阶级面临的任务。假如波兰帝国主义者在法国支持下，无视我们所作的一切努力，还要对俄国开战，进行军事冒险，那他们就必将遭到并且一定会遭到迎头痛击，他们那不堪一击的资本主义和帝国主义整个就会彻底崩溃。

我们决不对自己隐瞒，首先决不对莫斯科和其他地方的俄国工人隐瞒，我们现在必须又一次拿出全部力量，又一次承担巨大的牺牲，这种牺牲将会更加严重，因为目前正是冬末的二三月间，运输瘫痪再度加剧了生活上的困苦、饥饿和折磨。我应该向你们指出，流血战线上的战争、反对帝国主义者的国内战争看样子就要结束，至少敌人已不能给我们造成严重的威胁了，因为协约国向我们发动全面战争的种种尝试已遭到彻底的失败，但是不流血战线上的战争毕竟还在进行，而且还会进行很长时间，因为战争危险愈远，国内建设任务就愈迫近，而这个任务不能不由负有领导劳动群众使命的工人阶级来实现。这个任务就是复兴被破坏的国家，恢复被破坏的经济，组织社会主义社会。不打一场不流血战线上的战争，这个任务就不能实现。这就是刚刚建立了本届莫斯科苏维埃的先进工人们应当牢牢记住的事情，因为莫斯科工人历来是而且在今后一定时期内还必然是其他城市的工人学习的榜样。

我们应当记住，我们是在农民占人口大多数的国家里实现社会主义革命的任务。现在，西伯利亚的农民群众已经站到我们这一边了。西伯利亚的农民握有余粮，但是他们被资本主义所腐蚀，坚持旧时的贸易自由，认为这是他们的神圣权利，他们在这点上是被孟什维克和社会革命党人弄糊涂了（这就是孟什维克和社会革命党人的悲惨命运，而除此之外他们也的确没有事可干），他们认为自由买卖余粮是他们的神圣权利，以为他们可以保留这种权利。他们不考虑这种所谓公民平等意味着饱食者对挨饿者的剥削，要知道，农民握有余粮而又不愿把它给挨饿者，是在实现资本主义关系的原则。他们这些人千百年来受剥削，今天第一次自己当家，就要趁着工业遭到破坏、工人拿不出等价物换取粮食的机会，利用自己的余粮把工人变为奴隶。因此，对于这些数以百万计的小资产阶级私有者、小投机倒把分子，对于这些握有余粮，以为愈往后他们就愈会发财，饥荒愈严重，粮食持有者就愈有利可图的人，我们的任务、我们的态度就是同他们开战。我们公开宣布这一点，而这也是无产阶级专政的基础。无产阶级向全体工农群众开诚布公地说："劳动农民是我们的同盟者，是我们的朋友和弟兄。但是，如果农民以握有非生产所必需的余粮的私有者的面貌出现，如果他们以私有者的态度、以饱食者对挨饿者的态度来对待我们，那么，这种农民就是我们的敌人，我们就要十分坚决、毫不留情地同他们斗争。”战胜小私有者、小投机倒把分子是很困难的。他们不可能在一年内被消灭掉。要消灭他们，需要许多年月，需要有组织地坚持努力，需要在长时期内坚持不懈地、有步骤地进行工作，经常不断地进行斗争，而这种斗争异常艰巨，结果还常常是进行投机倒把的农民战胜工人。但是，不管怎样，不管社会革命党人和孟什维克多么想实行自由贸易，想让这些余粮留在饱食者手里，我们一定要在不流血的战线上进行斗争，要使挨饿者从饱食者那里取得余粮。

我们在这两年中进行了巨大的工作。我们吸引了大批工农参加这一工作，我们从各方面取得了我们需要的东西。白卫军官、过去的沙皇军官站在我们敌人一边同我们作战，与此同时却有几十几百个这样的专家被我们争取过来并在我们的工作中得到了改造。他们同我们的政委在一起，帮助我们工作。他们自己向我们学习怎样工作，同时又把他们的技术知识传授给我们。红军只是在他们的帮助下才能取得目前这样的胜利。现在我们应当把这整个工作转移到另一条轨道上去。这项工作应当是和平性质的工作，我们应该把一切都转到劳动战线的工作上去。我们应该领导那些曾与我们为敌的过去的私有者。我们应该动员一切能够劳动的人，要他们同我们一道工作。我们无论如何要把孟什维克和社会革命党人宣扬个人自由等的政策的影响消灭干净，因为这种政策必然使我们遭到挨饿的厄运。我们在一切工作中都应该采取这种态度。无产阶级的先进部分领导着其余居民，它说：“我们过去引导你们逐步站到我们这边来，同样，我们现在应当引导你们充分理解和实现我们的理想。”

在这里，我们首先要完成的任务，就是把莫斯科打扫干净，改变目前这种肮脏破败的状态。我们应当进行这项工作，给全国作出榜样，因为现在全国愈来愈脏，这会使瘟疫和疾病蔓延。我们应该在这里，在莫斯科，作出榜样来，像莫斯科以往不止一次做过的那样。

我们应当记住，我们面临着恢复运输业的任务。从春天起，我们应该实现工人群众的监督。我们应该对莫斯科郊区的菜农实行这种监督。这些菜农趁着周围的弟兄没有吃喝的机会而大发横财。每个富裕的菜农都可以从穷苦的邻居身上大捞一把，结果就造成一种令人愤恨的不公平现象，这是我们不能容许的。

我们应该做什么呢？必须让专家把他们的知识教给我们，以实现我们的理想。必须使刚刚改选了莫斯科苏维埃的那个阶级用全力来进行这项工作。必须把这项工作做得比以前更加切实，更加细致。

我们知道无产阶级的人数并不太多，然而我们也知道，走在红军最前列的彼得格勒工人，当我们需要的时候，曾给我们提供了优秀的战士去同敌人搏斗，而且提供的人数之多出乎我们的预料。我们已经说过，彼得格勒、莫斯科和伊万诺沃-沃兹涅先斯克已给我们提供了大批人员，但是，这还不够，今后我们需要多少，他们就应该给我们提供多少。现在我们必须利用所有资产阶级专家，他们在过去积累了知识，现在理应把这些知识贡献出来。我们正是应该依靠这些专家的帮助来进行我们的工作，我们应该依靠他们的帮助去战胜我们必须战胜的一切，去夺取胜利，并且建立起我们的战斗的工人队伍，这些队伍可以向这些专家学习，指导这些专家，并经常向广大工人群众介绍这种经验。这就是无产阶级最重要的、最大的苏维埃之一的莫斯科苏维埃无论如何必须做到的事情。莫斯科苏维埃的 1 500 名代表加上候补代表就是一个很好的机构，你们可以通过这个机构从广大群众中汲取力量，不断地吸收这些还没有经验的群众来管理国家。

工农群众既要建立我们整个国家，现在就应该建立起国家监督。你们能建立起这种机构，只要你们依靠工农群众，依靠那些对亲自参加国家管理工作表现出罕见的主动性和决心的工农青年。我们将根据战争的经验，提拔成千上万个在苏维埃中受过锻炼的、有管理国家能力的人才。你们应该吸引最怕事的、最不开展的、最胆怯的工人参加工人检查机构的工作，把他们带动起来。让他们在这个工作中得到提高。为了让他们了解工人检查机构怎样参与国家事务，可以先让他们做些他们力所能及的最简单的工作，例如先只当见证人，然后再逐渐使他们在国家事务中起更重要的作用。你们一定能从许多地方得到助手，他们将挑起国家的重担，参加工作，帮助你们。现在需要数以万计的新的先进工人。你们要依靠非党工农，要依靠他们，因为我们党只要还受着敌人的四面包围，就必然仍是人数很少的。当敌对分子用尽一切手段进行斗争，进行欺骗挑拨，千方百计钻进党内，利用执政党的某些便利的时候，我们必须联系非党群众。我们有了关于工农检查机构的法令，就有权吸引非党工农代表及其代表会议参与管理国家的工作。这个机构是你们的一个手段，你们可以用来扩大工人和农民的数量，保证我们在若干年内在国内战线上取得胜利。这个胜利在长时期内还不会像军事战线上的胜利那样直接、痛快和明显。要取得这个胜利，必须保持警惕和作出努力。你们要保证取得这个胜利，就要执行建设莫斯科及其郊区的任务，就要协助恢复运输、恢复整个经济组织这一共同的工作，而整个经济组织一恢复，就能帮助我们摆脱投机倒把者的直接影响和间接影响，战胜资本主义的旧传统。我们在这方面要不惜花费几年的工夫。不过就是这样，这种社会改造也是空前的，在这方面提出要短期内完成任务，是非常错误的。

最后我希望并且相信，新选出的莫斯科苏维埃一定会考虑上届苏维埃在国内战争过程中获得的全部经验，从青年中汲取新的力量，像我们打仗那样努力地、坚决地、顽强地从事经济建设工作，从而取得虽不是辉煌的，然而却是比较实在比较重大的胜利。

载于1921年莫斯科出版的《莫斯科工人、农民和红军代表苏维埃全会会议速记记录》一书

译自《列宁全集》俄文第5版第40卷第195—202页

在莫斯科苏维埃庆祝第三国际成立一周年大会上的讲话

（1920 年 3 月 6 日）

同志们，共产国际创立已经一年了。在这一年中，共产国际获得了出人意料的胜利，可以大胆地说，在它创立时谁也没有料到它会获得这样巨大的胜利。

在革命初期，许多人都存着希望，以为帝国主义战争一结束西欧就会开始社会主义革命，因为当时群众已经武装起来，革命在某些西欧国家中也能取得极大的胜利。假如西欧无产阶级中的分裂没有那么严重，过去的社会党领袖的叛变行为没有那么多，那么这种情况本来是会发生的。

直到现在，我们还不十分清楚，当时军队是怎样复员的，战争是怎样结束的。例如，我们就不清楚荷兰当时的情况如何，我只是从一篇谈到荷兰某个共产党员的言论的文章中（我是偶然从一篇文章中看到的，而这类文章很多很多）才知道，在荷兰这样一个较少卷入帝国主义战争的中立国家中，革命运动的规模已经达到着手组织苏维埃的程度，连机会主义的荷兰社会民主党的一位重要人物特鲁尔斯特拉也承认，工人当时是可以取得政权的。

假如国际当时不是被那些在危急关头拯救了资产阶级的叛徒控制的话，战争一结束，许多交战国，以及人民已经武装起来的某些中立国，很可能会迅速地发生革命，那时候结局就完全不同了。

实际情况并不是这样，革命并没有以这样快的速度获得成功，而必须走完我们走过的发展道路，我们走上这条路是在第一次革命以前，即在 1905 年以前，经过了 1917 年之前十多年的时间，我们才有能力来领导无产阶级。

1905 年可以说是举行了一次革命的演习，部分是由于这个原因，俄国才成功地利用了帝国主义战争再也打不下去了的时机，使无产阶级取得了政权。由于一些历史事件的凑合，由于专制制度的腐朽透顶，我们很容易地开始了革命，但是，对这个孤军作战的国家来说，开始革命愈容易，要把革命继续进行下去就愈艰难，拿过去的一年来看，我们可以说，在工人水平较高、工业较发达、工人人数较多的其他国家中，革命的发展要较为缓慢。革命沿着我们的道路在向前发展，但是要缓慢得多。

工人们继续缓慢地沿着这条道路前进，为无产阶级的胜利开辟道路，无产阶级的胜利正以显然快于我们当时的速度逼近，因为只要看一看第三国际，就会对第三国际迅速扩大队伍，从胜利走向胜利的情况感到惊异。

看看我们所使用的"布尔什维主义"之类的怪字眼怎样在全世界传播吧。尽管我们叫做共产党，尽管"共产党员"这个名称是科学的、全欧洲通用的，但是这个名称在欧洲和其他国家并不像"布尔什维克"这个词那样流行。我们俄语中的"苏维埃"这个词是最流行的通用词之一，其他国家甚至不译它的意思，而都照俄语音译。

尽管资产阶级报纸不讲真话，尽管整个资产阶级进行了疯狂的反宣传，但是工人群众还是同情苏维埃，同情苏维埃政权和布尔什维主义。资产阶级愈是撒谎，就愈有助于我们把我们对付克伦斯基的经验传播到全世界。

一部分从德国回来的布尔什维克在我国曾受到攻击和迫害，受到在“民主共和国”里纯粹按美国方式组织的迫害，克伦斯基、社会革命党人和孟什维克则多方协助这种迫害。这样一来，他们却发动了无产阶级中的一些阶层，使得这些阶层不得不考虑，既然他们这样迫害布尔什维克，那就是说布尔什维克很好。（鼓掌）

即使你只是偶尔从国外得到一些片断的消息，即使你不可能看到所有的外国报纸，而只是读到一份外国报纸，例如读到英国一家最有钱的报纸《泰晤士报》的某一号，看到那上面引用布尔什维克的话来证明布尔什维克在战争期间就已经在鼓吹国内战争，那你就会断定，甚至最聪明的资产阶级代表人物都张皇失措了。英国的报纸提出《反潮流》一书，把它介绍给英国读者，并摘引了一些话来证明布尔什维克是坏人中最坏的人，因为他们一面谈论帝国主义战争的罪恶性，一面又在鼓吹国内战争。从这里你就可以看到，仇恨我们的整个资产阶级都在帮助我们，——让我们向他们鞠躬致谢吧！（鼓掌）

我们在欧洲和美洲都没有出版日报，那里很少报道我们的工作情况，我们的同志在那里受到最残酷的迫害。可是协约国一家最有钱的帝国主义报纸，被成千上万种报纸当做消息来源的一家报纸，竟然完全不知分寸，它为了打倒布尔什维克，竟从战时刊印的布尔什维克著作中摘引了许多话来证明我们一面谈论战争的罪恶性，一面又竭力把战争变为国内战争，——就是说，他们这些最聪明的先生也会变成像我国的克伦斯基及其伙伴们那样的蠢材。

因此,我们可以保证,这些英帝国主义的领袖人物一定会干净利落地完成他们帮助共产主义革命这一事业的。(鼓掌)

同志们,在战前,工人运动似乎主要分为社会党人和无政府主义者这两部分人。不仅似乎如此,而且实际就是这样。在爆发帝国主义战争和革命前的漫长时期中,欧洲大多数国家客观上还没有具备革命形势。当时的任务在于利用这个缓慢的工作来作好革命的准备。社会党人开始了这个事业,而无政府主义者却不理解这个任务。战争造成了革命的形势,这种旧的划分也就过时了。一方面,无政府主义者和社会党人的上层分子变成了沙文主义者,他们使人们看清楚了,保卫本国的资产阶级强盗来反对别国的资产阶级强盗意味着什么,就是这些强盗使千百万人在战争中丧了命。另一方面,各个旧政党的下层群众中产生了反对战争、反对帝国主义、拥护社会革命的新派别。这样,战争造成了最深刻的危机,无政府主义者和社会党人都发生了分裂,因为社会党人的上层议会领袖们站在沙文主义者一边,而下层群众中的日益增多的少数派离弃了他们,开始转向革命一边。

因此,一切国家的工人运动开始循着新的路线前进,循着能够导向无产阶级专政的路线而不是循着无政府主义者和社会党人的路线前进。这种分裂在第三国际成立以前就在全世界出现了,开始了。

我们取得了胜利,这是因为我们掌握政权的时候,革命形势已经出现,工人运动已经遍及各国。因此,我们现在看到,社会党人和无政府主义者的内部发生了分裂。这种分裂在全世界造成的结果就是:信仰共产主义的工人纷纷参加建立新组织,并联合到第三国际中去。这样做是非常正确的。

现在又产生了意见分歧，例如关于如何利用议会活动就有意见分歧，但是现在我们有了俄国革命和国内战争的经验，全世界都看到了李卜克内西的榜样，都明白了他在议会代表中间的作用和意义，如果还要否认必须以革命的方式利用议会活动，那就是荒谬的了。旧派代表们已经明白，再像过去那样提出国家问题是不行了，由于有了革命的运动，对这个问题的新的来自实践的提法产生了，以取代那种旧的来自书本的提法。

对于资产阶级整个统一集中的力量，必须用无产阶级的统一集中的力量来对抗。这样，国家问题现在有了新的提法，旧的意见分歧已开始失去意义。工人运动中旧的分野被新的分野所代替，关键是对苏维埃政权和无产阶级专政的态度。

苏维埃宪法清楚地表明俄国革命作出了什么贡献。根据我们的经验，根据对这个经验的研究得出的结论是原来的各类问题都归结为一个问题：是拥护苏维埃政权还是反对苏维埃政权，也就是说，要么是拥护资产阶级政权，拥护民主，拥护那种许诺饱食者同挨饿者平等、资本家同工人投选票平等、剥削者同被剥削者平等以掩盖资本主义奴隶制的民主形式；要么是拥护无产阶级政权，拥护对剥削者的无情镇压，拥护苏维埃国家。

只有拥护资本主义奴隶制的人才会拥护资产阶级民主。我们从高尔察克和邓尼金的白卫分子的著作中可以看到这一点。我们在许多俄国城市里把这些妖孽肃清以后，就把他们的著作收集起来运到莫斯科。可以看看像契里科夫这样的俄国知识分子写的东西或者像叶·特鲁别茨科伊这样的资产阶级思想家写的东西。看看他们在帮助邓尼金的时候怎样议论立宪会议、平等等等，是很有意思的。这些有关立宪会议的议论给我们提供了帮助；当他们在白卫群众中间进行这种鼓动时，他们随着国内战争的整个进程、随着事态的变化一直在帮助我们。他们自己用自己的论据证明，拥护苏维埃政权的是那些赞成同资本家作斗争的真诚的革命者。这一点在国内战争的进程中表现得十分清楚。

无产阶级的先进部分要团结起来，发展国家，把国家置于新的基础之上，并牢牢掌握政权，就必须有中央政权、专政和统一意志，在有了以往的经验之后，在有了俄国、芬兰和匈牙利的经验之后，在各民主共和国和德国有了一年的经验之后，再来反对这种必要性，在这个问题上大做文章已经不行了。民主已经彻底自我暴露；所以，在世界各国各种形式的大量迹象而且是愈来愈多的迹象表明，争取苏维埃政权、争取无产阶级专政的共产主义运动正在日益加强。

这种情况甚至影响到了德国独立党和法国社会党这样的政党。这些政党是由那些对新的鼓动、新的情况一窍不通的旧式领袖统治的，他们不但一点没有改变议会活动，反而借议会活动来回避重要的任务，用议会里的辩论来吸引工人的注意力，然而连这些领袖也不得不承认无产阶级专政和苏维埃政权了。这是由于工人群众显示了自己的力量，迫使他们的领袖不得不这样做。

你们从其他同志的讲话中知道，德国独立党的退出，它对无产阶级专政和苏维埃政权的承认，是对第二国际的最后的决定性的打击。根据目前的情况看，可以说第二国际已经完蛋了，德国、英国和法国的工人群众正纷纷转到共产党人方面来。英国也有独立党，这个独立党继续坚持进行合法活动的观点，并谴责布尔什维克使用暴力。不久以前，在他们的报纸上辟了一个辩论栏。所谓辩论，就是讨论。那里正在讨论苏维埃问题，我们看到上面除了一篇英国工人报纸都加以刊载的文章外，还有一个英国人写的一篇文章，这个英国人并不看重社会主义理论，仍然抱着以前那种轻视理论的荒谬态度，但是他在估计英国现实生活情况之后，也作出肯定的结论说：我们不能谴责苏维埃，而应当赞成苏维埃。

这是一种迹象，它表明即使在英国这类国家的落后工人阶层中也起了变化，因此我们可以说，旧形式的社会主义运动已经永远完蛋了。

欧洲现在走向革命的方式和我们过去不同，但是欧洲所要做的实质上是同样的事。每一个国家都应当按照自己的方式进行（它们已经开始进行）内部斗争，来反对本国的孟什维克，反对本国的机会主义和社会革命党的思潮，这种思潮世界各国都有，只是名称不同、程度不同而已。

正因为各国独立地取得这一经验，所以可以保证说，共产主义革命在世界各国的胜利是不可避免的，敌人的队伍愈动摇，愈丧失信心，愈是说布尔什维克是一群罪犯，说他们永远不会同我们媾和，对我们就愈有利。

现在他们说，即使进行贸易，也不承认布尔什维克。我们对此丝毫也不反对。先生们，那就请你们试一试吧。你们不承认我们，我们是理解的。要是你们承认我们，我们倒认为你们犯了错误。但是你们竟然这样颠三倒四，起先说布尔什维克违犯了一切天理国法，说你们不会同他们谈判、和解，后来却说你们要同我们进行交换，但是不承认我们的政策——这就是我们的一大胜利，这个胜利一定会在每一个国家的人民群众中推进共产主义运动，使它深入发展。这个运动是如此深入，以至除了一些人正式参加第三国际外，在先进的国家中还出现了一系列的运动，这些运动不赞同社会主义和共产主义，继续谴责布尔什维主义，同时又因大势所趋而向布尔什维主义靠拢。

20 世纪文明国家的战争迫使各国政府自己揭露自己。法国的一家报纸刊载了前奥地利皇帝查理于 1916 年向法国建议缔结和约的文件。查理的信件一公布，工人就质问社会党的领袖阿尔伯·托马说：您当时担任政府职务，媾和建议是向你们的政府提出的，当时您在做什么？当阿尔伯·托马被质问到这件事情的时候，他始终一声不吭。

这种揭露现在刚刚开始。人民群众是识字的，在欧洲和美洲，他们已不可能像从前那样来对待战争。他们问：1 000 万人丧命、2 000 万人残废究竟为了什么？提出这个问题，就意味着人民群众非转向无产阶级专政不可。提出这个问题就意味着这样来回答：1 000 万人丧命、2 000 万人残废，是为了解决是德国资本家还是英国资本家发大财的问题。这是实情，无论怎样掩盖，它总会暴露出来。

各国资本主义政府的崩溃是不可避免的，因为大家知道，只要帝国主义者和资产阶级仍然掌握政权，一场新的同样的战争就不可避免。日本和美国之间新的争吵和冲突有增无已。这些争吵和冲突是两国在几十年的外交斗争中积累起来的。在私有制的基础上战争不可避免。在抢夺了大批殖民地的英国与自认为是受骗上当的法国之间战争不可避免。谁也不知道战争会在什么地方以什么方式爆发，但大家都看见，都知道，都在说战争不可避免，战争又在酝酿中。

20 世纪在人人都识字的国家中出现的这种情况，使人们再也不能提出旧的改良主义和无政府主义。旧的改良主义和无政府主义已被战争所埋葬。谈论用各种改良办法来改造这个把几千亿卢布投入战争的资本主义社会，谈论不通过革命政权和暴力、不经过一些极大的动荡来改造这个社会，现在已经不行了。这样说和这样想的人，再也不能发生影响了。

共产国际所以强而有力，在于它吸取了全世界帝国主义大厮杀的教训。在每一个国家中，千百万人的经验愈来愈证实共产国际立场的正确性，而现在靠拢共产国际的动向也比以往广泛和深入百倍。这个动向在一年之内就使第二国际完全破产了。

在世界上一切国家中，甚至在最不发达的国家中，一切有头脑的工人都倾向于共产国际，都在思想上靠拢共产国际了。这充分保证共产国际能在不久的将来在全世界取得胜利，这个胜利是有把握的。（鼓掌）

载于1920年5月11日《共产国际》杂志第10期

译自《列宁全集》俄文第5版第40卷第203—211页

人民委员会关于改善国营农场组织的措施的决定草案[115]

（1920 年 3 月 9 日）

在改善国营农场的组织和经营方面，整个工作的重点是：第一，坚决反对带有明显的地主特点的滥用职权的行为，其表现为采用货币地租、对分制地租等等；第二，坚决改变劳动纪律极度废弛和劳动生产率极端低下的状况。

要求各省农业局和国营农场提出确切材料，说明他们在斗争中采取了哪些措施，在事实上取得了哪些实际成果。指定负责工作人员，如他们不执行本决定，没有消除滥用职权的行为，应对他们提出起诉。要坚决把那些经营极糟的农场的管理人员全部撤换。国营农场应分为教学示范型、专业型、生产型和纯消费型这几种，对这些农场的实际情况应分别进行登记。

载于 1933 年《列宁文集》俄文版第 24 卷

译自《列宁全集》俄文第 5 版第 40 卷第 212 页

对国防委员会关于吸收林务员参加木材采伐工作的决定草案的修改[116]

（1920 年 3 月 12 日）

国防委员会决定：

1. 林业总委员会和各省林业委员会对贯彻国防委员会 1919 年 11 月 21 日关于吸收林务员参加木材采伐工作的决定[117]采取漫不经心、令人难以容忍的态度，因此必须给予最严厉的警告。**警告林业总委员会和各省林业委员会：如果它们不是极其认真地执行法令的话，则其全体成员将被交付法庭审判。**
2. **国防委员会宣布：国防委员会 1919 年 11 月 21 日的决定，要求所有林务员，不论他们从事何种日常工作，都应毫无例外地（唯一的例外情况规定于后）完成个人劳动定额，即每月不少于 5 立方米（50 岁以上者不少于 4 立方米）。**
3. **国防委员会委托各省肃反委员会，在全俄肃反委员会最严格的监督下，对**[不执行者]**未按上述定额采伐木材、违犯个人劳动法令的林业部门所有**[官员]**工作人员**[进行][实行]**进行处罚，至少应处以几个星期日的拘留。**

附注：按有关的省林业委员会或林业机关其他全权代表的确切命令或决定，被指名免除个人伐木劳动的林业部门工作人员可免受处罚。但省肃反委员会应对被免除个人劳动的人是

否确实从事木材采伐所必需的工作进行检查。

4. 省肃反委员会每月应向国防委员会提出它们执行本决定的情况简报。

译自《列宁文集》俄文版第24卷
第86页

在俄共(布)莫斯科省第十七次代表会议上关于国际形势和国内经济状况的报告[118]

(1920年3月13日)

我们共和国所处的国际形势从来没有像现在这样好——尽管对与会者这样说会令人感到十分奇怪,因为大家非常了解并深切感到目前形势的严重性,特别是这个严寒肆虐、物资匮乏的冬末的形势的严重性。不管多么令人奇怪,但是事实非常客观地证明:我们对协约国各国即对所有最富有的资本主义国家取得了极其重大的胜利。我们愈是多看资产阶级的即西欧和美国的报刊的反应,尤其是资本家报刊以及其中最敌视苏维埃共和国的那部分报刊的反应,就愈是清楚地看到我们取得了巨大的胜利……　他们在决定全力帮助尤登尼奇、高尔察克和邓尼金的时候就认识到,他们是在反对本国的革命,是在反对世界革命。在两年的斗争中,他们花费了几亿金卢布来资助俄国的白卫分子,开办俄国军官学校,把自己的人成千上万地派进白卫军,把俄国俘虏也成千上万地遣送给白卫军。所有最强大的、统治着全球的国家都支持白卫分子。美国的势力伸向世界各地,不仅有金融势力即银行势力,还有军事势力。德国的海军曾是美国的唯一敌手;但是现在,当美国大量建造舰艇,英国又同它结成同盟的时候,无论哪一个强国要在海上[同它们]①作任何较量都是不可能的。从军事力量角度看,较量看来是没有希望的,因为这些强国就是在目前也比我们强大许多倍。如果它们能把全部兵力用来打我们,那么,几个月就可以决定苏维埃俄国的命运。尽管如此,我们还是取得了胜利,因为所有的强国都不得不把自己的军队撤走。现在,它们在解除包围之后,在解除封锁之后,又互相掣肘,而仍然与我们敌对的,就只剩下一个波兰了。

波兰的地主在极力炫耀武力。我们很清楚,几乎每天都有军火列车从西欧开到华沙。不待说,西欧帝国主义当然不想把已经铸成炮弹、大炮等等的那一大堆钢铁白白扔掉。他们的盘算正如一个新闻记者在一家报纸上所说的那样:如果我们把这些大炮和炮弹拿到市场上去卖,我们连五个戈比也卖不到;如果把它们卖给高尔察克和邓尼金,那就能赚大钱,因为过去把这一切供应给本国,一个卢布赚一个卢布,而现在一个卢布能赚十个卢布。从商业的观点看,从自由贸易的观点看(我们的孟什维克至今还抱这种观点),账不可能有另外的算法,因为这批东西他们反正要完全丢掉的。可是不久以前这一切统统落到了我们的手中,这时资本家两手一摊无可奈何地说:我们的商人打错了算盘,他们白扔了几亿卢布;要是他们像德国人沉掉自己的船只那样把这一切都沉到水里就好了,可他们干得更糟糕,把这一切都奉送给了布尔什维克。(鼓掌)目前,贸易是这样进行的:大炮和步枪天天往华沙运,交给波兰的地主和资本家,而波兰的地主和资本家除了出卖土地、大批抛售或零星出卖股票外,没有别的可用来偿付。

直到现在,波兰的地主和资本家还能蒙骗波兰群众。他们所

① 本篇中凡方括号内的文字都是俄文版编者加的。——编者注

以能这样做,是因为在沙皇政府时期波兰是受压迫的,波兰人对“莫斯卡里”[119]仍怀恨在心。但是,波兰是一个遭到极度破坏的国家。你们知道,波兰在帝国主义战争中受到的苦难比其他国家深重得多。俄国军队也好,德国军队也好,都曾多次在波兰的国土上进进出出,整个整个的村庄被毁灭了,而就在这样一个遭到破坏的国家里,地主和资本家试图把局面支撑下来,办法就是靠出卖土地和股票来换取协约国的武器,他们指望能加强自己军队的实力,但是他们自己也不知道是否要打仗。情况就是这样:无论是谁,我们也好,波兰的代表人物也好,都不知道他们是否要打仗。不过为了获得更多的弹药,他们摆出一副想要打仗的架势。那里有许多党派鼓吹必须同布尔什维克打仗。他们说:我们是资本主义国家,同苏维埃俄国不共戴天;不是他们死,就是我们亡。波兰地主就是这样考虑问题的。他们从这样的观点出发,鼓吹同俄国打仗,不惜牺牲自己的利益,牺牲大财主的利益。但是,波兰的小资产阶级像波兰的无产阶级一样是不想打仗的。因为,如果全波兰的小资产阶级想打仗的话,按常理说,当邓尼金占领奥廖尔附近地区的时候,他们是应该帮助他的。结果会怎样呢?邓尼金在俄国是沙皇的将军,是地主,他就会重新推行俄国资本家的那套政策,即克伦斯基同孟什维克和社会革命党人继续推行过的那套政策,也就是不承认小国自治,缔结曾被布尔什维克揭露过的秘密条约(条约规定把君士坦丁堡和达达尼尔交给地主作为他们战胜德国人的报酬)。邓尼金的胜利就会是波兰的失败,因为法国是决不会保护波兰的。

法国需要沙皇俄国来保护它,来威胁德国。法国最希望俄国恢复君主制。英国之所以惧怕沙皇俄国,是因为英国曾是俄国的主要敌手。当初两国瓜分过波斯,但是现在英国要独“吞”波斯,还力图“吞掉”几乎整个高加索。我们一战胜邓尼金，就造成了法国开始对抗英国的局面。法英两国之间已出现了相互倾轧的现象。尽管它们自称国际联盟，但实际上不过是为一根骨头打架的两条狗。口头上它们是各国联盟、国际联盟等等，行动上它们一点也不团结一致。

我们得到了世界各国工人的支援。法国、德国的工人拒绝同我们作战。英国士兵撤离了阿尔汉格尔斯克。我们的广阔的战线正在巩固起来，而我们的敌人却像疯狗一样在互相撕咬。这就使我们能在一个遭到最严重破坏的国家里坚持斗争两年之久，使我们能在帝国主义战争之后又经受住了国内战争的考验，虽然全世界所有地主和资本家都支持这场战争，但是我们仍然取得了胜利。

现在有许多人问，为什么发生了战争？以前人们不愿提出这个问题，但是书报检查制度不可能无限期地保持下去。于是揭露开始了。我们一下子完成的事情，目前正在欧洲各国和美国逐渐扩大影响。

去年美国人布利特来过这里。我们对他说，只要缔结和约，我们愿意在领土问题上让步……　当有人问劳合-乔治，是否有人向他提出过这种和约时，他撒了谎，说他从未听说过这种和约。[120]结果美国出了布利特的小册子，发表了我们的条约草案。这样一来，帝国主义者就被布利特揭了出来，成了头号笨蛋。他们没有接受和约，而孤注一掷，把几亿金钱和几十万人员输掉了。前不久，法国公布了前奥地利皇帝向法国建议媾和后开始的同法国谈判的情况。当时托马在法国，他知道这次谈判的情况，但秘而不宣，结果法国失去了极大的好处，这样的好处是任何一个国家也给不了它的。这些揭露表明，1916 年就有可能媾和，但是资本家不愿意。

而现在,帝国主义国家又处在不愿同布尔什维克缔结和约的境地。但是我们说,没有一个国家人们会不知道“布尔什维克”和“苏维埃”这两个词,没有一个国家工人会不站在苏维埃政权这一边。这就使协约国失去了同我们作战的可能性。国际形势就是如此。

它们都貌似强大而实则虚弱,它们没有兵员。它们之间每天都在互相揭露,互相斗争:你揭露我,我揭露你。日本参战最少而发财最多。世界各国中只有美国没有在本国的国土上见到过一兵一卒。世界上最富有的国家法国和英国也对美国负债累累。战前是美国欠法国和英国的债,战后是它们欠美国的债。直到现在,人们总是对工人和农民说:德国人会偿付的。可是现在连傻瓜也看到:不管它们怎样掠夺德国,德国什么也偿付不了,因为一个没吃没穿的人身上是没有东西可掠夺的。破产一年年迫近。单是利息一项就要付给资本家和地主几十亿,作为对他们让工人去送命的报酬。它们走向崩溃的速度比所能预料的要快得多。它们四分五裂,而我们不仅在苏维埃俄国内部,而且在国外,都是团结一致的。

波兰还在威胁我们。芬兰把比较温和的内阁换成了比较好战的内阁,也在那里磨刀霍霍。其中究竟有几分真正要打的意思尚难断定,不过它们有军事协定。因此,我们不能让我们的军队复员,而应当把所有的军队往西调动,不过调动极为困难,因为运输问题很严重,运输遭到了破坏。我们知道,波兰人在等我们的士兵走远,[而同高尔察克作战]造成了向西线调动兵力的困难。因此,我们不得不告诉我们的战士:先等一等!令人高兴的是继下乌金斯克之后又解放了赤塔,这是令人高兴的。当然,我们必须坚持对我们的指挥人员做工作,因为他们想继续前进,再前进100俄里,说什么那样就能彻底击溃敌人。但是我们应当说:这并不要紧,即使半年之后再收复西伯利亚也不要紧,而避免同波兰打仗才是重要的。如果出现了这样的形势,那么,波兰地主尽管磨刀霍霍,也不敢打仗。常言道:有备就能无患。

我国的运输遭到破坏的程度是骇人听闻的。最富有的国家的运输状况也不妙,它们在压缩客运。有些国家是战胜国,从战败国那里取得贡赋,连这些国家的运输也遭到了战争的破坏。在俄国,这种破坏格外严重,因为白军红军都炸毁了桥梁。顿河州、北高加索以及其他许多地方都几经易手,而易手一次就遭到一次破坏。由于不能让我们的军队复员,由于目前处境困难——国家为战争牺牲了一切,什么都遭到了破坏——我们自然要根据这些情况来考虑自己的口号。我国的经济状况是严重的,这就使我们[不]能放手大干。既然我们同法国和英国的士兵作战都取得了胜利,那么,在国内战线上,我们更加能够取得胜利。但是,这一斗争花费的时间要长得多,这一斗争不能在战场上进行…… 两年前,也就是十月革命后,我们有 1 000[万]—1 200[万]士兵,但是没有军队。旧的军队瓦解了,它也瓦解得好,因为它支持的只能是地主和资本家。但是新的军队没有马上出现,我们在共产党员指导下花了几个月的时间才学会了按照新的原则建立军队,为此遭受了极大的牺牲。任何一个阶层所遭受的牺牲也没有工人共产党员那么惨重,任何时候牺牲的人也没有像共产党员军校学员牺牲的那么多。在我们军队中服务的旧军队的军官们、校官们都惊奇地说:要是在沙皇和资本家时代,一个士兵恐怕连他现在所忍受的痛苦的百分之一也忍受不了。这些[冷眼]观察事物和结果的校官们虽然不是共产党人,但是他们都说:这支军队之所以取得胜利,就因为他们知道为什么而战。我们的军队知道,他们正是为自己的利益而战。这就决定了战争的胜负。但这是花了好几个月的工夫几经周折才得来的,而且不论在哪一条战线上我们都不是一下子就取得了胜利的。邓尼金曾经打到奥廖尔,我们在一次大败之后又奋力作战才取得了胜利。

现在,我们应该把战争中积累的全部经验运用到劳动战线上。这方面不能机械地照搬,尽管基本的阶级关系没有变。在战争中我们之所以取得胜利,是因为群众跟着工人走,再者,虽然那些军事专家——沙皇资产阶级旧军队中那些旧将校们几百次背叛我们,而且他们每一次叛变都使成千的战士牺牲,但我们还是得到了几万名将官和军官,也正是他们建立了我们的军队,尽管他们不是共产党人,依然同情资本家,并对布尔什维主义持否定态度;这些专家在战争环境中生活,自觉地支持农民和工人,因而获得了新生。就是这种基本关系,这种领导无产阶级的共产党人同资产阶级专家之间的关系,我们在实际工作中已经加以实行,现在应该作相应的变动运用到当前的任务上去。

很抱歉,我稍微扯远了些。现在应当扼要地谈谈生产劳动问题、劳动军的作用问题、工会问题、各种原则的结合问题以及集体管理制问题。关于劳动军问题,为什么要实行军事化呢?有两个原因。我们的军队很多,不能一下子调动,因为运输遭到了破坏,应当考虑到已经形成的习惯,就地利用这些军队,而且必须恢复经济生活。我们有粮食,有几百万普特,就是运不来,而没有粮食不仅要挨饿,而且任何建设工作都不能进行。我们既然已经在战场上获得胜利,就必须转到别的任务上去,在当前的斗争中不考虑这一情况是不行的。在判断总的形势和估计当前的现实情况时好多次都搞错了。我们现在有大量的军队,其数量多得超过了需要,但是我们既不能把它们解散,又不能迅速把它们调到需要的战线上去。因此要加以利用。过去我们把一切机关搜刮一空有一个原因,也就是我们说的,一切为了红军。我们为了红军曾经不惜一切,我们说:不管牺牲多大,我们都要战胜那些为资本家夺取胜利的人,因为只有这样我们才能把我国的经济也保住。这是正确的论断,工人和农民正是用他们转到苏维埃政权方面的行动来证明自己支持苏维埃政权。劳动群众就是这样表示支持的,这种支持已付诸行动,因此,我们才能把本来就破坏不堪的国家仅有的一点东西拿给红军。在我们经受了两年斗争之后的今天,国家被破坏得更加厉害了。我们曾经说过:一切为了战争。既然为了工农的胜利而进行的战争是正义的,那就要一切为了完全的胜利,什么也不要吝惜,要执行军事纪律。既然我们主张无产阶级专政,那就要有统一的意志,要使所有的措施,所有明确提出的、坚决提出的目标都能保证无产阶级专政的实现,决不让任何人把我们引入歧途或者阻挡我们前进。我们正在同我们的死敌决一死战,谁不支持我们,谁就是反对我们。现在[必须]战胜经济破坏现象。这同样是我们的死敌,它使我们挨饿受冻;这个敌人更加危险,因为国家处在空前穷困的境地。流血战线上的战争结束了,不流血战线上的战争仍在继续进行。这场战争同其他任何战争一样,[也]是无情的、残酷的,这里同样是既无暇怀疑,也无暇议论,而且我们也不容许这样做…… 一句话,一切都应该服从于这个目标,因为大家都明白,在两年战争之后,我国的饥荒更严重了。像1919① 年年底那么痛苦难熬的日子,我们还没有经历过。现在国家满目疮痍,饥荒严

① 速记记录上误写为“1920”。——俄文版编者注

重,人们没有衣服靴鞋,俄国的[经济破坏]还从来没有达到如此地步,这样它再也生存不下去了。因此,战争在继续,必须抖擞精神,鼓足干劲,像无产阶级过去干的那样来行动:谁挡道就把谁踢开,无产阶级应当进行领导,以便把劳动群众从地主和资本家的桎梏下解救出来……　因此,在这极端贫困的时刻,这种军事化就是必不可少的基础;在如此疲惫、贫困、甚至绝望的群众中用其他任何办法都难以立即见效,这里必须像过去在战场上那样行动,那时就是勇往直前,不容许任何人有丝毫动摇。当时我们不能够先议论议论能否取得胜利,而是由共产党员带头冲锋去战胜比我们强大的敌人。目前正需要这样行动,因此劳动军事化并不是凭空想出来的,而是经济极度破坏的必然产物。我们过去取得了胜利,完全是因为先进的工人、共产党员[站得]高于本行业、本团体、本地区的利益,能够带头冲锋陷阵,英勇捐躯,从而带动了不觉悟的工人。我们今天应该用同样的方法去[消除]经济破坏现象,不过取得这方面的胜利要比过去困难,这里靠自我牺牲、凭一时热情是不能取胜的。这里需要长时期的组织工作,而这一向是俄国人的弱点。无论如何要把国内战争时期工人和农民表现出来的那种组织才能、那股团结的力量、那种统一的意志全部保持下来,竭尽全力去扭转以饥饿、寒冷、运输瘫痪等严重形式呈现出来的崩溃局面,决不被这一切困难所压倒,而要使国家脱出困境,走向繁荣。如果我们能得到粮食,得到食盐,那么对于没有衣服和靴鞋的农民,我们将不用花花绿绿的票子去偿付,而会用工业品进行交换。在西伯利亚和乌克兰,有些富裕的农民握有大量余粮,但不交给苏维埃政权,他们在政府多次更换之后,现在已不愿意承认任何一个政权了。这就需要长期的、顽强的斗争,需要[我们]在过去最紧张的战争环境中坚持下来的斗争;我们应当把这一斗争扩展到我们远大任务的最广阔的领域里去。我们人手不够,工作人员不够。我们知道,彼得格勒和莫斯科的人力已经枯竭。所以我们说:若不军事化,若不发扬战时的英勇精神,若不用军事办法集中人力,我们就不能摆脱危机。因此,工会应当在这方面发挥重大作用。它手中应当有权,但必须记住苏维埃是领导者。如果我们说,经济问题归工会,政权归苏维埃,那将是荒谬绝伦的。我们知道,工会是尽到了自己的职责的,因为过去它提供了人力,不惜献出优秀的工作人员,根据国家的要求把他们输送给军事部门。同样,现在我们也应当支持工会,巩固它,给它帮助,工会不能眼光短浅。

必须使苏维埃政权在同经济破坏的斗争中能够挺住,必须使苏维埃政权对各行各业都具有最高的权力,这就需要坚持集体的、自觉的利益,坚持统一意志。正因为如此,对这一点不能有任何动摇。这是工会应尽的职责,不然的话,工会随时都可能使人们把社会主义国家的利益变成某些集团的利益。指出这一切是必要的,因为我国经济十分之九遭到了破坏…… 这一切在战时都发生过,而我们当时之所以取得胜利,就是因为我们能够为了一个目标牺牲一切。如果我们在短期内解决不了这一问题,那么,任何工业部门、任何东西都不能使我们免于毁灭。这就是为什么我们说在集体管理制问题上应当立足于无产阶级的统一。如果我们没有绝对统一的意志,没有绝对坚定的意志,那么很明显……我们就会像在匈牙利那样被人推翻——这一点是任何人都明白的。如果说战时需要坚定性,那么现在也同样需要这种坚定性。如果有人说我们应当建立集体管理机构,在经济管理中应当实行集体管理制,[那就必须确定]这种体制能采用到什么程度,否则,实行集体管理制就有浪费时间、议而不决的危险。我们要从参加过管理(指在新制度下)的工人中选拔人才,但是来自莫斯科和彼得格勒的这样的人非常少,并且他们每个人现在都担负着高级的管理工作。有人对我们说,需要集体管理制是为了更好地研究管理问题。但是,[为了]进行管理就需要助手。这一点在中央的提纲中已经说清楚了,问题已经解决了;它明确规定了应当怎样使用专家。我们不怕使用沙皇时代枪杀过工人的将官,虽然其中有几百人背叛了我们,但几万人却建立了红军。如果我们不会使用他们,那共产主义我们就决不能建立起来……　为了学习管理,我们应当[给专家们]配备政治委员和助手。在所有的决定中都作了规定:集体管理机构的成员应有分工,不仅按工作类别来分,而且每项工作都要分配得当。在工人参加管理时,必须使每个工人都清楚这套管理机构,要把每一个多少表现出有管理者才能的工人由较低的职务提拔上来担任较高的职务,要安排他们担任管理职务,考验他们,几十几十地提拔他们。这一套我们还没有学会,但任何犹豫不定,不管它在哪里存在,不管它在哪里出现,都应当坚决根除,而且我想,在党代表大会[121]上就将被根除。

我们的处境仍然很困难:流血战线上的战争行将结束,而不流血战线上的战争将继续进行。经济破坏和灾害都非常严重,必须作出空前的努力,人力的使用决不容有一点点浪费。这就要有高度的意志统一,并且我们所提出的任务也要与之相适应。一旦我们战胜了斑疹伤寒、饥饿、寒冷以及运输上的[困难]境况而获得了起码的生存条件,困难尽管还严重存在,但是我们一定能摆脱这种困难局面。必须使我们的胜利能为我们提供盛产粮食和食盐的西伯利亚和高加索的一切。只是不应当忘记:战场上事情比较简单,而要战胜经济破坏就不那么容易了。这就需要进行长期的持续多年的斗争,只有经过长期的斗争,我们才能学会不白白浪费一分一秒的时间,不埋没任何一个多少表现出有管理者才能的人才。我们今后决不要浪费时间,决不要在解决这些问题时犹豫不定,决不要含糊不清,模棱两可,而这种情况在集体管理机构中是屡见不鲜的,我们决不应当听其存在。我们的党代表会议、党代表大会一定要成为能切实解决问题的会议;我们不但要停止争论空泛的问题,而且要解决实际问题……

主席:是不是有人要向列宁同志提问题。

列宁:请允许我念一张纸条。纸条中说能不能这样……(念纸条)

在产品交换部门有专家,他们是否比红军里的多,我不知道。所有的专家都是资产阶级留下来的,他们的世界观是彻头彻尾的资产阶级世界观,大多数资产阶级知识分子过去反对我们,现在也是这样。就是在军队里我们也看到过这种倾向,它的表现就是叛变。我们知道:尤登尼奇之所以进犯彼得格勒,就是因为他同"民族中心"[122]有直接联系;然而,我们并不因此认为必须抛弃资产阶级专家……　在资本主义国家里,情况是这样的:人们掌握了共产主义世界观,正因为如此,他们不仅能够奋起反对资本家,而且能够战胜他们。但是,战胜资本家可能比学会同农民资本家进行斗争容易些;每个资本家都有数以百计或数以千计的工人反对他,推翻他们并不困难,可是,农民的数量就大得多了。而每一个卖粮食的农民都是资本家。工人们一起来就把沙皇制度推翻了。事情从来就是这样,因为无产阶级善于组织大生产。团结农民要困难得多,因为这里没有构成共产主义特征的[那种]生产。如果说我们能够建立共产主义,那只是因为农民已经受到了足够的教育。我们需要专门人才，需要专家，因而我们在自己的国家里使用了他们。如果忠于自己事业的无产阶级对此理解得很透彻，那就会知道在这方面困难很大，必须吸收专家参加工作。我们有谁学过指挥呢？我们学过怎样进行反对沙皇制度的地下宣传工作，但是工人何时何地学过管理呢？我们没有经验，1917 年十月革命后我们才开始取得这种经验，而当时资产阶级专家具有这种经验已经几十年了。问题似乎是无法解决的，但是在红军中我们把它解决了，这里也应该那样，就是给每一个专家都应当配备政治委员。如果我们不闻不问，那一定会挨打。既然如此，我们的党就应该安排好，让资产阶级专家为我们工作，而不是我们为他工作。没有资产阶级专家，我们连一个部门也建不成。资本家们说，用战争没能战胜我们，最好能用贸易……　他们会运来商品，会跑来说：请买我们的吧，至于你们有个什么苏维埃政权，莫斯科的也好，彼得格勒的也好，我们都不管。即使苏维埃政权不实行中央集权，即使无产阶级在战时没有学懂什么是无产阶级政权，我们在两年中毕竟学到了点东西。当然，如果我们不闻不问，不垄断对外贸易……他们就会给农民运来商品，如纺织品和鞋子，就会拿走粮食，而置俄国工业于死地。他们正是这样做的，他们对印度的统治就是如此，那里的 3 亿人处于英国的控制之下。可是当无产者有了政权，当他们懂得白卫分子不可能来帮忙的时候，我们说，战争并没有结束……①

译自《列宁文集》俄文版第 38 卷
第 293—303 页

---

① 速记稿到此中断。——俄文版编者注

在全俄水运工人第三次代表大会上的讲话[123]

（1920 年 3 月 15 日）

水路运输工作目前对于苏维埃俄国具有极其重要的意义，因此我可以相信，代表大会一定会非常重视和关心水运工作人员所担负的任务。现在让我来谈谈目前共产党和工会最关心的、无疑也是你们争论得很热烈的一个问题，即工业管理的问题。这个问题已经专门列入党代表大会的议程。关于这个问题的提纲已经公布。水运工作同志也必须讨论这个问题。

你们知道，无论在报刊上还是在会议上引起热烈争论的一点，就是关于个人管理制和集体管理制的问题。我认为，在这个问题上的那种对集体管理制的偏爱，往往说明对共和国的当前任务认识不足，甚至常常说明阶级意识水平不高。每当我考虑这个问题的时候，我总想说：工人向资产阶级学习得还不够。用民主社会党人或社会民主党人占统治地位的那些国家的情况就可以具体说明这一点，这些人现时在欧洲和美洲打着各种招牌，同资产阶级结成这样那样形式的联盟，参加了管理。他们持有旧偏见是上帝的安排，但是，我们在无产阶级统治了两年之后，不仅应当希望而且还要竭力使无产阶级的阶级意识不落后于资产阶级的阶级意识。可是请看一看，资产阶级是怎样管理国家的呢？它是怎样组织资产阶级这个阶级的呢？过去有哪一个抱着资产阶级观点一心维护资产阶级的人说过，个人权力算不上国家管理制度呢？如果资产阶级真有这样的傻瓜，那他本阶级的同伙就会嘲笑他，所以他在任何一次资本家和资产者先生们的重要会议上，都不会说这样的话和发表这样的议论。人们会对他说：难道通过一个人还是通过集体管理机构来进行管理的问题，同阶级问题有关吗？

英国的和美国的资产阶级是最聪明最富有的；英国资产阶级在许多方面比美国资产阶级更有经验，更善于管理。英国资产阶级在实行最大限度的个人独裁，发挥最大限度的管理效率，把权力完全控制在本阶级手里，这难道没有给我们提供一个范例吗？同志们，这种经验是值得考虑的，我认为，如果你们考虑一下这个经验，回忆一下不久以前里亚布申斯基家族、莫罗佐夫家族以及其他资本家先生们统治俄国的时代，回忆一下他们在专制制度被推翻之后，在克伦斯基、孟什维克和社会革命党人执政的 8 个月期间，能够巧妙地、非常迅速地改头换面，他们不管把自己称做什么，不管作出表面上形式上的什么让步，却总是把权力完全控制在本阶级手里，那么我认为，考虑考虑英国的经验和这个具体例子，会比根据理论编造和事先写好的许多抽象决议更能使人理解个人管理的问题。

好像集体管理才是工人管理，而个人管理就不是工人管理。单是这个问题的提法，单是这种论据就说明，我们还没有十分明确的阶级意识，而且不仅没有十分明确的阶级意识，甚至我们的阶级意识还没有资产者先生们的明确。这也是可以理解的。他们学管理不是学了两年，而是学了 200 年，如果拿欧洲的资产阶级来说，则大大超过 200 年了。我们不应当由于在两年内不能学会一切而悲观失望，重要的是我们应该比我们的敌人学得快，而且形势也要求我们这样做。他们能够学习几百年，他们有可能反复学习，有可能纠正自己的错误，因为在世界范围内来说，他们比我们不知要强大多少倍。我们没有时间学习，我们应当提出集体管理制问题和说明这个问题的具体材料。我相信，你们一定会同意党中央在这个问题上制定的方针，这个方针已经公布[124]，并且正在党的一切会议上进行讨论，它对于切实工作的人，对于已经工作了两年的水运工作人员来说，是不容置疑的。因此我希望，大多数出席此次会议的、实际上熟悉管理的人都会懂得：我们不应当局限于空泛地提出问题，而应当成为切实认真的人，那就要取消集体管理机构，在没有集体管理机构的情况下进行管理。

任何管理工作都需要有特殊的本领。有的人可以当一个最有能力的革命家和鼓动家，但是完全不适合做一个管理人员。凡是熟悉实际生活、阅历丰富的人都知道：要管理就要懂行，就要精通生产的全部情况，就要懂得现代水平的生产技术，就要受过一定的科学教育。这就是我们无论如何都应当具备的条件。所以，当我们提出空泛的决议，以内行的样子郑重其事地谈论集体管理制和个人管理制的时候，我们就会逐渐相信，我们在管理方面几乎一无所知，但是，我们正在开始根据经验学习一些东西，权衡每一个步骤，提拔每一个多少有些能力的管理人员。

你们从中央委员会的讨论中可以看出，我们并不反对让工人来领导；但是我们说，解决问题时应当服从生产的利益。我们不能等待。国家被破坏得这样厉害，灾难现在这样深重，饥寒交迫，普遍贫困，这种情况再也不能继续下去了。如果我们不能使工人们活下去，不能供给他们粮食，不能准备好大量食盐来正常地组织商品交换，而是给农民花花绿绿的票子作为补偿（靠票子是不能长久维持的），那么，不管我们怎样忠心耿耿，怎样忘我牺牲，都救不了我们自己。这是整个工农政权、苏维埃俄国生死存亡的问题。如果由外行来领导管理工作，如果不能及时运来燃料，如果不能修复机车、轮船和驳船，那么，苏维埃俄国的生存就大成问题了。

我们的铁路运输所遭到的破坏，要比水路运输严重得多。它是在国内战争中被破坏的，因为国内战争主要是在陆路交通线上进行的；双方都极力破坏桥梁，整个铁路运输因而遭到了极其惨重的破坏。我们一定要修复它。几乎每天都可以看到，我们正在一点一点地修复它。但是我们不能很快完全恢复铁路运输。先进的文明国家的运输都被破坏了，俄国怎么能完全恢复运输呢？应该迅速地修复它，因为老百姓再也不能熬过像今年这样的冬天了。不管工人怎样英勇无畏，怎样自我牺牲，他们挺不住饥饿、寒冷、斑疹伤寒等等的折磨。因此就要实事求是地提出管理问题。要竭力做到：管理工作上花费人力最少，管理人员个个都有能力，不论是专家还是工人都要做工作，都要参加管理，如果他们不参加管理，就要被认为是犯了罪。要学习自己的实际经验，也要向资产阶级学习。他们善于保持自己的阶级统治，他们有我们不可缺少的经验；拒绝吸取这种经验，就是妄自尊大，就会给革命造成极大的危害。

以前的历次革命所以失败，就是因为工人靠强硬的专政不能坚持下去，工人不懂得单靠专政、暴力、强制是坚持不住的；唯有掌握了文明的、技术先进的、进步的资本主义的全部经验，使用一切有这种经验的人，才能坚持得住。当工人第一次从事管理工作而以不友好的态度来对待专家，对待资产者，对待那些昨天还在当经理、赚得万千钱财和压迫工人的资本家的时候，我们说，大概你们多数人也会说，这些工人只是刚刚接触到共产主义。如果我们可以用那些脑子里没有装满资产阶级观点的专家来建设共产主义，这倒是太容易了，不过这种共产主义只是一种空想。我们知道，什么东西也不会从天上掉下来；我们知道，共产主义是从资本主义成长起来的，只有用资本主义遗留下来的东西才能建成共产主义，诚然，这些东西是很糟糕的，但是没有别的东西。因此，应当把一心向往这种空想共产主义的人从一切务实的会议上赶走，而把那些会用资本主义遗留下来的东西办事的人留下来。这样办事困难很大，但这是一件有益的工作，因此，应该珍视每一个专家，把他们看做技术和文化的唯一财富，没有这份财富，什么共产主义也不可能实现。

我们红军在另一个领域里赢得了胜利，那是因为我们在红军中解决了这一问题。前沙皇军队的几千个军官、将校背叛了我们，出卖了我们，因此成千上万优秀的红军战士牺牲了。这一点你们是知道的。但是仍有几万个拥护资产阶级的军官在为我们服务，没有他们就不可能有红军。你们知道，当我们在两年以前想不用他们来建立红军时，其结果是游击习气盛行，队伍涣散，我们虽有1 000万—1 200万步兵，但是没有一个师；没有一个能够作战的师，因而我们虽有千百万步兵，却不能同微不足道的白卫正规军作战。这个经验我们是用鲜血换来的，应当把这一经验运用到工业中去。

在这里经验说明，应当珍视任何一个具有资产阶级文化、资产阶级知识、资产阶级技术的人。没有他们，我们就无法建成共产主义。工人阶级是作为一个阶级来进行管理的，所以当它创立了苏维埃政权之后，它即作为一个阶级来掌握这个政权，它可以抓住任何一个资产阶级利益的代表的衣领把他扔出去。这就是无产阶级政权。但是，要建成共产主义社会，就要坦率地承认，我们还非常不善于经营管理，不善于当组织者和管理者。我们处理问题应当极其审慎，要记住只有那种善于组织资产阶级专家去参加即将开展的运动、一分钟也不浪费人力的无产者才是有觉悟的，而集体管理制则往往要耗费过多的人力。

我再说一遍，我们的命运取决于即将爆发的对波战争(如果有人硬要将这场战争强加于我们的话)，也许更取决于即将开展的水路运输运动。要知道，运输破坏给战争也带来很大困难。我们有许多部队，但是我们无法运送，无法供给它们粮食。我们无法调运我们拥有的大量食盐，而没有这种商品交换，要同农民建立任何正常关系是不可能的。这就是为什么整个共和国、整个苏维埃政权、整个工农政权的生存对目前这次水路运输运动寄托着重望。决不能浪费时间，一星期、一天、一分钟也不能浪费，必须制止这种经济破坏，并把运输能力提高三四倍。

也许一切都取决于燃料，但是，现在燃料的情况好于去年。如果安排得当，我们可以运送更多的木柴。我们石油的情况也大大好转，况且我们大概最近就可以把格罗兹尼拿下来，如果说这毕竟还有疑问，那么，恩巴的工业掌握在我们手里，那里现在已有1 000万—1 400万普特石油。要是水路运输能把大量建筑材料及时迅速地运到萨拉托夫，我们就可以把通往恩巴的铁路修好。你们知道，有了石油，对于水路运输具有什么意义。我们短期内还不能使铁路运输有很大的改变。如果我们在四五个月内能够把铁路稍加改善，那就是老天保佑了——当然不是老天保佑，而是要看我们善于不善于克服工人的旧偏见。所以水路运输部门应当在水路运输运动中创造出英勇的业绩来。

单凭突击、冲动、热情,是什么也做不成的;唯有组织、坚毅、觉悟才能有济于事;有能力的人决不害怕资产阶级专家,决不光讲空话,而是善于建立和实行强硬的权力,甚至是个人权力,但这是为无产阶级利益而实行的,而且他懂得一切都取决于水路运输。

要前进,就要架梯子;要让没有信心的人攀登而上,就要把事情安排好,就要选拔那些善于整顿水路运输的人。我们有一些人,一谈到军事纪律就说:"又是这一套!这有什么用?"这样的人不懂得俄国的情况,不懂得我们在流血的战线上的斗争一结束,在不流血的战线上的斗争就开始了;不懂得在这方面所需要的努力、人力和牺牲并不少,在这方面所承担的风险、所遭到的反抗并不少,而是多得多。富裕农民、富农、旧管理人员,凡不愿替工人办事的,都是敌人。不要抱任何幻想。要想取得胜利,就要进行艰巨的斗争,就要有铁的军事纪律。谁不懂得这一点,谁就丝毫不懂得保持工人政权的条件,就会以自己的想象给这个工农政权带来很大的损害。

同志们,正因为这样,我在结束自己的讲话时,希望而且相信你们一定会极端重视即将到来的水路运输运动的任务,并且给自己提出以下的任务:不惜任何牺牲来建立真正的铁的军事纪律,并在水路运输中创造出我们红军两年来所创造的那种奇迹。(鼓掌)

载于1920年3月17、18日《真理报》第59、60号和1920年3月17、20、21日《全俄中央执行委员会消息报》第59、61、62号

译自《列宁全集》俄文第5版第40卷第213—220页

在全俄工会中央理事会共产党党团会议上的讲话[125]

（1920年3月15日）

记　录

同志们，洛佐夫斯基同志说，布哈林同志和我部分地同意他的意见。这说得对。你们写了个提纲，但是你们现在又在为什么辩护呢？那就应当把你们的提纲删节一番，因为提纲写的是“基本原则”，但是我们却不从实际出发。你们就这样写吧。这样你们的提纲究竟还剩下什么呢？今天我有机会出席了水运员工大会，在那里参加了辩论，伊先科同志说：“在任何情况下，都能够保证我们像实际工作者那样提问题。”你们就这样写吧，可是你们却不是这样写的；你们写的是“基本原则”。你们的根据在哪里呢？有谁来辩护呢？谁也没有。都在向后退。就这样写吧，那时一半的分歧意见就会消失。要知道，你们过去写的是不对的。你们在哪里回答过那个反对集体管理制的理由呢？除了有3名、5名、7名工人参加集体管理机构以外，究竟哪里还有广大群众参加呢？你们愿意不愿意广大群众参加呢？当然，谁不愿意这样，就该把他撵走——别的没有什么可说的，但这并不是理由。你们说的是“广大的非党工人群众”。这样的群众在任何一个集体管理机构里都没有。这是不对的，决不能这样来谈论问题。为了吸引广大的非党群众，需要的并不是这种办法，而是需要教育他们，需要提拔他们，使他们活跃起来。纺织工会和其他工会中央委员会委派过多少工人？3个月内提拔上来了多少工人，派下去了多少工人？请把数字告诉我，那时我便会说：这才是人才。写写“原则”，这太幼稚了：研究了两年，写了几条原则——人们是要嘲笑的。这里的理由与结论不相符合，用3—7个人组成的集体管理机构来保证广大群众参加，人们对此是要嘲笑的。这是第一点反对意见。

第二点，我想提一下资产阶级：我们不向资产阶级学习，又应该向谁学习呢？资产阶级是怎样管理的？当它还是统治者的时候，它是作为一个阶级来管理的，可是难道它没有委派过领导人吗？他们的发展水平我们还没有赶上。他们善于作为一个阶级进行统治，善于通过任何人进行管理，由一个人负全责，在他们的上层有一个人数不多的集体管理机构，他们并不议论什么基本原则，也不起草这类决议，——全部政权在他们手里，而懂行的人就有职权。工人还没有达到这个地步，为了取得胜利，我们必须摒弃旧的偏见。工人阶级的统治地位体现在宪法中，体现在所有制中，还体现在正是我们推动事物前进这一点上，而管理则是另一回事，这需要本领，需要技能。资产阶级很懂这一点，而我们还不懂。让我们学习吧。我们已经在这里说过，必须把政权牢牢地掌握在手里，至于应当怎样进行管理，我们还没有学会，我们还必须多多学习管理的本领。

第三点理由：要懂行。不懂行，没有充分的知识，不懂管理这门科学，你们又怎么能够管理呢？真是可笑！这里哪有什么严谨可言呢？你们尽说这些话有什么用呢？要管理，就必须熟悉业务，做一个出色的管理人员。什么地方说过：这样就需要集体管理制呢？我们有经验的工作人员太少了，从这里倒可以得出相反的结论：集体管理制决不能实行。那就请接受提纲吧，在提纲中是这样写的：要给专家配备政治委员、政委小组等等。只要你们还没有要懂行和尊重专家这一原则，这就说明我们的观点还很肤浅。这样任何工业战线都建立不起来。要有统一意志！不这样，这条战线上就不会有什么独裁，而只会因循拖延。要知道，在那里闹摩擦，而不是进行管理，这是典型的现象。请委派有经验的专家吧，但是我们现在就已经知道，如果我们把内行和外行放在一个集体管理机构里，那就会各执己见，莫衷一是。这是第五点理由。① 大家都在写决议，说人人都要对自己的工作负责。然而这一点在哪里实现了呢？请大家说说看，我们在哪里这样划分过责任？管理国家已经学了两年，而大家还在写"基本原则"。这真可笑，这是二年级学生干的事（在学拼音），说说你们的经验吧，从中我们就会看到，你们是多大的行家，哪里还不够内行。据说，炮兵部门的工厂管理工作很糟。要知道，这个例子是洛佐夫斯基和托姆斯基举的。什么时候？洛佐夫斯基同志，应当考虑到苏维埃共和国的状况：我们究竟是从哪里开始的，谁在领导？——克雷连柯，德宾科，波德沃伊斯基，以至托洛茨基，我们当时就是这么一个集体管理机构。高尔察克和邓尼金揍了我们，这是为什么呢？这是因为当时我们是7个人一起领导，我们不得不学习了两年，才转而实行一长制。是否应当考虑到这一点呢？这是不值一提的小事，把共和国的两年历史拿过来一笔勾销。为什么？不喜欢这段历史吗？那就请你们再从头做起吧。苏维埃国防特命全权代表李可夫又怎样呢？李可

① 显然，还有反驳集体管理制的第四点理由，但是这一点在记录中没有记下来。——俄文版编者注

夫也已经一个人在支撑着。你们不了解自己的历史，自己的最高国民经济委员会和苏维埃共和国的历史。历史告诉我们说：工人的集体管理组织变成了一些十人领导小组，搞得糟透了，于是高尔察克就揍了我们，这一揍，倒揍得好，因为我们学会了一些东西，学会了要严格控制集体管理制。我们拟好了四项办法，请接受这四项办法吧[126]，请接受中央委员会的提纲吧。你们要立足于苏维埃政权的两年历史，立足于它的经验，而不要立足于那些肤浅的、把你们搞糊涂的议论……①一个成熟的工作人员是不会害怕任何专家的，他们说，"如果委派有经验的人来，那么我们的机器就会开动起来"。成熟的工人就是这样议论的，而胆怯的人却说："但愿别使我连一个专家也没有。"这是软弱的表现。不要再诉苦了，要成熟起来。

载于1924年全俄工会中央理事会出版社出版的尼·列宁《关于工会运动问题的论文和演说》一书

译自《列宁全集》俄文第5版第40卷第221—224页

① 速记稿中以下字迹不清。——俄文版编者注

在纪念雅·米·斯维尔德洛夫逝世一周年大会上的讲话[127]

（1920年3月16日）

记 录

同志们，今天是雅柯夫·米哈伊洛维奇·斯维尔德洛夫逝世的日子，我们在一起聚会，许多老的党务工作者个人对他非常怀念，此外，大家首先想到的是如何评价我们失去的这位非凡的人才；这个损失是无法弥补的，而且在很长一段时间里大概也无法完全弥补。在深入考虑这个损失的影响时，不由得会想到组织问题，想到整个组织工作的意义和杰出的组织家的作用。杰出的组织家人数是非常非常少的，而他们的生平和业绩的范例对我们必然很有教益，可以使我们认清整个组织工作的意义，对于我们继续进行组织活动来说是实际的一课，是一个借鉴，是一个榜样；这种组织活动就是，而且应当是工人阶级政党活动的主要内容，而在共产主义革命时期，特别是在这一革命的最初阶段，组织活动无疑是我们的主要活动。

实际上，无论在工人阶级为革命作准备的漫长历史过程中，还是在革命的最初时期，组织无疑是工人阶级的主要武器。如果受资本家压迫的、一盘散沙似的劳动群众不能产生一个能学习做组织工作并亲自建设这个大工业、城市生活、整个社会主义文化和文明的阶级，那么劳动者的先进部队就不能摧毁资本主义，就不能实际着手组织社会主义新社会，这一点，我们现在有了两年的经验之后，看得尤其清楚了。我们大体看一下我国革命中主要社会力量和主要居民群众的对比关系过去怎么样，现在又怎么样，我们立刻就会看到，两年来在空前艰难困苦的条件下，在俄国创造了真正奇迹的无产阶级专政，如果不以劳动者的团结作为自己的主要动力，那就根本不可能存在，而且是毫无意义的，因为正是这种团结才能把大多数劳动居民吸引过来。

我们从我国革命的经验中知道，劳动者的联合不可能靠私有制统治下的选举运动来形成，只有在既推翻地主也推翻资产阶级的斗争中，这种联合才能成为最强大的力量。现在我们清楚地看到，要把广大群众，把千百万特别苦于没有文化知识、备受资本主义压迫、不仅在我国而且在所有大国都落后于城市居民的一盘散沙似的农民联合起来，就必须把劳动者团结起来，反对小私有者复活资本主义的尝试和愿望，而这种尝试和愿望是小农必然具有的，也不是一下子就能消除掉的。如果不组织无产阶级，这样的事情在社会方面是办不到的，而组织无产阶级就意味着把劳动者联合起来，这些劳动者进而又把全体农民群众中的一切劳动者即其中大多数人吸引过来，把从事劳动的人们团结起来，以此反对私有者的任何结合和组织。我们很清楚，农民占人口的大多数，他们是半私有者半劳动者。同志们，要是没有一个有组织的无产阶级去团结所有的人，去表明它在同恢复私有制的尝试作斗争时坚定不移，表明它能够忍受惨重的牺牲，要是没有无产者同劳动农民的最紧密的联系，要是千百万农民没有从经验中认识到，地主和资本家的国家，即使是最民主的共和国，也是资本主义国家，要是没有这样的经验，农民没有通过有时是极其艰苦的考验体会到，他们只能跟无产阶级走，那么，我们现在所从事的、世界各国正在酝酿的事业——社会主义革命事业就不可能成功。

人们说到无产阶级专政，常常忘记：那些同资本主义世界断然决裂，同时又向这些资本家学会了进行严密的组织工作，并经历了长期的罢工斗争和示威斗争的劳动者不团结起来，无产阶级专政是不可能实现的。如果有组织的无产阶级同千百万劳动者没有联系，如果摧毁旧社会的无产阶级没有以奋不顾身的斗争在一切劳动者中赢得尊敬，如果无产阶级和领导它的政党没有这种无与伦比的影响，那就不可能有革命。

军事胜利是我们完成比军事任务更困难的任务，即经济建设和恢复被破坏的国家的任务的保证。有了这个唯一的保证和基础，无产阶级才能从自己的力量即组织的力量中认识到：无产阶级的先进部队，有组织的先锋队，一经同千百万人联系起来，就比它原来的人数强大几十万倍。在这里，在我们考虑这些问题的时候，我们特别清楚地看到，或者说应该清楚地看到，至少应该想到那些大组织家的意义和作用。我们知道，一个领导者，一个实际组织者，对于组织千百万人来说作用是极其巨大的。我们知道，我们整个工人阶级过去和现在都只能先由极少数真正杰出的组织家来着手这项组织工作。在这方面，雅柯夫·米哈伊洛维奇·斯维尔德洛夫一生的经历和业绩特别有教育意义，特别具体地向我们表明，这些为数很少的具有杰出组织才能的人是在怎样的环境下成长起来的，是怎样经受锻炼、怎样变成一支强大的组织力量的。

雅柯夫·米哈伊洛维奇·斯维尔德洛夫在他短短的一生中，大概有一半时间主要是在秘密组织中做实际工作。他十七八岁的时候就蹲过监狱,就开始做工人组织活动家的工作,开始参加革命斗争,并且抛弃了他过去的生活和他那个手工业者家庭,全心全意执行工人阶级的任务,进行组织工人阶级的活动,这就使他得到了真正发挥才能的机会。也许,没有一个人像他那样典型地代表了几十、几百甚至几千个革命者的活动和工作,这些革命者来自手工业者和工人阶级,也有极少数属于知识分子,他们早在沙皇政府时期,经过十多年把自己锻炼成了能够领导群众的革命者。雅柯夫·米哈伊洛维奇在这段漫长的活动时期没有到过国外,这使他能同实际运动不失去联系。在他短短的整个一生中做党的工作有十七八年,虽然大部分岁月不得不在监狱和流放地度过,但正是在这些地方显露出他的组织才能。他能够把整个身心都用于工作,考察人,了解他们的品质,把每个人安排到适当的岗位上去,——这种本领就是一个组织家的主要才能。一个献身于秘密活动的人磨炼出了这种本领,这是难能可贵的,因为秘密工作者直接接触的人的范围当然是很狭小的。我们中间任何一个做过多年秘密工作的人,任何一个认识几百个革命者的人都会在心中打量,这些革命者当中只有屈指可数的极少数人是这样的组织家,他们善于从各秘密小组的经常交往中,从地下工作中得到对人的全面认识,学到做一个组织者和管理者的本领,从而能够把这一切运用到几十万人的活动上,运用到千百万人的相互关系上。在这方面,党面临着空前艰巨的转变。党曾经培养出像雅·米·斯维尔德洛夫这样优秀的代表,那只能通过秘密活动,通过地下工作,通过小组。党在几个星期之内,最多不过几个月就成了执政党,它必须领导,或者说有责任领导几百万无产者,让他们把自己的全部活动建立在同几千万劳动者的最密切的联系之上。这种联系不是从前那种形式上的联系，而是要唤起劳动者，这种联系自然会使每一个工人，不管他住在哪里，不管他走到哪里，都成为一个鼓动者、宣传者、组织者，自然会造成这样一种局面：对于农民，即使是最落后最受压抑的农民，任何一个工人都是领导者，都是领袖，都能带领他前进，能给农民作出同地主、资本家这些剥削者作斗争的榜样，作出勇于承担最大自我牺牲的榜样。在老革命工作者活动中表现出来的自我牺牲精神为我们作出了榜样，这从雅柯夫·米哈伊洛维奇的一生中看得非常清楚。在他35年的一生中有一半时间从事秘密工作，有许多年，可能大半生是在监狱里，在秘密状态下的奔波中度过的。这种自我牺牲精神曾使得为数不多的优秀的手工业者代表和极少数工人成了出类拔萃的人物，它必将由无产阶级发扬光大。

人们说到无产阶级专政，还常常忘记：这个专政实际上已经为不惜作出最大牺牲的决心所证明。有人责备无产阶级专政使用暴力，但他们却忘掉了这种暴力是对付地主、资本家这些剥削者的，忘掉了无产阶级赢得广大劳动者的尊敬和赤胆忠心，完全是由于它的先进部队在过去两年革命期间处处都承受了革命所遇到的各种各样灾难的大部分，忍受了严重的饥饿，挑起了国内战争压在我们身上的空前未有的重担，主要是压在城市居民身上的重担。

老的革命家在我国革命前十多年内锻炼了自己的活动能力和组织才能，造就了一个能够领导无产阶级的党的核心，他们的自我牺牲精神同成为无产阶级两年来在农民中赢得的威信和尊敬的主要特点和最重要根源的那种精神之间有着最密不可分的联系。这表明，如果没有像雅柯夫·米哈伊洛维奇·斯维尔德洛夫这样的人在革命开始前十多年内奠定了团结的基础和非常坚强的组织基础，那么这场革命就不能有今天这样的局面，就不能经受住两年来空前严峻的考验;而且没有这样的人,这种组织者的才能、管理者的本领也就不会同阶级的活动联系起来,这个阶级受过资本主义十分严格的训练,十分团结一致,已经从过去的沉睡状态完全觉醒过来,因而能够把这一事业继续下去,能够训练出千百万个战士和斗士,能够不顾历史留给我们种种困难,带领他们前进。

毫无疑问,具有比较先进的组织工作传统的国家,在革命取得初步胜利以后,将会比较容易地度过那些最困难的组织阶段。但是这些国家的革命迈出头几步是有困难的,因为其他国家没有经受过我国革命者和工人阶级的先锋队所经受过的艰苦锻炼,这些国家不得不从资本主义、从相对平静的时期向艰巨的、更需要付出巨大牺牲的革命转变,相对平静的时期培养出的只能是机会主义"战士",而不是领导工人阶级的革命战士。

把我国革命同德国革命[128]比较一下,也必然使我们得出这个结论。情况真是惊人地相似。我们还记得,在我国,事情是从妥协开始的,妥协导致了科尔尼洛夫叛乱,而现在德国无产阶级也正在经历这种科尔尼洛夫叛乱。我们今天得到消息说,推翻了旧君主派的德国君主派新政府,已经在同旧政府妥协,并且同德国的孟什维克、社会革命党人和谢德曼分子一起正在复辟君主制政权。

我们听说,在对立的一面(这还不太清楚,但是这一面显然存在)已经形成一个联盟,它提出无产阶级专政是它唯一的主要的任务,它正在利用德国的科尔尼洛夫叛乱,利用群众在这次叛乱中得到的经验,正像俄国革命时科尔尼洛夫的冒险行动被利用来作为十月革命的发轫那样。德国无产阶级现在正需要大量无产阶级的组织家和领袖,即经过长期革命斗争锻炼的人才。无论工人阶级较高的文化、较高的教育程度和组织程度具有多么巨大的意义,但是，如果缺少像雅柯夫·米哈伊洛维奇·斯维尔德洛夫这样在完全为革命作准备和为反对任何对革命的曲解而进行的组织工作中受过 10—15 年锻炼的领袖，那我们根据匈牙利的经验可以说，这种欠缺有时会使无产阶级遭到前所未闻的牺牲，这种欠缺固然不会使革命停止，但却会增加牺牲和痛苦。

尤其是现在，大体看一下我们所经历的革命，把它同其他国家的革命进程作一比较，深入思考一下组织工作的意义，思考一下我们在这方面的领导者中间出现了雅柯夫·米哈伊洛维奇·斯维尔德洛夫这样的具有非凡才能的人的意义，我们就应当暗自立下坚定的誓言：一定要愈来愈多地注意这方面的工作。如果说两年来在我们这里提到首位的，而且由于客观形势的发展不能不提到首位的军事活动中，有时还可以靠冲动、热情、短期突击做出很多事情，那么，在经济建设活动，主要是组织活动中，单靠冲动、突击和热情是什么事情也办不成的。只有长年累月的组织工作，才能使我们在这方面取得真正的胜利。当然，在这一工作中，苏维埃政权的几万个、几十万个建设者应该很好地了解杰出的革命活动家和革命领导者的经历，了解他们的个人经验，回忆这些有组织才能的人是怎样为自己开辟道路的。

我们意识到，我们现在有组织工作才能和管理工作才能的人太少，这些人来自旧社会，多半带有旧社会的偏见，往往抱着半敌对的态度，可我们还得利用他们，因为我们不能很快地从本阶级中培养出更多的组织者，可见主要的活动应当是从工人和农民中培养能够担任组织者和管理者的各种人才。

这些劳动者从来没有在同群众隔绝的人为的地下状态生活过，很早就了解他们当中和非党工农当中人们之间的关系，他们中间有组织才能的人比其他任何阶级多得多。可是我们发现不了这些有才能的人，没有学会把他们放到合适的岗位上去，使他们学会用人，给人们安排适当的职务，把成千上万的人联合起来，从千百万人的需要和利益的角度来评价他们的活动和工作的成绩，而这正是我们的主要任务。

如果我们不仔细思考过去杰出的组织家的活动，不长年累月地进行顽强和耐心的工作，那么这个任务是不能完成的。但是，怀念雅·米·斯维尔德洛夫，想想在当年工人阶级的先进领导者不得不数十年隐蔽地下的情况下，也造就了一些能够空前迅速而有成效地把地下组织者的活动变为千百万人的活动的人才，那么现在我们一定会更迅速更有成效地使工人阶级有觉悟的领导者的人数，使踏着伟大典范的足迹前进的组织者的人数真正大量增加，到那时我国革命最困难的经济任务和组织任务就一定能顺利地完成。想想我们经历过的事情，我们在这方面就有了信心，这次会后，我们大家就要下定决心无论如何要做到这一点。

载于 1977 年《共产党人》杂志
第 6 期

译自《列宁文集》俄文版第 39 卷
第 219—226 页

俄共(布)中央政治局关于全俄工会中央理事会党团成员破坏党的纪律一事的决定[129]

(1920年3月17日)

由布哈林、克列斯廷斯基和列宁参加的政治局于1920年3月17日讨论了托姆斯基同志和卢托维诺夫同志签署的全俄工会中央理事会党团的声明,并在他们在场的情况下查明:(1)克列斯廷斯基同志在同伊先科、格列博夫、托姆斯基和卢托维诺夫等同志的个别谈话中,没有表示他对因中央委员会所作决定而出现的行为失当(即党员在非党的代表大会上而不是在其党团之中,作出同党中央决议背道而驰的决议)有什么担心。

(2)克列斯廷斯基同志曾建议,由于党团委员会代表过一天即将参加政治局讨论,在此之前,不要将这个问题提交党团讨论;

(3)在这些谈话中,克列斯廷斯基同志有些急躁;

另一方面断定:

党团在这种情况下讨论这个问题是极不恰当的,必然会毫无必要地激化冲突,或者更确切些说,会使中央和党团之间的分歧变成真正的冲突;

上面提到的声明,在任何一个党员看来,不仅是急躁的表现,而且散发出一股闹无谓纠纷的恶臭气。

因此，政治局决定建议全俄工会中央理事会党团委员会的同志们：

由党团撤销(取消)它的决定并且承认整个事件已经解决。

由布哈林、列宁、克列斯廷斯基三同志参加的政治局于1920年3月17日讨论了党员在非党的代表大会上通过同党中央决议相抵触的决议这一不正常现象。

政治局认定，从党的纪律来看，这种现象是绝对错误的和不能允许的。

不过，发生这件事的情况十分特殊(即：党的代表大会即将召开，托姆斯基同志的提纲业已公布，党内仍有争论的关于集体管理制在个别情况下是否容许个人管理制或个人管理制在个别情况下是否容许集体管理制这一问题相对来说无关紧要)，使人认为允许全俄工会中央理事会党团成员目前在个别工会代表大会上(直至党的代表大会作出决定以前)发表党团的决议在政治上危害不大。

译自《列宁全集》俄文第5版
第40卷第226—227页

《无产阶级革命和叛徒考茨基》一书英文版序言[130]

（不晚于1920年3月）

英文版序言

用英文出版我的批判考茨基的小册子（该书已用德文出版[131]）的同志们建议我为英文版写一篇序言。

我认为，与其写一篇短序，不如对詹·拉姆赛·麦克唐纳(J. Ramsay Macdonald)的某一部著作加以详细评论。据我所知，他是一位颇有影响、为广大读者熟知的、而实际上却是属于“考茨基主义”思潮的英国著作家。遗憾的是，我未能得到詹·拉姆赛·麦克唐纳的《议会与革命》[132]（«Parliament and Revolution»）一书，书中有关于“苏维埃民主”和“苏维埃选举制”的章节；但是，从麦克唐纳所编辑的杂志《社会主义评论》[133]（«The Socialist Review»，1919年10—12月号）上刊登的他写的一篇文章《评论与展望》（«Socialist Review Outlook»）来看，作者的“考茨基主义”观点表现得十分清楚。麦克唐纳不是马克思主义者，用马克思主义词句装饰起来的、具有考茨基特点的机会主义对英国来说并不典型。

我现在没有时间详细评论麦克唐纳的观点，只是试图对他的观点作一简要的说明。从麦克唐纳的整个政治活动中，从他的党

(“独立”——口头上独立,实际上完全依附于资产阶级偏见——“工党”)的报纸上,从他的杂志里,特别是从刚才提到的那篇文章中,大家都可以看到这些观点。

首先,我从这篇文章中摘引最有代表性的几段话:

一开头,麦克唐纳在说明总的政治局势时写道:“……诚实的服务和劳动从来没有受到这样少的尊重”(Never was honest service and labour held in lower esteem,第306页)。“……我们的军舰继续用饥饿将妇女和儿童折磨致死。我们参与了旨在推翻欧洲民主的所有卑鄙而又可恶的阴谋诡计。虽然我们的国家已濒临崩溃的边缘,某一个大臣为了满足个人的虚荣,一个小小的金融家阶级为了谋求个人未来的利润,都能再给英国纳税人增加约1亿英镑的负担用于对俄国的冒险……”(We are in every mean and wicked conspiracy to subvert democracy in Europe. Though the State is tottering on the verge of bankruptcy, a Minister to gratify his personal vanity, and a small class of financiers to secure personal profit in the future, can add what will probably amount to £100 000 000 further burden upon the British taxpayer, for a Russian venture...第307页)……当议会中的其余党员们起立,向从巴黎带回和约的首相表示敬意的时候,尼尔·马克林(Neil Maclean)仍然坐着不动。这一场杯水风波表明,议会工党“表现出党内有同样一种经受不起任何微小恐吓的倾向”

?

(“shows this same proneness in the Party to be stampeded by trivial fears”)。工党害怕反对派在选举的传单中谈到工党时会说:“工党纵容(condones)凌辱我们最仁慈的国王(our Gracious Sovereign)。”勇敢的麦克唐纳先生勇敢地宣称:“这种状况是不健康的;它不会给任何重大的改革带来希望”(Such a state of things is not healthy; it contains no promise of great reform)……①

载于1958年《苏共历史问题》杂志第4期

译自《列宁全集》俄文第5版第40卷第228—229页

① 手稿到此中断。——俄文版编者注

两次留声机片录音讲话

（1920 年 3 月底）

1

关于运输工作

同志们！由于红军取得了伟大的胜利，我们再也不会受高尔察克、尤登尼奇的侵袭了，邓尼金匪帮也几乎被全部肃清了。

那些想靠全世界资本家的帮助在俄国恢复自己的独裁统治的地主和资本家的军队，已经被打垮了。

但是，帝国主义战争以及后来的反对反革命的战争，已经把整个国家破坏和削弱到了骇人听闻的地步。

必须竭尽全力来战胜经济破坏，恢复工业和农业，向农民提供必需的产品以换取农民的粮食。

我们已经战胜了地主，解放了西伯利亚、乌克兰和北高加索，现在我们有充分的可能来恢复国家的经济。

我们有许多粮食，现在又有了煤炭和石油。目前整个问题在于运输。铁路陷于瘫痪，必须恢复运输。运输恢复了，我们才能把粮食、煤炭和石油运给工厂，才能运来食盐，才能开始恢复工业，才能使工厂工人和铁路工人不再挨饿。

全体工人和农民，都来做恢复运输的工作，把这个最需要坚强意志和自我牺牲精神的工作担当起来！

应当用饱满的热情、革命的毅力、无限的忠诚去完成一切为恢复运输所必需的工作。

我们在流血的战线上胜利了。

我们在不流血的战线上，在劳动的战线上也一定会胜利。

大家都来做恢复运输的工作！

2
关于劳动纪律

为什么我们竟战胜了有全世界资本家帮助的尤登尼奇、高尔察克和邓尼金呢？

为什么我们坚信我们现在一定能战胜经济破坏、一定能恢复工业和农业呢？

我们所以战胜了地主和资本家，是因为红军战士、工人和农民都知道，他们是为自己的切身事业而奋斗的。

我们所以胜利了，是因为整个工人阶级和全体农民中的优秀分子在这场反剥削者的战争中表现出空前的英勇精神，创造了奋勇杀敌的奇迹，忍受了空前的困苦，作出了自我牺牲，无情地赶走了自私自利分子和贪生怕死分子。

现在，我们所以坚信我们一定能战胜经济破坏，是因为整个工人阶级和全体农民中的优秀分子同样自觉地，以同样坚定的意志，以同样英勇的精神奋起斗争。

只要千百万劳动者团结得像一个人一样，跟随本阶级的优秀分子前进，胜利也就有了保证。

在军队里，自私自利分子已经被赶走了。现在我们大家都要说：

“把自私自利分子清除出去，把那些只图私利、投机倒把、一味偷懒的人清除出去，把那些害怕为胜利作出必要牺牲的人清除出去！”

劳动纪律、劳动热忱和忠于工农事业的精神万岁！

光荣永远属于红军中带头冲锋陷阵而捐躯的英雄们！

光荣永远属于正以最大热情走在劳动大军前列，带领千百万劳动者前进的人们！

载于1928年1月21日《真理报》第18号

译自《列宁全集》俄文第5版第40卷第230—232页

俄共(布)第九次代表大会文献[134]

(1920年3—4月)

1

代表大会开幕词

(3月29日)

首先，请允许我代表俄共中央向出席党代表大会的代表表示祝贺。

同志们，我们是在极其重要的时刻召开这次党代表大会的。我们的革命在国内的发展已经使我们在国内战争中战胜了敌人，取得了极其重大而迅速的胜利。在目前的国际形势下，这些胜利正是苏维埃革命在第一个完成这一革命的国家里、在一个最弱最落后的国家里的胜利，是对联合起来的世界资本主义和帝国主义的胜利。我们在取得这些胜利之后，现在可以沉着坚定地执行当前的和平经济建设任务。我们深信，这次代表大会一定能总结出两年多来苏维埃工作的经验，吸取已有的教训来完成当前更加困难复杂的经济建设任务。在国际方面，我国所处的形势从来没有像现在这样有利，而我们每天从德国收到的消息特别使我们欢欣鼓舞，这些消息表明，不管社会主义革命的诞生如何困难，如何痛苦,但是德国的无产阶级的苏维埃政权还是在不断发展。科尔尼洛夫叛乱在德国也起了同在俄国一样的作用。在德国,科尔尼洛夫叛乱之后,不仅城市工人群众,而且农村无产阶级都开始转向工人政权,这一转变具有世界历史性的意义。它不仅一次又一次地完全证实了我们所走的道路是正确的,它还使我们确信,我们同德国苏维埃政府携手并进的日子不会太远了。(鼓掌)

现在我宣布代表大会开幕,请大家选举主席团。

载于1920年《俄国共产党第九次代表大会。速记记录》一书

译自《列宁全集》俄文第5版第40卷第235—236页

2
中央委员会的报告

（3月29日）

同志们，在开始报告之前，我应该说明一下，这个报告也像上次代表大会的报告一样，分为两部分：政治部分和组织部分。这种划分首先就令人想到，从表面上来看，从组织方面来看，中央的工作情况怎么样。我们的党失去雅·米·斯维尔德洛夫已经一年了；这个损失不能不影响到中央的整个组织。没有人能像斯维尔德洛夫同志那样善于一个人同时兼顾组织工作和政治工作，因而我们就不得不尝试用集体工作来代替他一人的工作。

中央在报告年度中的工作，就日常工作来讲，是由中央全会选出的两个集体领导机构中央组织局和中央政治局[135]担负的；同时为了使这两个机构的决议协调一致，中央书记兼任两个局的工作。于是形成了这样的局面：组织局真正首要的任务是分配党的干部，而政治局的任务是解决政治问题。自然，这种划分在一定程度上是人为的；显然，如果没有人员的任命和调动，任何政治也就无法体现。因此，任何组织问题都有政治意义，所以我们在实践中形成了这样的惯例，只要有一个中央委员提出要求，就可以根据某种理由把任何一个问题看成政治问题。企图用别种办法来划分中央委员会的工作恐怕是不适当的，而在实践中也未必能达到目的。

上述工作方式收到了非常好的效果:在我们两个局之间从来没有发生过难以解决的事。这两个机关的工作一般说来是协调的,这种方式易于实行,这是由于中央书记参加两个局的会议,并且中央书记执行的完全是党中央的意志。为避免发生某种误会起见,从一开始就必须着重指出,党中央书记只执行中央委员会集体作出的决议,即由组织局或政治局或中央全会作出的决议。否则,中央委员会的工作是不能正确进行的。

上面简单说明了中央委员会内部的工作规则,现在我来执行自己的任务,作关于中央委员会的报告。作中央委员会政治工作的报告,确实是非常困难的任务。这一年来政治局的工作,大部分都是随时解决一切有关政治的问题,即有关统一各苏维埃机关和党的机关以及一切工人阶级组织的行动,有关统一苏维埃共和国全部工作并努力指导这些工作的问题。政治局解决一切有关国际、国内政治的问题。当然,要想大致上把这些问题列举出来,是不可能的。你们可以从中央委员会在这次代表大会前发表的文件[136]中找到必需的综合材料。要在报告中把那个综合材料复述一遍,这是我不能胜任的,而且我认为代表们也不会感兴趣。我们每一个在党和苏维埃的某个组织中工作的人,每天都注视着千变万化的国内外政治问题。这些问题的解决已在苏维埃政权颁布的法令中、在党组织的工作中、在每一转变中体现出来,解决问题本身就是对党中央委员会的评价。必须指出,问题这么多,解决起来往往非常匆忙,只是由于集体领导机构中的各个成员彼此十分了解,知道各人意见的细微差别,相互信任,才得以完成这个工作。否则,即使这个集体领导机构的人数再增加两倍也应付不了。一些复杂问题往往不用开会而是打电话商谈一下就解决了。这种做法是在深信某些显然复杂的、有争议的问题不会被放过的情况下采取的。现在，在我作总的报告的时候，我想不按时间的顺序，也不分门别类地评述各种问题，而只谈那些主要的、最重大的问题，并且只谈那些把昨天的经验（确切些说是过去一年的经验）同当前的任务联系起来的问题。

现在还没有到编写苏维埃政权历史的时候。即使已经到了这样的时候，那我要代表我个人说，并且我想也可以代表中央委员会说，我们不准备做历史学家，我们所关心的是现在和将来。过去的一年，我们是把它当做材料，当做经验教训，当做我们继续前进的跳板看待的。从这个角度看，中央委员会的工作可以分为两大部分：一部分是同军事任务和决定苏维埃共和国所处的国际形势的任务有关的工作；另一部分是国内和平经济建设的工作。这后一部分工作，也许只是从去年年底或今年年初才提到首要地位的，因为当时大家已经十分清楚，我们在国内战争的各条有决定意义的战线上获得了决定性的胜利。去年春季，我们在军事上的处境十分困难，大家记得，当时我们遭到过多次失利和原先没有料想到的反革命势力代表和协约国代表一次又一次的、突然的大规模进攻。所以很自然，这一时期主要是在完成军事任务，国内战争任务，当时在所有的胆小鬼看来（更不用说孟什维克党、社会革命党以及其他小资产阶级民主派政党了），在大批中间分子看来，这个任务是无法完成的，于是他们就乖乖地承认说：这个任务是无法完成的，俄国落后了，被削弱了，既然西欧革命推迟了，那么俄国就不能战胜全世界资本主义制度。因此我们当时必须坚持自己的立场，十分坚定并满怀信心地说，我们一定能胜利。因此我们提出了“一切为了胜利”、“一切为了战争”的口号。

为了实现这个口号,我们不得不完全有意识地——而且公开说清楚——不去满足许多最迫切的需要,经常使很多人得不到帮助,我们确信应当把全部力量集中用在战争上,应当在这场协约国强加于我们的战争中获得胜利。只是因为党随时戒备,因为党纪律严明,还因为党的威信统一了各机关、各部门,使几十、几百、几千以至几百万人都遵照中央提出的口号一致行动,只是因为我们忍受了空前未有的牺牲,才出现了今天这样的奇迹。只是因为这样,尽管协约国帝国主义者和全世界帝国主义者两次、三次以至四次发动进攻,我们仍然能够获得胜利。当然,我们不仅要着重指出这一方面,而且要注意到从这一方面所得到的经验教训:没有纪律,没有集中,我们决不能完成这个任务。我们为了消灭反革命势力、拯救祖国,为了使俄国革命战胜邓尼金、尤登尼奇和高尔察克而忍受空前牺牲,是世界社会革命的保障。为了实现这一点,就必须有党的纪律,有极严格的集中,绝对相信成千成万人的空前未有的重大牺牲定能有助于这些任务的实现,绝对相信这确实是可能做到的和有把握做到的。为了这一点,就必须使我们党和实现专政的阶级即工人阶级,成为联合俄国以至全世界千百万劳动者的因素。

一个弄得精疲力竭的又弱又落后的国家竟战胜了世界上几个最强大的国家,如果想一想出现这种历史奇迹的根本原因究竟在哪里,那么,我们可以看出,根本原因就在于集中、纪律和空前的自我牺牲精神。这是在什么基础上出现的呢?在一个教育程度最差的国家中,千百万劳动者所以能够组织起来,这种纪律、这种集中所以能够实现,就是因为工人受过资本主义的训练,资本主义使他们联合起来,就是因为一切先进国家的无产阶级已经联合起来,而且愈是先进国家，这种联合的规模就愈广泛；另一方面，是由于私有制即资本主义私有制、商品生产中的小私有制使敌人分崩离析。私有制在起分裂作用，我们则联合劳动者，而且愈来愈多地把全世界千百万劳动者联合起来。可以说，这一点现在连瞎子，至少是那些过去不愿看到这一点的人都已经看到了。时间愈久，我们的敌人分裂得愈厉害。分裂他们的是资本主义私有制、商品生产中的私有制，不管这些人是用余粮做投机买卖、靠剥削挨饿的工人发财致富的小业主，或者是各国资本家，尽管后者拥有军事实力，创立了“国际联盟”这个全世界一切先进民族的“伟大统一联盟”。这样的统一纯粹是虚构、骗局、谎言。我们已经看到一个极好的例子，就是这个臭名远扬的“国际联盟”，它企图分配管理各个国家的权利，企图瓜分世界，可是这个臭名远扬的联盟犹如镜花水月，一下子就无影无踪了，因为它是建立在资本主义私有制的基础上的。我们从长期的历史过程中看到了这一点，而这证实了一个基本真理，根据这个真理，我们确认我们是做得对的，完全相信十月革命必然胜利，完全相信我们所担负的事业虽然有很大的困难，虽然有无数的障碍，但世界各国千百万劳动者将会参加进来。我们知道我们有同盟者，知道必须在一个负有历史赋予光荣艰巨使命的国家中善于表现出自我牺牲精神，使这些空前的牺牲获得百倍的补偿，因为我们在自己的国家中多坚持一个月，就能在世界各国多获得千百万的同盟者。

如果想想，到底为什么我们能够胜利，为什么我们必然胜利，那么只能说，是因为所有我们的敌人，那些在形式上同世界最强大的资本政府和资本代表有着各种各样的联系的人，不管他们在形式上是如何团结，实际上却是四分五裂的；他们之间的内部联系骨子里却是在分裂他们,使他们互相敌视,资本主义私有制也在使他们分化,把他们从盟友变成野兽,所以他们看不到,在阿尔汉格尔斯克登陆的英国士兵中,在塞瓦斯托波尔登陆的法国水兵中,在世界各国工人中,拥护苏维埃俄国的人日益增多起来,虽然在所有的先进国家里,社会党妥协分子都投到资本方面去了。就是这个基本原因,这个最深刻的原因,最终使我们获得了最可靠的胜利;这个原因过去是现在仍旧是我们取之不尽、用之不竭的最主要的力量源泉;有了这个源泉,我们就可以说,等我们在本国充分实现了无产阶级专政,经过无产阶级先锋队、经过它的先进政党最大限度地团结了无产阶级的力量的时候,我们就可以期待世界革命的到来。这实际上也就是一种意志的表现,无产阶级斗争决心的表现,无产阶级争取世界各国千百万工人联合的决心的表现。

资产者老爷们和第二国际的所谓社会党人把这称为宣传用语。不对,这是俄国流血的、痛苦的国内战争经验证实了的历史事实,因为这场国内战争是反对世界资本的战争,世界资本在争斗中自己崩溃了,它自己毁灭了自己,而我们却在一个无产阶级被饥饿和斑疹伤寒折磨得奄奄一息的国家中得到了更多的锻炼,变得更加坚强。在这个国家里,我们把愈来愈多的劳动者团结在我们的周围。以前妥协派认为是宣传用语而且被资产阶级习惯地加以嘲笑的东西,在我国革命的这一年中,主要是在报告年度中,终于变成了无可争辩的历史事实。这一事实使我们可以极为肯定地说,既然我们做到了这一点,这就证明我们有全世界的基础,有比以前任何一次革命都广泛得多的基础。我们有国际联盟,它在任何地方都没有明文规定,没有固定形式,从“国家法”的观点来看它什么都不是,而实际上,在日趋瓦解的资本主义世界中它却又是一切。每一

俄羅斯的新問題

1920 年 11 月 7 日《共产党》杂志第 1 号所载
列宁在俄共(布)第九次代表大会上作的
《中央委员会的报告》的中译文(节译)

个月,不管是我们夺回了阵地或者只抵挡住了空前强大的敌人,都向全世界证明我们是正确的,并使我们获得千百万新的同盟者。

这个过程看来是很艰难的,中间有过几次重大的失败。继芬兰出现空前的白色恐怖[137]之后,就在报告年度中,匈牙利革命失败了,协约国代表们瞒着本国议会,同罗马尼亚订立秘密条约,把这个革命扑灭了。

这是最卑鄙的叛卖行为,这是协约国的阴谋,它们用白色恐怖来扑灭匈牙利革命,更无须说它们怎样竭力同德国妥协派勾结起来扑灭德国革命,也无须说这班过去宣称李卜克内西是正直的德国人的人怎样同德帝国主义者一起,像疯狗一样扑向这个正直的德国人了。它们无所不用其极,但它们施行的任何这样的镇压只能使我们更加巩固和强大,同时却毁坏了它们自己的基础。

我认为,我们应当特别重视我们得到的这个基本经验。这里特别应当考虑的是,要使我们的鼓动和宣传工作建立在分析和说明上,即分析和说明我们为什么获得胜利,为什么在国内战争中付出的那些牺牲得到了百倍的补偿,而根据这个经验,又应当怎样做才能在另一种战争中,在不流血的战争中获得胜利,这一战争只是改变了形式,而进行这种战争反对我们的,仍然是旧资本主义世界的旧代表、旧奴仆和旧领袖,不过他们进行得更起劲、更疯狂、更卖力罢了。我国革命比任何其他革命都更有力地证实了这个规律:革命的力量、革命进攻的力量、革命的毅力、坚决性和革命胜利的成果愈大,资产阶级的抵抗力也就愈大。我们的胜利愈多,资本主义剥削者也就愈努力学习怎样联合起来,转而采取更坚决的进攻。要知道你们大家都记得很清楚(从时间上说,这是不久以前的事,可是从时事的角度说,却是老早以前的事了),在十月革命开始时,人们把布尔什维主义看做怪现象;这种观点在俄国很快就被抛弃了,这种表明无产阶级革命还不发展、还很薄弱的观点在欧洲也被抛弃了。布尔什维主义成了世界现象,工人革命风起云涌。苏维埃制度,即我们吸取了1905年的教训、研究了自己的经验而在十月建立起来的苏维埃制度,已成了有世界历史意义的现象。

可以毫不夸大地说,现在是两个营垒在全世界范围内完全有意识地互相对峙着。应当指出,只是在过去的这一年中,才开始了它们彼此间的最后决战。现在,就在举行这次代表大会的时候,我们正经历着也许又是一个最巨大、最急剧而尚未完结的从战争向和平转变的关头。

你们都知道,协约国帝国主义列强的领袖们向全世界高喊过:"我们永远不会停止反对那些篡权、抢权、敌视民主的布尔什维克强盗的战争。"你们知道,他们先是撤销了封锁,他们联合各小国的尝试也失败了,因为当时我们不仅把各国工人争取过来了,而且成功地把各小国的资产阶级也争取过来了,因为帝国主义者不只压迫本国工人,并且也压迫各小国的资产阶级。你们知道,我们是怎样把各先进国家中的动摇的资产阶级争取过来的,以致现在出现了这样的局面:协约国违反自己许下的诺言、誓词,违反自己签订的条约;顺便说说,它们曾同俄国各白卫匪帮订过几十个条约,现在就像守着破木盆[138]那样守着这些条约叹息,因为它们为这些条约耗费了亿万金钱,结果落了个一场空。

现在它们撤销了封锁,实际上已开始同苏维埃共和国进行和平谈判,现在它们又不把这种谈判进行到底,所以各小国对它们丧失了信心,对它们的力量丧失了信心。我们看到,协约国的地位,它们在对外关系中的地位,从法学的通常观点看来,是很不明确的。协约国各国对布尔什维克的关系，是一种既不战又不和、既承认我们又不承认我们的关系。我们的敌人原来深信自己是一种力量，现在它们这种分崩离析的状态却表明它们丝毫没有力量，只不过是一小群互相争吵、对我们无可奈何的资本主义野兽。

现在的情况是这样：拉脱维亚正式向我们提出了媾和的建议[139]；芬兰打来了一个电报，正式提议划定国界，其实这也就是向和平政策的转变[140]。最后还有波兰，波兰的代表人物过去特别起劲地炫耀武力，而且现在还继续这样做，过去和现在波兰从协约国领到满载大炮的列车数量最多，并且协约国还答应，只要它继续同俄国斗争就尽力帮助它，——甚至连这个由于政府地位不稳而什么军事冒险都干得出来的波兰，也送来了举行和谈的邀请书[141]。对此必须特别谨慎。我们的政策要求格外的慎重。在这里极难找到正确的路线，因为此刻火车停在什么轨道上谁也不知道，连敌人自己也不知道它今后究竟怎么办。挑唆波兰最甚的代表法国政策的老爷们，以及地主和资产阶级的波兰的领袖们都不知道今后会怎样，都不知道自己要干什么。他们今天说："先生们，给我们几列车大炮，几亿金钱，我们就同布尔什维克打一仗。"他们隐瞒罢工浪潮在波兰日益高涨的消息，严令书报检查机关不许泄露真情。而那里的革命运动在日益发展。德国革命的发展已进入新的时期，进入了新的阶段，工人在经过了德国的科尔尼洛夫叛乱之后，现在正在建立红军，这直接说明（最近从那里发来电讯）工人的热情愈来愈高涨。地主和资产阶级的波兰的代表人物不由得开始想到："是不是已经晚了？会不会在国家尚未作出战或和的正式决定以前就在波兰成立苏维埃共和国？"他们不知道怎么办才好。他们不知道明天带给他们的将是什么。

我们知道,我们的力量每个月都在大大增强,并将继续大大增强。所以现在我们所处的国际地位比以往任何时候都更巩固。但是我们应当密切注意国际危机,应当准备随时应付任何突然事件。我们已得到了波兰正式的媾和建议。这些老爷现在处在如此绝望的状态中,以致他们的朋友,即德国君主派分子,一些更有教养、更有政治经验和政治见解的人也铤而走险,发动科尔尼洛夫叛乱。波兰资产阶级抛出媾和建议,因为它知道,冒险可能造成波兰的科尔尼洛夫叛乱。我们知道敌人正处在极端困难的境地,他们不知道自己想做什么,也不知道明天要做什么,所以我们要十分肯定地指出:虽然有了媾和建议,但战争还是可能爆发的。他们今后的举动是无法预测的。这种人,我们看到过,这些克伦斯基之流、孟什维克和社会革命党人之流的人,我们很了解。在这两年中,我们看到,他们今天跑到高尔察克方面,明天又几乎跑到了布尔什维克方面,然后又跑到邓尼金方面,而这一切都是在自由和民主的词句掩饰下进行的。我们了解这些先生,所以我们双手抓住媾和建议,准备作最大限度的让步;我们相信,同各小国缔结和约,对于推进事业来说,要比战争好无数倍,因为帝国主义者用战争欺骗劳动群众,以此来隐瞒苏维埃俄国的真实情况,所以,任何一种和约都会使我们的影响增加和扩大一百倍。在过去这几年中,我们的影响本来已经很大了。第三国际即共产国际已获得了空前的胜利。但是,我们同时也知道,战争随时都可能强加到我们头上。我们的敌人自己还不清楚,他们在这一方面究竟能做些什么。

他们正在进行战争准备,这是无可置疑的。现在有很多同俄国毗邻的国家,也许还有很多非毗邻的国家,都在进行这种全国性的武装准备。所以我们在国际政策上要尽可能地机动灵活,最坚决地贯彻我们既定的方针，并随时准备应付一切事变。我们是殚精竭虑来进行争取和平的战争的。我们正在取得辉煌的战果。在这一战场上，我们表现得最为出色，至少并不比红军在战场上，在流血的战线上表现得差。但是，即使小国愿意和平，同我们缔结和约却不取决于它们的意愿。它们对协约国各国负债累累，而在协约国各国之间正拼命地进行着争斗和竞争。所以我们应当记住，从国内战争和反协约国战争所造成的世界范围的实际情况来看，和平当然是可能的。

但是，我们在采取和平步骤的同时，也应当全面加强我们的作战准备，绝对不能解除我们军队的武装。我们军队是使帝国主义列强丝毫不敢轻举妄动、不敢侵犯我国的切实保障，因为列强纵然可以指望起初获得某些暂时的胜利，但结果任何一国都不免被苏维埃俄国所粉碎。这是我们应当知道的，这应当成为我们鼓动和宣传的重点，对于这一点我们要作好准备，要完成好在日益疲惫的情况下把和与战两者结合起来这一任务。

现在我要谈一谈迫使我们下决心引导劳动群众利用军队来完成当前基本任务的那些最重要的带根本性的理由。旧的纪律源泉即资本已经削弱了，旧的联合源泉已经消失了。我们应当建立另一种纪律，开辟另一种纪律和联合的源泉。强制手段引起资产阶级民主派的愤懑、叫嚣、喧嚷和哀号；这班人嘴上老是挂着“自由”、“平等”这些字眼，却不懂得，让资本享受自由就是对工人犯罪，让饱食者和挨饿者平等就是对劳动者犯罪。我们反对说假话，我们主张在实行劳动义务制和联合劳动者时，丝毫也不要害怕采用强制手段，因为不采用强制手段就决不能进行革命。因此，为了坚决地保持住自己的胜利成果，无产阶级有权采用强制手段。当资产者老爷们、妥协派老爷们、德国“独立党”老爷们、奥地利“独立党”[142]老爷们和法国龙格派老爷们争论历史因素问题时，他们总是把无产阶级的革命决心、坚定性、不屈不挠精神这样的因素忘掉了。这也就是我国无产阶级表现的那种不屈不挠和坚韧不拔的精神，他们曾对自己也对别人说过，并且用行动证明过，我们宁肯全部战死，也不放弃自己的领土，也不放弃自己的原则，即纪律和坚定政策的原则，为此我们应当不惜任何牺牲。在各资本主义国家和资本家阶级分崩离析的时候，在他们处于绝望和危机的时候，只有这个政治因素能起决定作用。少数和多数、民主和自由这些空洞的词句，不管旧历史时期的英雄们怎样强调，现在都起不了什么决定作用。这里起决定作用的是工人阶级的觉悟性和坚定性。如果工人阶级准备作出自我牺牲，如果工人阶级表明它能竭尽全力，那就可以完成任务。一切都为了完成这个任务。工人阶级的决心，它实现自己“宁死不屈”口号的坚定意志，不但是历史的因素，而且是起决定作用的、能夺取胜利的因素。

我们有了这个胜利，有了这种信心，才转向并已经转到和平经济建设的任务上。决定这些任务，就是我们这次代表大会的主要职责。我认为，在这方面不是由中央政治局来作报告，确切些说，不是由中央委员会来作政治报告，而应当直截了当地说：同志们，是的，这是由你们来决定的问题，是应当由你们以党的最高机关的权威来考虑的问题。我们把这个问题清清楚楚地提到你们面前来了。我们已经采取了明确的立场。你们的责任就在于最终批准、修改或变更我们的决定。但是，中央在自己的报告中应当说，它在这个基本的迫切问题上已经采取了十分明确的立场。是的，现在的任务是要把无产阶级所能集中的一切力量，把无产阶级的绝对统一的力量都投到经济建设这一和平任务上去，都投到恢复被破坏了的生产这一任务上去。这里需要有铁一般的纪律，铁一般的组织，否则，我们不仅支持不了两年多，甚至连两个月也支持不了。要善于运用我们的胜利。另一方面应当懂得，这个转变需要我们作出我国本来就已经承受得够多的大量牺牲。

原则方面的问题，中央是很清楚的。中央全部工作都是服从这个政策、根据这种精神的。例如你们将要解决的关于集体管理制和个人管理制的问题，看来似乎是局部问题，如果割断它同各方面的联系，当然不能说它是有根本原则意义的问题；但是这个问题的提出，无论如何都要从我们已经基本获得的知识、经验、革命实践出发。例如有人对我们说："集体管理制是广大群众参加管理的形式之一。"可是我们在中央委员会里讨论过这个问题，研究过这个问题，我们应当向你们报告：同志们，这种理论上的混乱是决不能容忍的。我们要是在我们的军事活动，我们的国内战争这一基本问题上发生一点点这种理论上的混乱，那早就被人打垮了，打垮也活该。

同志们，请允许我在作中央委员会的报告的时候，在谈到新阶级是采用集体管理制还是一长制来参加管理的问题的时候，稍微谈点理论，指出一个阶级怎样进行管理，阶级统治表现在什么地方。在这方面我们并不是新手，我国革命和以往革命的区别就在于我国革命不是空想。新阶级只有在反对其他阶级的激烈斗争中保存住自己，才能取代旧阶级，而且只有当它能够完全消灭阶级时，它才能获得最终胜利。阶级斗争的巨大而复杂的过程正是这样要求的，不这样，你们就会陷于混乱而不能自拔。阶级统治表现在什么地方呢？资产阶级对封建主的统治表现在什么地方呢？宪法写上了自由、平等。这是骗人的话。只要有劳动者存在,私有者就会投机倒把,而且正由于他是私有者,也就不得不投机倒把。我们说,平等是没有的,饱食者和挨饿者是不平等的,投机倒把者和劳动者也是不平等的。

现在的阶级统治表现在什么地方呢?无产阶级的统治表现在废除了地主和资本家的所有制。以前所有一切宪法,以至最民主的共和宪法的精神和基本内容都归结在所有制这一点上。我们的宪法之所以有权在历史上存在,所以争取到了这个权利,就是因为废除这一所有制不是仅仅在纸上写写而已。获得胜利的无产阶级废除并彻底破坏了这一所有制,阶级统治也就表现在这里。首先就表现在所有制问题上。我们实际解决了所有制问题,这样也就保证了阶级统治。后来,宪法把实际生活中解决了的废除资本家和地主的所有制的问题记载下来,并补充说:宪法规定,工人阶级比农民有更多的权利,而剥削者则没有丝毫权利,——这样宪法就记载了我们业已实行的本阶级的统治,靠了这一点我们才保持了同劳动者的一切阶层和一切小的集团的联系。

小资产阶级私有者是分散的,其中财产较多的人就是财产较少的人的敌人;而无产者废除私有制,就是公开向他们宣战。还有许多没有觉悟的无知的人,凡是自由贸易他们就完全拥护,可是当他们看到我们在战胜剥削者时表现出来的纪律和自我牺牲精神,他们就不能作战,他们既不拥护我们,但也无力反对我们。关于所有制以及哪一个阶级领导的问题,只有阶级统治能够决定。谁要是像我们经常所见的那样把阶级统治的表现问题同民主集中制问题搅在一起,那他就要造成莫大的混乱,以致任何工作都无法顺利进行。宣传鼓动工作的明确性是一个基本条件。我们的敌人也承认，说我们在开展宣传鼓动工作方面做出了奇迹，但这不应当从表面上来理解，以为我们有许多鼓动员，我们耗费了很多纸张，而应当从实质上来理解，就是说，我们宣传的真理深入了人心。而这个真理是无法回避的。

当一个阶级取代了另一个阶级的时候，它也改变了同所有制的关系。资产阶级取代封建主义之后，也就改变了同所有制的关系；资产阶级的宪法说："拥有财产的人和乞丐是平等的。"这就是资产阶级的自由。这种"平等"把国家统治权交给了资本家阶级。难道你们以为资产阶级取代封建主义之后，它就把国家和管理混为一谈了吗？没有的事，他们不是这样的傻瓜，他们说：要管理就要有善于管理的人才，为此我们就要起用封建主，要改造他们。他们就这样做了。这样做难道错了吗？同志们，不是的，管理的本领不会从天上掉下来，不会凭空就有的，不会因为这个阶级是先进阶级，于是一下子就有了管理的本领。我们从实例中看到：资产阶级刚胜利时，它是起用另一个阶级即封建阶级出身的人做管理工作的，否则它就无人可用。要清醒地观察事物：资产阶级曾起用先前那个阶级的人才，而我们现在也有同样的任务——善于吸取、掌握、利用先前那个阶级的知识和素养，为本阶级的胜利而运用这一切。所以我们说，获得胜利的阶级应当是成熟的阶级，可是成熟性不是用文字或证书所能证明的，而是要由经验和实践来证明的。

资产者获得了胜利，但当时还不会管理，他们是这样保障自己的胜利的：宣布新宪法，从本阶级中征募管理人员，开始学习，同时利用先前那个阶级的管理人员，并且开始训练和培养自己的新人去做管理工作，为此而运用了全部国家机构，取缔旧的封建机关，让富人进学校，这样经过许多年，经过几十年，他们就把本阶级的管理人员培养出来了。现时在按统治阶级的模样组成的国家中，也应采取过去所有的国家都用过的办法。如果我们不愿立足于纯粹的空想和空谈，那我们就要说，我们应当考虑过去年代的经验，我们应当保障革命所争得的宪法，但是要管理，要进行国家建设，就应当有掌握管理技术、具有管理国家和管理经济经验的人才，而这样的人才我们只有从先前那个阶级中才能找到。

在关于集体管理制的议论中，往往充斥着一种最无知的情绪，即反对专家的情绪。有了这种情绪是不能取得胜利的。要获得胜利，就必须懂得旧资产阶级世界的全部悠久的历史；要建设共产主义，就必须掌握技术，掌握科学，并为了更广大的群众而运用它们，而这种技术和科学只有从资产阶级那里才能获得。应当把这个基本问题突出地提出来，应当把它作为经济建设的基本任务提出来。我们应当借助于被我们推翻了的那个阶级出身的人来从事管理，自然，这些人满脑子都是他们本阶级的偏见，我们应当重新教育他们。同时，我们应当从本阶级队伍中征集自己的管理人员。我们要运用全部国家机构，使学校、社会教育、实际训练都在共产党员领导之下为无产者、为工人、为劳动农民服务。

我们只能这样办。我们既然有了两年的经验，就不能这样来议论，好像我们是初次从事社会主义建设似的。在斯莫尔尼时期和在此前后，我们做了够多的蠢事。这是没有什么可耻的。我们初次从事新的事业，聪明才智从哪里来呢？我们这样试试，那样试试。我们曾随波逐流，因为那时区分不出正确的东西和不正确的东西，要做到能够区分是需要时间的。现在这已经成为不久前的往事了，我们已经度过了这个时期。这一充满混乱和热情的时期已经过去了。说明过去这个时期的文件就是布列斯特和约。这是历史文件。不仅如此,这是一个历史时期。我们被迫接受布列斯特和约,是因为当时我们在各方面都软弱。这是怎样的历史时期呢?这是我们软弱的时期,我们现在已经以胜利者的姿态度过了这个时期。这又是完全实行集体管理制的时期。这是无法跳过的历史事实,因为人们说集体管理制是学习管理的学校。但我们不能总是蹲在学校的预备班里!(鼓掌)这样做是行不通的。我们现在是成年人了,如果我们的举动仍旧和小学生一样,那我们在各方面都是要不断挨打的。应当前进。应当坚韧不拔地、意志统一地向高处攀登。工会面临着极大的困难。要设法使工会理解,这个任务是要反对臭名远扬的民主制的残余。所有那些关于被委派者的叫喊,所有那些在各种决议和谈话中常见的陈腐有害的滥调,应当扫除干净。否则我们就不能获得胜利。如果我们在两年内还没有领会这个教训,那我们就是落后了,而落后是会挨打的。

任务非常困难。我们的工会对无产阶级国家的建设有过极大的帮助。工会是党联系千百万没有知识的群众的一个环节。我们不会掩盖事实:当工会帮助国家做粮食工作时,曾肩负了同我们的各种灾难作斗争的全部任务。难道这不是极大的任务吗?不久以前出版了《中央统计局公报》[143]。公报上刊出了一些绝无信仰布尔什维主义嫌疑的统计学家们得出的总结数字。其中有两个有趣的数字:在1918年和1919年,各消费省中每个工人每年领得7普特粮食,而各产粮省中每个农民每年却消费了17普特粮食。在战前,这些农民每年只消费16普特粮食。这两个数字表明了粮食斗争中的阶级对比关系。无产阶级继续作出牺牲。竟有人对暴力大叫大喊!但是无产阶级认为采用这种暴力是正当的、合法的,并且用作出最大牺牲的事实证明了采用这种暴力是正确的。在我们忍饥挨饿的、满目疮痍的俄国,各产粮省的大多数居民即农民,几百年来第一次比在沙皇俄国、资本主义俄国的时代吃得好。但我们要说,在红军获得胜利以前,群众还将挨饿。工人阶级先锋队必须作出这种牺牲。它在这个斗争中受到了锻炼。受过锻炼之后,我们应当继续前进。现在无论如何也要跨出这一步。同任何一个工会一样,老工会都有它自己的历史和过去。在过去,工会是反对劳动压迫者的机关,反对资本主义的机关。而当工人阶级成了统治阶级时,当工人阶级现在必须作出很大牺牲、忍饥挨饿、献出生命时,情况就完全改变了。

这种改变,不是一切人都能理解的,不是一切人都能深刻认识的。在这方面,有些孟什维克和社会革命党人在帮助我们,他们要求用集体管理制来代替个人管理制。同志们,对不起,这样做是行不通的!我们已经抛弃了这一套。现在我们面临一个极复杂的任务:在流血的战线上获胜之后,还要在不流血的战线上获得胜利。这场战争更加困难。这条战线是最艰巨的战线。我们向全体觉悟工人公开说明这一点。我们打赢了火线上的那场战争之后,还要打一场不流血的战争。结果是我们的胜利愈大,像西伯利亚、乌克兰、库班这样的地区也就愈多。那里有富裕农民,那里没有无产者,即使有无产阶级,那也是已经被小资产阶级的习惯腐化了的;并且我们知道,那里凡是有一小块土地的人都说:“我才不在乎政府呢!我要尽量敲一下饿肚子的人的竹杠,我才不把政府放在眼里呢!”现在协约国将会帮助那些原来被邓尼金宰割,以后又摇摆到我们方面来的投机者农民。战争改变了战线和形式。协约国现在是用贸易、用粮食投机来进行战争,它使这种粮食投机成为国际性的。发表在《中央通报》[144]上的加米涅夫同志的提纲，把这个问题的基本点完全表达出来了。他们想使粮食投机成为国际性的。他们想把和平的经济建设变成对苏维埃政权的和平瓦解。帝国主义者老爷们，对不起，我们是有戒备的！我们说：我们打过仗，我们胜利过，所以我们继续要把曾经帮助我们获得胜利的口号提出来作为基本口号。我们要完全保留这个口号，并把它用到劳动战线去，这口号就是无产阶级的坚定精神和统一意志。原来留下的那些旧偏见、旧习惯，应当一律扫除。

最后，我还要讲讲古谢夫同志写的一本小册子[145]。据我看，这本小册子从两方面来看是值得注意的：这本小册子写得好，不仅从形式来看是这样，也不仅因为它是在我们代表大会开幕前写成的。不知怎的我们大家直到现在都惯于写决议。有人说，写出的东西形式不拘，只要不是枯燥无味，那就是好的。我看，决议应当列入枯燥无味一类。如果我们都效法古谢夫同志，少写些决议，多写些小册子，即使它们也同古谢夫的小册子一样有很多错误，那也要好些。尽管有这些错误，它还是一本很好的小册子，因为它所注意的中心是恢复全国工业和生产的基本经济计划，因为其中的一切都服从于基本经济计划。在今天散发给大家的中央委员会的提纲中，有整整一节是整个取自古谢夫同志的提纲中的。我们可以依靠专家们的帮助，更详尽地拟定这个基本经济计划。我们应当记住，这个计划是预定用很多年来实现的。我们并不许诺一下子就使我国摆脱饥饿。我们指出，斗争将比在军事战线上更加困难，但这场斗争会引起我们更大的兴趣，它将使我们更接近我们真正的基本任务。这场斗争要求我们全力以赴，要求意志统一，也就是我们以前做到过、现在我们也应当做到的意志统一。如果我们把

这个问题解决了,那么我们在不流血战线上获得的胜利,决不会小于在国内战争战线上所获得的胜利。(鼓掌)

载于1920年3月30日和31日
《真理报》第69号和第70号

译自《列宁全集》俄文第5版
第40卷第237—257页

3
关于中央委员会报告的总结发言

（3 月 30 日）

同志们，中央委员会的政治报告遭到攻击的，主要是萨普龙诺夫同志称之为谩骂的那一部分。萨普龙诺夫同志认为他所坚持的立场十分清楚，意味鲜明。为了向你们说明实际情况，我想先提醒大家几个重要的日期。我这里有一份 3 月 2 日的《俄共中央通报》；我们以中央委员会的名义刊载了一封为筹备代表大会给俄共各级组织的信。我们在第一封信里说："纯粹从理论上探讨、争论一般问题并作出原则性决议，这样的时期幸而已经过去了。这是已经过去的阶段，这是昨天和前天已经完成的任务。应当前进了，应当懂得现在我们面临的是**实际任务**，应当以全部力量，以真正的革命毅力，以我们的优秀同志、工农红军战士在战胜高尔察克、尤登尼奇、邓尼金时所发扬的那种奋不顾身的精神，来完成迅速战胜经济破坏这项**切实的**任务。"①

我应当承认，在这方面我不该过分乐观，认为从理论上探讨的时期已经过去了。实际上，我们在革命前讲了 15 年理论，革命后管理了两年国家，现在就应当表现出求实精神和实践精神，所以我

① 见本卷第 162 页。——编者注

们3月2日向有实际经验的同志作了这样的号召。我们的告全党书发表之后,作为对这封信的答复,3月10日《经济生活报》[146]刊载了托姆斯基的提纲,3月23日该报刊载了萨普龙诺夫、奥新斯基、马克西莫夫斯基三位同志的提纲,3月27日发表了莫斯科省委员会的提纲。在所有这些提纲中,问题的提法在理论上都是不正确的。我们信中的看法是过于乐观的,是错误的,我们以为我们已经度过了这个时期,而这些提纲表明:这个时期尚未度过。工会的同志用不着抱怨对他们的态度不公正。现在我们面对一个问题:是这种看法正确呢,还是在我们3月2日告全党书之后发表的这些提纲所坚持的立场正确呢?这些提纲当中,每一份都有许多实际材料,这是应当加以注意的。如果中央委员会对此不予以认真注意,那它就是一个毫无用处的机构。

可是大家听一听托姆斯基同志的提纲说了些什么吧:

"第七,从最高国民经济委员会主席团到工厂管理委员会现今对工业实行的集体管理原则,是建立工业调节机关和管理机关时唯一能够保证广大非党工人群众通过工会参加管理的基本原则。只有在特殊情况下,经最高国民经济委员会主席团和全俄工会中央理事会主席团或有关工会的中央委员会双方同意,才能准许个别企业实行个人管理,其必不可少的条件是工会及其机关要对一长制管理人员实行监督。第八,为使经济建设计划能够统一以及工会和经济机关的活动能够协调一致,应根据下列原则对工会参加工业的管理和调节作出规定:(一)最高国民经济委员会及其所属机关讨论总的经济政策问题时,要有工会参加;(二)经济系统的各集体领导机构由最高国民经济委员会及其所属机关和有关的工会机关共同组成;(三)经济机关的集体管理机构与工会共同讨论有关某一生产部门的总的经济政策问题,定期向工会报告工作,但它们只是最高国民经济委员会的机关,只应执行最高国民经济委员会的决定;(四)在一切经济机关的集体管理机构中,个人和集体必须无条件执行最高国民经济委员会所属各上级领导机关的决定,其执行情况只对最高国民经济委员会负责。"

这是在最简单的理论问题上造成的极大的思想混乱。

通过一长制管理人员进行管理是正确的，至于究竟由谁来充当这种管理人员，由专家来充当还是由工人来充当，就要看我们有多少旧管理人员和新管理人员。这是最简单的道理。现在让我来谈谈这个问题。你们既然要讨论中央的政治路线，那就不要把我们没有提出和没有说过的东西偷偷塞给我们。3月2日我们号召同志们给我们实际的支持，可是我们得到的回答是什么呢？各地同志拿出理论上显然不正确的东西来回答我们。3月23日发表的奥新斯基、马克西莫夫斯基和萨普龙诺夫三位同志的提纲，通篇都是理论上的曲解。他们写道，任何形式的集体管理制都是民主制的必要基础。我可以断言，你们在革命前15年的社会民主党的历史上找不到任何类似的东西。民主集中制只是说，各地代表在一起开会并选出负责机关来进行管理。但是怎样管理呢？这要看有多少合适的人选，有多少好的管理人员。民主集中制就是：由代表大会检查中央的工作，免除中央的职务并任命新的中央。如果我们想检查一下这些提纲中所存在的理论错误，那是永远也检查不完的。老实说，我不准备再谈这个问题，我只想指出中央在这个问题上采取了非采取不可的路线。我很清楚，奥新斯基同志以及其他同志并不同意马赫诺派和马哈伊斯基派[147]的看法，但是马赫诺分子却不会不死死抓住这些同志的论据的。马赫诺分子是同这些论据分不开的。就我们都拿到的党的莫斯科省委的提纲来说吧。这个提纲说，在发达的社会主义社会里，社会分工和把人束缚于一定职业的现象将会消失，只有广泛实行集体管理制才可能定期轮换执行管理职能的人，如此等等。这一切是地地道道的思想混乱！

我们曾经对地方上做实际工作的同志说:请提出切实的意见来帮助我们吧。但我们得到的回答却是说:中央不重视地方。不重视什么呢?不重视关于社会主义社会的议论吗?这些议论中没有一点重实践和讲实际的精神。当然,我们有一些优秀的工人,他们从知识分子那里学来许多东西,但有时学来的不是好东西,而是坏东西。在这种情况下就必须加以反对。中央委员会号召提供实际的意见,而你们对这一号召的回答却是提出了原则问题,既然这样,那我们就必须谈一谈这些问题。我们就要说,必须同原则错误进行斗争。那些在3月2日以后提出的提纲有极其严重的原则错误。

这一点我可以断言。现在就让我们来谈论和争论这个问题吧。这个问题用不着回避!在这里用不着推说我们不是理论家。对不起,萨普龙诺夫同志,您的提纲就是理论家的提纲。您会看到,如果照这个提纲去办,那就必然会后退,会依照不切实际的提法去解决问题。谁要是到马克西莫夫斯基、萨普龙诺夫、托姆斯基三位同志的提纲中去找实际的意见,那就大错而特错了,这个提纲是根本错误的。一个阶级对国家建设持这种态度,我认为是根本不对的,是在拖我们向后退。赞成这样做的显然是那些落在后面的人,那些在这方面还没有体验过的人。这个提纲的作者们的过错不应当说是有意疏忽,而应当说是在中央要他们提出的问题上犯了理论错误,这就使坏分子得到了一面旗帜,找到了一个借口。为什么会弄成这样呢?是由于考虑不周。这一点根据原件就完全可以断定。

现在我来谈谈尤列涅夫同志就施略普尼柯夫同志的事情提出的责难。假如是中央委员会在代表大会就要召开的时候把反对派的代表施略普尼柯夫同志弄走了，这样的中央委员会无疑是干了一件卑鄙的事情。当我们知道了施略普尼柯夫同志要走时，我们在政治局中说过，在他动身之前我们不给他指令，所以施略普尼柯夫同志动身前一天到我那里去的时候，声明他并不是奉中央委员会的指令走的。可见，尤列涅夫同志听到的完全是一种谣传，而他却在加以扩散。（尤列涅夫："这是施略普尼柯夫亲口对我说的……"）

我不知道，他怎么能亲口对您这样说，因为他临走时去过我那里，说过他不是奉中央委员会的指令走的。如果中央委员会在代表大会召开之前放逐了反对派，这当然是不能容许的。既然有人说这是放逐，那么我要说，请另选一个能够正确调配人员而不致招来任何埋怨的中央委员会吧。怎么能调配得人人满意呢？要是不进行调配，那还说什么集中制呢？如果有违反原则的事情，那就请举出例子来。如果是我们放逐了反对派的代表，那就请举出例子来，我们会加以研究的；说不定是有错误。也许被放逐的是尤列涅夫同志吧？他倒是曾向政治局提出过申诉，说把他调离西方面军是不对的。但是，政治局研究了这个问题之后，认为这样做是正确的。无论你们选出什么样的中央委员会，它都不能不调配人员。

其次，关于组织局和政治局之间的分工问题。马克西莫夫斯基同志在组织工作问题上比我更有经验，他说，列宁在组织局和政治局的问题上引起了混乱。那就让我们来分析分析吧。在我们看来，组织局管调配人员，政治局管政治问题。如果这样分工不对，那么究竟怎样给这两个机关的工作划分界限呢？莫非要写一部宪法吗？把政治局同组织局截然分开，把它们的工作划分得一清二楚是很困难的。任何一个问题都可能成为政治问题，甚至委派一个房屋管理员，都可能成为政治问题。如果谁能提出别的解决办法，那就请提出来好了；萨普龙诺夫、马克西莫夫斯基、尤列涅夫三位同志，请提出你们的建议来，请你们试一试给组织局和政治局分分工、划分划分界限吧。我们这里只要有一个中央委员提出抗议，就可以使某一问题被看做是政治问题。可是在我们这里从没有人提出过一次抗议。在这里主动性是最不受限制的，因为任何一个中央委员都可以宣布某一问题为政治问题。一个在组织工作问题上多少有点经验的实际工作者，一个在组织部门工作了哪怕只有半年的人，即使他不像马克西莫夫斯基同志那样内行，他也不应当提出马克西莫夫斯基同志那样的批评。让批评者们提出明确的意见来吧，我们一定会采纳的，我们会建议选举新的中央委员会来实现这些愿望的。可是我们得到的只是无的放矢的批评，错误的论断。

就算你们能把组织局同政治领导分开，试问，这样一来，政治领导又是什么呢？如果不是由人来领导，那又由谁来领导呢？如果不是调配人员，那又怎样领导呢？难道可以强迫不能胜任的人去执行一定的指令吗？通常是给他一定的指示，检查他的工作，最后调他去做另外的工作。马克西莫夫斯基、萨普龙诺夫和奥新斯基三位同志的提纲提出了早就被人驳倒了的理论上的修正，究竟还要怎样开导他们呢？他们在实际上所做的更糟糕，并且证明他们提不出一点可以用做切实批评的材料。

萨普龙诺夫同志谈了很多寡头政治和主动性问题。遗憾的是，他没有举出乌克兰的例子。我们看到，那里的地方代表会议对寡头政治进行了猛烈的攻击。这个问题代表大会将要审理，或者将委托中央委员会处理。以萨普龙诺夫为首的多数派在乌克兰代表会议上发言反对拉柯夫斯基同志，并进行了完全不能容忍的中伤。说到乌克兰代表会议，我们说我们决不承认地区性代表会议的这个决定。这是中央委员会的决定。要是决定得不对，你们可以追究我们的责任，但是请你们不要用空话来搪塞，因为这里明眼人有的是，他们会说这是煽动。假如我们对乌克兰的分裂的评价不正确，那就请举出事实来证明中央委员会做错了。

我们表示，我们不承认萨普龙诺夫同志的这次代表会议，而是任命两位老同志和两位新同志，也就是Ж.同志……和斗争派的几个人。我没有听到萨普龙诺夫同志或其他同志提出过一次抗议，也没有听到他们提出过一个切实的论据。既然我们解散了、取消了整个乌克兰代表会议，那当然需要大声疾呼，说我们犯了罪。然而大家却保持沉默，因为感觉到这些关于主动性之类的空话保护了、掩盖了形形色色的捣乱分子、有市侩作风的分子以及自立山头的分子，而这些人在乌克兰是很有势力的。（鼓掌）

在萨普龙诺夫同志的发言中，我听到有一点是涉及实际问题的，我很注意地听了这一点。萨普龙诺夫同志说：苏维埃第七次代表大会作过规定，而我们违背了大会的规定，收集亚麻的法令就违背了全俄中央执行委员会的决定。我们执行的法令，我连十分之一也记不住。不过我向人民委员会秘书处查问过收集亚麻的条例[148]。这个法令是2月10日通过的。结果发现了什么呢？无论政治局或全俄中央执行委员会的同志没有哪一个是反对主动性的。我们看到他们坐在这个讲台上。同志们知道，他们都能说会道。为什么他们没有对这个决定提出申诉呢？把你们的申诉提出来吧！2月10日以后没有人提出过这样的申诉。我们根据李可夫同志的建议，并且同谢列达同志和粮食人民委员部进行了磋商，经过长时间的斗争才作出了这项决定。现在有人对我们说:“你们错了!”也许是错了。那就请纠正我们的错误吧。请把这个问题提到政治局去吧。那里会作出正式的决定的。我们来翻一翻记录好了,如果记录证明我们违背了代表大会的决定,那我们就应当受到审判。指控我们什么呢?一方面是指责施略普尼柯夫那件事,另一方面是说亚麻问题违背了决定。请把我们违背决定的材料拿出来。但是你们举不出事实来。你们所说的什么主动性、委派制等等,都是废话。那要集中制干什么呢?两年来我们在各个地方摆脱了民穷财尽和经济崩溃的状态,重新走向了胜利,如果在这期间我们不任命工作人员,我们能坚持两个月吗?由于你们对施略普尼柯夫同志或尤列涅夫同志的调动不赞成,你们就向群众,向没有觉悟的群众讲这些话。卢托维诺夫同志说:“问题并没有解决。”要解决的。如果两个人民委员对某某人的评价不一致,其中一个说,这是政治问题,那该怎么办呢?请拿出办法来吧!你们以为只是全俄中央执行委员会主席团里才有枯燥的问题吗?我说,没有哪个机关没有枯燥的问题。所有的机关都要研究关于某某人某某人的问题。但是,决不能说没有政治,因为政治正是通过每一个人体现出来的。卢托维诺夫同志有……——我不知道怎样说好,我怕萨普龙诺夫同志听了感到难堪,我怕使用论战性的词句——但他却说克列斯廷斯基同志曾用分裂来进行威胁。为了这件事政治局开过会。政治局有开会的记录,我请代表大会各位代表把记录拿来看一看。[①] 我们得出的结论是:克列斯廷斯基同志有点急躁,而你们,卢托维诺夫同志和托姆斯基同志却散发出一股闹无谓纠纷

① 见本卷第264—265页。——编者注

的恶臭气。或许我们不对，请修正我们的决定好了。但是那样指责而不看文件，不指出专门召开过会议，不指出曾经当着托姆斯基和卢托维诺夫的面研究过这个问题，那是不行的。

我还要谈两点，首先是关于布哈林同志和拉狄克同志的任命问题。有些人说我们把他们派到全俄工会中央理事会当政治委员，于是就想在这上面做文章，说我们破坏主动性，实行官僚主义的领导。也许你们知道有比拉狄克和布哈林更好的理论家，那就请介绍给我们吧。也许你们知道有更出色的熟悉工会运动的人，那就请介绍给我们吧。难道中央委员会没有权利把一些对工会运动最有理论研究和熟悉德国经验并能对错误路线施加影响的人补充到工会中去吗？中央委员会连这一点都办不到，那还谈什么管理！我们周围的农民和库班哥萨克愈多，我们的无产阶级专政的处境就愈困难！因此需要把路线拨正，无论如何要使它坚定不移，我们建议党代表大会接受这样的路线。

布勃诺夫同志在这里说，他同乌克兰有密切联系，这就暴露了他的反对意见的实质。他说，中央委员会助长了斗争派的声势。这是一个极其复杂而重大的问题，我认为，在这个需要非常机动灵活的、极其重大的问题上，我们胜利了。当我们在中央委员会里谈到要向斗争派作最大让步时，有人嘲笑我们，说我们不走直线；然而只有当敌人直着来时，我们才能直着去。既然敌人不是直线前进而是曲折前进，那我们就要跟着敌人，不管敌人怎样曲折前进，都要抓住他们。我们答应斗争派，向他们作最大限度的让步，但要他们一定执行共产主义政策。这样我们便证明我们是十分宽厚的。而斗争派中的一切优秀分子现在已经加入我们党，这就证明我们作这些让步是完全正确的。我们对这个党重新进行了登记，本来不可避免的斗争派的暴动没有发生,并且由于拉柯夫斯基同志出色地执行了中央委员会的正确路线,斗争派中的一切优秀分子在我们的监督和同意之下加入了我们党,而其余的人则从政治舞台上消失了。这个胜利抵得上两个漂亮的战役的胜利。因此,说中央委员会助长了斗争派的声势,这就是不懂得民族问题上的政治路线。

我还要谈一谈最后一位同志的讲话。他说,应当从纲领中将有关工会的部分删掉。这是典型的急性病。我们不会轻率地这样做。我们要肯定地说,什么也不需要删掉,应当在小册子和文章中,在报刊等等上面进行讨论。工会要去掌握经济生活,也就是要去掌握工业。不要专家加入工会的论调是一种偏见。工会是教育者,对它要严格要求。中央委员会不能容忍不好的教育者。教育是长期而艰难的事情。在这方面决不是颁布一项法令就算了事,应当耐心地巧妙地进行工作,我们现在这样做,将来还要这样做。事业要求我们非常谨慎,但是又要坚定不移。

载于1960年《俄共(布)第九次代表大会。1920年3—4月。记录》一书

译自《列宁全集》俄文第5版第40卷第258—267页

4

关于经济建设问题的发言[149]

（3月31日）

同志们，我先谈两点小意见。萨普龙诺夫同志仍然责备我健忘，但是他对他提出的问题还是没有说清楚。他仍然坚持说，收购亚麻的法令违背了全俄中央执行委员会的决定。我声明，在党的代表大会上不能这样随便提出毫无根据而又极其严重的指控。当然，如果人民委员会违背了全俄中央执行委员会的决定，那它应当受到审判。但是为什么从2月10日到今天没有人提出过任何申诉，说这个法令违背了决定呢？现在对我们提出的指控是毫无根据的，提出这种指控倒是很容易的，但是这种斗争方式太不严肃了。

米柳亭同志说，我们几乎没有什么分歧，因此照他说来似乎列宁反对争吵却又挑起了这场争吵。但是米柳亭同志有点歪曲事实，这是不应该的。我们的第一个决议草案是由托洛茨基同志起草的，后来中央委员会又集体作了修改。我们曾把这份草案送给米柳亭同志和李可夫同志。他们给我们退了回来，说他们要反对这个草案。这就是实际的经过。在我们展开鼓动工作并得到同盟者之后，他们就在代表大会上进行全面的反对，后来看到毫无结果才改口说，他们几乎是同意的。同意当然是同意，但是应当把问题彻底弄清楚,应当指出,你们的同意意味着你们的彻底失败,因为反对派已经在这里发过言,试图在主张集体管理制上团结起来。米柳亭同志讲了 15 分钟,给他的发言时间已经用完,这时他才想起来,如果切实地提出问题就好了。完全正确。但是我怕已经迟了;虽然李可夫同志还要作总结发言,但是也挽救不了反对派。假使主张集体管理制的人这两个月来做到像他们现在所号召的那样,哪怕能给我们提供一个例子,不是那种说什么有一个经理、有一个助理这样的例子,而是给我们提供一份精确的调查材料,对集体管理制和个人管理制作一下对比,像国民经济委员会代表大会和中央委员会所作的决定那样,那么,我们就会明智得多,我们在代表大会上就不会听到不太像话的抽象议论,主张集体管理制的人就能够把事情推向前进。的确,假使他们哪怕能够举出 10 个条件相同、都按集体管理制原则进行管理的工厂,把它们拿来同实行个人管理制的工厂切实地比较一下,他们的意见就会有分量了。如果是作这样的报告,那可以给任何一个报告人一小时的时间,这位报告人就会大大推动我们前进;也许,我们就能在集体管理制这个基础上确定实际的步骤。可是,全部问题在于,他们当中的任何一个人,不论是国民经济委员会工作者还是工会工作者,本来都应当握有实际材料,但他们却什么也没有拿出来,因为他们什么也没有。他们一点儿也没有!

李可夫同志在这里提出反驳,说我想改写法国革命,说我否认资产阶级扎根于封建制度。我不是这样说的。我是说,在资产阶级取代封建制度的时候,资产阶级起用了封建主,向他们学习管理,这一点同资产阶级扎根于封建制度完全不矛盾。而我关于工人阶级夺取政权后开始实行自己的原则这一论点,谁也没有驳倒过。工人阶级夺取政权之后,像任何阶级一样,要通过改变同所有制的关系和实行新宪法来掌握和保持政权,巩固政权。这是我的第一个无可争辩的基本论点!第二个论点,就是任何一个新兴的阶级都要向先前那个阶级学习,都要起用旧阶级的管理人员,这也是一个绝对真理。最后,我的第三个论点,就是工人阶级必须增加本阶级出身的管理人员,开办学校,在全国范围内培养工作干部。这三个论点都是无可争辩的,都是同工会的提纲根本相反的。

当我们在党团会议上研究托姆斯基的提纲时,当我和布哈林同志在会上遭到抨击时[150],我就对托姆斯基同志说过:你的提纲的第 7 条是在理论上混乱到极点的明证。第 7 条说:

"从最高国民经济委员会主席团到工厂管理委员会现今对工业实行的集体管理原则,是建立工业调节机关和管理机关时唯一能够保证广大非党工人群众通过工会参加管理的基本原则。只有在特殊情况下,经最高国民经济委员会主席团和全俄工会中央理事会主席团或有关工会的中央委员会双方同意,才能准许个别企业实行个人管理,其必不可少的条件是工会及其机关要对一长制管理人员实行监督。"

这完全是胡说八道,因为提纲把工人阶级在夺取国家政权中的作用、两种管理方式的关系都弄得非常混乱!决不能容忍这样的现象!这在理论上是拖我们向后退。对于萨普龙诺夫、马克西莫夫斯基和奥新斯基三位同志的民主集中制也同样可以这样说。奥新斯基同志忘记了这一点,说我说过民主集中制是荒谬的。决不容许这样歪曲!这同任命问题、通过地方组织来执行的问题有什么相干呢?可以通过集体管理机构来执行,也可以任命集体管理机构。问题提得牛头不对马嘴!有人说,民主集中制不仅在于由全俄中央执行委员会进行管理,而且在于由全俄中央执行委员会通过地方组织来进行管理。这同集体管理制或个人管理制又有什么相干呢?

托洛茨基同志想起了他在1918年所作的报告,引证了他在当时发表的讲话,指出那时我们不仅对一些基本问题进行过争论,而且还通过了全俄中央执行委员会的明确的决定。我完全把我以前写的《苏维埃政权的当前任务》那本小册子①忘记了,找来一看,发现个人管理制问题不仅提出过,而且还为全俄中央执行委员会的提纲所赞同。② 我们只知道工作,竟忘记了我们自己写的东西,甚至忘记了全俄中央执行委员会作的决定,过后才来引证决定。请看小册子里面的这样几段话吧:

"小资产阶级自由散漫的自觉的(而大部分大概是不自觉的)代表,想把赋予个人以'无限的'(即独裁的)权力看做是背离集体管理制原则,背离民主制和背离苏维埃政权的原则。某些左派社会革命党人在一些地方利用一些人的劣根性和小私有者'捞一把'的欲望进行了简直是流氓式的煽动,反对关于独裁权的法令[151]……""任何大机器工业——即社会主义的物质的、生产的泉源和基础——都要求无条件的和最严格的**统一意志**,以指导几百人、几千人以至几万人共同工作。这一必要性无论从技术上、经济上或历史上看来,都是很明显的,凡是思考过社会主义的人,始终认为这是社会主义的一个条件。"——只有这样"才能保证有最严格的统一意志……"

"但是,不管怎样,为了使按大机器工业形式组织起来的工作能够顺利进行,**无条件服从**统一意志是绝对必要的。对铁路来说,这种服从更是加倍地和三倍地必要……"

① 见本版全集第34卷第150—188页。——编者注
② 同上书,第257—260页。——编者注

“我们的全部任务，被剥削者求解放愿望的自觉代表者共产党(布尔什维克)的任务，就在于认识这个转变，了解这种转变的必然性，领导为寻找出路而精疲力竭的群众，引导他们走上正确的道路，即遵守劳动纪律，把开群众大会**讨论**工作条件同**在**工作**时间**无条件服从拥有独裁权力的苏维埃领导者的意志这两项任务结合起来……”

“正是要有劳动者战胜剥削者的十月胜利，正是要有由劳动者自己初步讨论新生活条件和新任务的整个历史时期，才能够稳固地过渡到更高形式的劳动纪律，过渡到自觉地领会必须实行无产阶级专政的思想，过渡到在工作时间无条件服从苏维埃政权代表的个人指挥……”

“劳动群众开群众大会的这种民主精神，犹如春潮泛滥，汹涌澎湃，漫过一切堤岸。我们应该学会把这种民主精神同劳动时的**铁的**纪律结合起来，同劳动时**无条件服从**苏维埃领导者一个人的意志结合起来。”①

1918年4月29日全俄中央执行委员会通过了一项决议，表示完全同意这个报告中所阐明的基本论点，并委托主席团把这些基本论点编成提纲，作为苏维埃政权的基本任务。由此可见，我们现在所重复的，正是两年前全俄中央执行委员会在正式的决议中早就同意了的东西！而现在竟有人在早已解决了的问题上，在已经由全俄中央执行委员会加以肯定和阐明了的问题上，拖我们向后退。这个问题就是：苏维埃社会主义民主制同个人管理和独裁毫不抵触，阶级的意志有时是由独裁者来实现的，他一个人有时可

① 见本版全集第34卷第178、179—183页。——编者注

以做更多的事情，而且一个人行事往往是更为必要的。无论如何，对集体管理制、对个人管理制的根本态度不仅早已阐明，并且已由全俄中央执行委员会加以肯定。在这方面我们代表大会证明了一个令人痛心的事实：我们不是从解释原则问题向研究具体问题前进，而是像虾那样地前进。如果我们不能避免犯这种错误，我们就不能完成经济任务。

关于李可夫同志的某些意见，我还想说两句。他硬说人民委员会阻挠经济系统各人民委员部合并，而当有人说李可夫同志要吃掉瞿鲁巴同志时，他回答说："我不反对瞿鲁巴吃掉我，只要经济系统各人民委员部能够合并。"我知道这会造成什么结果，我应当指出，最高国民经济委员会企图在国防委员会和人民委员会之外把经济系统各人民委员部单独联合起来，对此中央委员会并非没有察觉，而且是持否定态度的。现在，国防委员会已改名为劳动国防委员会。你们想甩掉为战争贡献了优秀战士的军事人民委员部，可是没有军事人民委员部这样的机关，你们连劳动义务制也实行不了，而没有内务人民委员部我们也不能实行劳动义务制。拿邮政来说吧，如果没有邮电人民委员部，我们就不能寄发信件。再拿卫生人民委员部来说吧，要是百分之七十的人得了斑疹伤寒，你们怎样做经济工作呢？结果，我们什么事情都要征求经济人民委员部的同意，都要留给它去办。这简直是一个莫名其妙的想法！李可夫同志没有有力的根据！因此大家都反对这样做，中央委员会也不支持。

其次，李可夫同志嘲笑托洛茨基同志打算跟哥尔茨曼同志结成的联盟。这里我想说几句：党内各派，只要是正确的，它们之间结成联盟永远是需要的。这应当始终是实行正确政策所必不可少的条件。很遗憾，我对哥尔茨曼同志不太熟悉，但听说他是五金工人中特别主张采用合理方法（这点在我的提纲中已强调指出）的一派的代表。如果他从这个角度来坚持个人管理制，不用说，这完全可能是非常有益的。同这一派要是结成联盟也是极其有益的。如果中央委员会中要增加工会的代表，那么在中央委员会里，除为民主制而战斗因而犯了错误的、极端主张集体管理制的代表以外，能有这一派的代表，那是有益的，这一派即使有些地方不正确，但它有独到的见解，有某种不同的意见。让两派都有代表参加中央委员会吧，那就成了联盟。中央委员会就这样组成吧。这样结成了联盟，一年到头都有地方可以进行论战，而不只是在召开党代表大会的一周中才能进行论战。我们一向拒绝实行地区代表制的原则，因为这种代表制往往会造成同一地区的人互相袒护姑息的现象。既然要同工会更紧密地联系起来，就必须注意到各个工会的每一种不同意见，就必须同它们保持联系，——那就必然要这样来组成中央委员会：它同工会的广大群众（我们有 60 万党员和 300 万工会会员）之间应有一条纽带，把中央委员会同时与 60 万党员和 300 万工会会员的统一意志联系起来。没有这条纽带，我们就不能进行管理。我们收复西伯利亚、库班和乌克兰的地方愈多，农业人口愈多，我们的任务就愈困难，机器运转就愈吃力，因为西伯利亚的无产阶级人数很少，而乌克兰的无产阶级又比较弱。但是我们知道，当有人维护萨普龙诺夫同志所沉湎的半蛊惑性的集体管理制的时候，顿涅茨和尼古拉耶夫斯克的工人曾给予他们以直接的反击。毫无疑问，乌克兰的无产阶级分子同彼得格勒、莫斯科和伊万诺沃-沃兹涅先斯克的不一样，这不是由于他们不好，而纯粹是由于历史情况不同而造成的。他们不像莫斯科和彼得格勒的无产者那样受过饥寒的煎熬和斗争的锻炼。因此需要很好地同工会建立联系,需要很好地组织中央委员会,使它不仅了解 60 万党员的不同意见,而且还了解 300 万工会会员的不同意见,使它在任何时候都能带领大家万众一心地前进!必须这样来组织中央委员会!这是基本的、政治的利益,否则无产阶级专政就不成其为专政。联盟,就得像个联盟的样子!不要怕它,而应当欢迎它,应当在党的各个中央机关中更坚定地、更广泛地实现它!

载于 1920 年《俄国共产党第九次代表大会。速记记录》一书

译自《列宁全集》俄文第 5 版第 40 卷第 268—275 页

5

关于合作社问题的发言[152]

（4月3日）

我只是昨天晚上和今天才多少看了一下这两个决议案。我认为，委员会中少数人提出的决议案比较正确。米柳亭同志用了一大堆可怕的字眼来攻击这一决议案，认为它不彻底，甚至极不彻底，指责它是机会主义。但是我觉得，鬼并不像人们描绘的那样可怕。如果从实质上考察一下，那么，正是企图把问题提到原则高度的米柳亭的论据，暴露出他所维护的那个决议案恰恰从实际的、实事求是的马克思主义的观点来看是不正确，不适当的。不正确的地方在于：米柳亭指出，他的决议案即委员会中多数人提出的决议案，主张合作社同乡执行委员会合并，合作社归乡执行委员会领导，而且他认为这正是他的决议案比少数人提出的不够革命的决议案来得直截了当、坚决果断的地方。我们已经在我们长期的革命运动中看到，我们的革命行动，凡是有了准备的，结果都成功了，凡是单凭革命热情的，结果都失败了。

委员会中少数人提出的决议案说了些什么呢？少数人提出的决议案说：应当重视在消费合作社里加强共产主义工作并争取其中的多数；应当在你决定移交和以后正式移交之前准备好接受的机关。请把米柳亭所采取的方针同这一点比较一下吧。他说：合作社不好,因此,要把它交给乡执行委员会。可是你们在要移交出去的这种合作社里有没有共产主义基础呢?问题的关键——准备工作被忽略了,只是提出了最后的口号。如果这种共产主义工作准备好了,而且能够担当和进行这种工作的机关也建立起来了,那移交出去是可以理解的,那也就用不着在党的代表大会上宣布这一点了。难道你们对农民的轻率做法还算少吗!那个最高国民经济委员会在收集亚麻的事情上对农民、对合作社的轻率做法还算少吗!如果你们想一下我们地方上的和人民委员会的工作的实际经验,那么你们一定会说这种处理问题的方法是不正确的,而另一个决议案才是正确的,因为它认为必须进行共产主义教育工作,必须培养工作干部,不这样就不能移交。

第二个基本问题,就是同消费合作社的联系。在这方面,米柳亭同志显得前后很不一致。如果说消费合作社没有执行所有的任务,即两年来针对富农的许多法令所规定的那些任务,那么应当记得,我们政权对富农所采取的那些手段也适用于消费合作社。这也是彻底贯彻了的。现在最主要的是提高生产和增加产量。如果消费合作社不能做到这一点,那它就要受到处分。假使它同生产合作社的联系能使产品增加,即使增加得不多,那也要向它致敬并发挥它的主动性。如果消费合作社在当地同生产虽有较密切的联系,但它不能使产量增加,那也就没有完成苏维埃政权所交给的本职工作。一个县里哪怕有两三个干劲足的同志,决心同富农和资产阶级作斗争,事情就好办了。可是丘钦同志的主动性究竟在什么问题上受到了压制呢?他没有举出一个例子。需要把生产合作社同消费合作社结合起来,只要最近的将来能够增加产量,作任何让步都行。这种想法是从我们两年的经验中得出来的。它一点也不妨碍共产党和苏维埃的工作人员去同富农类型、资产阶级类型的合作社作斗争。不但不妨碍，而且给他们提供了新的武器。如果你能把什么组织起来，我们就奖励你，但是，如果你完不成这一任务，那我们就要揍你，这不只因为你是反革命（正像会上有人正确指出的那样，这有肃反委员会来管），不，我们要揍你，是因为你没有完成国家政权、苏维埃政权和无产阶级交给你的任务。

米柳亭同志反对把消费合作社联合起来，并没有提出任何一个切实的理由，只是说他觉得这样做是机会主义或者不彻底。从米柳亭同志那里听到这种话是很奇怪的，他和李可夫同志原准备大干一场，到头来却认为寸步难行。从这方面来看，同消费合作社保持联系是一件好事，它使我们能立即把生产抓起来。要防止干预政治工作，可以采取种种手段，而在生产和经济方面则完全由农业人民委员部和最高国民经济委员会来领导。你们有这些手段，是足够监督合作社的。

现在我们来谈第三个问题，即国家化问题，米柳亭曾竭力为这个问题辩护，使人听起来都感到奇怪。委员会成立以后，克列斯廷斯基同志在委员会里只有少数人拥护，而米柳亭同志占了上风，可是现在他却说："我同意不去争论国家化问题。"那么为什么委员会那时要争论呢？如果你和丘钦同志是一样的看法，那你放弃国家化是不对的。会上有人说：既然对资本家实行了国有化的措施，为什么不可以对富农采取国有化的措施呢？这种说法在这个会上遭到嘲笑不是没有道理的。其实，不管你怎样计算，剥削他人劳动的富裕农民还是不少于50万，也许甚至将近100万，我们怎么能对他们采取国有化的措施呢？这简直是想入非非。我们现在没有力量这样做。

丘钦同志说得很对,在合作社里有许多反革命分子,但这是另一回事。会上大家谈论的关于肃反委员会的意见是对的。要是你自己眼力不行,不能识破合作社里个别为首的分子,那就派一个共产党员去,让他把这种反革命分子指出来。如果他是一个好党员,而一个好党员同时也就是一个好肃反工作人员,那么被派进消费合作社以后,他至少应当抓出两个钻进合作社的反革命分子。

正因为如此,丘钦同志鼓吹立即实行国家化是不正确的。立即实行国家化固然很好,但是办不到,因为我们要打交道的这个阶级我们较难接近,而且它是绝不会接受国有化的。我们连工业企业还没有都实行国有化。各总管理局和中央管理局的命令一到地方上就完全不起作用:它不是完全淹没在公文的汪洋大海里,就是因交通不便或电信不通等等而杳无音信。因此,现在根本谈不上合作社国有化。米柳亭同志在原则上也是不对的:他感到理由不充分,就认为可以把这一条干脆取消。但是这样一来,米柳亭同志,您就把自己的决议案毁了,这样您就证明少数人提出的决议案是正确的,因为您的决议案的精神是由乡执行委员会来领导合作社(第一条就是这样说的:"采取措施"),这是错误地把肃反精神搬到经济问题中来了。另一个决议案则说,首先应该增加共产党员的数目,加强共产主义的宣传鼓动工作,应当打基础。这里没有什么唱高调的地方,这里也没有保证说一下子就可以过天堂般的生活。如果地方上有共产党员,他们就知道怎样办,而不需要丘钦同志指点把反革命分子抓到哪里去。其次,应当准备好机关。"准备好机关,从实践中检验这个机关,看生产是否在增加",——这就是少数人提出的决议案的内容!首先打基础,然后,——然后我们再看一看。以后应当做什么,到时候自然会清楚的。关于应把反革命分子解送肃反委员会，没有肃反委员会就解送革命委员会的法令已经够多了。应当少指手划脚。应当通过提出了基本方针的少数人的决议案。

载于1920年《俄国共产党第九次代表大会。速记记录》一书

译自《列宁全集》俄文第5版第40卷第276—280页

6

代表大会闭幕词

(4月5日)

同志们,我们在给这次代表大会的工作作简短的总结时,我认为首先应当谈谈我们党的任务。代表大会就组织工作问题通过了一个详细的决议,正如大家所预期的那样,在这个决议中占着极其重要的地位的,是关于对我们党员的培养、训练和组织上使用的问题。据代表资格审查委员会报告,这次代表大会代表的党员超过60万。我们都很清楚:在过去这些战斗的日子里,党遭到了多大的艰难困苦,我们的党是执政党,因而自然也就是公开的党,是加入之后就有可能掌权的党,我们在这个时期不得不进行斗争,防止坏分子,防止那些旧资本主义的渣滓钻进和混入执政党里来。斗争的方法之一就是举行征收党员周。只有在党和运动处境特别困难的时候,在邓尼金占领了奥廖尔以北地区、尤登尼奇离彼得格勒只有50俄里的时候,只有在这种情况下,参加党的才可能都是真正忠于劳动者解放事业的人。

这种情况在目前、至少在最近的将来是不会再发生了。所以必须指出,我们党员现在达到的巨大数字(同前几次代表大会相比),使人有些担心,而且这里存在着很现实的危险:我们党在迅速发展,而我们教育这些党员去完成党的当前任务这项工作却不能随时跟上。我们必须经常注意到，这支拥有 60 万人的大军应当是工人阶级的先锋队，如果没有铁的纪律，要在两年内完成自己的任务恐怕是不可能的。党员的忠诚是我们实行和保持我们最严格的纪律的基本条件，因为过去实行纪律所凭借和依靠的一切东西都被破坏了，我们只能以十分周密的思考和高度的自觉性作为我们活动的基础。这就使我们有可能实行一种比其他国家的纪律更高的、立足于另一种基础之上的纪律，它与资本主义社会里的那种纪律毫无共同之处，如果说资本主义社会的纪律还能维持的话，那也只是勉强维持着。因此，我们应当记住，在我们取得了辉煌战绩之后的下一年中，我们的任务与其说是扩大党，不如说是加强内部工作，即提高我们全党。所以说，我们关于组织工作问题的决议对这一点给予极大的重视不是没有道理的。

无论如何应当使这一支无产阶级先锋队，使这一支拥有 60 万党员的大军能胜任它所担当的任务，而它所担当的国际国内任务是极其重要的！说到国际任务，目前我国所处的国际形势比以往任何时候都好。尽管从国外传来的关于各国工人生活情况的消息很少，但是每当你收到一两封信或几份欧美社会主义工人报纸时，就感到无上的欣慰，因为从这里可以看到，在每一个国家里，在地球上任何一个角落里，其中好多地方我们都不知道，那里完全没有受过宣传影响的群众或者在可怜的机会主义即纯粹的议会制社会主义影响下混日子的群众，都日益关心苏维埃政权，关心新的问题，革命运动到处都在日益深入，风潮迭起，革命问题被提了出来。

我昨天看了一份英国社会主义工人政党的报纸。英国工人拥有知识分子的领袖，这些领袖几十年来一直以轻视理论著称，但是现在英国工人十分明确地表明，并且他们的报纸也证明：现在英国工人关心革命问题，开始关心并日益关心对修正主义、机会主义、议会制社会主义的斗争，对这些为我们所熟知的背叛社会主义的行为的斗争。这个斗争已被提到日程上来了！美国的P.同志出版了一厚本书，发表了托洛茨基和我的许多文章，从而介绍了俄国革命的历史，我们可以肯定地说，他这样做是完全正确的。这位同志指出，法国革命从世界历史范围来说是一次胜利的革命，它之所以被直接镇压了下去，那是因为它四周的欧洲大陆各国当时都比较落后，在这些国家里不能立即掀起效法、同情和支援法国革命的运动。由于沙皇政府的压迫和许多其他条件(1905年曾进行过革命，等等)而先于其他国家爆发的俄国革命却不同，它四周都是资本主义发展程度较高的国家，这些国家走向革命虽然较慢，但是较扎实、较稳固、较坚定！我们看到，每年甚至每月，苏维埃共和国在每个资本主义国家里的拥护者和朋友的数目都在十倍、百倍、千倍地增加，而且应当指出，我们的朋友和同盟者比我们所知道的要多！

全世界帝国主义想用武力压垮我们的尝试已经完全失败了！现在国际形势给了我们一个比我们革命初期更持久更稳定的喘息时机。但是应当记住，这终究不过是个喘息时机。应当记住，整个资本主义世界已经从头到脚武装起来，它正在选择有利的战略条件，研究进攻的方法，等待着时机。千万不能忘记，现在经济力量和军事力量都还在它们那一方面！在世界范围内我们的力量还很薄弱，我们现在正在迅速成长壮大，正在把敌人手中的武器一件一件地夺过来，但敌人时刻都在苏维埃共和国旁边窥伺着机会！现在国际资本正拿定主意，周密策划，想在撤销封锁的时候把国际的粮食投机活动、国际自由贸易同我们国内的粮食投机活动联合起来，融合起来，结合起来，并准备从这种粮食投机活动方面对我们发动新的战争，设置下许多新的圈套和陷阱。

这里我们来谈谈作为这次代表大会主要问题、主要注意中心的基本任务。这就是建设任务。在这方面代表大会做了很多工作，一致通过了关于经济建设和运输这一主要问题的决议。我们现在靠着党的教育，一定能使参加工会的300万工人同心协力地来执行这项决议。我们一定要利用这项决议来把我们的全部力量、纪律性和干劲都用于恢复我国的经济，首先是恢复运输，其次是改善粮食供应状况。

我们现在有许多问题要宣传。在这方面，从国外传来的每一条消息和新吸收的每十个党员都能给我们提供新的宣传材料。宣传应该按部就班地进行，不要浪费和分散力量。我们在军事上之所以取得了胜利，创造了奇迹，就是由于我们总是集中力量来解决主要的、基本的问题，我们使用资本主义社会根本不会使用的方法来解决问题。这一点我们必须牢记！原来，资本主义社会对于公民所特别关心的事情——他们生存的经济条件、战争与和平——都是背着社会决定的；最重要的问题，如战争、和平、外交等，都是由一小撮资本家来决定的，他们不仅欺骗群众，甚至常常欺骗议会。世界上从来没有哪一个国家的议会曾经在战争与和平的问题上发表过一点有分量的意见！在资本主义社会里，劳动者经济生活中的主要问题，他们是饿肚子还是能维持好的生活，都由资本家这位老爷、这个上帝来决定！在所有的资本主义国家里，在民主共和国里，卖身投靠的资产阶级报刊在这种时候总是转移人民的注意力，在言论自由的名义下编造种种谎言，采取种种手段来欺骗和蒙蔽群众！与此相反，在我们这里，整个国家政权机关和每个觉悟工人都把注意力完全集中在当前主要的、有决定意义的事情上，集中在主要的任务上！在军事上我们这一点做得很出色，我们现在应当把这一经验运用到经济方面来。

我们正在向社会主义过渡，最重要的问题——粮食问题、劳动问题——不是个人的问题，不是企业主的私事，而是整个社会的问题，每一个稍有头脑的农民都应该明确地认识到和理解到，如果国家在所有的报刊上，在每一篇文章里，在每一号报纸上都提出运输问题，那么，这便是大家的事情！这一建设对农民来说是摆脱曾使他们遭受奴役的那种愚昧无知，进而享有真正的自由，那时劳动者就会了解他们面前的种种困难，因此要把社会团体的全部力量、国家机关的全部力量、宣传鼓动的全部力量都用于最平凡最重大的事情上，不要像任何资产阶级国家的报纸鼓动家那样花言巧语，舞文弄墨，玩弄各种决议和美妙的诺言！应当把全部力量和全部注意力集中在最平常的经济任务上，这些任务是每个农民都理解的，任何一个较正直的中农、甚至富裕农民都不会反对这些任务，我们在任何会议上提出这些任务都是绝对正确的。最不觉悟的工农群众都会肯定，主要的是立即恢复经济，不让它再受剥削者操纵，不让那些握有余粮的人有机可乘，趁国家闹饥荒而利用手中余粮来发财致富，逼得穷人饿肚子。即使最愚昧、最没有觉悟的人，也不会不认为用余粮投机倒把是不正当的，也不会不意识到——虽然是隐隐约约地意识到——拥护苏维埃政权的人所举出的理由是完全符合劳动者的利益的。

在大资本主义社会里，这些平常的任务被置于末位，被认为是企业主的私事，而我们却要把60万党员大军的全部注意力集中在这些问题上，我们不应当容许其中任何一个党员不执行自己的任务，为此就要使全体工人以最大的自我牺牲精神和忠诚完全投向我们这一边！这是很难组织的，但是这样做我们就会有很高的威望和巨大的说服力，因为从劳动者的角度来看这样做是正确的！可以相信，由于代表大会所作的努力，我们现在一定能像完成军事任务那样把这项任务完成得很出色，虽然我们会像完成军事任务那样遭受许多失败，犯许多错误。我们有这样的把握说，现在欧美各国的工人都看着我们，期待着我们，看我们能不能完成我们所担负的这个更困难的任务，因为完成这个任务要比夺取军事胜利更困难！这个任务单凭热忱、自我牺牲精神和英勇精神是不能完成的！在这种我们俄国人做起来比谁都差的组织工作中，在这种培养自我纪律的工作中，在这种需要善于抓住主要东西而抛弃次要东西的工作中，图快是什么也做不成的；在收集粮食、整顿运输、恢复经济方面，只能一步步地前进；这方面正在打基础，做出的成就虽少，然而是扎实的。在这一工作上，各国工人都看着我们，期望我们取得新的胜利！我相信，依靠我们代表大会的各项决定，60万党员同心协力，同经济机关和工会机关建立起更密切的联系，我们一定能像完成军事任务那样胜利地完成这个任务，并迅速而坚定地向世界社会主义苏维埃共和国的胜利迈进！（鼓掌）

载于1920年《俄国共产党第九次代表大会。速记记录》一书

译自《列宁全集》俄文第5版第40卷第281—287页

对星期六义务劳动条例草案的补充[153]

（不早于1920年3月底）

1. 星期六义务劳动的目的和任务

(1)星期六义务劳动是宣传劳动义务制和工人阶级自我组织的思想的形式之一。

(2)星期六义务劳动应当是共产主义劳动方式的试验室。

(3)星期六义务劳动首先应从特别重要和特别紧迫的工作做起。

(4)星期六义务劳动的工作量应不低于规定的定额，但是参加者应力争超过这些定额。

+（一）提高劳动生产率

（二）加强劳动纪律

（三）实现无产阶级专政

（四）领导农民

（五）消除饥饿和经济破坏。

载于1933年《列宁文集》俄文版第24卷

译自《列宁全集》俄文第5版第40卷第288页

论 妥 协[154]

（1920 年 3—4 月）

兰斯伯里同志在同我谈话时，特别强调英国工人运动中的机会主义领袖们的下述论点：

> 布尔什维克同资本家妥协了，拿他们在同爱沙尼亚缔结的和约中同意租让森林来说，就是一个例子；既然这样，那么英国工人运动中的温和派领袖同资本家妥协也是同样合理的。

兰斯伯里同志认为这个论点在英国广为人知，对工人很有影响，迫切需要加以分析。

现在我试一试来满足这个要求。

一

拥护无产阶级革命的人是否可以同资本家或资本家阶级妥协呢？

看来，这个问题就是我引述的那个论断的基础。但是这样笼统地提出这个问题，说明提问题的人或者是政治经验极少，政治觉悟不高，或者是他故意骗人，想用诡辩来掩盖他替抢劫、掠夺以及各种资本主义暴力所作的辩护。

事实上,对于这个笼统的问题作否定的回答显然是荒谬的。当然,拥护无产阶级革命的人是可以同资本家妥协或达成协议的。一切都要看达成的是**什么**协议,是**在什么情况下**达成的。在这一点上,也仅仅在这一点上,才可以而且应当去寻找从无产阶级革命的观点看来是正当的协议和从同样观点看来是叛卖的、变节的协议之间的区别。

为了说明这一点,我先提一提马克思主义奠基人的意见,然后再举几个最简单明了的例子。

马克思和恩格斯被认为是科学社会主义的奠基人不是没有原因的。他们无情地反对各种空谈。他们教导大家要科学地提出社会主义问题(其中包括社会主义策略问题)。19 世纪 70 年代,恩格斯在分析公社流亡者法国布朗基派的革命宣言时,曾直截了当地对他们说,他们夸口"不作妥协"是一句空话。① 决不能发誓不妥协。由于所处的情况,有时甚至连最革命的阶级的最革命的政党也不得不妥协,问题在于要善于通过一切妥协来保持、巩固、锻炼、发展工人阶级及其有组织的先锋队即共产党的革命策略、革命组织、革命意识、决心和素养。

凡是熟悉马克思学说的原理的人,都必然会从这整个学说中得出这样的见解。而在英国,由于一系列历史原因,马克思主义从宪章运动[155](它在很多方面是马克思主义的准备,是马克思主义的"前奏")以来就被工联和合作社的机会主义的、半资产阶级的领袖们置于脑后。所以我试着从日常生活即政治生活和经济生活方面大家

① 见《马克思恩格斯文集》第 3 卷第 363 页。——编者注

熟悉的现象中举一些典型的例子，来说明上述见解的正确性。

先从我在一次讲话中已经举过的例子谈起。① 假定一群武装强盗袭击你坐的汽车。假定当强盗用手枪对准你的太阳穴的时候，你交出了汽车、钱以及你的手枪，于是强盗就用这辆汽车等等继续行劫。

这显然是你同强盗的妥协，同强盗达成的协议。这一未经签署的、默然达成的协议，毫无疑问还是十分明确的："我把汽车、武器、钱都给你这个强盗，你让我摆脱这次幸遇。"[156]

试问，如果这些强盗利用他们从达成这一协议的人那里得到的汽车、钱和武器来抢劫第三者的话，你是否会把那个同强盗达成**这种**协议的人称为强盗行径的**同谋者**，称为抢劫第三者的**同谋者**呢？

不，你不会这样称呼他的。

在这里问题十分清楚，而且简单之至。

同样也很清楚，在其他情况下，默然地把汽车、钱和武器交给强盗，会被一切头脑正常的人认为是参加盗匪活动。

结论很清楚：发誓不同强盗达成任何协议或妥协是荒谬的，然而根据笼统地说同强盗达成协议有时是可以允许的和必要的这一抽象的论点来为强盗行径的同谋行为作辩护同样也是荒谬的。

现在举一个政治方面的例子……②

载于1936年《布尔什维克》杂志第2期

译自《列宁全集》俄文第5版第40卷第289—291页

① 见本版全集第36卷第330—331页。——编者注

② 手稿到此中断。——俄文版编者注

在全俄矿工第一次代表大会上的讲话[157]

（1920年4月4日和6日之间）

同志们！首先请允许我代表人民委员会向采矿工人和煤炭工人第一次代表大会表示祝贺。

同志们，这次代表大会和整个这一工业部门对苏维埃共和国的意义是非常重大的。你们当然都知道，没有煤炭工业，任何现代工业和任何工厂都是不可设想的。煤是工业的真正的粮食。没有这种粮食，工业就会瘫痪；没有这种粮食，铁路运输就会处于极糟糕的境地，无论怎样也恢复不了；没有这种粮食，各国的大工业就会崩溃、瓦解，就会退到原始野蛮状态。现在，甚至在那些比俄国先进得多、比俄国遭受战争破坏少得多的国家里，甚至在那些战胜国里，煤荒也造成了深重的灾难。我们尤其要让从各地来开会以便建立巩固、有力、强大和自觉的矿工工会的同志们完全清楚地认识到，整个苏维埃共和国、整个工农政权把多么巨大的任务交给了这次代表大会，交给了矿工们，因为现在，我们在同全世界资本家所支持的白卫分子和资本家作了两年的殊死斗争之后，在获得了一切胜利之后，又面临着一场严重的斗争，这场斗争会比以前的斗争更有成效，但不会比它轻松，就是说这是一场不流血战线上的斗争，劳动战线上的斗争。

当地主和资本家试图在流血的战线上摧毁俄国苏维埃政权的时候，看来苏维埃共和国的事业好像是没有希望了，苏维埃俄国这个最弱、最落后、经济破坏最严重的国家是抵挡不住全世界资本家的进攻的。在这场斗争中，世界最富有的强国援助俄国白卫分子，它们为此花费了亿万卢布，供给装备，在外国设立专门训练军官的兵营，而且至今国外还有这些招兵站，在世界最富有的资本家的支持下，招募俄国战俘和志愿兵，以便进行反对苏维埃俄国的战争。自然，看来我们的事业好像是没有希望了，俄国抵挡不住比我们强大的世界军事强国的进攻。其实，这样的奇迹是可能创造出来的，而且苏维埃俄国在这两年当中已经创造了这一奇迹。

苏维埃俄国在反抗世界一切最富有的强国的战争中终于取得了胜利。为什么呢？当然并不是因为我们在军事方面比它们强大。不是的。而是因为各文明国家的士兵已经不再受欺骗了，尽管有人耗费大量纸张竭力向他们证明，布尔什维克是德国的奸细、篡权者、卖国贼、恐怖分子。因此，我们看到，从敖德萨回去的士兵或者成了信仰坚定的布尔什维克，或者声明“不再对工农政府作战”。我们取得胜利的基本原因，是西欧先进国家的工人非常理解和同情全世界范围内的工人阶级，尽管资产阶级的报刊撒谎造谣，他们数以百万计的出版物对布尔什维克进行恶毒的诬蔑，但西欧的工人还是站在我们这边，这一情况就决定了我们战争的胜负。大家都很清楚，如果几十万士兵像对德国那样同我们作战，那我们是支持不住的。这对任何一个懂得什么是战争的人都是显而易见的。然而却出现了这样的奇迹：我们战胜了他们；他们在互相倾轧中分崩离析；他们臭名远扬的国际联盟成了疯狗联盟，他们在抢肉骨头，一个问题也不能达成协议，而直接或间接、自觉或不太自觉地拥护布尔什维克的人，在各个国家中不是与日俱增，而是与时俱增。

凡是同情社会主义的人都知道第二国际，它在 1889 到 1914 年这 25 年期间一直在领导各国的社会主义运动，可是帝国主义战争爆发后，第二国际的社会党人都跑到本国政府那一边，各自为本国政府辩护；各国所有被认为是共和派、社会革命党人和孟什维克的人，都站到本国政府那一边，保卫自己的祖国，把秘密条约藏起来不公布；那些被认为是工人阶级领袖的社会党人，跑到资本家一边，反对俄国工人阶级。领导德国政府的谢德曼分子至今仍自称为社会民主党人，然而他们却是最卑鄙的刽子手，他们勾结地主和资本家杀害了德国工人阶级的领袖罗莎·卢森堡和卡尔·李卜克内西，屠杀了 15 000 个德国无产者。在这期间第三国际即共产国际成立了，在这一年间它完全胜利了。第二国际彻底垮台了。

请看，尽管有人散布种种谎言，对苏维埃政权进行种种诽谤，但是俄国苏维埃政权对全世界工人仍发生了这样有力的影响。士兵和工人认为，政权应当属于劳动者，不劳动者不得食，谁劳动，谁就在国家里有发言权，谁就可以影响国家大事的决策。这是一个简单的真理，工人阶级中千百万人都懂得这个真理。

现在你们面临着一项艰难的任务——继我们取得军事胜利之后，还要取得一个更艰难的胜利。这个胜利所以更艰难，是因为这方面不能光靠英勇精神，这方面只有经过顽强的劳动才能收到效果，这方面需要好些年的紧张工作。

全世界的资本家正在招收劳动力来扩大生产，但是工人回答他们说：先让工人吃饱饭，先停止拿工人生命来作牺牲的互相倾轧，先停止大厮杀，因为昨天还为了让英国强盗还是其他什么人来统治世界而在大厮杀中断送了千百万人的生命。只要政权在资本家手里,我们考虑的就不是提高生产,而是打倒资本家。

但是,在资本家被打倒之后,你们就要证明,你们没有资本家也能提高生产率,你们要驳倒资本家散布的攻击觉悟工人的谎话,资本家说什么这不是革命,这不是新制度,这不过是大暴行,这不过是对资本家复仇,工人本身永远不能把全国组织起来,使它摆脱经济破坏状况,他们只会制造无政府状态。这就是各国资本家用万千种方法所散布的谎话,这些谎话通过无党派的人,通过布尔什维克的敌人,又用千百种方法散播给俄国工人,尤其是散播给那些受教育最少、受资本主义腐蚀最深或最没有知识的那一部分工人。但是,我们知道,在苏维埃政权建立以后的两年中,我们战胜了全世界,这主要是依靠工人的英勇精神。

我们实行了无产阶级专政,建立了钢铁般的、无情的、强硬的、不惜采取任何手段的工人政权,并且宣布:谁不和我们站在一起,谁就是反对我们,对这个政权的任何微小的反抗都将被粉碎。有人因此责备我们,而我们却以此自豪,我们说,没有这个钢铁般的工人政权,没有这支先进的工人队伍,不要说两年,就是两个月我们也支持不了。这个专政使我们党在战争的困难关头每次都能够把共产党员动员起来。共产党员们奋勇当先,牺牲在前,在抗击尤登尼奇和高尔察克的前线上成千成万地阵亡了;工人阶级的优秀分子献出了自己的生命,因为他们懂得,他们虽然牺牲了,但是他们拯救了子孙后代,拯救了千千万万的工人和农民。他们无情地羞辱和打击了那些自私自利的人,那些在战场上只顾自己的人,并且无情地枪毙了他们。我们以这个专政、以这个钢铁般的工人政权而自豪,这个政权声明:我们把资本家打倒了,为打垮他们的任何复辟行动,我们万死不辞。在这两年中谁也没有像彼得格勒、莫斯科和伊万诺沃-沃兹涅先斯克的工人那样忍饥挨饿。据现在统计,在这两年当中他们每年所得到的粮食不超过7普特,而产粮省农民吃的粮食每年不少于17普特。工人作出了很大的牺牲,忍受了疾病的痛苦,他们的死亡率升高了,但是他们会证明:工人起来反对资本家不是为了复仇,而是决心要建立一个没有地主和资本家的社会制度。这就是为什么要作出这样大的牺牲的原因。先进的工人只是靠这种空前未有的、而且是自觉自愿的牺牲,靠这种用红军的纪律(红军从不使用旧的纪律手段)所保证的极其伟大的牺牲,才保持了自己的专政,赢得了全世界工人的尊敬。那些极力诽谤布尔什维克的人不应忘记,专政对实行专政的工人本身来说,就是要作出最大的牺牲,忍受最严重的饥饿。伊万诺沃-沃兹涅先斯克、彼得格勒和莫斯科的工人在这两年中所受的痛苦,是在各条红色战线上战斗的其他任何人所从来没有受过的。

这一点煤炭工业的同志们应当首先特别注意和牢牢记住。你们是先进部队。我们在继续进行战争——不是流血的战争,流血的战争我们已经结束了。幸而现在谁也不敢侵犯苏维埃俄国,因为他们知道他们会被打败,这是由于他们不可能驱使觉悟的工人攻打我们,觉悟的工人会像在英国人占领的阿尔汉格尔斯克那样,会像在敖德萨那样炸毁港口。这一点已经被证明了,这一点我们已经争取到了,但是我们在继续进行战争,毕竟是在继续进行战争,继续进行一场经济战争。我们目前要同粮贩进行斗争,要同少数被旧资本主义腐蚀了的、只想"应该给我增加工资,别的我什么也不管"的工人进行斗争。这些人只知道"给我加倍工资,一天给我两三俄磅面包",而没有想到他们是在为捍卫工农而工作,是在夺取资本家的既得成果。同他们的斗争,应该通过同志式的教育、同志式的诱导来进行,这除了工会以外,是谁也做不到的。需要向这样的工人说明:他们不能跟着粮贩和投机倒把分子走,不能跟着那些说"我粮食愈多就愈发财"、说"人人为自己,上帝为大家"的富裕农民走,这是资本家先生和那些保持资本主义旧习的人的论调,谁还在重复这些老调,我们就认为他是变节分子、叛徒,他们就应当受到工人阶级的痛斥和羞辱。我们被大多数资本主义国家包围着,它们在全世界联合起来反对我们,它们同我国的粮贩勾结起来,它们想用实力推翻我们,它们认为它们比我们强大。我们仍然是一个被包围的要塞,全世界的工人都在注视这个要塞,他们知道他们会从这里得到自由,所以我们在这个被包围的要塞里,应该像作战时那样毫不留情,严守纪律,奋不顾身。在工人中间,我们绝不容许有不肯把自己一伙人的利益同全体工农的利益结合起来的自私自利分子。

应当通过工会建立起我们红军所实行的那种同志纪律,我们每个优秀的工会都在建立这种纪律,我深信,你们现在成立了矿工工会之后也一定会建立起这种纪律。

你们的工会在得到国家政权力所能及的帮助之后,将成为最先进的工会之一。我相信,你们对于建立巩固的劳动纪律,对于提高煤炭工人(他们的劳动也许是最累、最脏、最危险的,人类的技术正设法根本取消这种劳动)的劳动生产率和发扬他们的自我牺牲精神,一定会作出同样的贡献。

但是,为了立即拯救苏维埃政权,就必须给工业提供粮食,也就是煤炭。否则就不能恢复经济,就不能使铁路通车,就不能使工厂开工,就不能供给农民产品以换取粮食。当然,农民不会满足只拿到花花绿绿的票子，他们现在贷给我们粮食，是因为他们有义务把粮食贷给挨饿的工人。但是，我们也有义务偿还这笔债务，因此要使生产成十倍地增加，使所有工厂都开工。

同志们，这就是全体觉悟工人所肩负的巨大任务，他们肩负这一任务，因为他们懂得这件事关系到能否保持与巩固苏维埃政权和社会主义，使子孙后代永远不受地主和资本家的压迫。谁不愿意理解这一点，就应当把他从工人队伍中赶出去；谁对此认识不足，工会就要对他进行教育和宣传，就要用它无比关心生产和纪律的行动来影响他。工农政权正需要我们通过这种途径来加以巩固。你们通过这一虽然缓慢但是极其重要的工作，一定会取得而且应当取得比我们红军在前线的胜利更重大的胜利。

载于 1920 年《全俄矿工第一次代表大会决议》一书

译自《列宁全集》俄文第 5 版第 40 卷第 292—298 页

在全俄工会第三次代表大会上的讲话[158]

（1920 年 4 月 7 日）

（长时间热烈鼓掌，转为欢呼）同志们，首先请允许我代表人民委员会向全俄第三次代表大会表示祝贺。（鼓掌）同志们，苏维埃政权现在正处在一个特别重要的时期，我们在许多方面都面临着转折时期那种非常复杂而又非常有意义的任务。正是这个时期的特点，使工会在社会主义建设中担负着特殊的任务，负有特殊的责任。

因此，我现在不想多谈刚刚结束的党代表大会的各项决议（这方面你们会听到比较详尽的报告）。我想谈谈苏维埃政策方面所发生的变化，那些把社会主义建设的一切任务同工会工作联系起来的变化。当前时期的基本特点，就是从迄今苏维埃政权全力以赴的军事任务向和平的经济建设任务转变。首先应当指出，苏维埃政权和苏维埃共和国并不是第一次经历这种时期。我们已是第二次回过来解决这个问题了——在无产阶级专政时期，历史第二次把和平建设任务提到了首要地位。

第一次是在 1918 年初，当时旧资本主义军队已经完全瓦解，而自己的军队我们还没有，并且一时也建立不起来，就在这种条件下，德帝国主义强盗发动了为时短暂然而来势凶猛的进攻，迫使我们签订了布列斯特和约。由于苏维埃政权实力薄弱，军事任务当时似乎已退居次要地位。我们当时似乎可以转向和平建设了。于是我在 1918 年 4 月 29 日，即差不多两年以前，在全俄中央执行委员会作了一个报告。① 中央委员会通过了根据我的报告写的提纲②，并印了出来。我向你们提起这一点，是因为列入这次代表大会议程的关于劳动纪律等等的一系列问题当时在提纲里就已列举出来了。当时的情况与我们现在的情况有相似之处。我肯定地说，两年前在工会运动中所发生的争论和意见分歧，也是我们今天注意的中心。说俄共第九次代表大会的决议是现时争论的结果，那是极其错误的。这样说会歪曲事情的真实过程。因此，为了正确理解问题的实质并正确解决问题，拿 1918 年初的情况和现在的情况对照起来考虑一下是有好处的。

当时，我们在同德帝国主义短期休战后，和平建设任务对我们来说摆到了首位。我们当时似乎可能有一个长期的和平建设时期。那时国内战争还没有爆发。克拉斯诺夫靠德国的帮助，在顿河流域还刚刚露头。在乌拉尔和北方还没有任何动乱。除布列斯特和约割去的地区以外，苏维埃共和国管辖着大片领土。从当时的情况看来，长期进行和平工作是可以指望的。在这种情况下，共产党提到日程上的首要任务，在一系列决议中，特别是在 1918 年 4 月 29 日的决议中着重强调的首要任务，是必须广泛进行宣传，坚决实行劳动纪律。

独裁权力和个人管理同社会主义民主制并不矛盾。现在应当重温这一点，以便理解刚刚举行过的党代表大会通过的决定以及

① 见本版全集第 34 卷第 223—256 页。——编者注
② 同上书，第 257—260 页。——编者注

我们所面临的总任务。这决不是对今天才提出的问题的答复，而是与当前时代的情况本身有关的。对这一点有所怀疑的人，只要比较一下两年以前的情况，就会明白目前的局势使我们的全部注意力都转向劳动纪律问题，转向劳动军问题，虽然两年以前还谈不上什么劳动军。只有把现在问题的提法和当时问题的提法比较一下，我们才能得出正确的结论，才能撇开细枝末节，抓住共同的和基本的东西。共产党和苏维埃政权的全部注意力现在都集中在和平经济建设问题上、独裁问题上和个人管理问题上。促使我们这样来解决这些问题的，不仅是我们在两年艰苦卓绝的国内战争中所取得的经验。

当我们在 1918 年初次提出这些问题的时候，我国还没有发生什么国内战争，也没有什么经验可谈。

可见，不只是红军的经验和胜利的国内战争的经验，而且还有某种与整个工人阶级专政任务有关的更深刻的东西，使我们现在也和两年前一样，把全部注意力都集中在劳动纪律问题上，因为劳动纪律是整个社会主义经济建设的关键，是我们理解无产阶级专政的基础。资本主义被推翻以后，我们的革命每一天都使我们彻底抛弃旧国际的代表这些彻头彻尾的小资产者所叫喊的那种观点。他们认为，在保存土地、生产资料和资本的私有制的条件下，资产阶级议会制民主机构所实行的多数决定的办法，可以作为解决问题的办法，事实上，只有激烈的阶级斗争才是解决问题的唯一办法。我们解决了夺取政权的问题以后，就着手在实践中来实现无产阶级专政，在这个过程中，我们逐步认识到无产阶级专政的意义及其真正的实际条件。我们看到，在这以后阶级斗争并没有终止，对资本家和地主的胜利并没有消灭这些阶级，他们只是被击溃了，但是并没有被彻底消灭。这只要提一下资本的国际联系就足以明白，资本的国际联系比当前工人阶级的联系要长久得多，牢固得多。

资本，就国际范围来说，不但在军事上，而且在经济上现在仍比苏维埃政权和苏维埃制度强大。应当从这一基本情况出发，而且任何时候也不要忘记这一点。反对资本的斗争形式在不断变化，有时具有公开的国际性质，有时集中在一个国家。这些形式正在不断变化。不管在军事方面、经济方面或者在社会生活的其他方面，斗争都在继续进行，阶级斗争的基本规律正为我们的革命所证实。无产阶级在推翻资产阶级的时候团结得愈紧密，它学到的东西就愈多。革命是在斗争本身的进程中发展的。就是在推翻资本家以后，斗争也并未终止。只有这个胜利在一个国家内得到巩固之后，它才会对全世界具有实际影响。十月革命初，资本家就曾把我们的革命看成是怪事，认为在边远地区什么古怪事都会发生。

要使无产阶级专政具有世界影响，必须使这个专政实际上在某一个国家中得到巩固。只有到那个时候，资本家——不只是立刻向别国资本家求援的俄国资本家，而且还有其他各国的资本家——才确信对这个问题采取什么态度是有国际影响的。只有到那个时候，资本家的反抗在国际范围内才达到倾其全力的程度。只有到那个时候，俄国才展开了国内战争，所有战胜国都跑来帮助俄国资本家和地主进行这场国内战争。

俄国的阶级斗争到 1900 年已经充分表现出来了，而社会主义革命是在 1917 年才获得胜利的。被推翻的阶级不仅在他们被推翻以后进行了反抗，而且从无产阶级和农民的相互关系中得到了进行这种反抗的新的力量源泉。凡是多少学过一点马克思主义的人，凡是认为社会主义是国际工人阶级运动的唯一科学基础的人，都知道这一点。大家都知道，马克思主义是对消灭阶级的理论论证。这是什么意思呢？要使社会主义取得胜利，只打倒资本家是不够的，还必须消灭无产阶级与农民之间的差别。农民所处的地位是这样的：一方面，他们是世世代代受地主、资本家压迫的劳动者阶级，因此他们过很久也不会忘记，只有工人才把他们从这种压迫下解放出来。关于这一点可以争论上几十年，关于这个问题的论述连篇累牍，在这个问题上形成了许多派别，但是现在我们看到，这些意见分歧在实际生活面前都失去了意义。作为劳动者的农民过多少年都不会忘记（事实也确实如此），只有工人才把他们从地主的压迫下解放出来。这一点是用不着争论的。但是，他们在商品经济条件下还是私有者。在自由市场上每出售和倒卖一次粮食，每搞一次投机，都是在恢复商品经济，也就是在恢复资本主义。我们推翻了资本家，从而解放了农民这个在旧俄无疑是占居民大多数的阶级。农民在自己的生产中仍然是私有者，他们在资产阶级被推翻之后产生过并且还在产生新的资本主义关系。这就是我国经济状况的基本特征。我们听到的不明情况的人的胡说八道，就是从这里来的。在目前的情况下，侈谈平等、自由和民主就是胡说八道。我们正在进行阶级斗争，我们的目的是消灭阶级。只要还存在着工人和农民，社会主义就还没有实现。在实际中，时时处处都在进行不可调和的斗争。应当考虑的是，握有国家政权这个有力的强制机构的无产阶级，要怎样并在什么条件下才能把作为劳动者的农民吸引过来，才能战胜作为私有者的农民的反抗，或者使这种反抗起不了作用，不致造成危害。

这方面阶级斗争在继续进行，因此无产阶级专政对我们说来具有新的意义。在这方面，它不仅仅是、甚至不完全是运用整个国家政权机构的强制手段来镇压剥削者的反抗。有人说我们用这种手段做了很多事情，这样说自然是对的，但是除此而外，我们还有另一种办法，这就是要无产阶级起一个组织者的作用，起一个受过劳动训练、技能训练和资本主义工厂的纪律训练的组织者的作用。我们应当善于在新的更完善的基础上组织经济，同时利用和重视资本主义的一切成就。否则，我们就决不能建成社会主义和共产主义。这个任务比军事任务困难得多。军事任务在许多方面我们能够比较容易地完成。军事任务可以依靠昂扬的斗志和自我牺牲精神来完成。对农民来说，去反对他们的世仇——地主，比较容易做到，比较好理解。他们当时用不着懂得工人政权与战胜自由贸易的必要性之间的联系。战胜俄国的白卫分子、地主和资本家以及他们以孟什维克为代表的一切帮凶比较容易，但是要战胜自由贸易，无论在时间上或精力上我们都要付出更高的代价。

要像在军事任务方面取胜那样在经济任务方面取胜是不可能的。依靠热情和自我牺牲精神来战胜自由贸易是不可能的。这方面需要进行长期的工作，这方面需要一寸一寸地进展，这方面需要无产阶级的组织力量，只有在无产阶级实现自己的专政，使之成为全体劳动者（包括非无产阶级劳动群众在内）最大的有组织的组织力量和精神力量的情况下，才能在这方面取得胜利。既然我们曾经胜利地完成了并且还将同样胜利地完成第一个最简单的任务，即镇压公然试图搞掉苏维埃政权的剥削者，那就能够提出第二个较为复杂的任务，即组织无产阶级力量，学会做一个出色的组织者。应当按新的方式组织劳动，创造新的形式来吸引群众参加劳动，遵守劳动纪律。连资本主义完成这个任务也用了几十年的工夫。在这方面,常常会犯最严重的错误。在我们的反对者中有许多人对这个问题一窍不通。当我们说政权可以取得时,他们说我们是空想家。另一方面,他们又要求我们在几个月内完成要好几年才能完成的组织劳动的工作。这是荒谬的。在一定的政治形势下,也许不顾全世界的反对,依靠工人的热情,政权是可以保持住的。我们已经证明了这一点。但是建立公共纪律的新形式,这是几十年的事情。就连资本主义也花了好几十年的时间,才把旧的组织改造成新的组织。如果有人期待我们短期内就能改造好组织劳动的工作并向工人和农民灌输这种想法,那在理论上完全是荒谬的。

这不仅是荒谬的,而且有很大的害处,因为这会使工人弄不清楚新任务与旧任务的区别。新的任务是组织工业,首先是组织我们的力量,但是我们在组织工作方面是很差的,比一切先进国家都差。这种本领是从大机器工业中得来的。没有任何其他的物质历史基础。除千百万人按照预定计划用大机器工业设备进行生产之外,没有任何其他的基础。在这方面,无产阶级与农民的利益是不相吻合的。在这方面进入了一个困难的斗争时期,同农民斗争的时期。另一方面,我们应当向农民证明,他们或者同工人一道前进,帮助无产阶级,或者重新受地主的统治,此外别的出路是没有的。中间道路是不存在的。孟什维克鼓吹走中间道路,但它腐朽不堪,到处遭到失败,在德国也遭到失败。农民群众不能从理论上以及从对第二国际和第三国际的观察中理解这一点。千百万农民群众只能从自己的实践中,从日常生活中理解这一点。农民能够理解对高尔察克和邓尼金的胜利。孟什维克和社会革命党人最爱用工人阶级专政来吓唬农民,现在他们还想用它来吓唬农民,但是农民却把工人阶级专政同高尔察克和邓尼金作了明显的对比。农民过去和现在事实上都不可能研究理论。但是农民群众看到，孟什维克和社会革命党人都在说谎；农民也看到我们同投机倒把行为所作的斗争。应当承认，孟什维克向我们军队的政治部学习后，在鼓动方面也获得了一些成绩。农民所看到过的，不是上面写着无产阶级专政的旗帜，而是上面写着立宪会议、民权制度的旗帜，他们没有看见过"专政"这个词，他们不理解"专政"这个词。但是，他们从实际中领悟到，还是苏维埃政权好。

现时摆在我们面前的第二个任务，就是从精神上影响农民。我们对农民采取暴力手段是不会有多大成效的。这里要解决的是农民内部经济矛盾的问题。推翻资本家之后，工人在两年国内战争的斗争中联合起来了，他们是团结的。而农民则愈来愈分裂。农民总是记得地主和资本家的，不会把他们忘掉。另一方面，今天的农民不统一，一部分人的利益与另一部分人的利益不一致。农民是不团结的。要知道，并不是每一个农民都有余粮。这方面没有什么平等。这是废话。为了分裂农民并把非富农分子吸引到我们这方面来，需要很多时间。这将是一个长期的斗争，在这个斗争中，我们将利用我们的一切力量，我们的一切手段。但是要取得胜利，不能单凭强力，还应当利用精神手段。这就产生了关于独裁权力和个人管理的种种问题，在许多人看来（至少可以肯定，在某些人看来），这些问题只是我们昨天的争论造成的。但这是错误的。拿 1918 年来比较一下吧。那时什么争论也没有。

对德和约刚一缔结，我们就碰到了一个问题：政权以什么为基础。我们共产党人回答说：应当说明，苏维埃政权的民主制与专政并不矛盾。这一点旧国际的许多领袖是不喜欢的。考茨基也骂过我。

农民一半是劳动者，一半是私有者。为了把他们吸引到我们这方面来，就需要统一的意志，就需要大家在每一个实际问题上行动一致。统一的意志不能是一句空话和一个象征。我们需要的是实际上的统一的意志。在战场上，意志的统一表现在：如果有谁把自己的个人利益、本村本集团的利益置于整体利益之上，那谁就会被斥为自私自利分子，就要被枪毙。这种做法是正确的，因为工人阶级从道义上认识到它要取得胜利就必须这样做。关于这种枪毙我们曾公开说明过，我们说，我们并不隐瞒使用暴力，因为我们意识到，不对无产阶级中的落后部分实行强制，我们就不能摆脱旧社会。意志的统一就表现在这方面。这种意志的统一实际上体现在对每一个逃兵的惩罚上，体现在每一次战斗和进军时共产党员都奋勇当先、以身作则上。现在的任务就是要把这种意志的统一试用于工业和农业。我们有广阔的国土和无数的工厂。在这里，你们会明白，我们只靠暴力是不能实现这一点的。在这里，你们会明白，摆在我们面前的是多么巨大的任务，你们会明白，这种意志的统一意味着什么。这不仅仅是一个口号。应当考虑和思索这一点。这个口号要求我们进行长期的日常工作。拿1918年来说吧，当时并没有这些争论，当时我已经指出必须实行个人管理，指出必须从贯彻苏维埃的思想这一观点出发承认个人的独裁权力。所有关于权利平等的言论都是胡说八道。我们不是站在权利平等的立场上进行阶级斗争的。只有这样，无产阶级才能胜利。无产阶级能够取得胜利，是因为这里有几十万个严守纪律、意志统一的人。无产阶级能够战胜农民的经济分散性，因为农民没有那种能使无产阶级在城市和工厂里团结起来的共同基础。农民在经济上是分散的。他们一方面是私有者，另一方面是劳动者。私有制把他们拖向资本主义:“我卖得愈贵愈好。”“如果发生饥荒,我卖得还要贵。”劳动者农民知道,他们受过地主的压迫,是工人把他们从这种压迫中解放出来的。由于农民所处的经济地位,在这里进行着两个灵魂的斗争。应当把这两个灵魂区分开来。只有当我们执行坚定不移的路线时,我们才会胜利。一切劳动者在我们看来都永远是劳动者。而对私有者农民,我们必须同他们斗争。他们除彼此争吵外,还愚昧无知。“国际联盟”的先生们,谢天谢地,并不愚昧无知,他们大概比我们的孟什维克和社会革命党人学识多一些,但是,他们在那里做些什么呢?日本对“国际联盟”大加赞颂,同时却在暗中算计美国,如此等等。

他们都在争斗,而我们是团结的,所以各国工人都在转向我们这方面。我们把那些身为国际政治领导者的文明先生,那些大炮和军舰比我们多百倍的经验丰富的富人都打败了,如果有人认为我们解决不了农民问题,那就很可笑了。在这方面,纪律、忠诚以及意志的统一一定会取得胜利。几万和几十万人的意志可以由一个人体现出来。这种合成的意志是通过苏维埃产生出来的。世界上没有一个国家像我们这样召开过这么多的工农代表大会。我们正是用这种方法来提高觉悟的。苏维埃宪法所给予的东西,是任何一个国家在200年内都不曾给过的。(鼓掌)单拿代表大会的次数来说吧,在实行民主制度以来的100年中,任何一个国家都没有召开过这么多的代表大会,而我们正是用这种方法来制定共同的决议和锤炼共同的意志的。

我们的苏维埃宪法和我们的苏维埃政权就是建立在这种极其广泛的基础之上的。因此苏维埃政权的决定具有世界上空前的权威力量即工农的力量。但是,这对我们说来还是不够的。我们是唯物主义者，靠权威力量是吃不饱肚子的。不，一定要努力加以贯彻。我们看到，在这里占上风的是旧的资产阶级自发势力，它比我们更有力量，这是我们必须公开承认的。独自经营和加强自由贸易这些旧的小资产阶级习惯比我们更有力量。

工会是从资本主义中产生的，它是新阶级借以发展的手段。阶级这个概念是在斗争和发展中形成的。一个阶级同另一个阶级之间并没有隔着一道城墙。工人和农民之间没有隔着一道万里长城。人们是怎样学习联合的呢？开始是通过行会，而后是按照职业。一旦无产阶级形成为阶级，它就变得非常强大，足以把整个国家机器都掌握到自己手里，向全世界宣战并赢得了胜利。于是行会和职业工会都成为落后的东西了。过去，在资本主义时代，无产者也曾按行会和职业联合起来。这在当时是进步的现象。否则无产阶级就不能联合起来。说无产阶级能够一下子就联合成为一个阶级，那是谬论。这样的联合要有几十年的工夫才能实现。对于这种宗派主义的近视观点，谁也没有像马克思那样坚决斗争过。阶级是在资本主义的环境中发展起来的，当革命的适当时机到来时，这个阶级就把国家政权掌握到自己手里。那时一切行会和职业工会就都过时了，它们起着落后的作用，它们在促退，这并不是因为那里有什么坏人，而是坏人和共产主义的敌人在那里找到了进行宣传的地盘。我们被正在恢复自由贸易和资本主义的小资产阶级包围着。卡尔·马克思同旧的空想社会主义作斗争最多，他要求用科学的观点来说明：阶级是在阶级斗争的基础上发展起来的，必须帮助这个阶级成长。马克思还同犯错误的工人阶级领袖们进行了斗争。1872 年，联合会委员会曾通过决议谴责马克思，因为他说，英国的领袖们被资产阶级收买了。[159] 当然，马克思的意思并不是说,那些人是叛徒。这是瞎说。他说的是有一部分工人同资产阶级结成了联盟。资产阶级直接或间接支持这一部分工人。资产阶级的收买就表现在这一点上。

派代表参加议会,——在这方面英国资产阶级创造了奇迹,走在别人的前面。马克思和恩格斯从1852年到1892年的40年间,不断地揭露资产阶级。但是要知道,一切国家的资产阶级都是在这样做的。在世界任何地方,工会由奴隶的角色变成建设者的角色,这是一个转变。我们已存在两年,出现了什么情况呢?现在,这就意味着工人阶级挨饿挨得更厉害。在1918年和1919年,全国产业工人每人一年只得到7普特粮食,而产粮省的农民每人却得到17普特。在沙皇时代,农民顶多能得到16普特粮食,可是在我们的政权下他们却得到17普特。这有统计材料为证。无产阶级挨了两年饿,这种挨饿说明工人不仅能够牺牲自己的行会利益,而且能够牺牲自己的生命。在这两年当中,无产阶级忍饥挨饿,是因为它得到一切劳动者的精神上的支持,因此它为了工农政权的胜利而作出了这些自我牺牲。诚然,工人仍然是按职业分的,在这些职业中,有许多是资本家所需要而我们不需要的。我们知道,这些职业的工人比其他工人更挨饿。也不能不是这样。资本主义被摧毁了,但是社会主义还没有建成,还需要建设很长的一段时间。在这里,我们碰到很多误会,这些误会不是偶然的,而是工会所起历史作用的结果,因为在资本主义下它是行会联合的工具,而在工人掌握了国家政权之后则是工人的阶级联合的工具。这些工人不惜任何牺牲,建立了纪律,这种纪律迫使人们议论和模糊地感到:阶级利益高于行会利益。我们把那些不能作出这种牺牲的工人看做自私自利的人,把他们从无产阶级大家庭中赶出去。

这就是党代表大会对劳动纪律和个人管理这个基本问题的总的提法。这就是党代表大会的决定的实质，这些决定你们都知道，并将由专门的报告人作更详尽的说明。它的基本思想是：工人阶级成长壮大起来了；它掌握了政权并且正和整个资产阶级世界进行斗争，而斗争是愈来愈困难了。在战场上进行斗争比较容易。现在需要进行组织工作和思想教育工作。现在俄国无产阶级的人数还不怎么多。它的队伍在战争时期变得更小了。我们的胜利使我们管理国家的工作更困难了。不论是工会工作者或是工人群众都必须懂得这一点。当我们谈到独裁时，这并不是集中主义者的心血来潮。我们收复了不少地区，大大地扩展了苏维埃俄国的领土。我们在西伯利亚、顿河流域和库班都获得了胜利。那里的无产阶级所占的百分比极小，比我们这里少。我们的责任就是直接到工人中间去向他们公开说明工作的复杂情况。必须加强纪律，加强个人管理和加强独裁。没有这些，就休想取得更大的胜利。我们有 300 万有组织的大军。60 万共产党员应该是这支大军的先锋队。

但是应当明白，除 60 万共产党员和 300 万工会会员之外，我们没有其他能夺取胜利的大军。农民和富农地区的收复，要求无产阶级作出更进一步的努力。我们面对的是无产阶级群众和非无产阶级群众之间、他们的社会利益和阶级利益之间的新的相互关系。在这方面，只靠暴力是什么也做不成的。特别需要组织和道义上的权威。我们在党代表大会上得出的、我认为我有义务坚持的一个绝对信念就是由此而来的。我们的基本口号是：更多更快地实行个人管理，加强劳动纪律，振奋精神，像作战那样坚决、果断、奋不顾身地进行工作，抛开小集团和行会的利益，牺牲一切个人的利益！不这样我们就不能胜利。如果我们能够贯彻党的这个决定，能够通过300万工人，再通过几千万农民——他们会感到为社会主义胜利而牺牲个人的那些人们在道义上的权威和力量——万众一心地贯彻这个决定，那我们就是绝对完全不可战胜的。（热烈鼓掌）

载于1921年《全俄工会第三次代表大会。速记记录》一书

译自《列宁全集》俄文第5版第40卷第299—313页

从破坏历来的旧制度到创造新制度

（1920 年 4 月 8 日）

我们这张报纸[160]是专门讨论共产主义劳动问题的报纸。

这是社会主义建设中最重要的问题。首先我们应该很清楚，只有在无产阶级夺得政权之后，只有在剥夺了地主和资本家之后，只有在夺得了国家政权的无产阶级对那些进行拼死反抗、组织反革命暴动和国内战争的剥削者取得了决定性的胜利之后，这个问题才**有可能**在实际上提出来。

在 1918 年初，这个时刻似乎就已来到了，在 2 月（1918 年）那次德帝国主义对俄国的武装进攻之后，它确实是来到了。但在当时这个时刻出现得异常短促，新的更汹涌的反革命暴动和侵略的浪潮来得异常迅猛，苏维埃政权根本没有可能比较专心致志地着手研究和平建设的问题。

现在我们已熬过了前所未闻的令人难以置信的艰难、饥饿、穷困和苦难的两年，同时这也是红军对国际资本主义反动匪帮取得空前胜利的两年。

现在我们确有很大希望（如果法国资本家唆使波兰作战不成）取得比较稳定、比较持久的和平了。

两年来我们已经有了一些根据社会主义原则进行建设的经验。因此，可以而且应当认真提出共产主义劳动问题，确切些说，不是共产主义劳动问题，而是社会主义劳动问题，因为这里指的是从资本主义中生长出来的新社会制度的低级发展阶段即初级发展阶段，而不是高级发展阶段。

共产主义劳动，从比较狭窄和比较严格的意义上说，是一种为社会进行的无报酬的劳动，这种劳动不是为了履行一定的义务、不是为了享有取得某些产品的权利、不是按照事先规定的法定定额进行的劳动，而是自愿的劳动，是无定额的劳动，是不指望报酬、不讲报酬条件的劳动，是按照为公共利益劳动的习惯、按照必须为公共利益劳动的自觉要求（这已成为习惯）来进行的劳动，这种劳动是健康的身体的需要。

大家都明白，我们，就是说我们的社会、我们的社会制度，还远远不能广泛地、真正普遍地实行**这种**劳动。

但是提出这个问题，由整个先进无产阶级（共产党和工会）和国家政权提出这个问题，就已经是在这条路上前进了一步。

要成就一件大事业，必须从一点一滴做起。

另一方面，"大事业"成功之后，即推翻资本家所有制并把政权交给无产阶级的国家变革实现之后，要在**新**基础上建设经济生活，也只**能**从**一点一滴**做起。

星期六义务劳动、劳动军、劳动义务制——这就是具体实行社会主义劳动和共产主义劳动的各种方式。

在具体实行的时候，还有许许多多的缺点。对这些缺点采取讥笑（或幸灾乐祸）态度的，除了维护资本主义的人以外，就只有那些毫无头脑的人了。

在这样崭新、艰难和伟大的事业中，缺点、错误和失误是不可避免的。谁害怕社会主义建设中的困难，谁被这些困难吓倒，谁见了这些困难就悲观失望或者张皇失措起来，谁就不是社会主义者。

建立新的劳动纪律，建立人与人之间社会联系的新形式，创立吸引人们参加劳动的新方式和新方法——这是一项需要许多年甚至几十年才能完成的工作。

这是最能收效和最崇高的工作。

值得庆幸的是，我们已经推翻了资产阶级，粉碎了资产阶级的反抗，为自己争取到了使这种工作**有可能**进行的基地。

我们一定用全副精力来进行这一工作。有韧性，能坚持，有决心，有决断，善于反复试验、反复修正，不达目的决不罢休——这些品质是无产阶级在十月革命前经过10年、15年以至20年的磨炼才得到的，十月革命后，无产阶级在两年中历尽空前未有的穷困、饥饿、破坏和苦难，使这些品质受到了进一步磨炼。无产阶级的这些品质就是无产阶级一定胜利的保证。

1920年4月8日

载于1920年4月11日《共产主义星期六义务劳动报》

译自《列宁全集》俄文第5版第40卷第314—316页

人民委员会专门委员会关于李可夫同志迟到问题的决定

（1920年4月14日）

鉴于人民委员会为审查关于第1劳动军委员会的决定草案而指定的专门委员会的成员李可夫同志参加该委员会的会议时迟到半小时（定于晚6点半开会，他在晚7点才来），而且专门委员会一致认为他迟到的理由不充分，专门委员会决定对李可夫同志按关于迟到的法令处理。[161]

专门委员会主席　**弗·乌里扬诺夫（列宁）**

译自《列宁文集》俄文版第37卷第198页

在全俄纺织工人第三次代表大会上的讲话[162]

（1920年4月19日）

（热烈鼓掌，转为欢呼）同志们，感谢你们的欢迎，同时请允许我代表人民委员会向你们表示祝贺。

我们大家现在还都清楚地记得刚闭幕的党代表大会和它所通过的各项决议。大家也都知道，党代表大会向苏维埃共和国的工人、农民和全体劳动群众提出了哪些重要的任务。这些任务归结起来就是要建立一个统一的劳动战线。

现在，俄国无产阶级感到幸运的是，我们已经胜利地结束了国内战争，只有西欧帝国主义者所竭力操纵的波兰还在威胁我们；现在，我们正面临一个极端困难的转变，转向安排国内的生活。

为了说明这一重大的转折和工人阶级现在所面临的种种困难，我不妨叙述一下俄国无产阶级向共产主义制度前进时所经历过的几个主要发展阶段。

没有知识没有觉悟的农民，初次踏入设备完善、拥有奇迹般的最新技术的工厂时，茫然不知所措，看到厂里非常豪华，自觉十分寒碜。脑筋简单的农民把厂主看做是自己的恩人，是给他工作做的衣食父母，以为没有厂主，工人就活不了。来自穷乡僻壤、无依无靠的工人，投入到工厂沸腾的生活中，得到了勉强过得去的生存条件，好歹有了糊口的可能，这样他也就套上了资本主义剥削的沉重枷锁。大家都很清楚，俄国和其他国家的工人都经历过这种艰苦的时期。但是，我们看到：工人在逐步摆脱原有的那种农民的落后和闭塞状态，开始进入较高的发展阶段，他们作了同压迫者斗争的初步尝试（罢工，并尝试把分散的无产阶级群众组成工会），工人中开始产生出一种新的力量，而任何一次罢工，不管它的成果如何微小，都产生了某种难以估价的、新的、重要的、内容丰富的东西。罢工教育了工人，使他们认识到只有同其他工人团结起来，才能产生力量，产生能使机器停止转动、使奴隶变为自由人、使那些理应属于生产者的财富归生产者自己享用的强大力量。大家都知道最近几十年来罢工运动的发展情况，它如何从分散的小罢工逐步变为有组织的大罢工。1905 年，罢工运动以波澜壮阔之势席卷了整个俄国。工人通过罢工，同资本家进行有组织的斗争，随着斗争的发展，工人也日益具有前所未有的力量。工会组织在这方面占着一个主要的地位。工人逐渐认识到，被资本家用来谋取私利，损害无产阶级利益的一切技术发明、机器和生产工具都可以成为而且应该成为无产阶级的财产。这个新的阶段，这个工人依靠工会有组织地反击资本家的阶段，是无产阶级阶级自觉的发展史上一个新的进步。工人已经不是压迫者手中受人摆布的软弱无力的工具了。周围的整个生活使他们坚信，必须坚持不懈地进行不屈不挠的斗争。工人争取稍微改善自己的经济状况，增加工资，缩短工作日。在工会运动的这一阶段，工人的夙愿和希望是过上稍微像样的生活。

这个无产阶级阶级自觉的发展阶段在当时是一个巨大的进步，但是后来就显得不够了。生活在向前发展。

厚颜无耻的各国资本家本来就把工人群众压迫得透不过气来，他们发动了世界大战，更是把工人群众置于死地。他们发动世界大战，是为了进一步压迫谋求解放的无产阶级，是为了彼此争夺地盘。武装到牙齿的帝国主义强盗们展开了搏斗。他们要工人相信，进行这场战争是为了实现某种解放人类的伟大理想。但是，工人受蒙蔽的时间并不长久。布列斯特和约和凡尔赛和约，英法夺取一切殖民地，这些事实使工人睁开了眼睛，看清了事情的真相。现已查明，在世界大战期间一共有 1 000 万人丧生，2 000 万人残废，而这一切仅仅是为了使强盗们更加发财。

工人恍然大悟以后，奋起反对资本压迫，社会革命迅猛兴起，十月事变就是这一社会革命的开端。现在我们的任务不仅在于做自己的工会组织的会员，这已经不够了。工人应该更加提高一步，要从被压迫阶级成为统治阶级。对农民暂时还不能指望什么。他们分散、软弱，不会很快就摆脱愚昧状态。能使农民摆脱愚昧无知状态的，只有这样一个阶级：它自己出身于农民，已经懂得了组织起来的力量，而且不仅仅在资本主义制度下争取到了较好的生活——这一点连西欧工人都已经争取到了，但是这并没有使他们摆脱战争。工人应该懂得：摆在他们面前的是一个新的无比艰巨的任务，这就是要自己担负起管理国家的全部工作。工人应当认识到：既然私有制还存在，资本主义还没有被摧毁，就不应当让任何一个寄生者掌握政权。

这就是全世界无产阶级异常迅速地给予愈来愈多的同情的苏维埃政权所力求实现的。工人阶级建立起新的无产阶级国家以后，就肩负起空前艰巨的重任。工人只有同农民携手并进，才能消灭剥削阶级，建立社会主义。现在，农民仍旧像从前那样单独经营，把剩余产品拿到自由市场上去出售，这样就使一小撮掠夺者更富起来。农民这样做是不自觉的，因为他们生活的条件和工人完全不同。但是，自由贸易就是回到资本主义奴隶制。要避免这一点，就必须按新的方式组织劳动，而这件事除了无产阶级，没有任何人能做到。

现在，工人已经不只是自己的工会组织的会员。抱着这样的观点，就等于回到过去。反对资本的斗争还没有结束。到目前为止，资本主义还在用倒卖粮食、苏哈列夫卡[163]等等来阻挠苏维埃政权开创的事业。能与这种势力相抗衡的，只有在新的基础上建立起来的工人组织的力量，即不是为了本行业的狭隘利益，而是为了整个国家的利益而建立起来的工人组织的力量。整个工人阶级，只有当它能够不分职业，联合成为一个统治阶级，建立起一支统一的劳动大军的时候，才会受到全世界的尊敬。

现在，农民已确信高尔察克和邓尼金是被无产阶级的力量粉碎的，因而已经感觉到这个好当家人是强有力的。但是，只有在复辟资本主义的一切尝试都不可能得逞时，农民才会完全信服无产阶级。只有到那时农民才会懂得，在无产阶级国家里，富农和寄生虫是没有立足之地的。但是，农民现在还不完全相信无产阶级能够胜任自己的伟大任务。

最近两年来，站在红军最前列的俄国无产阶级所自觉承受的空前未有的困苦，还没有完全消除。现在又出现了新的困苦和新的任务，而且在红色战线上取得的胜利愈大，这些任务也就愈困难。我们收复了西伯利亚和乌克兰的广大地区。那里不像莫斯科、彼得格勒和伊万诺沃-沃兹涅先斯克，那里没有用事实表明不惜任何代价都要保住革命成果的无产阶级。必须使觉悟的工人能够进入国家政权的一切部门，能够接近农民，把农民组织起来维护这个摆脱了地主的枷锁并建设着没有资本家的国家的阶级。必须有自我牺牲的精神和铁的纪律。必须使整个无产阶级万众一心，在劳动战线上，也像在流血战线上一样，创造出空前的奇迹。起初，很多人以为革命事业没有希望了。军队完全瓦解，士兵纷纷从前线逃跑，弹药缺乏，这就是克伦斯基给我们留下的局面。俄国无产阶级集合和团结了分散的力量，建立了一支统一而坚强的红军。红军创造了奇迹，粉碎了得到全世界资本家支援的资本家的进攻。劳动战线上的任务更是无比艰巨。红军所需要的只是男子，而现在需要投入劳动战线的却是全国所有的劳动力，包括男子、妇女、甚至未成年的人。必须有铁的纪律，而这是我们俄国人的一个弱点。应当发扬不屈不挠、始终不懈、坚韧不拔和同心同德的精神。要准备采取一切措施。要把一切人力物力都用来挽救工农政权和共产主义。

战争没有结束，它还在不流血的战线上继续进行。在这方面敌人还比我们强大，这一点是应该承认的。世界资本正在援助那些把产品拿到自由市场上去出售的小业主，世界资本一方面准备同我们恢复贸易关系，另一方面准备扼杀无产阶级和苏维埃俄国。

必须使400万无产阶级群众都作好准备，迎接新的、不亚于战争中忍受过的那种牺牲、困苦和灾难。只有这样，才有希望彻底粉碎敌人。现在还在观望和动摇的农民才会完全相信无产阶级的力量。农民还清楚地记得地主、邓尼金、高尔察克，但是他们也看到了有人偷懒，不爱劳动，他们说:“这也许不错，但是我们怎么能这样呢!”

应当让农民看到另一番景象。让工人阶级像组织红军那样来组织生产。让每一个工人都深刻认识到他是在管理国家。我们的人数愈少，对我们的要求就愈高。应当使俄国变成一支具有为解放劳动者的共同事业牺牲一切这种英雄主义精神的劳动大军。

大家知道，纺织工业受到极大的破坏，因为现在没有从国外进口的棉花，因为西欧也原料奇缺。唯一的来源是不久以前才从白卫分子手里收复的土耳其斯坦，但是运输还没有整顿好。

目前的一项补救办法就是迅速开采泥炭，这样就可以使所有的电站都能发电，就可以不完全依赖远离俄国中部的产煤区。

在目前经济破坏的状况下，不能把希望放在木柴燃料上。泥炭主要蕴藏在纺织业地区。因此，纺织业无产阶级的一项最重要的任务，就是组织好泥炭生产。我很清楚，这个工作非常艰巨，没有靴子，没有住所，却必须站在齐膝深的水中工作，困难是极大的。可是，红军当时难道一切必需的东西都齐全吗?！红军战士在齐腰深的水中连续行军两个月，从英国人手里夺来坦克，他们忍受了多少牺牲、多少苦难啊！资本家希望工人精疲力竭，饥饿不堪，不能支持下去。资本家正在窥伺工人的政权，他们一心指望无产阶级不能胜任建立统一劳动战线的任务，好让他们重新掌握政权。

我决不认为眼前的工作是容易的，但是一切困难必须克服而且可以克服。应当使每个工人都来帮助我们组织劳动，使农民认识到工人是组织者，使大家都把劳动看成是保住工农政权的唯一手段。早在克伦斯基时期，厂主就深信他们自己在工厂里是待不住的，他们就破坏生产，同外国资本家勾结起来毁掉俄国工业，不让它落到工人手里，他们用国内战争来使无产阶级筋疲力尽。

工人阶级面临着最大的考验，每一个男工、每一个女工都必须比前线的红军战士创造出更大的奇迹。在劳动战线上取得胜利，在平凡的、肮脏的环境中作出自我牺牲，这要困难得多，可是比起牺牲生命来却要可贵百倍。

去除陈腐的封闭性！工人只有表现出自己是劳动红军的战士，才配做工会会员。即使我们犯几百次错误，遭受几千次失败，我们也不害怕。应当认识到，我们只有进行无产阶级式的百折不挠的冲击，才能取得胜利。

无产阶级捍卫工农政权已经两年了。全世界正在酝酿一场社会革命。为了证明我们大家能够胜任我们所肩负的任务，我们必须精力充沛，信心十足，不管情况怎样困难，保持无产阶级的热忱，像红军在流血战线上同帝国主义者及其走狗进行斗争时那样，在和平的劳动战线上也创造出奇迹来。（热烈鼓掌）

载于1920年《全俄纺织工会第三次代表大会记录》一书

译自《列宁全集》俄文第5版第40卷第317—324页

在俄共(布)莫斯科委员会庆祝弗·伊·列宁五十寿辰大会上的讲话[164]

(1920年4月23日)

(热烈鼓掌)同志们！首先,有两件事我自然要感谢你们:第一,感谢你们今天对我的祝贺;第二,更感谢你们让我免听祝词。(鼓掌)我想,这样我们也许会逐渐地——当然不是一下子——创造出一种比流行至今的祝贺方式更合适的方式,以前的祝贺方式有时竟成了绝妙的讽刺对象。请看,这是一位出色的画家为讽刺这种祝贺而画的一幅漫画。这幅画连同一封非常亲切的信一起是我今天收到的。同志们十分体谅我,让我免听这种祝词。我拿这幅漫画来给大家看,是为了让我们今后根本免去这类祝贺活动。[165]

其次,我想略微谈谈布尔什维克党的现状。使我产生这一想法的是一位著作家在18年以前,即1902年写的一段话。这位著作家就是卡尔·考茨基,我们现在应该同他断然决裂,同他进行斗争,但是,他以前在同德国机会主义作斗争时,曾是无产阶级政党的领袖之一,而且我们曾经同他合作过。那时还没有布尔什维克,但是所有同他合作的未来的布尔什维克,都对他评价很高。下面就是这位著作家在1902年写的一段话:

“现时〈与1848年不同〉可以认为,不仅斯拉夫人加入了革命民族的行列,而且革命思想和革命活动的重心也愈来愈移向斯拉夫人那里。革命中心正从西向东移。19世纪上半叶,革命中心在法国,有时候在英国。到了1848年,德国也加入了革命民族的行列……　揭开新世纪序幕的一些事变使人感到,我们正在迎接革命中心的进一步转移,即向**俄国**转移……　从西欧接受了这么多的革命首创精神的俄国,也许现在它本身已有可能成为西欧革命动力的源泉了。轰轰烈烈的俄国革命运动,也许会成为一种最强有力的手段,足以铲除在我们队伍中开始蔓延的萎靡不振的庸俗习气和鼠目寸光的政客作风,促使斗争的渴望和对我们伟大理想的赤诚重新燃起熊熊的火焰。俄国对于西欧来说早已不再是反动势力和专制制度的堡垒了。现在的情况也许恰恰相反。西欧正变成支持俄国反动势力和专制制度的堡垒……　俄国的革命者如果不是同时必须跟沙皇的同盟者——欧洲资本作战,也许早就把沙皇打倒了。我们希望,这一次他们能够把这两个敌人一起打倒,希望新的‘神圣同盟’比它的前驱垮得更快一些。但是不管俄国目前斗争的结局如何,那些在斗争中牺牲的烈士(不幸的是,牺牲的人会很多很多)所流的鲜血和所受的苦难,决不会是白费的。他们将在整个文明世界中培育出社会革命的幼苗,使它们长得更茂盛、更迅速。1848年时,斯拉夫人还是一股凛冽的寒流,摧残了人民春天的花朵。也许现在他们注定要成为一场风暴,摧毁反动势力的坚冰,以不可阻挡之势给各国人民带来新的幸福的春天。”(**卡·考茨基**《斯拉夫人和革命》,载于1902年3月10日《火星报》第18号)

看,一位杰出的、但是今天我们必须同他断然决裂的社会党人,在18年前关于俄国革命运动就是这样写的。这段话使我产生一个想法:我们党目前也许会陷入十分危险的境地,即变得骄傲自大起来。这是十分愚蠢、可耻和可笑的。大家知道,一些政党有了骄傲自大的可能,这往往就是失败和衰落的前奏。我们当前最凶恶的一个敌人在我所引的话中曾寄予俄国革命的这种期望,的确是过高了。我们迄今是获得了一些辉煌的成就和辉煌的胜利,可是要知道,这是由当时的情况造成的。当时我们还不可能解决主要的困难,当时我们担负着军事任务,同地主、沙皇、将军等反动势力进行着最深刻、最激烈的斗争;这样,我们为了组织同每日每时冒出来的小资产阶级自发性、分散性和涣散性作斗争，即同一切拉我们退向资本主义的东西作斗争，就把社会主义变革的根本任务搁了下来。无论是在经济方面，还是在政治方面，我们都把这些任务搁下来了，因为我们没有可能来妥善地着手完成这些任务。因此，我们从上面引的一段话中想到的那种危险，全体布尔什维克，无论就个人或整个政党来说，都应当加倍地注意。我们应当懂得，我们最近一次党代表大会的决定，必须坚决执行，这就是说，我们面临着极其繁重的工作，这就要求我们比以往作出更大的努力。

最后，我希望我们决不要使我们的党落到骄傲自大的地步。(鼓掌)

载于1920年莫斯科出版的《弗拉基米尔·伊里奇·乌里扬诺夫-列宁五十寿辰(1870—1920年)》一书

译自《列宁全集》俄文第5版第40卷第325—327页

劳动国防委员会决定草案

（1920 年 4 月 23 日）

鉴于国家纸币印刷厂管理局工作特别重要，而各机关和部门对它的正当和合理的要求屡屡不能迅速而充分地予以满足，国防委员会决定：

（1）指示各部门和机关绝对必须最迅速地满足国家纸币印刷厂管理局的一切正当和紧迫的要求；

（2）责成全俄肃反委员会对在履行上述要求时发生的一切拖拉疲沓、玩忽职守的行为给以严厉的处分，如果问题超出全俄肃反委员会的权限，立即提交国防委员会处理。

1920 年 4 月 23 日国防委员会批准。

国防委员会主席

弗·乌里扬诺夫（列宁）

译自《苏维埃政权法令汇编》
俄文版第 8 卷第 302 页

对劳动口粮法令的意见[166]

（1920年4月27日）

1

（1）改变名称。

（2）取消一般公民定量。

（3）以**劳动**口粮作为基础，即**按实际工作日**计算。

（4）劳动口粮根据劳动的轻重分类。

（5）第一类：脑力劳动和机关工作

（6）第二类：体力劳动

（7）第三类：特别重的劳动，等等。

（8）“重点单位”（即对国家特别重要的工种和企业），按照人民委员会的决定（有时可按特殊规定）和国防委员会的决定，转为第二类、第三类，等等。

（9）对于不工作者、失业者以及商人等等规定特别低的定量。**例外**。

（10）对儿童和病人另行规定。

2

名称设想：

《关于进一步统一各类口粮和以劳动口粮为整个粮食制度的基础的法令》。

以前叫做"一般公民定量"的，**改称**为

"失业者和小私有者的定量"或者：个人开业的公民、不工作者等等的定量；（或者："小业主"的定量）；"不在苏维埃企业和机关工作的人"的定量。

好处：(1)在两个首都和所有非农业的工业城市，工作会大大简化（因为那里**大批人**都在苏维埃企业或苏维埃机关工作）。

(2)在**非工业**城市我们就能**清楚地**划分出不在苏维埃企业和苏维埃机关工作的居民，**而配给这些居民的口粮应予逐渐取消**（要么你**自己**种菜园，要么你到苏维埃企业或苏维埃机关工作）。

对于那些既不在苏维埃企业，也不在苏维埃机关工作的人**将不**供应粮食。

算一算，哪种制度会**减少配给证**并简化整个制度。

列　宁

1920年4月27日

载于1945年《列宁文集》俄文版第35卷

译自《列宁全集》俄文第5版第40卷第328—329页

在全俄玻璃瓷器业工人代表大会上的讲话[167]

（1920年4月29日）

昨天我们收到两条消息，其中第一条令人非常痛心，是讲波兰政府首脑皮尔苏茨基发表了宣言。这个宣言的全文我还没有看到，它的内容我是从电话里知道的，但是有一点是毫无疑问的：这个宣言等于波兰对乌克兰宣战。显然，法帝国主义者的势力在波兰政界占了上风。波兰政府已经决定抛弃它近来在同我们进行和谈时所采取的要花招的政策，在更广阔的战线上展开军事行动。波兰已经占领日托米尔，正向基辅推进。这就要求我们立即最坚决地捍卫无产阶级的利益。我们相信，我们一定能捍卫住无产阶级的利益；我们相信，协约国帝国主义者扼杀苏维埃俄国新的尝试，一定会同邓尼金和高尔察克的冒险一样遭到破产。显然，波兰完全是从法国、英国和整个协约国得到军事援助的。在这方面最能说明问题的是，英国政府在同我们谈判克里木问题的最后阶段大大地改变了它开始时的友善态度。英国要我们对被赶到海边的邓尼金的士兵表现出人道精神，我们回答说，如果协约国对遭到了失败的匈牙利共产党人表现出人道精神，让他们到苏维埃俄国来，那我们也准备给克里木的白卫分子一条生路。我们并不需要这些克里木的白卫分子流血，我们没有报复心理。但是我们没有接到英国政府对我们照会的复文,大概因为波兰已经发动进攻,他们也就不急于答复了。可是我们相信,在英国工人中间,甚至在机会主义情绪最浓厚的工人中间,不会有人拥护武装干涉。

我们得到消息说,在波兰,迫害过共产党人的波兰社会党[168]也在它的机关报上说,波兰不该提出非在博里索夫谈判不可的最后通牒式的要求,来破坏同苏维埃俄国的和平谈判。该报认为波兰政府的这种做法是犯罪。波兰人在不停止军事行动的情况下向我们建议在博里索夫进行和平谈判,实际上正是在这个地点进行谈判会使我们在谈判期间不能继续军事行动,同时却使波兰有进行军事行动的充分自由。我们当然不能在这种条件下进行和谈,我们建议由双方协商把谈判地点改为巴黎、雷瓦尔、华沙、莫斯科或别的什么城市。对这个建议的答复是波兰军队在全线大举进攻。我们毫不怀疑,波兰政府发动的这场进攻战是违反本国工人意志的。因此我们对这次新的冒险处之泰然;我们知道,我们在这场战争中一定会成为胜利者,但是同志们,你们知道,任何战争都有许多巨大的困难,为了克服这些困难,我们曾不止一次地请求工人群众给予援助。对波战争是强加给我们的,我们丝毫没有侵犯波兰独立的意图,正像我们丝毫没有侵犯立陶宛和白俄罗斯独立的意图一样,但是,尽管我们非常愿意让步,他们还是把战争强加给我们,既然这样,我们大家就应当万众一心,奋起保卫我们自己和乌克兰,抵御波兰帝国主义者的进犯。(热烈鼓掌)为此,我们需要再次作某种转变。不管我们怎样希望尽可能迅速地着手并尽可能广泛地展开和平建设,但是,既然战争已经强加给我们,我们就应当使一切服从于这场战争的需要,以便最迅速地取得对我们最好的结果。我们应当向全体工人和农民解释清楚,为什么受协约国唆使的波兰要对我们发动战争。我们应当解释清楚，他们这样做是为了加厚壁垒，加深那道把德国无产阶级同我们分隔开的鸿沟。

此外，昨天我们还从巴库得到一个消息，说明苏维埃俄国的状况正在好转。我们知道，我国的工业因为没有燃料而停顿，可是现在我们得到消息，说巴库无产阶级已经夺得政权，已经推翻阿塞拜疆政府[169]。这就是说，我们现在有了能够复兴我国整个工业的经济基础。巴库有100万普特石油，这批石油直到现在还没有卖出去，因此连石油企业主诺贝尔也企图同我们谈判，想把这批石油运到苏维埃俄国来。这样一来，我国的运输和工业将从巴库油田得到极其重要的帮助。

今天粮食人民委员瞿鲁巴同志告诉我说，在库班州和高加索有大量存粮，我们可以指望把它运到这里来。这就是说，我们将得到工业所需要的燃料和人们所需要的粮食。只要我们竭尽全力恢复运输，就一定能获得粮食和石油，工农的相互关系就有了正常的经济基础。我们认为农民应当把自己的余粮交给工人，因为在目前情况下出卖这些余粮是一种犯罪行为，因为我们的工业一恢复，我们就会竭尽全力来满足农民对城市工业品的需要。

由于时间关系，我就讲这么几句，向你们简略地介绍一下共和国当前总的情况。最后我要表示，我相信参加工会组织的400万工人（过去我们通过他们实行苏维埃政策），在目前我国对波关系进入新阶段的时候，在我们已经可以得到库班的粮食和巴库的石油的时候，也一定会像过去一样地依靠广大的农民阶层，不把自己关在各个行业的小圈子里，而用全力来促进整个无产阶级事业的进一步的胜利和发展。我们知道，只有工人的觉悟、工人的联合和各工会组织的团结一致，才是使我国红军过去取得辉煌胜利的力量。红军是把觉悟带给农民的最好的传播者，它教会农民清除他们中间的自私自利的人，使政权保持在工人手中。现在在对波战争中，在恢复工业的工作中，我们也需要这种觉悟、这种联合和工会组织的这种团结一致。现在要继续保持并且加强我们在一切生产部门中所需要的那种纪律性。觉悟的工人们知道，如果你们工人在以前没有表现出这种纪律性，那我们就可能遭到匈牙利那样的命运。愿同志们记住这一点，并且在你们工作的地方做到使所有的人都服从于一个主要任务：必须丢掉、必须尽快地抛弃“人人为自己，上帝为大家”这个该诅咒的口号。必须极大地加强无产阶级劳动纪律，这样我们才是不可战胜的。我们一定会证明，苏维埃共和国是推翻不了的，我们一定能争取到世界上其他一切共和国对我们的帮助。（列宁同志的讲话被代表大会全体代表的经久不息的掌声和“我们的领袖列宁同志万岁！”的欢呼声所淹没）

载于1920年4月30日《真理报》
第92号

译自《列宁全集》俄文第5版
第40卷第330—334页

俄国的形势和其他国家的革命策略

同雅·弗里斯的谈话

(1920年4月底)

列宁一开始就向我询问关于挪威和挪威党的情况。他希望了解党和工人运动的力量,党报的种数和发行量,产业工人和农民的比例等等。我只好凭记忆尽力回答。不过我不得不暗自承认,一个人对自己国家的统计数字知道得这么少实在是一种耻辱。

列宁问:"从资产阶级报刊来看,英国在挪威的影响很大吧?"

"是的,这是不容否认的,尽管指不出有什么直接的影响。不过,个别报纸,如《时代的象征》追随英国,简直称得上亦步亦趋。"

当我提到《时代的象征》时,列宁会意地笑了。他还记得这家报纸刊登过就俄国问题对蓬特沃尔的采访,想起了蓬特沃尔对布尔什维克压制资产阶级报刊一事所表示的愤慨。

列宁笑着说:"是的,他对整个革命一窍不通。"

我不得不说一点蓬特沃尔后来的功绩,比如《工人政治》等等。

"不过他和他的支持者还留在党内吧?没有一个人退出?"

"没有,一个也没有退党。"

"这就有点令人怀疑了。党内的这一右翼势力大吗?"

我让他放心,并介绍了工人运动的情况。如果那些最大的工会不站在我们一边,那么党内的右翼社会主义者就将是一种危险;只要工人运动的方向是正确的,那就没有任何危险。

列宁问:“可是农民呢?在挪威只有小农,是吗?”

“是的,基本上是小农。他们中的大部分与工人有共同利益。”我提到了特兰迈尔的名字并且说他是农民出身,受过工会干部的教育,后来成了党报编辑,现在是党的书记和全党公认的领袖。

“他从来没有到过俄国吗?”

“他没有时间。他整天忙于作报告和旅行。”

“请代我向他问候。在战争期间,挪威的农民和资产阶级一样,也发财了吧?”

“是的,但是在实现和平时,经济上对他们的打击也是一个教训。”

我借机将话题转到了俄国。对俄国来说这也是个大问题:农民阶层将如何发展?当重新建立贸易关系时,货币是否将重新具有价值?农民中是否又将出现资本主义的兴趣?

“当然这是我们最大的问题。因此,我们的政策是尽可能把农民需要的产品集中到国家的手里,同农民进行商品交换。我们征集了粮食。我们第一年征集了3 000万普特,第二年征集了1亿普特,现在征集了15 000万普特。我们按固定价格向农民收购粮食,但是由于货币没有任何价值,农民卖了粮,实际上一无所得。比如,当我们有食盐时,农民宁愿要盐而不要钱。这势必会给农民造成许多困难。他们积攒了成堆的钞票,这一点对他们是有影响的。因此,他们中有一大部分人拥护孟什维克,他们要求‘自由贸易’。统计表明,城市所需要的粮食,一半由国家供应,另一半则是投机商以高于国家牌价十倍的价格出售的。”

“那么,是不是打算动用红军来对付这一新的‘内部敌人’呢?”

"是的,当然要这样做。农民称之为'天性'的东西,我们称之为叛国。这是很大的差别。农民有两个灵魂。他看到革命解放了他,他第一次看到一个对富人行使权力的政府。他理解苏维埃制度,并且在这个制度下劳动。他懂得,政府虽然还会犯许多错误,但它的意图是好的。这就是他的一个灵魂。这是我们要加强的。另一个灵魂是私有者的灵魂。这是我们要消灭的。办法是搞宣传、发传单、进行教育,但也要用步枪,运用国家的权力。为了农民,工人什么苦没受过?无产阶级专政给工人带来了什么呢?比过去更严重的饥饿。而农民却过得比以往任何时候都好。我们很难吃到肉,然而现在农民自己却能吃上肉了。在沙皇统治下,农民被洗劫一空。现在他们吃饱喝足。工人过去每年平均得到 11 普特粮食,现在只有 7 普特。而农民现在每年却有 17 普特。这最好不过地证明,工人阶级实行专政不是出于一己的私利,而是为了整个社会的利益。觉悟的工人是懂得这一点的。那些差劲的工人在咒骂,有觉悟的工人则能够理解这一点,并要求采取切实的措施来消除饥饿,但是他们并没有满腹牢骚。他们要求组织得更好。我们有难处,因为有管理能力的人为数相当少。20 来岁的青年工人就得担任领导职务。资产阶级知识分子在消极怠工。连我们自己往往也不相信我们能坚持下去。我们依靠莫斯科、彼得格勒以及其他城市的产业工人管理国家已有两年多了,击溃了所有的敌人。甚至反对我们的人也不得不承认,我们担任领导职务的工人工作做得很出色。医生们经常发现担任领导职务的共产党员疲劳不堪,操劳过度,像法国人所说的'过分紧张'。现在人们才看到在人民中蕴藏着多么巨大的力量。人们开始懂得,世界革命将变为现实。例如,劳合-乔治最近的讲话就表明了这一点。现在,值得各地重视的一点，就是不要让工人由于革命带来的艰难困苦而害怕革命。右翼社会党人企图以此恫吓工人。奥托·鲍威尔、龙格、考茨基、布兰亭，他们一想到革命带来的艰难困苦就都畏缩不前了。他们高谈阔论，说要对工人进行教育、培养。可是，最重要的教育工作是要教育工人学会自我牺牲、自觉遵守纪律、忍受艰难困苦。他们把这一工作置于不顾。他们不去教育工人阶级，使工人懂得，现在世界上的问题是：要么革命，要么再打一场战争，再牺牲1 000万人。与其如此，还不如在国内战争中牺牲比如说100万人……"

我们谈到了国际上各党的关系。列宁对匈牙利、意大利、法国以及英国都同样了如指掌。他批评这些国家中知识界的怀疑主义者使工人群众无所适从。对此我表示异议。我问："您能要求其他国家具有同俄国一样的革命觉悟吗？令人信服的首先还是生活本身提供的教训。其他国家的情况还没有像俄国的情况那样使革命觉悟达到这么高的程度。"

列宁回答说："是的，战争就是这样的一位教师。例如，请看一看法国的巴比塞吧。我读了他的杰作《火线》和《光明》之后，很想看看他以前写的东西。我读了他战前写的《地狱》和《我们这些人》。十足的小资产阶级小说，色情文学！在《光明》这本书里他描述了他本人的发展过程：战争使他从一个小资产阶级分子变成了革命者。他当然不是一个理论家。他还有不少法国人的高谈阔论的倾向。但是，他的气质是革命的。他的情况是典型的。请再看一看另一方面，看一看卡尔·马克思的外孙、自称是革命者的龙格吧。他是一个地道的议会主义者，他向各方面鞠躬低头。一个空谈家和小丑！这种人必须驱逐出党。否则到处都有重新出现匈牙利那样的局势的危险。党内的右派社会党人一夜之间变成了'共产党人'并且暗中破坏革命,这是库恩·贝拉的不幸。再请看看英国的麦克唐纳吧。我刚刚读完他发表在《社会主义评论》杂志上的一篇文章。您看他写了些什么:'靠革命行动能实现社会主义吗?我不理解这怎么能办得到。我对第二国际不满意。我对我写这篇文章的方式也不满意。还有什么是我满意的呢?'这样的胡说八道您听到过吗?他应该建立一个他个人的党,建立一个'怀疑派'或不满者的党。正是这些人才是当前最大的危险。公开的敌人远远不如他们危险。这就是匈牙利的教训,这也是芬兰的教训。革命前我居住在赫尔辛福斯时,就发现他们那里的人统统都是考茨基的信徒。去读一读库西宁谈他们革命经验的那本书吧!"

"那么您是不是想建议我们,例如,在我们挪威现在立即就开始收集武器呢?我们的策略是打算通过士兵委员会来掌握军队。据您看,这是不是错误的策略?"

"不,绝对不是。只要有可能,就必须利用合法的途径。另一方面,我认为,只进行合法活动的'共产党'就不配叫共产党。但这是一个实际问题,应该根据具体情况来规定怎么办。参加议会选举的问题就是这样一个问题。一般地讲,我们从来都是主张参加选举的。但是,在特殊情况下,例如在第一届杜马选举时,我们主张抵制,反对进行议会活动是共产主义运动中的一种幼稚病,我常常不得不同这种幼稚病作斗争。在意大利,这种病症广为流行。那里的'抵制派'共产党人[170],就是反对参加选举的那一派,甚至有他们的党报,叫《苏维埃报》[171]。在我们这里,正如您所知道的,我在类似的问题上曾同布哈林和拉狄克作过斗争[172]。我曾反对过那种认为我们应立即推翻克伦斯基政府的主张。我曾赞成签订布列斯特-里托夫斯克和约。后来,他们公开承认他们错了。拉狄克吸取了教训，他在反对德国共产党里的反议会派劳芬贝格、沃尔弗海姆和汉堡共产党人[173]的斗争中甚至表现得比其他人更出色。所以，总而言之，我认为目前必须做的是：(1)同孟什维克作斗争；(2)同左派幼稚病作斗争。”

“后面这种人，您能给他们一个什么样的简短的评语呢？可不可以说是革命浪漫主义？”

“对，完全正确。我们当然不能完全不要浪漫主义。浪漫主义多一点总比少一点要好。尽管我们同革命浪漫主义者有分歧，但我们一向对他们是同情的。例如，我们从来不赞成搞个人恐怖。但是，对恐怖主义者个人的勇敢精神和牺牲决心我们总是表示钦佩的。我们的观点始终是：首先要对经济关系作认真的分析，然后再用本身的榜样来证明自己的信念。比方说，如果我现在在英国，我就坚决反对抵制工党[174]，我就投票支持韩德逊政府，但同时公开声明：让他们实际表现一番吧。实际将很快表明，他们什么都办不成。工人们将会懂得，经过战争破坏之后，改良的道路是行不通的。革命不可避免地会在所有的国家爆发。但是，西欧各国的革命将比我国的容易。那里有与我们完全不同的组织力量。目前我们暂时走在前面。但是一旦革命席卷西欧，俄国很快就会落在后面。挪威的知识分子情况如何？他们是不是非常反动？”

“最近情况有所好转。尤其是法国的‘光明社’[175]运动引起了很大的反响。当法国作家开始成为‘布尔什维克’时，挪威作家很快就会跟上来。”

“那么，像这样一种赶时髦的运动恐怕靠不住吧。”

“也许是这样。但是，我总觉得在工程师中有一个真正严肃的运动。”

“是的，在任何地方他们中总有一部分人站在我们这一边。德国不久可以说会出现一个工程师无产阶级。把工程师吸引过来是具有重大意义的。我国大部分工程师有着纯粹的资本主义兴趣。在我国重新建立工业生活还需要许多年。我希望在挪威要容易一些。”

列宁看了一下表。我站了起来，对我在莫斯科受到的热情款待表示感谢。

“请代我向全体挪威同志问好。再见，同志。”

译自1920年5月14日《社会民主党人报》(挪威)

附　录

在国防委员会关于运输状况的决定草案上的修改和批语①

（1920 年 2 月 2 日）

国防委员会 1920 年 2 月 2 日决定②

1. ——(1)由铁路员工编组的列车运到的粮食百分之百地转交铁路组织。

委托斯维杰尔斯基同志报告运到粮食的数量。

(2)委托交通人民委员部、粮食人民委员部和后备集团军革命军事委员会完成喀山铁路上每天装车 140 车皮的固定定额，并采取措施加速运送。

指定马尔柯夫和斯维杰尔斯基两同志每周向国防委员会报告一次。

(3)委托交通人民委员部加速萨马拉—兹拉托乌斯特铁路线上军用列车的运行，并采取更有力的措施，保证萨马拉与车里雅宾斯克之间的地区 10 列火车粮食的运输。

(4)委托粮食人民委员部通过直达电报的商谈采取措施，加强西西伯利亚粮食的装运工作，并将此事通知第 1 劳动军革命军事委员会，请他们予此事以全面协助。

(5)国防委员会要求所有部门从自己**优秀的、最负责的**工作人员中抽调合适的人选，临时派往彼得格勒和莫斯科各铁路修理厂工作，以便改进修理工作和全面安排铁路运输事宜。这些工作人员不脱离本职工作，每周抽出一定的时间到工厂去。

---

① 草案要点见本卷第 103—104 页。——编者注

② 本篇中黑体字是列宁加的，方括号内的文字是列宁删去的。——编者注

建议全俄中央执行委员会主席团抽调一些工作人员，部分用于中央，部分派往地方。

请组织局多方协助，向各铁路线，特别是向交通政治部大量增派工作人员，委托罗森霍尔茨同志在报纸上公布这一决定，公布被派出的工人和派出工人的部门的名单。

(6)委托国防委员会军需特派员，就使用一部分军用被服品作为对运输工人的奖励以提高他们劳动生产率的问题，会同全俄工会中央理事会与交通人民委员部商定，拨出一部分军需品，给运输工人发放最必需的工作服。

国防委员会军需特派员应当通过有关机构进行这一工作(**供应工作服**)。

(7)建议粮食人民委员部从拨给国防委员会军需特派员的储备中划出一部分，首先供应运输工人。

指定斯维杰尔斯基同志在国防委员会最近一次会议上报告执行情况。

(8)交通人民委员部同西方面军的协议也适用于其他方面军。

(9)派阿尔然诺夫同志以交通人民委员部和陆军人民委员部在铁路运输与军事交通方面的全权代表的身份到高加索战线的铁路地区去工作。该地区应按陆军人民委员部与交通人民委员部的协议专门划定。在铁路问题上阿尔然诺夫同志应完全服从交通人民委员部领导。

交通人民委员部有权派出代表，担任阿尔然诺夫同志的政治委员。

(10)根据在中央军事交通部的参加下交通人民委员部与陆军人民委员部达成的协议，任命军事部门的代表担任铁路局长的军事助理。

(11)委托全俄肃反委员会与交通人民委员部总政治部制定临时派遣全俄肃反委员会和专门局处的工作人员到运输部门工作的协议。

(12)在粮食供应上应对修理机车及生产运输工具备用部件的工人和铁路职工一视同仁。

修理机车和生产运输工具备用部件的企业的清单，应经交通人民委员部同意并报[国防委员会或]人民委员会。

指定克拉辛和米柳亭两同志于星期四向人民委员会提出报告。

(13)委托共和国革命军事委员会采取最有力的措施，加强派遣部队清除铁路沿线积雪的工作。关于军队派往的地区应同清除积雪委员会协商确定。

(14)委托全俄工会中央理事会和机车车辆修理委员会以及交通人民委员部采取措施，加速并加强在修理铁路运输工具方面组织星期六义务劳动。

(15)委托内务人民委员部在铁路两侧 50 俄里以内的地区实行戒严。

(16)委托内务人民委员部向各省执行委员会发布关于派遣负责工作人员加强铁路沿线 50 俄里以内的乡、县执行委员会机构的通令。

(17)委托弗拉基米尔斯基同志负责召集在莫斯科的各省执行委员会的代表和管理局各部门代表大会的代表开会，讨论有效地组织义务劳动清除积雪的问题，并请捷尔任斯基同志或其全权代表以全俄肃反委员会的名义对此作相应的指示。指定弗拉基米尔斯基同志在国防委员会下次会议上报告执行情况。

(18)委托陆军部、交通人民委员部和国内警卫部队制定进一步加强保卫燃料列车的措施。

协议应提请列宁同志签署，如有异议则提交人民委员会。

委托燃料总委员会加强对铁路的燃料供应工作。

(19)委托最高铁路运输委员会修改运输计划，以便最大限度地加强[燃料和]粮食和燃料的运输工作。

(20)责成交通人民委员部，根据劳力情况分配储备的铁锹和手套。

责成最高国民经济委员会加强铁锹的供应工作。

(21)委托交通人民委员部在国防委员会最近一次会议上提出关于铁路专家登记工作(国防委员会1919年12月10日命令)实际进度的材料以及关于全面进行登记的措施的材料。

(22)委托燃料总委员会在国防委员会下次会议上提出关于在铁路上建立燃料储备(即使是七天的储备也行)的可行性的意见。

国防委员会主席　**弗·乌里扬诺夫(列宁)**

请全体苏维埃领导工作人员特别重视这些决定。运输情况糟透了。必须采取真正果断的革命措施才能挽救危局。

列　宁

1920年2月2日

译自《列宁文集》俄文版第24卷第64—67页

莫斯科苏维埃代表登记表[176]

证件号码…………1

参加日期 1920 年 2 月
退出日期………………

姓、名字、父名……………列宁(乌里扬诺夫),弗拉基米尔·伊里奇

地 址…………克里姆林宫 电话号码……………5—06,分机 5

选举单位……………………………………国营三厂,原西乌公司

彼得格勒路 13 号 区…………普列斯尼亚

选民人数:男____女____少年____共 计………1 390

年龄…………50 岁 婚否……………已婚 民族……………俄罗斯

文化程度…………大学

职业…………………著作者 职务…………………人民委员会主席

参加何种组织:工会………………………合作社组织……………………

党派……………共产党员							
政治经历	入党时间	因政治案件受审次数	被监禁时间			曾否侨居国外和侨居时间	备注
			坐牢	流放	服苦役		
	1893(建党前) 1898——建党那年	3 次 (1)1887 (2)1895 (3)1900	14 个月 +几天	3 年	未	1900—1905 和 1908—1917	

签字………………**弗·乌里扬诺夫(列宁)**

载于 1959 年《列宁文集》俄文版
第 36 卷

译自《列宁全集》俄文第 5 版
第 40 卷第 353 页

注释

1 社会革命党人是俄国最大的小资产阶级政党社会革命党的成员。该党是1901年底—1902年初由南方社会革命党、社会革命党人联合会、老民意党人小组、社会主义土地同盟等民粹派团体联合而成的。成立时的领导人有马·安·纳坦松、叶·康·布列什柯-布列什柯夫斯卡娅、尼·谢·鲁萨诺夫、维·米·切尔诺夫、米·拉·郭茨、格·安·格尔舒尼等,正式机关报是《革命俄国报》(1901—1904年)和《俄国革命通报》杂志(1901—1905年)。社会革命党人的理论观点是民粹主义和修正主义思想的折中混合物。他们否认无产阶级和农民之间的阶级差别,抹杀农民内部的矛盾,否认无产阶级在资产阶级民主革命中的领导作用。在土地问题上,社会革命党人主张消灭土地私有制,按照平均使用原则将土地交村社支配,发展各种合作社。在策略方面,社会革命党人采用了社会民主党人进行群众性鼓动的方法,但主要斗争方法还是搞个人恐怖。为了进行恐怖活动,该党建立了事实上脱离该党中央的秘密战斗组织。

在1905—1907年俄国第一次革命中,社会革命党曾在农村开展焚烧地主庄园、夺取地主财产的所谓"土地恐怖"运动,并同其他政党一起参加武装起义和游击战,但也曾同资产阶级的解放社签订协议。在国家杜马中,该党动摇于社会民主党和立宪民主党之间。该党内部的不统一造成了1906年的分裂,其右翼和极左翼分别组成了人民社会党和最高纲领派社会革命党人联合会。在斯托雷平反动时期,社会革命党经历了思想上、组织上的严重危机。在第一次世界大战期间,社会革命党的大多数领导人采取了社会沙文主义的立场。1917年二月革命后,社会革命党中央实行妥协主义和阶级调和的政策,党的领导人亚·费·克伦斯基、尼·德·阿夫克森齐耶夫、切尔诺夫等参加了资产阶级临时政府。七月事变时期该党公开转向资产阶级方面。社会革命党中央的妥协政策造成党的分裂，左翼于1917年12月组成了一个独立政党——左派社会革命党。十月革命后，社会革命党人（右派和中派）公开进行反苏维埃的活动，在国内战争时期进行反对苏维埃政权的武装斗争，对共产党和苏维埃政权的领导人实行个人恐怖。内战结束后，他们在“没有共产党人参加的苏维埃”的口号下组织了一系列叛乱。1922年，社会革命党彻底瓦解。——1。

2　人民社会党人是1906年从俄国社会革命党右翼分裂出来的小资产阶级政党人民社会党的成员。人民社会党的领导人有尼·费·安年斯基、韦·亚·米雅柯金、阿·瓦·彼舍霍诺夫、弗·格·博哥拉兹、谢·雅·叶尔帕季耶夫斯基、瓦·伊·谢美夫斯基等。人民社会党提出“全部国家政权应归人民”，即归从无产者到资产阶级知识分子的全体劳动者，主张对地主土地进行赎买和实行土地国有化，但不触动份地和经营“劳动经济”的私有土地。在俄国1905—1907年革命趋于低潮时，该党赞同立宪民主党的路线，六三政变后，因没有群众基础，实际上处于瓦解状态。第一次世界大战期间，持社会沙文主义立场。二月革命后，该党开始恢复组织。1917年6月，同劳动派合并为劳动人民社会党。这个党代表富农利益，积极支持资产阶级临时政府，十月革命后参加反革命阴谋活动和武装叛乱，1918年后不复存在。——2。

3　统一派是俄国极右的孟什维克护国派分子和一些前取消派分子联合组成的集团，因出版《统一报》而得名。1914年出现，1917年3月正式形成。除彼得格勒外，莫斯科、巴库等地也有它的组织。格·瓦·普列汉诺夫以及前取消派分子安·法·布里扬诺夫和尼·伊·约尔丹斯基在统一派中起领导作用。统一派否认社会主义在俄国有胜利的可能，无条件地支持资产阶级临时政府，主张把帝国主义战争继续进行“到最后胜利”，并与资产阶级和黑帮报刊一起攻击布尔什维克。在彼得格勒区杜马选举中统一派独自提出候选人名单，有时则与孟什维克和社会革命党等结成联盟。该派参加一切护国主义的示威游行，欢迎六月前线进攻。七月事变后，它鼓吹建立“坚强的政权”，即军事独裁。统一派对十月革命和苏维埃政权持敌对态度,1918 年夏在组织上瓦解。——2。

4 合作社派指合作社工作者。在俄国,合作社运动始于 19 世纪 60 年代。到 1917 年 1 月,俄国有各种类型的合作社 63 000 个,社员 2 400 万人。1917 年二月革命后,合作社派的领袖们支持资产阶级临时政府。1917 年 3 月 25—28 日(4 月 7—10 日)在莫斯科举行的全俄合作社代表大会表示赞同临时政府的政策。1917 年 9 月,资产阶级合作社派参加了全俄民主会议的工作。十月革命后,合作社派的领袖们敌视苏维埃政权,拒绝同苏维埃政权合作,遭到了中、下层合作社人员的反对。在苏维埃政权的领导下,革命前的小资产阶级合作社逐步转变为广大劳动群众参加的社会主义的合作社。——2。

5 立宪民主党人是俄国自由主义君主派资产阶级的主要政党立宪民主党的成员。立宪民主党(正式名称为人民自由党)于 1905 年 10 月成立。中央委员中多数是资产阶级知识分子、地方自治人士和自由派地主。主要活动家有帕·尼·米留可夫、谢·安·穆罗姆采夫、瓦·阿·马克拉柯夫、安·伊·盛加略夫、彼·伯·司徒卢威、约·弗·盖森等。立宪民主党提出一条与革命道路相对抗的和平的宪政发展道路,主张俄国实行立宪君主制和资产阶级的自由。在土地问题上,主张将国家、皇室、皇族和寺院的土地分给无地和少地的农民;私有土地部分地转让,并且按"公平"价格给予补偿;解决土地问题的土地委员会由同等数量的地主和农民组成,并由官员充当他们之间的调解人。1906 年春,曾同政府进行参加内阁的秘密谈判,后来在国家杜马中自命为"负责任的反对派"。第一次世界大战期间,支持沙皇政府的掠夺政策,曾同十月党等反动政党组成"进步同盟",要求成立责任内阁,即为资产阶级和地主所信任的政府,力图阻止革命并把战争进行到最后胜利。二月革命后,立宪民主党在资产阶级临时政府中居于领导地位,竭力阻挠土地问题、民族问题等基本问题的解决,并奉行继续帝国主义战争的政策。七月事变后,支持科尔尼洛夫叛乱,阴谋建立军事独裁。十月革命胜利后,苏维埃政府于 1917 年 11 月 28 日(12 月 11 日)宣布立宪民主党为"人民公敌的党"。该党随之转入地下,继续进行反革命活动,并参与白卫将军的武装叛乱。国内战争结束后，该党上层分子大多数逃亡国外。1921年5月，该党在巴黎召开代表大会时分裂，作为统一的党不复存在。——2。

6 旧教徒是17世纪从俄国正教中分裂出来的旧教派（旧礼仪派）的成员。旧教派组织的许多领导人是大商人和工业家。1906年以前，旧教徒受沙皇政府迫害。——2。

7 协约国（三国协约）是指与德、奥、意三国同盟相对立的英、法、俄三国帝国主义联盟。这个联盟的建立，始于1891—1893年缔结法俄同盟，中经1904年签订英法协定，而由1907年签订英俄协定最终完成。在第一次世界大战期间先后有美、日、意等20多个国家加入。十月革命后，协约国联盟的主要成员——英、法、美、日等国发动和组织了对苏维埃俄国的武装干涉。——5。

8 德国独立社会民主党是中派政党，1917年4月在哥达成立。代表人物是卡·考茨基、胡·哈阿兹、鲁·希法亭、格·累德堡等。基本核心是中派组织"工作小组"。该党以中派言词作掩护，宣传同公开的社会沙文主义者"团结"，放弃阶级斗争。1917年4月—1918年底，斯巴达克派曾参加该党，但保持组织上和政治上的独立，继续进行秘密工作，并帮助工人党员摆脱中派领袖的影响。1920年10月，德国独立社会民主党在该党哈雷代表大会上发生了分裂，很大一部分党员于1920年12月同德国共产党合并。右派分子单独成立了一个党，仍称德国独立社会民主党，存在到1922年。——7。

9 法国社会党（工人国际法国支部）是由1902年建立的法国社会党（饶勒斯派）和1901年建立的法兰西社会党（盖得派）合并而成的，1905年成立。在统一的社会党内，改良派居领导地位。第一次世界大战一开始，该党领导就转向社会沙文主义立场，公开支持帝国主义战争，参加资产阶级政府。该党党内有以让·龙格为首的同社会沙文主义分子妥协的中派，也有站在国际主义立场上的革命派。俄国十月社会主义革命后，法国社会党内公开的改良派和中派同革命派之间展开了激烈的斗争。

在1920年12月举行的图尔代表大会上，革命派取得了多数地位。代表大会通过了该党参加共产国际的决议，并创立了法国共产党。改良派和中派退党，另行建立一个独立的党，仍称法国社会党。——7。

10 指在社会革命党人和孟什维克操纵下，全俄铁路工会执行委员会在十月革命后要求成立所谓“清一色的社会党人政府”，并出面召开了关于政府组成问题的会议。——8。

11 中派是第二国际各党中的一个思想政治派别，于第一次世界大战前形成。中派分子挂着“正统马克思主义者”的招牌，阉割马克思主义的革命实质。他们不惜牺牲无产阶级的利益以屈从资产阶级的利益，并力图通过在工人运动的重大纲领和策略问题上向机会主义让步来调和革命派和改良派的矛盾。在第一次世界大战期间，中派宣传抽象的和平主义，反对变帝国主义战争为国内战争这个无产阶级革命的口号。中派对十月社会主义革命和建立共产国际抱敌视态度，曾成立第二半国际。中派在国际上的主要代表是卡·考茨基；在俄国，中派的代表人物是尔·马尔托夫和尼·谢·齐赫泽，列·达·托洛茨基在第一次世界大战期间曾持中派立场。

关于列宁对中派的批判，可参看《第二国际的破产》、《关于自己的政府在帝国主义战争中的失败》、《社会主义与战争》、《无产阶级在我国革命中的任务》等文(本版全集第26卷和第29卷)。——9。

12 指刊登在1917年8月19日和20日(9月1日和2日)《全俄农民代表苏维埃消息报》第88号和第89号上的《根据1917年彼得格勒第一次全俄农民代表大会的各地代表带来的242份委托书拟定的示范委托书》。列宁在这个文件发表时写了《政论家札记(农民和工人)》一文(见本版全集第32卷)加以评论。——15。

13 布列斯特和约是1918年3月3日苏维埃俄国在布列斯特—里托夫斯克同德国、奥匈帝国、保加利亚和土耳其签订的条约，3月15日经全俄苏维埃第四次(非常)代表大会批准。和约共14条，另有一些附件。根据和约，苏维埃共和国同四国同盟之间停止战争状态。波兰、立陶宛全部、白俄罗斯和拉脱维亚部分地区脱离俄国。苏维埃俄国应从拉脱维亚和爱沙尼亚撤军,由德军进驻。德国保有里加湾和蒙海峡群岛。苏维埃军队撤离乌克兰、芬兰和奥兰群岛,并把阿尔达汉、卡尔斯和巴统各地区让与土耳其。苏维埃俄国总共丧失100万平方公里土地(含乌克兰)。此外,苏维埃俄国必须复员全部军队,承认乌克兰中央拉达同德国及其盟国缔结的和约,并须同中央拉达签订和约和确定俄国同乌克兰的边界。布列斯特和约恢复了对苏维埃俄国极其不利而对德国有利的1904年的关税税率。1918年8月27日在柏林签订了俄德财政协定,规定俄国必须以各种形式向德国交付60亿马克的赔款。布列斯特和约是当时刚建立的苏维埃政权为了摆脱帝国主义战争,集中力量巩固十月革命取得的胜利而实行的一种革命的妥协。这个和约的签订,虽然使苏维埃俄国受到割地赔款的巨大损失,但是没有触动十月革命的根本成果,并为年轻的苏维埃共和国赢得了和平喘息时机去巩固无产阶级专政,整顿国家经济和建立正规红军,为后来击溃白卫军和帝国主义的武装干涉创造了条件。1918年德国十一月革命推翻了威廉二世的政权。1918年11月13日,全俄中央执行委员会宣布废除布列斯特和约。——18。

14 指芬兰反动资产阶级对芬兰无产阶级革命的镇压。

芬兰革命于1918年1月在芬兰南部工业地区爆发。1918年1月27日夜,芬兰赤卫队占领了芬兰首都赫尔辛福斯,资产阶级的斯温胡武德政府被推翻。1月28日,工人们建立了芬兰革命政府——人民代表委员会。参加革命政府的有库·曼纳、奥·库西宁、尤·西罗拉等人。国家政权的基础是由工人选出的工人组织议会。芬兰革命政府在斗争初期还没有明确的社会主义纲领,主要着眼解决资产阶级民主革命的任务,但这一革命从性质上说是社会主义革命。革命政府的最主要的措施是:将一部分工商企业和大庄园收归国有;把芬兰银行收归政府管理,并建立对私营银行的监督;建立工人对企业的监督;将土地无偿地交给佃农。芬兰这次无产阶级革命只是在芬兰南部取得了胜利。斯温胡武德政府在芬兰北部站稳了脚跟后,集结了一切反革命力量,在德国政府的援助下向革命政权发动进攻。由于德国的武装干涉,芬兰革命经过激烈的内战以后于1918年5月初被镇压下去。——23。

15　龙格派是1915年形成的法国社会党(工人国际法国支部)内以社会改良主义者让·龙格为代表的少数派。该派持中派观点,对社会沙文主义者采取妥协态度,在第一次世界大战期间持社会和平主义立场。俄国十月革命后,反对帝国主义列强对苏俄的武装干涉,在口头上承认无产阶级专政,实际上继续奉行同社会沙文主义者合作的政策,支持掠夺性的凡尔赛和约。反对法国社会党加入共产国际。1920年12月法国社会党图尔代表大会后,同其他少数派另组新党,仍称法国社会党(工人国际法国支部),并加入第二半国际。1923年又加入社会主义工人国际。——25。

16　这是列宁在关于征用和没收的法令草案上写的批语。人民委员会1920年4月15日会议通过了该法令,委托司法人民委员德·伊·库尔斯基进行最后审定。法令定本于4月16日由列宁签署,发表于1920年4月22日《全俄中央执行委员会消息报》。——26。

17　《致我们的接班人》是列宁为彼得格勒共青团举行"青年周"而写给彼得格勒省青年的一封信。"青年周"的任务是最广泛地吸引工农青年参加社会工作。——29。

18　勒拿惨案是指1912年4月4日(17日)沙皇军队枪杀西伯利亚勒拿金矿工人的事件。勒拿金矿工人因不堪资本家的残酷剥削和压迫,于1912年2月底开始举行罢工。3月中旬,罢工席卷各矿,参加者达6 000余人。罢工者提出实行八小时工作制、增加工资、取消罚款、提供医疗救护、改善供应和居住条件等要求。布尔什维克帕·尼·巴塔绍夫是领导罢工的总委员会主席。沙皇当局调动军队镇压罢工,于4月3日(16日)夜逮捕了几乎全部罢工委员会成员。4月4日(17日),2 500名工人前往纳杰日金斯基矿向检察机关的官员递交申诉书。士兵们奉命向工人开枪,当场死270人,伤250人。勒拿惨案激起了全俄工人的愤怒,俄国革命运动从此迅速地向前发展。——31。

19 凡尔赛和约即第一次世界大战后英、法、意、日等国对德和约，于1919年6月28日在巴黎郊区凡尔赛宫签订。和约的主要内容是，德国将阿尔萨斯—洛林归还法国，萨尔煤矿归法国；德国的殖民地由英、法、日等国瓜分；德国向美、英、法等国交付巨额赔款；德国承认奥地利独立；限制德国军备，把莱茵河以东50公里的地区划为非军事区。中国虽是战胜国，但和约却把战前德国在山东的特权交给了日本。这种做法遭到了中国人民的强烈反对，中国代表因而没有在和约上签字。列宁认为凡尔赛和约"是一个闻所未闻的、掠夺性的和约，它把亿万人，其中包括最文明的一部分人，置于奴隶地位"（见本版全集第39卷第394页）。——32。

20 俄共(布)莫斯科市代表会议于1919年12月20—21日举行。会议讨论了关于党的全国代表会议、关于燃料、关于星期六义务劳动、关于流行病斑疹伤寒及其防治措施、关于莫斯科的粮食情况、关于普遍军训和特种任务部队等问题。

列宁就星期六义务劳动的意义问题作了报告。会议通过的决议强调指出星期六义务劳动是走向实际实现共产主义的最初步骤，同时也指出它在提高劳动生产率和缓解运输、燃料、粮食等危机方面有巨大作用，要求全体党员必须参加星期六义务劳动。代表会议还听取了有关星期六义务劳动的组织工作的报告并批准了有关的工作细则。随后，俄共(布)莫斯科委员会制定并批准了《星期六义务劳动条例》(载于1919年12月27日《真理报》)，并成立了负责组织星期六义务劳动的专门机构。——35。

21 共产国际是在1919年3月2—6日于莫斯科举行的共产国际第一次代表大会上成立的。参加这次大会的有来自21个国家的35个政党和团体的代表52名。列宁主持了大会。他在3月4日的会议上宣读了关于资产阶级民主和无产阶级专政的提纲，并在自己的报告中论证了提纲的最后两点。代表大会一致赞同列宁的提纲，决定交执行局向世界各国广为传播。代表大会通过了《共产国际的行动纲领》，指出无产阶级的社会主义革命的时代已经开始，无产阶级要团结所有力量同机会主义决裂，为建立无产阶级专政的苏维埃而斗争。代表大会在《关于对各“社会主义”派别和伯尔尼代表会议的态度的决议》中谴责了恢复第二国际的企图。代表大会还通过了题为《告全世界无产者》的宣言，宣称共产国际是《共产党宣言》宣布的事业的继承者和实践者，号召全世界无产者在工人苏维埃的旗帜下、在夺取政权和实行无产阶级专政的革命斗争的旗帜下、在共产国际的旗帜下联合起来。——37。

22 人民委员会于 1919 年 12 月 23 日讨论了喀山、辛比尔斯克和萨马拉三省的粮食委员没有执行粮食人民委员部关于向莫斯科调运粮食的命令的问题。这里收载的是列宁为此而拟的决定草案。草案略加修改后由人民委员会通过。——42。

23 列·波·加米涅夫、阿·伊·斯维杰尔斯基和谢·德·马尔柯夫的报告都说明，没有执行命令的主要原因之一是邮电人民委员部没有及时给粮食人民委员部接通与地方联系的直达电报。在人民委员会通过的决定中这条写成：“人民委员部在执行重要任务时，如在一个小时内接不通直达电报，而又不立即向人民委员会主席提出控告，该人民委员部应对电报不通负责。”——42。

24 在人民委员会通过的决定中这条写成：“责成司法人民委员部对不执行粮食人民委员部关于往莫斯科发运粮直达列车的命令或在执行这个命令中指挥不善的省粮食委员和其他负责人进行调查，以查明其过失的大小。”——42。

25 全乌克兰革命委员会即全乌克兰军事革命委员会，是乌克兰临时革命政权机关，根据乌克兰中央执行委员会和人民委员会 1919 年 12 月 11 日的决定建立。委员会主席是格·伊·彼得罗夫斯基，成员有弗·彼·扎东斯基、德·扎·曼努伊尔斯基以及斗争派代表和乌克兰左派社会革命党少数派代表各一名。委员会行使乌克兰中央执行委员会和人民委员会的职权，其任务是：大力协助红军彻底歼灭白卫军；消灭地主，废除地主土地占有制；在苏维埃乌克兰建立巩固的工农政权；在乌克兰的大部分领土解放后立即召开全乌克兰苏维埃第四次代表大会。

——48。

26 乌克兰斗争派共产党人即斗争派。

斗争派是乌克兰社会革命党的左派于1918年5月建立的小资产阶级民族主义政党，因该党中央机关报《斗争报》而得名。1919年3月，该党采用了乌克兰社会革命共产党（斗争派）这一名称，8月改称为乌克兰共产党（斗争派）。斗争派依靠民族主义知识分子，并寻求中农的支持。该党领导人有格·费·格林科、瓦·米·布拉基特内、亚·雅·舒姆斯基等。

列宁和共产党对斗争派采取灵活的策略，力求把追随斗争派的一部分劳动农民和斗争派中的优秀分子争取过来，为取消斗争派这一政党创造条件。

斗争派曾申请加入共产国际，并要求承认他们是乌克兰主要的共产党。1920年2月26日，共产国际执行委员会通过一项专门决定，建议斗争派解散自己的党，加入乌克兰共产党（布）。经过斗争派中央内部的激烈斗争，1920年3月20日全乌克兰斗争派代表会议通过了斗争派自行解散并与乌克兰共产党（布）合并的决议。斗争派成员以个别履行手续的方式被吸收进乌克兰共产党（布）。——48。

27 1919年12月23日，小人民委员会讨论了关于供给工人衣服和鞋子的问题。会议决定在不影响红军供应的前提下动用部分军用储备物资，要求军需总局于12月底调拨给粮食人民委员部3万双皮鞋，并要求最高国民经济委员会每两周把国内生产的全部靴子的20％调拨给粮食人民委员部。小人民委员会的这个决定可能遭到了最高国民经济委员会主席团的反对，因此人民委员会于12月30日研究了这个问题，并以这里收载的列宁的草案为基础通过了一个决定。

1920年1月3日，小人民委员会重新讨论了这个问题。最高国民经济委员会主席阿·伊·李可夫亲自出席了这次会议。会议责成他从1920年1月1日起每月至少向粮食人民委员部提供4万双男劳动鞋，木鞋、毡鞋和树皮鞋不算在内。——52。

28 小人民委员会是俄罗斯联邦人民委员会所属的一个常设委员会，1917

年11月成立。设立小人民委员会是为了减轻人民委员会的负担。小人民委员会预先审议应由人民委员会决定的问题，自身也决定某些财政经济问题。小人民委员会一致作出的决定，经人民委员会主席签署，即具有人民委员会决定的效力。如遇意见分歧，则把问题提交人民委员会解决。小人民委员会的主席、副主席、成员由人民委员会从人民委员和副人民委员中任命，全俄工会中央理事会的代表也参加小人民委员会。1930年，小人民委员会被撤销。——52。

29　人民委员会1919年12月30日会议讨论了关于采购原料的指示的草案。会议通过了列宁拟的这个决定草案。——53。

30　指全俄苏维埃第七次代表大会通过的《关于苏维埃建设的决定》中的一项规定：各地方执行委员会所属各局的局长和局务委员会委员由执行委员会选举，但相应的人民委员有权否决局长的人选；在有分歧意见时，问题由全俄中央执行委员会主席团解决。——53。

31　全俄苏维埃第七次代表大会通过的《关于苏维埃建设的决定》要求最高国民经济委员会制定一个细则，对最高国民经济委员会中央和地方机构在同特别重要的国营工厂、托拉斯企业等等关系上的权利和义务作出规定。《决定》指出，细则应当无条件地保留所有这些企业对中央主管机关的隶属关系，同时也要规定它们在多大程度上和以什么样的方式隶属于省国民经济委员会，以便最适当而迅速地满足地方的需要。——53。

32　这篇短评是列宁在1919年或1920年的一次俄共(布)中央政治局会议上写的，1924年底被发现，最初发表于《真理报》。——54。

33　下诺夫哥罗德法语一语出自俄国作家亚·谢·格里鲍耶陀夫的喜剧《智慧的痛苦》。该剧主人公恰茨基用此语嘲讽俄国贵族以说俄语时夹杂法语为时髦的恶劣风气。——54。

34　这是列宁致彼得格勒省工农妇女第一次代表大会的贺信，贺信在代表大会第一天的会议上宣读。

彼得格勒省工农妇女第一次代表大会于1920年1月15—16日举行，出席大会的代表共403名，其中共产党员157人，非党员246人。大会讨论了目前形势、共产党和工农妇女、土地问题、消费公社、社会教育等问题。叶·德·斯塔索娃代表俄共(布)中央和中央工农妇女工作部在大会上致贺词，她着重指出了即将举行的"前线周"的特殊意义，并且号召代表们全力投入恢复正常生活的工作。——56。

35 这一讲话主要涉及在经济管理中实行一长制的问题。为了恢复工业和运输业，列宁提出在经济管理中改行一长制，但这一主张遭到一部分工会和经济机关负责人的反对，其中包括全俄工会中央理事会共产党党团的成员。他们认为，一长制破坏了工人民主的基础，将工人排斥于生产管理之外，使工人不能在实践中学习管理工作。列宁在讲话中批驳了这种观点。——57。

36 阿拉克切耶夫式的统治意为极端专横和残暴的统治。阿·安·阿拉克切耶夫是俄国沙皇保罗一世和亚历山大一世的权臣，推行反动的警察制度，用极端残暴的手段对付被压迫人民的革命运动和任何要求自由的表现。——61。

37 指尼·伊·布哈林和叶·阿·普列奥布拉任斯基所著《共产主义ABC》一书，该书于1920年在莫斯科出版。——62。

38 这个决定草案是列宁在工农国防委员会1920年1月16日会议讨论《关于改组铁路戒严特设委员会和全俄肃反委员会运输局》的报告时草拟的。会议批准了这个决定草案。

全俄肃反委员会(全称是全俄肃清反革命和怠工非常委员会)是根据人民委员会1917年12月7日(20日)的决定，为了同反革命、怠工和投机活动进行斗争而成立的，直属人民委员会。领导人是费·埃·捷尔任斯基。在国内战争和外国武装干涉时期，它在同反革命破坏活动作斗争和保卫苏维埃共和国的国家安全方面发挥了巨大作用。随着国家转入和平经济建设，列宁于1921年12月1日向中央政治局建议改组全俄肃反委员会，缩小它的职权范围。12月23—28日召开的全俄苏维埃第九次代表大会通过了《关于全俄肃反委员会的决议》。1922年2月6日，全俄中央执行委员会根据全俄苏维埃第九次代表大会的决议通过法令，把全俄肃反委员会改组为俄罗斯联邦内务人民委员部国家政治保卫局。——63。

39 1920年1月2日，苏维埃政府向木沙瓦特党领导的阿塞拜疆政府提出一项关于缔结对安·伊·邓尼金采取共同行动的协定的建议。这一建议遭到阿塞拜疆政府的拒绝。

俄共(布)中央政治局在1920年1月17—18日举行的会议上，听取了外交人民委员格·瓦·契切林所作的关于有可能同阿塞拜疆进行和谈的报告，并就这个问题通过了列宁提出的决定草案。——64。

40 1920年1月17日，革命军事委员会主席列·达·托洛茨基给土耳其斯坦方面军司令米·瓦·伏龙芝和第4集团军司令加·卡·沃斯卡诺夫发了一份附有列宁批语的电报，要求他们采取有力措施修建亚历山德罗夫盖—恩巴铁路，并把红库特—亚历山德罗夫盖铁路线改成宽轨(见本版全集第49卷第240号文献)。共和国总司令谢·谢·加米涅夫对这一电报提出了抗议。1920年1月17—18日举行的俄共(布)中央政治局会议就此问题通过了列宁草拟的这个决定草案。——66。

41 这篇序言是列宁读了1919年在美国出版的约翰·里德的《震撼世界的十天》一书后，为该书新的美国版本写的。载有列宁序言的这个新版本于1926年在美国出版。而在此以前，苏维埃俄国《红色处女地》杂志出版社于1923年出版了里德的这本书，并首次发表了列宁的这篇序言。——67。

42 《俄共给德国独立社会民主党的复信草稿(提纲)》是为答复德国独立社会民主党向俄共提出的关于就加入共产国际的条件进行谈判的建议而写的。1919年11月30日—12月6日在莱比锡举行的德国独立社会民主党非常代表大会曾通过决议，主张该党退出第二国际，并委托该党中央委员会在党所通过的行动纲领的基础上立即同各国社会主义革命政党就有关国际的问题进行谈判。

1920年1月20日，俄共(布)中央政治局讨论了列宁的这个提纲，决定成立一个委员会(有列宁参加)，委托它以提纲为基础起草复信。——68。

43 《自由报》(«Die Freiheit»)是德国独立社会民主党的机关报(日报)，1918年11月15日—1922年9月30日在柏林出版。——68。

44 指英国的独立工党。

独立工党(I.L.P.)是英国改良主义政党，1893年1月成立。领导人有基·哈第、拉·麦克唐纳、菲·斯诺登等。党员主要是一些新、旧工联的成员以及受费边派影响的知识分子和小资产阶级分子。独立工党从建党时起就采取资产阶级改良主义立场，把主要注意力放在议会斗争和同自由主义政党进行议会交易上。1900年，该党作为集体党员加入英国工党。在第一次世界大战期间，独立工党领袖采取资产阶级和平主义立场。1932年7月独立工党代表会议决定退出英国工党。1935年该党左翼成员加入英国共产党，1947年许多成员加入英国工党，独立工党不再是英国政治生活中一支引人注目的力量。——69。

45 指格·马·克尔日扎诺夫斯基写的《工业电气化的任务》一文。该文的提要刊登于1920年1月30日《真理报》第20号。——76。

46 格·马·克尔日扎诺夫斯基写了一本题为《俄罗斯电气化的基本任务》的小册子，于1920年2月出版。——76。

47 关于把国家监察人民委员部改组为工农检查院的问题是1919年底提出的，在全俄苏维埃第七次代表大会上讨论过。全俄中央执行委员会随后成立了一个由国家监察人民委员部、全俄工会中央理事会和全俄中央执行委员会的代表组成的专门委员会来起草工农检查院条例。当时提出了三个草案：莫斯科工人检查院草案(载于1920年1月6日《真理报》第4号)、全俄中央执行委员会与全俄工会中央理事会联合草案(载于1920年1月22日《全俄中央执行委员会消息报》第14号)和国家监察人民委员部草案(未公布)。由于专门委员会没有取得结果，问题转交给俄共(布)中央政治局讨论。1920 年 1 月 23 日,政治局会议决定发出列宁草拟的这项指示。

根据俄共(布)中央政治局的这个指示和列宁的意见(见本卷第 72—74 页)拟定的《工农检查院条例》,由全俄中央执行委员会 1920 年 2 月 7 日会议通过(载于 1920 年 2 月 8 日《全俄中央执行委员会消息报》第 28 号)。按照这一条例,国家监察人民委员部“在吸收工农参加原国家监察机关的基础上”改组成为“统一的社会主义监察机关”。——78。

48 指匈牙利苏维埃共和国被协约国帝国主义者所扼杀。匈牙利苏维埃共和国于 1919 年 3 月 21 日诞生。从 4 月起协约国帝国主义者对它实行经济封锁,并利用罗马尼亚和捷克斯洛伐克资产阶级政府的军队对它进行武装干涉。在匈牙利红军制止了罗捷军队的进攻并攻入斯洛伐克、协助建立了斯洛伐克苏维埃共和国时,协约国帝国主义者借助外交压力迫使匈牙利红军停止进攻并撤退到 1918 年 11 月签订停战协定时由协约国划定的分界线内。此后,在罗马尼亚干涉军反攻得手的严重时刻,协约国帝国主义者与匈牙利右派社会民主党人相勾结,加紧进行破坏活动。右派社会民主党人以匈牙利苏维埃共和国政府妨碍同协约国缔结和约和解除封锁为借口,迫使它于 1919 年 8 月 1 日辞职。——83。

49 1919 年秋,英国和法国曾同与苏维埃共和国接壤的一些资产阶级小国谈判,准备联合进攻苏维埃俄国。英国陆军大臣温·丘吉尔宣称,参加这次进攻的将有 14 个国家。这一干涉计划未能得逞。关于这个问题,可参看本卷第 192—195 页。——83。

50 劳动军是在国内战争末期暂时用于国民经济战线而保持军队建制的苏俄红军部队。第 3 集团军革命军事委员会首先倡议把军队用于经济战线,得到列宁的赞同。1920 年 1 月 15 日,工农国防委员会把第 3 集团军改组成为第 1(乌拉尔)革命劳动军。此后陆续成立的劳动军有:乌克兰劳动军(由西南方面军组成)、高加索劳动军(由高加索方面军第 8 集团军组成)、第 2 特种铁路劳动军(由高加索方面军第 2 集团军组成)、彼得格勒劳动军(由第7集团军组成)、第2革命劳动军(由土耳其斯坦方面军第4集团军组成)、顿涅茨劳动军、西伯利亚劳动军等。劳动军从事修复铁路、采煤、伐木、征购和运输粮食等工作,并在人民群众中开展文化教育活动。1920年对波战争爆发后,有些劳动军转为战斗部队。随着国内战争的结束,根据劳动国防委员会1921年12月30日的决定,劳动军被撤销。——84。

51 《关于鼓动指导列车和轮船工作的指示》是列宁于1920年1月25日听取了全俄中央执行委员会鼓动指导列车和轮船工作部主任Я.И.布罗夫关于该部1919年工作总结报告之后写的。——87。

52 《关于合作社的决定草案和指示》是列宁在合作社问题会议上写的。这次会议由列宁主持,于1920年1月26日举行。会议根据列宁的指示通过了一项决定,这一决定是人民委员会1920年1月27日通过的《关于各类合作社组织联合的法令》的基础。根据这一法令,各级信用合作社并入同级的消费合作社,农业合作社、手工业合作社及其他合作社的全俄中央机构与中央消费合作总社联合,成为它的部级机构。所有这些措施均由设在粮食人民委员部之下的合作社事务总委员会负责实行。为适应以上这些变动,人民委员会在同一天,即1月27日,还通过了《关于撤销合作社代表大会选出的理事会的法令》,将全俄及各省合作社代表大会理事会的职权和财产移交给中央消费合作总社及各省消费合作总社。——89。

53 这是列宁在全俄国民经济委员会第三次代表大会全体会议上的讲话。列宁在讲话中坚持的一长制管理原则没有被大会通过。

全俄国民经济委员会第三次代表大会于1920年1月23—29日在莫斯科召开。参加大会的有工会和各省国民经济委员会的代表以及大工业企业的工人500多人。列入大会议程的问题是:苏维埃俄国的经济状况,军事工业和红军供应,经济生活管理的组织,劳动组织,普遍劳动义务制,当前运输的状况,关于燃料等。代表大会通过了俄共(布)中央《关于动员工业无产阶级、实行劳动义务制、经济军事化以及为经济需要动用军队等问题的提纲》。代表大会的决议强调必须保持国民经济管理的集中化，同时也给地方国民经济委员会以经济活动的更大自主权。代表大会拟定了进一步恢复和发展苏维埃共和国国民经济的工作计划。——91。

54 在苏维埃俄国，国有化企业和经济部门的管理是从1918年春开始向一长制过渡的。1918年3月23日，人民委员会通过了《关于铁路的集中管理、保护和提高运输能力的法令》。根据这一法令，在铁路运输管理中首先实行了集中化、一长制和严格的纪律。列宁在1918年4月28日发表的《苏维埃政权的当前任务》一文（见本版全集第34卷）中，深刻地论证了在生产管理中实行一长制的必要性。

从1919年底起，随着经济建设问题被提到首位，在苏俄展开了关于企业管理中实行集体管理制还是一长制的争论。1920年1月12日召开的全俄工会中央理事会共产党党团会议反对在生产管理中实行列宁提出的一长制原则，认为一长制原则会破坏工人民主的基础，把工人排除在生产管理之外。1月23—29日召开的全俄国民经济委员会第三次代表大会也反对实行一长制，并以多数票通过了关于在一般情况下采取集体管理形式的决议。在党和工会的干部及经济工作人员广泛参加的这场争论中，民主集中派季·弗·萨普龙诺夫、恩·奥新斯基（瓦·瓦·奥博连斯基）、弗·尼·马克西莫夫斯基、弗·米·斯米尔诺夫等为集体管理制辩护，支持他们的有米·巴·托姆斯基、阿·伊·李可夫、安·谢·布勃诺夫等。俄共（布）莫斯科省委员会赞成集体管理制而反对一长制。在民主集中派的操纵下，哈尔科夫省党代表会议通过了反对一长制的决议。在乌克兰共产党（布）第四次代表会议（1920年3月17—23日）上，赞成实行集体管理制和赞成实行一长制的票数各占一半。

1920年3—4月召开的俄共（布）第九次代表大会结束了这一问题的争论。代表大会通过的《关于经济建设的当前任务的决议》着重指出："不论是对个别工业企业或是对整个工业部门来说，组织管理工作的基本任务就是要建立熟悉业务的、坚强有力的领导。"代表大会指示，在工业管理方面要逐步实行一长制，即"在各工场和车间建立完全的、绝对的一长制，在各工厂管理处推行一长制，在生产行政机构的中上层环节设立简化的集体管理机构"(参看《苏联共产党代表大会、代表会议和中央全会决议汇编》1964 年人民出版社版第 2 分册第 9 页)。——91。

55 指 1920 年 1 月 22 日《真理报》第 14 号上发表的《俄共(布)中央关于动员工业无产阶级、实行劳动义务制、经济军事化以及为经济需要动用军队等问题的提纲》和在全俄国民经济委员会第三次代表大会上阿·伊·李可夫作的《关于苏维埃俄国的经济状况的报告》、弗·巴·米柳亭作的《关于经济生活的管理的报告》、米·巴·托姆斯基作的《关于劳动组织的报告》。——94。

56 列宁在人民委员会 1920 年 1 月 27 日会议讨论莫斯科军区和莫斯科市卫戍区司令 A.A.布尔杜科夫关于在莫斯科铁路枢纽站卸马铃薯以及清除莫斯科街道和铁路上的积雪的报告时拟了这个决定草案。人民委员会批准了这个草案。——96。

57 关于这个问题,人民委员会 1920 年 1 月 31 日会议通过了如下决定:"马铃薯运动推迟到春天继续开展,但要求粮食人民委员部在开展种子运动的同时,在 1920 年 4 月和 5 月保证供应 56 万普特食用马铃薯,以满足莫斯科市的需要。"——96。

58 人民委员会于 1920 年 1 月 31 日听取了关于内务人民委员部为完成扫雪义务劳动所采取的措施的报告,决定成立一个委员会,由费·埃·捷尔任斯基任主席,负责领导这项工作。——96。

59 指第七届全俄中央执行委员会第 1 次会议。这次会议于 1920 年 2 月 2—7 日举行。会议听取了列宁关于全俄中央执行委员会和人民委员会工作的报告(见本卷第 105—125 页),批准了《工农检查院条例》,通过了关于运输问题的决议,还批准了告波兰人民书,通过了关于批准同爱沙尼亚的和约的决定。——97。

60 这是列宁对劳动人民委员部拟定的奖励条例草案的意见。根据小人民委员会 1920 年 2 月 1 日会议的决定,这个草案被退回劳动人民委员部，由它按照列宁的指示进行修改。6月8日，人民委员会通过了由全俄工会中央理事会起草的《关于批准奖励方案的程序的法令》。法令公布于6月10日《全俄中央执行委员会消息报》。——101。

61 草案中的这一条是："应以最佳生产技术条件下技术上可能达到的生产量作为规定生产定额的基础，在生产资料和生产工具正常的状况下应确认这种定额。鉴于当前工业的一般情况，应对这个在技术上可能达到的定额打一折扣，但决不能超过50%，然后再定出实际的生产定额。对于不同的生产部门、不同的企业和它们的不同类别，实际定额可以有所不同。"——101。

62 这是列宁就运输问题写给国防委员会各委员的一封信。

国防委员会（工农国防委员会）是全俄中央执行委员会为贯彻它在1918年9月2日颁发的宣布苏维埃共和国为军营的法令而于1918年11月30日设立的。国防委员会是苏维埃俄国的非常最高机关，有动员人力物力保卫苏维埃国家的全权。国防委员会的决议，中央以及地方各部门和机关、全体公民都必须执行。在外国武装干涉和国内战争时期，国防委员会是组织共和国战时经济和编制计划的中心。革命军事委员会及其他军事机关的工作都处于它的严格监督之下。列宁被任命为国防委员会主席。1920年4月初，国防委员会改组为劳动国防委员会，其任务是指导经济系统各人民委员部和所有国防机关的活动。劳动国防委员会一直存在到1937年4月。——102。

63 在"1920年2月2日会议"这一标题下面，列宁作了如下批注："12月，2 274车皮粮食；1月，1 415车皮粮食。"这大概是1919年12月和1920年1月运到的粮食数量。

这里说的会议是指国防委员会1920年2月2日讨论运输问题的会议。列宁在会议上作了报告并起草了这里收载的决定草案要点。会议以列宁的草案要点为基础，通过了提高铁路运输能力的决定。会议的决定连同列宁所加的批语（参看本卷第377—379页）于2月3日下达给了各主管部门。——103。

64 列宁宣读了1920年1月18日苏俄中央各报刊登的关于协约国各国政府决定解除对苏维埃俄国的封锁和准许同俄国进行贸易的消息。在作出这一决定时,协约国强调指出,这"决不意味协约国对苏维埃政府的政策有所改变"。——106。

65 这些文件是在巴黎的谢·德·萨宗诺夫交给奥莱尼科夫,要他经过瑞典带给尼·尼·尤登尼奇的。奥莱尼科夫向苏维埃政权投诚时,交出了这些文件。

文件中提到的萨宗诺夫曾任沙皇政府的外交大臣,当时是高尔察克和邓尼金政府的成员,驻巴黎的代表;康·尼·古尔克维奇是高尔察克政府驻瑞典的公使;Б.А.巴赫梅捷夫是高尔察克政府驻华盛顿的大使;И.И.苏金是高尔察克政府的外交部办公厅主任(实际上是外交部长);萨布林是高尔察克政府驻伦敦的代办;阿·威·诺克斯将军是英国政府驻高尔察克政府的代表。——110。

66 指俄国红十字会同拉脱维亚和波兰就交换战俘、遣返难民等问题举行的谈判。——113。

67 这里说的是1920年1月28日俄罗斯联邦人民委员会告波兰政府和波兰人民书及1920年2月2日全俄中央执行委员会告波兰人民书。——114。

68 巴什基尔共和国是根据1919年3月20日签订的《中央苏维埃政权和巴什基尔政府关于巴什基尔实行苏维埃自治的协议》实行自治的。协议规定根据苏维埃宪法组织巴什基尔苏维埃自治共和国,并确定了共和国的疆界和行政区划。协议由人民委员会和全俄中央执行委员会批准,公布于1919年3月23日《全俄中央执行委员会消息报》。——115。

69 鞑靼自治共和国(鞑靼苏维埃自治共和国)成立于1920年5月27日。全俄中央执行委员会和人民委员会关于成立该共和国的法令是由列宁和米·伊·加里宁签署的。——115。

70 指全俄中央执行委员会1919年6月1日通过的《关于俄罗斯、乌克兰、拉脱维亚、立陶宛、白俄罗斯等苏维埃共和国联合起来抗击世界帝国主义的法令》。法令中说：全俄中央执行委员会鉴于国际帝国主义和国内反革命势力在各条战线上发动的进攻，考虑到乌克兰中央执行委员会1919年5月18日通过的决议以及拉脱维亚、立陶宛、白俄罗斯提出的建议，认为有必要把俄罗斯、乌克兰、拉脱维亚、立陶宛、白俄罗斯和克里木各苏维埃社会主义共和国的军事组织及军事指挥、国民经济委员会、铁路管理和经营、财政和劳动人民委员部统一起来。根据这个法令建立的各苏维埃社会主义共和国的军事政治联盟，在战胜外国武装干涉者和国内反革命势力的斗争中起了重大作用。——116。

71 1920年1月17日，全俄中央执行委员会和人民委员会通过了废除死刑的决定。根据这个决定，在全俄肃反委员会及其地方机关和各级革命法庭的判决中今后不再采用死刑。2月2日，第七届全俄中央执行委员会第1次会议批准了人民委员会关于这个问题的法令。——116。

72 关于重新分配土地的法令经人民委员会1920年4月30日审议通过，刊登于5月13日《全俄中央执行委员会消息报》第102号。——120。

73 指苏维埃政府为了战胜经济破坏和恢复国民经济而通过的一系列决定。关于第3集团军改名为第1革命劳动军并参加乌拉尔的经济建设的决定，是国防委员会于1920年1月15日通过的。乌克兰劳动军委员会条例，是俄罗斯联邦人民委员会在同全乌克兰革命委员会协商后于1920年1月21日通过的。关于利用苏维埃共和国后备集团军的人力和物力来改善莫斯科—喀山铁路区域内的铁路运输状况的决定，是国防委员会于1920年1月23日通过的。关于实行普遍劳动义务制的办法的决定和普遍劳动义务制推行委员会条例，是人民委员会于1920年1月29日通过的。在此以前，劳动义务制法令主要适用于不从事生产劳动的人（资产阶级和同它有联系的寄生分子），而这次通过的法令则适用于各个阶层的居民。苏维埃共和国的每个公民（没有劳动能力者除外），不论从事何种经常性工作，都可被吸收参加一次性的或定期性的义务劳动：采伐和运输燃料、农业劳动、建筑工作等等。国防委员会负责对劳动动员的总的领导。为了对动员劳动力进行具体领导，成立了以费·埃·捷尔任斯基为首的普遍劳动义务制推行总委员会。——122。

74 指全俄电气化计划。

全俄电气化计划是根据列宁提出的任务并在他的指导下由俄罗斯国家电气化委员会制定的。全俄中央执行委员会于1920年2月3日通过了关于制定电气化计划的决议。根据这一决议，最高国民经济委员会主席团于1920年2月21日成立了俄罗斯国家电气化委员会。这个委员会由格·马·克尔日扎诺夫斯基任主席，参加委员会工作的有200多名科技专家。委员会进行了大量工作，到1920年底编出了《俄罗斯联邦电气化计划》。1920年12月召开的全俄苏维埃第八次代表大会一致通过了这个计划，在电气技术人员第八次代表大会对技术经济问题作了讨论以后，由人民委员会于1921年12月21日批准。全俄电气化计划规定，除恢复和改建现有的电站外，在10—15年内建设30座区域电站，包括20座火电站（基泽尔、卡希拉、什捷罗夫卡等）和10座水电站（第聂伯河、斯维里河、沃尔霍夫河等），总装机容量为175万千瓦；总的年发电量达到88亿度，而1913年俄国的年发电量为19亿度。根据计划，工业品产量将比1913年增加80％—100％，比1920年增加许多倍。俄罗斯国家电气化计划到1931年已基本完成，该年发电总量已达107亿度。到1935年底，计划的各项主要指标均大大超额完成。——124。

75 这是列宁在莫斯科枢纽站铁路员工代表会议上的讲话。这次会议是在运输工作成为整个国民经济的关键的时候于1920年2月5—6日举行的，有1 000多人出席。会议号召全体铁路员工把自己建设成为一支“有严格纪律的红色运输劳动大军”。——126。

76 指国防委员会1920年2月2日讨论运输问题的会议（参看注63）。——127。

77 这个决定草案是列宁在人民委员会1920年2月5日会议讨论列·

波·克拉辛关于对修理机车和生产运输器材备件的工人实行优待的报告时写的,除第4条外都被列宁勾去。会议就报告通过了如下决定:“责成最高国民经济委员会、粮食人民委员部和交通人民委员部详细研究对修理机车和生产运输器材备件的工人实行各种优待的问题,并将工厂名单上报人民委员会。”——128。

78 这是列宁在全俄各省肃反委员会第四次代表会议2月6日上午会议上的讲话。这次代表会议是在苏维埃国家粉碎了高尔察克、邓尼金和尤登尼奇白卫军,赢得了暂时喘息时机因而能够着手进行经济建设的时候召开的。出席代表会议的有69名有表决权的代表和7名有发言权的代表。大多数代表是工人成分,所有代表都是共产党员,大多数有表决权的代表是十月革命以前入党的老党员。会议开了4天,在提出的所有问题上意见完全一致。——129。

79 列宁在这份文件中对国际重建委员会的简报刊载的将在斯特拉斯堡举行的法国社会党代表大会的决议草案(第1—13条)提出了批评意见。在《政论家短评》一文中,列宁对这个决议草案以及刊载在同一简报上的另一个决议草案作了更详尽的批评(见本卷第150—155页)。——140。

80 指第七届全俄中央执行委员会第1次会议通过的《工农检查院条例》。

随着苏维埃共和国经济和行政管理任务的不断扩大,人民委员会于1919年4月12日通过法令,规定由国家监察人民委员部负责对国民经济和国家管理各部门贯彻执行苏维埃政权的法令和决定的情况进行检查和监督。为了吸收广大工农群众参加国家监督和国家机构的管理,中央和地方的国家监察机关改组成了统一的社会主义监察机关——工农检查院(参看注47)。——147。

81 《人民报》(«Le Populaire»)是法国中派分子于1916年在利摩日创办的报纸,最初每月出版一次,1918年迁巴黎后改为日报,由让·龙格和莱·勃鲁姆担任主编。撰稿人有皮·布里宗、阿·普雷斯曼、让·皮·拉芬-杜然、波·苏瓦林、保·福尔等。在原法国社会党机关报《人道报》随社长马·加香一起于1920年底转到共产党方面后,《人民报》从1921年起成为法国社会党(工人国际法国支部)的机关报。——148。

82 国际重建委员会是以让·龙格和保·福尔为首的法国社会党里的中派分子在1919年底建立的。委员会成立后的第一个通知载于1920年1月7日《人民报》第621号。在法国社会党内围绕着如何对待第二国际和第三国际的问题展开的尖锐斗争中,委员会的领袖们在党员群众的影响下主张退出第二国际,但只到此为止,并认为"重建"第二国际才是上策。在1920年12月法国社会党图尔代表大会上,当多数代表赞成无条件地加入共产国际时,他们同右派分子一道退出了代表大会。国际重建委员会的领袖们后来又回到了第二国际的队伍中。——148。

83 《工人生活报》(«La Vie Ouvrière»)是法国革命工团主义者创办的报纸(周报),1919年4月起在巴黎出版。——148。

84 斐·洛里欧的这篇文章还载于1920年3月22日《共产国际》杂志俄文版第9期。——148。

85 《共产国际》杂志(«Коммунистический Интернационал»)是共产国际执行委员会的机关刊物,1919年5月1日创刊,曾用俄、德、法、英、中、西班牙等各种文字出版,编辑部由参加共产国际的各国共产党代表组成。该杂志刊登理论文章和共产国际文件,曾发表列宁的许多篇文章。随着1943年5月15日共产国际解散,该杂志于1943年6月停刊。——148。

86 指原定于1919年7月21日举行的国际工人政治罢工。罢工口号是:支持俄国和匈牙利革命,不许帝国主义政府干涉俄国和匈牙利内政。英、意、德、挪等国的工人虽如期分别举行了罢工,但由于各国社会党和工会的右翼领袖的阻挠,各国无产阶级的统一行动未能实现。阿·梅尔黑姆、莱·茹奥和法国劳动总联合会的其他领导人起初赞成罢工,但到预定的罢工日期前夕又建议延期,从而破坏了罢工。——149。

87 《前进报》(«Avanti!»)是意大利社会党中央机关报(日报),1896年12

月在罗马创刊。第一次世界大战期间,该报采取不彻底的国际主义立场。1926 年该报被贝·墨索里尼的法西斯政府查封,此后在国外不定期地继续出版。1943 年起重新在意大利出版。——149。

88 《红旗报》(«Die Rote Fahne»)是奥地利共产党的中央机关报,1918 年 11 月起在维也纳出版。最初称《呐喊报》,1919 年 1 月 15 日起改称《社会革命报》,1919 年 7 月 26 日起始称《红旗报》。——150。

89 《人道报》(«L'Humanité»)是法国日报,由让·饶勒斯于 1904 年创办。该报起初是法国社会党的机关报,在第一次世界大战期间为法国社会党极右翼所掌握,采取了社会沙文主义立场。1918 年该报由马·加香领导后,反对法国政府武装干涉苏维埃俄国的帝国主义政策。在法国社会党分裂和法国共产党成立后,从 1920 年 12 月起,该报成为法国共产党中央机关报。

《战斗报》(«La Bataille»)是法国无政府工团主义者的机关报,1915—1920 年在巴黎出版,以代替被查封的《工团战斗报》。参加该报领导工作的有格拉弗、居约姆、迪布勒伊、茹奥、科尔纳利森等。第一次世界大战期间,该报采取社会沙文主义立场。——151。

90 指 1919 年 11 月 30 日—12 月 6 日在莱比锡举行的德国独立社会民主党非常代表大会。——152。

91 巴塞尔宣言即 1912 年 11 月 24—25 日在巴塞尔举行的国际社会党非常代表大会一致通过的《国际局势和社会民主党反对战争危险的统一行动》决议,德文本称《国际关于目前形势的宣言》。宣言谴责了各国资产阶级政府的备战活动,揭露了即将到来的战争的帝国主义性质,号召各国人民起来反对帝国主义战争。宣言斥责了帝国主义的扩张政策,号召社会党人为反对一切压迫小民族的行为和沙文主义的表现而斗争。宣言写进了 1907 年斯图加特代表大会决议中列宁提出的基本论点:帝国主义战争一旦爆发,社会党人就应该利用战争所造成的经济危机和政治危机,来加速资本主义的崩溃,进行社会主义革命。——156。

92 指约·沃·歌德的诗剧《浮士德》中的人物瓦格纳。此人是不问世事、脱离实际、终日埋首故纸堆而又妄自尊大的学究的典型。——157。

93 俄共(布)第九次代表大会的议程公布于1920年2月11日《真理报》第30号。——160。

94 征收党员周是根据俄共(布)第八次代表大会的决议举行的。在苏维埃共和国处于国内战争和外国武装干涉的极其困难的时刻,俄共(布)彼得格勒党组织于1919年8月10—17日、莫斯科省党组织于同年9月20—28日相继举行了征收党员周。俄共(布)中央全会总结初步经验后,9月26日决定在各城市、农村和军队中举行征收党员周。9月30日,中央在给各级党组织的关于征收党员周的通告信中指出,在各地党组织已经完成党员重新登记的情况下,着手吸收新的党员是适时的。通告信要求在征收党员周期间只吸收工人、红军战士、水兵和农民入党。通过举行征收党员周,仅俄罗斯联邦欧洲部分38个省就有20多万人入党,其中50%以上是工人,在作战部队中被接受入党的约7万人。——160。

95 列宁的这篇答记者问用无线电报发往柏林,1920年2月21日由柏林转发到纽约,当天刊登于《纽约晚报》。德国共产党和社会党的报刊曾予转载。——165。

96 伦敦保守派报纸《每日快报》驻哥本哈根特派记者向列宁提出4个问题,请求答复。列宁的答复于1920年2月22日寄到了哥本哈根,第二天全文发表于《每日快报》。——168。

97 1920年2月中旬,列宁接见了美国资产阶级报纸《世界报》的记者林肯·埃尔。同时被接见的有电影摄影师维克多·丘布斯。谈话用英语进行,前后一小时。列宁的谈话刊登于1920年2月21日《世界报》,并且在西欧和美国的许多报纸上刊载过。——170。

98 国际联盟(国际联合会)是根据1919年在巴黎和会上通过的《国际联盟章程》于1920年1月成立的,总部设在日内瓦,先后参加的国家有60

多个。美国本是国际联盟的倡议者之一,但因没有批准《国际联盟章程》,所以不是会员国。国际联盟自成立起就为英、法帝国主义所操纵。它表面上标榜"促进国际合作,维持国际和平与安全",实际上是帝国主义国家推行侵略政策、重新瓜分殖民地的工具。1920—1921年,国际联盟是策划武装干涉苏维埃俄国的中心之一。第二次世界大战爆发后,国际联盟无形中瓦解,1946年4月正式宣告解散。——174。

99 所谓充当防疫线的各国,是指苏维埃俄国的一些邻国。帝国主义把布尔什维主义看做是传染病,声言要在苏维埃俄国周围设置"防疫线",以防止其蔓延。——174。

100 俄罗斯社会主义联邦苏维埃共和国同立陶宛的和约于1920年7月12日在莫斯科签订;俄罗斯社会主义联邦苏维埃共和国同拉脱维亚的和约于1920年8月11日在里加签订。——175。

101 乌克兰教师联合会是佩特留拉分子领导的。

全俄教师联合会即全俄教师和国民教育活动家联合会,于1905年4月成立,领导层是资产阶级和小资产阶级政党的拥护者。联合会有单纯为职业利益斗争的倾向,但是在革命事件的影响下,也赞同革命民主派的口号,表示愿意参加人民争取土地、自由和政权的斗争。联合会对第一届国家杜马的选举进行了抵制,支持通过普遍、平等、直接和无记名投票的选举召集立宪会议的要求。联合会把根本改革俄国国民教育作为自己的基本任务之一,提出了实行普遍免费的和义务的初等教育以及免费的中等和高等教育、用本民族语言授课、协调各种类型的学校等要求。1906年6月6日(19日),列宁化名卡尔波夫向全俄国民教师代表大会部分代表作了关于土地问题的报告。社会革命党的报纸《呼声报》(1906年6月8日(21日)第15号)对此作了报道。教师联合会于1909年解散。1917年二月革命后曾恢复。十月革命时期,该会领导机构采取反苏维埃立场,参加了拯救祖国和革命委员会这一反革命组织,并企图组织教师罢工。共产党人和同情苏维埃政权的教师纷纷脱离该会,另组国际主义者教师联合会。1918年12月23日,全俄中央执行委员会颁布法令,解散了全俄教师联合会。——179。

102 列宁指的是无产阶级文化派亚·亚·波格丹诺夫等人鼓吹的理论。波格丹诺夫早在1909年就提出了所谓"无产阶级文化"的思想，声言要由无产阶级制造出"自己的"、与过去的文化相对立的文化。波格丹诺夫及其拥护者先后在他们办的卡普里党校和博洛尼亚党校灌输这种思想。十月社会主义革命后，波格丹诺夫及其拥护者继续鼓吹这种观点，并通过无产阶级文化协会的活动加以贯彻。该协会是十月革命前夕在彼得格勒成立的独立的无产阶级文学艺术活动组织。波格丹诺夫等掌握了它的领导权，仍继续坚持协会对共产党和苏维埃国家的"独立性"，否认以往的文化遗产的意义，企图通过脱离实际生活的"实验室的道路"来创造"纯粹无产阶级的"文化。波格丹诺夫口头上承认马克思主义，实际上鼓吹马赫主义这种主观唯心主义哲学。列宁在《关于无产阶级文化》（见本版全集第39卷）等著作中批判了无产阶级文化派的错误。——184。

103 这是列宁在全俄哥萨克劳动者第一次代表大会第二天会议上的报告。

*全俄哥萨克劳动者第一次代表大会*于1920年2月29日—3月6日举行。出席大会的代表共339名，代表了几乎所有的哥萨克地区。大会讨论了哥萨克地区的苏维埃建设、粮食政策、组织国民经济等问题。大会指出，哥萨克不是一个特殊的民族，而是俄罗斯民族的一部分。大会谴责同地主、资产阶级相勾结的哥萨克上层分子企图使哥萨克脱离全体劳动人民的共同事业，指出哥萨克劳动者的主要任务是同苏维埃俄国全体工农联合起来，积极参加苏维埃政权机关的工作，为巩固工农联盟、集中全力战胜国内经济破坏而斗争。——185。

104 指1917年10月26日（11月8日）全俄工兵代表苏维埃第二次代表大会通过的和平法令（见本版全集第33卷第9—13页）。——188。

105 指1918年1月底—2月初发生的德国工人大罢工。这次罢工是在俄国十月社会主义革命影响下发生的。列宁的和平法令以及苏维埃政府为实现民主的和平所作的坚持不懈的努力，受到了德国劳动群众的欢迎和赞扬。德国政府在布列斯特和平谈判中提出的苛刻要求则激起了德国工人的义愤，成为这次政治罢工的主要原因。罢工从柏林开始。1

月28日,50万柏林工人响应斯巴达克派的号召,停止工作,选出了工人苏维埃。大柏林工人苏维埃要求迅速签订没有兼并和赔款的和约,吸收各国工人代表参加和谈,改善粮食供应,取消戒严,实行民主自由,释放被捕和被判刑的政治犯。罢工还扩展到不来梅、慕尼黑、汉堡、科隆、德累斯顿、纽伦堡等数十个城市。在罢工过程中,许多地方产生了工人苏维埃,并由它们的成员组成行动委员会。在这一时期内,总计有100万名以上的德国工人,尤其是军火工人参加了罢工。

德国政府于1月31日宣布柏林进入紧急状态。为镇压罢工从外地调来了5 000名警察,另外还有4个军接到了准备镇压罢工工人的命令。德国政府在社会民主党领袖们的帮助下,动用军队和警察把罢工运动镇压了下去。许多工人受到惩罚,几天内被征召入伍的柏林工人达5万名。这次罢工的意义很大,列宁称它是"德国无产阶级的情绪的转折点"(见本版全集第34卷第499页)。——188。

106　指1918—1919年间俄共(布)中央所属外国人共产主义者团体用英文、德文和法文出版并在外国干涉军和战俘中传播的报纸。用英文出版的《呼声报》在北方战线传播。用德文出版的《国际和平报》和《世界革命报》在德国战俘中间和在乌克兰传播。用法文出版的《明灯》周报在俄国南部传播。——190。

107　《泰晤士报》(«The Times»)是英国最有影响的资产阶级报纸(日报),1785年1月1日在伦敦创刊。原名《环球纪事日报》,1788年1月改称《泰晤士报》。——192。

108　1917年12月18日(31日),人民委员会通过了关于承认芬兰独立的法令。同一天,列宁将法令文本交给了由芬兰政府首脑佩·埃·斯温胡武德率领的代表团。1917年12月22日(1918年1月4日),全俄中央执行委员会批准了这一法令。——193。

109　列宁讲话以后十多天,在德国就发生了卡普叛乱。

卡普叛乱是德国君主派、容克、最反动的银行资本与工业资本集团和军国主义分子发动的反动叛乱,为首的是沃·卡普、埃·鲁登道夫、瓦·吕特维茨等人。叛乱的目的是废除民主共和国和重建君主政体。1920年3月10日，吕特维茨将军向德国社会民主党领导的联合政府提出最后通牒，要求解散国民议会，改选总统。3月13日，受到国防军大多数将领同情的叛乱分子的军队，未经战斗开进了柏林。叛乱分子成立了以卡普为首的政府，宣布全德戒严。叛乱发生后，德国无产阶级立即投入保卫共和国的斗争。3月15日，总罢工席卷全德，参加的工人达1 200万人。工人们武装起来同叛乱军队展开战斗。在德国共产党领导下，鲁尔区还成立了红色鲁尔军。大部分官吏和职员以及大批农业劳动者也参加了反卡普叛乱的斗争。叛乱分子的队伍在许多地方被击败。3月17日，卡普政府垮台，卡普本人逃往瑞典。——197。

110　这是列宁代表人民委员会向全俄医疗卫生工作者第二次代表大会致的贺词。这次代表大会于1920年2月25日—3月2日举行，出席代表312人，其中有共产党员125人。代表大会讨论了苏维埃共和国的卫生状况和苏维埃共和国医疗工作的组织等问题，还全面地研究了培训新的医务工作干部的问题，制定了举办医学职业教育的计划。——205。

111　这个决定草案是在人民委员会1920年3月2日会议讨论列·波·克拉辛关于对外贸易问题的报告时提出和通过的。作这个决定是为了贯彻人民委员会1920年2月10日批准的对外贸易提纲的第17条，这一条的内容是："由外贸人民委员部、国家监察人民委员部和全俄肃反委员会的代表组成一个委员会，负责查清并确定供对外贸易专用的共和国商品储备。"——207。

112　列·达·托洛茨基的提纲草案《经济建设的当前任务》是为俄共(布)第九次代表大会准备的，共14节，草案第1节的标题是《关于劳动愿望》。——208。

113　人民委员会1920年3月4日会议讨论了关于对未成年者的审判的问题。这里收载的是列宁对司法人民委员部所拟的法令草案的批语和他拟的决定草案。会议批准了经过列宁修改的教育人民委员部所拟的法令草案。法令由人民委员会主席列宁签署，刊登于3月6日《全俄中央执行委员会消息报》第51号，标题是《关于被控有危害社会行为的未成年者的案件》。——212。

114 列宁在1920年2月16日由国营第三糖果厂（即后来的“布尔什维克”糖果厂）和尼古拉铁路（即后来的十月铁路）霍夫里诺站的职工选为莫斯科苏维埃代表，2月20日被正式批准为莫斯科苏维埃成员并领得第1号代表证。以后历届莫斯科市苏维埃的第1号代表证都填写列宁的名字，其他代表的代表证从第2号开始。——213。

115 1919年12月23日，人民委员会讨论了从国营农场取得的余粮的数量问题。会议决定成立一个由粮食人民委员部、农业人民委员部、最高国民经济委员会、中央统计局和全俄工会中央理事会的代表组成的委员会，其任务是按照列宁的指示就改进对国营农场的计算与监督、改善国营农场组织的措施提出实际建议。委员会由农业人民委员谢·帕·谢列达召集，定于三周后向人民委员会作出报告。1920年1月27日，人民委员会审议并批准了谢列达所提出的关于国营农场管理的细则草案。3月9日，人民委员会讨论了委员会所作的报告。这里收载的决定草案是列宁在审议这个问题时提出的。4月15日，人民委员会批准了农业人民委员部制定的《关于改善国营农场组织的措施的决定草案》。——229。

116 这个草案原来是副工农检查人民委员瓦·亚·阿瓦涅索夫写的，除第一条外均由列宁删去并另拟。经列宁修改和补充的草案，于1920年3月12日由国防委员会批准。

本篇中黑体字部分是列宁所作的修改，其余部分是决定草案的原文。——230。

117 指国防委员会1919年11月21日所作的《关于吸收林业主管部门全体职工和农业人民委员部所有林业机关参加采伐木材的决定》。这个决定载于1919年11月29日《全俄中央执行委员会消息报》第268号。——230。

118 这是列宁在俄共(布)莫斯科省第十七次代表会议第一天会议上作的报告。这次会议是在1920年3月13—14日举行的。会议讨论了为第九次党代表大会准备的俄共(布)中央关于动员工业无产阶级、实行劳动义务制、经济军事化以及为经济需要动用军队等问题的提纲,并着重讨论了组织生产管理、吸收专家参加经济建设的问题以及工会在完成经济任务方面的意义和作用的问题。——232。

119 莫斯卡里是俄国十月革命前乌克兰人、白俄罗斯人和波兰人对俄罗斯人的蔑称。——234。

120 这里说的是1919年3月苏维埃政府同美国政府代表威·克·布利特在莫斯科进行的谈判。布利特前往莫斯科,是为了了解苏维埃政府同意在什么条件下同协约国媾和。

布利特在谈判中转达了美国总统伍·威尔逊和英国首相戴·劳合-乔治的建议。苏维埃政府为了尽快缔结和约,同意按照他们提出的条件进行谈判,但对这些条件作了一些重要修改(美国政府代表布利特和苏俄政府共同制定的和平建议草案全文见《苏联对外政策文件汇编》1958年俄文版第2卷第91—95页)。

布利特离开苏维埃俄国之后不久,高尔察克军队在东线取得了一些胜利。帝国主义各国政府指望借助高尔察克的力量来消灭苏维埃俄国,于是拒绝了和平谈判。威尔逊不准公布布利特带回的协定草案,劳合-乔治则在议会宣称他同与苏维埃政府谈判一事根本没有关系。——235。

121 指即将召开的俄共(布)第九次代表大会。——242。

122 民族中心是俄国的一个反革命地下联合组织。1918年春在莫斯科成立,彼得格勒和其他一些地方设有它的分部,领导人是十月党人德·尼·希波夫和立宪民主党人尼·尼·舍普金。参加“民族中心”的主要是当时已经瓦解的“右派中心”的成员——立宪民主党、君主派、工商业资本家和地主的代表,同时也有一些右派社会革命党人和孟什维克护国派分子。“民族中心”这一组织,按其创立者的意图,应成为指导一切反苏维埃政权的右派力量活动的司令部。它得到协约国政府的资助，同高尔察克、邓尼金、尤登尼奇白卫军和苏维埃俄国后方一切反革命军事、间谍组织都有密切的联系。1919 年 6 月，全俄肃反委员会首先在彼得格勒清除了煽动红丘等炮台守备部队叛乱的一批"民族中心"成员，以后于 1919 年 7—11 月破获了"民族中心"彼得格勒分部，1919 年 8—9 月破获了设在莫斯科的"民族中心"的中央机构。——243。

123 这是列宁代表人民委员会在全俄水运工人第三次代表大会上发表的讲话。代表大会于 1920 年 3 月 15—23 日在莫斯科举行，出席代表 161 名，其中共产党员 144 名。列入大会议程的问题是：目前形势和工会的任务、中央委员会和监察委员会的报告、国际工会运动、粮食问题、工会和国民经济管理机构、职业技术教育、文化教育工作等。——245。

124 指为第九次党代表大会准备的俄共(布)中央的提纲《经济建设的当前任务》。这个提纲是在列·达·托洛茨基提纲草案的基础上拟定的，共 17 条，发表于 1920 年 3 月 12 日《俄共(布)中央通报》第 14 期。——247。

125 这是列宁在 1920 年 3 月 15 日全俄工会中央理事会共产党党团会议上的讲话。

全俄工会中央理事会共产党党团的这次会议是为讨论米·巴·托姆斯基关于工会的任务的提纲(公布于 1920 年 3 月 10 日《经济生活报》第 54 号)而召开的。托姆斯基的提纲主张在工业企业的管理中实行集体管理制。全俄工会中央理事会共产党党团选出的委员会事先讨论了这个提纲，但是保留了它的全部原则性论点。在党团的会议上列宁多次发言坚持一长制，对托姆斯基提纲提出批评和修改意见。但是，经过讨论，全俄工会中央理事会党团仍然反对一长制，对托姆斯基提纲稍作修改后予以通过。——252。

126 由于当时还没有制定出一种公认的苏维埃企业管理形式，在过渡到完全实行一长制的过程中，曾允许采取以下四种不同的工业管理办法。(一)从工人中选拔经理和行政管理人员担任企业的领导，专家和工程师在他之下充当技术方面的助手。(二)由事实上起领导作用的工程师和专家担任企业的领导,在他下面设置一个工人出身的、有广泛的权利和义务参与各方面事务的政委。(三)由专家经理领导企业,配备1—2名共产党员做助手,这些助手有权利和义务全面参与工厂管理工作,但是无权搁置经理的决定。(四)由一个人数不多又密切协调的集体来领导企业,其主席对整个管理工作负责。以上工业管理形式由俄共(布)第九次代表大会通过(参看《苏联共产党代表大会、代表会议和中央全会决议汇编》1964年人民出版社版第2分册第9—10页)。——255。

127　1920年3月16日,在莫斯科大剧院举行了纪念雅·米·斯维尔德洛夫逝世一周年大会。出席大会的有俄共(布)中央委员、全俄中央执行委员会委员、俄共(布)莫斯科委员会委员、全俄工会中央理事会理事和其他组织的代表。列宁代表俄共(布)中央讲了话。——256。

128　指1918年德国十一月革命。——261。

129　1920年3月15日,在全俄工会中央理事会和莫斯科工会理事会共产党党团联席会议上,俄共(布)中央书记尼·尼·克列斯廷斯基声明,由于全俄工会中央理事会共产党党团及其主要领导人的立场与俄共(布)中央的立场相抵触,他代表党中央建议全俄工会中央理事会共产党党团全体成员不要在工会代表大会上作报告为集体管理制辩护。全俄工会中央理事会党团委员会的成员在其内部会议上对这种解释和执行党的纪律的方式表示坚决抗议,并请求俄共(布)中央允许他们在工会代表大会上公布全俄工会中央理事会共产党党团的决议。俄共(布)中央政治局会议讨论了他们的声明,并通过了这里收载的列宁提出的两个决定。

这两个决定均由政治局委员列宁、尼·伊·布哈林和克列斯廷斯基三人签署。克列斯廷斯基在第一个决定上写道:“因为问题涉及我本人,我弃权。”在第二个决定的打字稿上有列宁的批注:“关于全俄工会中央理事会党团和克列斯廷斯基的冲突的文件。”——264。

130　这篇序言没有写完。《无产阶级革命和叛徒考茨基》一书的英文版于1920年3月底出版,书中没有序言。——266。

131 《无产阶级革命和叛徒考茨基》一书的德文版于1919年12月底出版。——266。

132 列宁稍后得到了拉·麦克唐纳的《议会与革命》一书。他在书的页边上作了许多批注，特别标出了麦克唐纳试图掩盖资本主义社会阶级矛盾的一些段落。列宁对麦克唐纳这本书的批注见本版全集第60卷第322—340页。——266。

133 《社会主义评论》杂志(«The Socialist Review»)是英国独立工党的机关刊物(月刊)，1908—1934年在伦敦出版。第一次世界大战期间，该杂志的编辑和撰稿人有拉·麦克唐纳、菲·斯诺登、阿·李等。——266。

134 这是列宁在俄共(布)第九次代表大会上的讲话和报告。

俄共(布)第九次代表大会于1920年3月29日—4月5日在莫斯科举行。参加代表大会的共有715名代表，其中有表决权的代表553名，有发言权的代表162名，共代表611 978名党员。这次代表大会是在红军取得了反对外国武装干涉和国内反革命的决定性胜利、苏维埃俄国获得了暂时的和平喘息时机的条件下召开的。大会主要议程是：中央委员会的工作报告；经济建设的当前任务；工会运动；组织问题；共产国际的任务；对合作社的态度；向民兵制过渡；选举中央委员会。列宁直接领导了代表大会的工作，作了中央委员会的工作报告，并就经济建设、合作社等问题发了言。

这次代表大会的中心议题是经济建设问题，即从军事战线的斗争转向劳动战线的斗争、战胜经济破坏、恢复和发展国民经济的问题。列·达·托洛茨基作了关于经济建设的当前任务的报告。大会就这个问题通过的决议指出，苏维埃俄国经济恢复的基本条件是贯彻执行最近一个历史时期的统一的经济计划。决议规定了完成统一计划的各项根本任务的先后顺序：(1)首先是改善运输部门的工作，调运和储备必要的粮食、燃料和原料；(2)发展为运输业和获取燃料、原料、粮食服务的机器制造业；(3)加紧发展为生产日用品服务的机器制造业；(4)加紧生产日用品。实现国家电气化在统一经济计划中居于重要地位；大会通过了关于制定电气化计划的指示。

代表大会要求各级党组织执行俄共(布)中央关于给运输部门调配5 000名优秀的经过考验的共产党员的指令,并决定动员这次代表大会的10%的代表投入运输战线。代表大会决定把1920年的“五一”节(适逢星期六)定为全俄星期六义务劳动日。

代表大会批准了俄共(布)中央关于动员工业无产阶级、实行劳动义务制、经济军事化以及为经济需要动用军队等问题的提纲,责成党组织帮助工会和劳动部门统计全部熟练工人,以便吸收他们参加生产,同时否决了托洛茨基关于把成立劳动军作为保证国民经济劳动力的唯一良策和把军事方法搬用于和平经济建设的意见。代表大会十分重视生产管理的组织问题。大会就这个问题通过的决议指出,必须在一长制的基础上建立熟悉业务、坚强得力的领导。以季·弗·萨普龙诺夫等为代表的民主集中派反对在企业中实行一长制和个人负责制,坚持无限制的集体管理制,同时也反对使用旧专家,反对国家的集中管理,他们得到了阿·伊·李可夫、米·巴·托姆斯基、弗·巴·米柳亭、阿·洛莫夫等的支持。大会谴责和拒绝了民主集中派的建议。

代表大会在关于工会问题的决议中明确规定了工会的作用、工会同国家和党的相互关系、共产党领导工会的形式和方法以及工会参加经济建设的方式,在关于合作社问题的决议中要求巩固党在合作社组织中的领导地位。

代表大会还作出了关于出版《列宁全集》的决定。

4月4日,在大会秘密会议上选出了由19名委员和12名候补委员组成的新的中央委员会。——271。

135 指俄共(布)中央组织局和中央政治局。

*俄共(布)中央组织局和中央政治局*是根据俄共(布)第八次代表大会关于组织问题的决议在1919年3月25日举行的俄共(布)八届一次中央全会上成立的。第一届政治局委员是:列宁、斯大林、列·达·托洛茨基、列·波·加米涅夫和尼·尼·克列斯廷斯基;候补委员有尼·伊·布哈林、格·叶·季诺维也夫和米·伊·加里宁。第一届组织局委员是:斯大林、克列斯廷斯基、列·彼·谢列布里亚科夫、亚·格·别洛博罗多夫和叶·德·斯塔索娃。——273。

136 指俄共(布)九大召开前在1920年3月《俄共(布)中央通报》上发表的俄共(布)中央和中央各部的工作总结报告,它们是:在3月28日第16期上刊登的《中央委员会政治报告》、《中央委员会组织工作报告》和《中央委员会财务部工作报告》;在3月24日第15期上刊登的情报统计部工作报告(1919年4月18日—1920年3月1日)、组织指导部工作报告、登记分配部工作报告、《俄国共产主义青年团中央委员会报告》、农村工作总结以及《关于〈真理报〉和〈贫苦农民报〉出版工作报告的摘要》;在3月12日第14期上刊登的《中央委员会妇女工作部工作报告》。——274。

137 指1918年5月芬兰革命被镇压下去以后在芬兰出现的白色恐怖。芬兰资产阶级残酷镇压劳动人民,有9万多人被关进监狱和集中营。被处决的约18 000人,被活活饿死和拷打致死的人也不下于此数。白色恐怖中的丧生者十倍于在革命斗争中牺牲的红色战士。——281。

138 出自俄国诗人亚·谢·普希金的童话诗《渔夫和金鱼的故事》。故事说:一个穷苦的老渔夫放走了他网到的一条会说话的金鱼。金鱼因此给以报答,一次又一次地满足了老渔夫的妻子的要求。可是老渔婆的贪欲永无止境,终于惹怒了大海和金鱼,叫她顿时失去了得到的一切,仍然守着原先的小木房和破木盆。——282。

139 随着外国武装干涉者和白卫军的被击溃和苏维埃俄国的国际地位的巩固,拉脱维亚外交部于1920年3月25日向苏维埃政府提出了和谈建议。4月16日,俄罗斯社会主义联邦苏维埃共和国和拉脱维亚代表在莫斯科就签订和约问题开始谈判。8月11日,双方在里加签订了和约。——283。

140 1920年3月25日,芬兰外交部向苏维埃政府提出划定国界的建议,这实际意味着开始和平谈判。苏芬和约于1920年10月14日在尤里耶夫(现称塔尔图)签订。10月23日,全俄中央执行委员会批准了这一条约。——283。

141 指1920年3月27日波兰对苏维埃俄国多次提出的关于举行和谈的建议的答复。在答复中，波兰同意在靠近前线的博里索夫举行和谈，并且只在这个地方停止军事行动。对于苏维埃政府提出的全面停止军事行动、在某一中立国举行和谈的建议，波兰政府则断然加以拒绝。——283。

142 指以弗·阿德勒和奥·鲍威尔为首的奥地利社会民主党多数派，该派采取同德国独立社会民主党右翼的立场相接近的中派立场。——286。

143 《中央统计局公报》(«Бюллетень Центрального Статистического Управления»)是苏俄中央统计局的刊物，于1919年1月22日创刊。《公报》由该局秘书处编辑，刊载有关国家经济生活各种问题的概述和统计资料。《公报》共出了122期，1926年停刊。——291。

144 《中央通报》即《俄国共产党(布尔什维克)中央委员会通报》(«Известия Центрального Комитета Российской Коммунистической Партии (большевиков)»)，简称《俄共(布)中央通报》，是根据俄共(布)中央第八次代表大会的决定创办的，1919年5月28日在莫斯科创刊。最初是《真理报》的附刊，从1920年10月起成为独立的刊物。《通报》刊登中央委员会的决定、指示、通报以及中央领导机关的工作报告、中央各部工作情况、关于党的建设问题的文章和评论等。最初几年是不定期刊物，1924年起为周刊，1928年起为旬刊。1926年改名为《联共(布)中央通报》。1929年10月，该刊改组为《党的建设》杂志，1946年6月以后又改组为《党的生活》杂志。——293。

145 指谢·伊·古谢夫的小册子《经济建设的当前问题(关于俄共中央的提纲)》。小册子中的一节稍作修改后被写入了俄共(布)中央向第九次代表大会提出的决议草案(参看《苏联共产党代表大会、代表会议和中央全会决议汇编》1964年人民出版社版第2分册第3—5页)。——293。

146 《经济生活报》(«Экономическая Жизнь»)是苏维埃俄国的报纸(日报)，

1918年11月—1937年11月在莫斯科出版。该报最初是最高国民经济委员会和经济系统各人民委员部的机关报，1921年7月24日起是劳动国防委员会机关报，后来是苏联财政人民委员部、国家银行及其他金融机关和银行工会中央委员会的机关报。1937年11月16日，《经济生活报》改为《财政报》。——296。

147 马赫诺派和马哈伊斯基派都是俄国的无政府主义派别，分别以其首领涅·伊·马赫诺和瓦·康·马哈伊斯基而得名。

马赫诺派于1918—1921年在乌克兰组织武装队伍。他们以建立"没有政权的国家"和"自由的苏维埃"为行动口号，进行反对无产阶级国家的活动。

马哈伊斯基派是20世纪初俄国工人运动中的一个接近无政府工团主义的小派别。该派敌视知识分子，力图挑起工人阶级和知识分子之间的对抗。认为知识分子"垄断地占有知识"，依靠工人劳动而生活，也是寄生阶级，并攻击科学社会主义是"知识分子对工人的极大欺骗"。马哈伊斯基派在伊尔库茨克、敖德萨、华沙、彼得堡等地有一些互不联系的小组，在工人阶级中的影响是微不足道的。1905年革命以后就无声无息了。——297。

148 指人民委员会关于收集亚麻的决定。这一决定草案于1920年2月10日被批准，刊登于2月12日《经济生活报》第31号。该法令是最高国民经济委员会同农业人民委员部和粮食人民委员部磋商后制定的。法令规定：各地区应收集的亚麻数额，由纺织企业总管理局摊派。为了鼓励农民提前交售亚麻，法令规定了奖罚办法：每交售一普特亚麻奖给一俄尺棉麻织物，逾期不交售者没收其亚麻。

当时，俄共(布)党内的反对派认为颁布这项决定的程序和为改进亚麻收集工作所采取的措施，是轻视地方和忽视地方的主动性，因而违反了全俄中央执行委员会和苏维埃第七次代表大会的有关决定。季·弗·萨普龙诺夫在俄共(布)第九次代表大会上针对列宁的报告所作的发言，就反映了反对派的这种观点。——301。

149 这个发言是列宁在1920年3月31日俄共(布)第九次代表大会第4次

会议讨论列·达·托洛茨基关于经济建设的报告时作的。在列宁发言之前,除恩·奥新斯基和阿·伊·李可夫作了副报告以外,尼·伊·布哈林、季·弗·萨普龙诺夫、弗·巴·米柳亭和叶·阿·普列奥布拉任斯基已经作了发言。——305。

150 在1920年3月15日举行的全俄工会中央理事会共产党党团会议上,尼·伊·布哈林针对米·巴·托姆斯基的提纲《工会的任务》提出了一个主张实行一长制的提纲。列宁在发言中批评了托姆斯基的提纲,特别是它的第7条。参看注125。——307。

151 孟什维克和社会革命党人为蛊惑人心,把公布在1918年3月28日《全俄中央执行委员会消息报》第59号上的人民委员会《关于铁路的集中管理、保护和提高运输能力的法令》叫做"关于独裁权的法令"。——308。

152 这个发言是在俄共(布)第九次代表大会第8次会议上作的。代表大会的合作社问题小组在1920年4月2日的会议上审查了提交大会讨论的关于合作社问题的几个提纲。小组会议起先决定把弗·巴·米柳亭的主张合作社国家化的提纲作为基础。在列宁发言反对米柳亭的提纲后,代表大会以压倒多数通过了列宁所赞成的那个决议案。——313。

153 这是列宁对俄共(布)中央委员会机关工作人员A.H.索柯洛夫拟定的《星期六义务劳动条例》草案提出的补充意见。——324。

154 《论妥协》是列宁的一篇没有完稿的文章的开头部分,其中阐述的思想在《共产主义运动中的"左派"幼稚病》一书中有更详尽的发挥。这里提到的同乔·兰斯伯里的谈话,是1920年2月21日在克里姆林宫进行的。——325。

155 宪章运动是19世纪30—50年代英国无产阶级争取实行《人民宪章》的革命运动,是世界上第一次广泛的、真正群众性的、政治性的无产阶级革命运动。19世纪30年代,英国工人运动迅速高涨。伦敦工人协会于1836年成立,1837年起草了一份名为《人民宪章》的法案,1838年5

月在伦敦公布。宪章提出六点政治要求:(一)凡年满 21 岁的男子皆有选举权;(二)实行无记名投票;(三)废除议员候选人的财产资格限制;(四)给当选议员支付薪俸;(五)议会每年改选一次;(六)平均分配选举区域,按选民人数产生代表。1840 年 7 月成立了全国宪章派协会,这是工人运动史上第一个群众性的工人政党。宪章运动在 1839、1842、1848 年出现过三次高潮。三次请愿均被议会否决,运动也遭镇压。宪章运动终究迫使英国统治阶级作了某些让步,并对欧洲工人运动的发展产生了重大影响。马克思和恩格斯同宪章运动的左翼领袖乔·朱·哈尼、厄·琼斯保持联系,并积极支持宪章运动。——326。

156 这是列宁的一段亲身经历。1919 年 1 月 19 日,列宁在去索科利尼基看望正在休养的娜·康·克鲁普斯卡娅的途中,遭到了一伙手执武器的强盗的袭击。强盗们抢走了列宁的钱包、手枪和汽车。这一案件很快被全俄肃反委员会和刑事调查局侦破。——327。

157 这是列宁在全俄矿工第一次代表大会(矿工工会成立大会)上的讲话。这个大会于 1920 年 4 月 1—6 日在莫斯科举行,出席代表 173 人,其中有共产党员 85 人。由于高加索尚未解放,石油工业部门未能派代表出席。大会议程是:组织局的报告;工会的任务;组织问题;工资问题;采矿业状况;煤炭工业状况;工会参加组织和管理工业的形式;选举。列宁被选为大会名誉主席。——328。

158 这是列宁代表人民委员会在全俄工会第三次代表大会第 2 次全体会议上发表的讲话。

全俄工会第三次代表大会于 1920 年 4 月 6—13 日在莫斯科工会大厦举行。出席大会的代表约 1 600 人,其中有布尔什维克及其同情者 1 180 人,孟什维克 57 人,其他政党的代表 69 人。代表大会以刚刚闭幕的俄共(布)第九次代表大会提出的经济建设纲领为其全部工作的基础。代表大会的议程是:全俄工会中央理事会的工作报告;劳动人民委员部的工作报告;工会的任务;组织问题;工资政策;工人的物质生活资料的供应;工会和国民经济;国际工会运动;文化教育工作。代表大会在列宁讲话以后通过决议,号召苏维埃俄国的工人和全体劳动人民积极同经济破坏作斗争，立即在所有工会组织中实行严格的劳动纪律，在共产党的领导下通过工会积极吸引工人群众参加共产主义建设。代表大会坚决驳斥了孟什维克党团代表所作的主张工会独立、把工会与共产党对立起来的发言。——335。

159　这里指马克思在海牙代表大会上谴责英国工联领袖的发言（参看《马克思恩格斯全集》第1版第18卷第724页）。1872年9月12日，第一国际不列颠联合会委员会主席约·黑尔斯在改良主义多数派的支持下，对马克思的这个发言提出了指责。——345。

160　指《共产主义星期六义务劳动报》。

《共产主义星期六义务劳动报》（«Коммунистический Субботник»）是根据俄共（布）莫斯科委员会的倡议出版的联合特刊。这张报纸是莫斯科各报（《真理报》、《全俄中央执行委员会消息报》、《贫苦农民报》、《经济生活报》、《共产主义劳动报》）和罗斯塔通讯社的编辑部和撰稿人在1920年4月10日的星期六义务劳动中编辑的，由全俄中央执行委员会印刷厂的工人排印，于4月11日（星期日）发行。列宁、叶·米·雅罗斯拉夫斯基、亚·米·柯伦泰、杰·别德内依、亚·绥·绥拉菲莫维奇、克·阿·季米里亚捷夫等参加了这张报纸的工作。——349。

161　指人民委员会1917年12月29日通过的决定：人民委员出席人民委员会的会议迟到半小时以内者罚款5卢布，迟到一小时以内者罚款10卢布；只有向人民委员会的秘书确切申述了迟到或缺席的理由，才能免于受罚。——352。

162　这是列宁在全俄纺织工人第三次代表大会全体会议上的讲话。这个代表大会于1920年4月16—20日在莫斯科举行。出席大会的代表共358人，其中共产党员148人和党的同情者23人。代表大会的议程是：关于纺织工会中央委员会的工作；关于工会的任务和原料状况；关于麻纺和毛纺工业的状况；关于纺织工会在恢复运输方面的任务；粮食问题；劳动保护以及其他问题。大会主席团以代表大会的名义向列宁祝贺他的五十寿辰。——353。

163 苏哈列夫卡是莫斯科的一个市场，坐落在1692年彼得一世所建造的苏哈列夫塔周围。在外国武装干涉和国内战争时期，苏哈列夫卡是投机商活动的中心。从此，苏哈列夫卡一词就成了私人自由贸易的同义语。1920年12月，莫斯科苏维埃作出封闭该市场的决议。新经济政策时期该市场曾恢复，1932年被取缔。——356。

164 1920年4月23日，俄共(布)莫斯科委员会举行了庆祝列宁五十寿辰的晚会。出席晚会的有莫斯科的党的工作者。马·高尔基、阿·瓦·卢那察尔斯基、米·斯·奥里明斯基、斯大林、列·波·加米涅夫等人在会上讲了话。晚会临近结束时，列宁到会讲了话，受到与会者的热烈欢迎。——360。

165 指著名漫画家卡里克在1900年为俄国民粹主义者尼·康·米海洛夫斯基的寿辰而画的一幅漫画。在这幅画上，画家把前去向米海洛夫斯基祝寿的马克思主义者画成一群小孩子。叶·德·斯塔索娃在列宁五十寿辰时把这幅漫画寄给了列宁，并在附寄的贺信中说，党那时还处于童年时期，人数很少，现在则已长大成人，“这是您的双手、您的智慧和天才所创造的业绩”。——360。

166 这是列宁对《关于实行劳动口粮的法令》提的意见。这个法令于1920年4月30日由人民委员会通过，公布于5月4日《全俄中央执行委员会消息报》第94号。——364。

167 代表大会就列宁的讲话一致通过如下决议：“全俄玻璃瓷器业工人第四次代表大会在听取了列宁同志所作的苏维埃共和国的国内外形势的报告之后，代表全体玻璃瓷器业工人声明：只要工农政府一声召唤，他们马上奋起响应，齐心保卫伟大的俄国革命的成果。代表大会对阿塞拜疆苏维埃共和国表示祝贺，希望在不久的将来苏维埃共和国的旗帜将在全世界飘扬。”——366。

168 波兰社会党是以波兰社会党人巴黎代表大会(1892年11月)确定的纲领方针为基础于1893年成立的。这次代表大会提出了建立独立民主共和国、为争取人民群众的民主权利而斗争的口号,但是没有把这一斗争同俄国、德国和奥匈帝国的革命力量的斗争结合起来。该党右翼领导人约·皮尔苏茨基等认为恢复波兰国家的唯一道路是民族起义,而不是以无产阶级为领导的全俄反对沙皇的革命。从1905年2月起,以马·亨·瓦列茨基、费·雅·柯恩等为首的左派逐步在党内占了优势。1906年11月在维也纳召开的波兰社会党第九次代表大会把皮尔苏茨基及其拥护者开除出党,该党遂分裂为两个党:波兰社会党"左派"和波兰社会党"革命派"("右派",亦称弗腊克派)。

波兰社会党"左派"反对皮尔苏茨基分子的民族主义及其恐怖主义和密谋策略,主张同全俄工人运动密切合作,认为只有在全俄革命运动胜利的基础上才能解决波兰劳动人民的民族解放和社会解放问题。在1908—1910年期间,主要通过工会、文教团体等合法组织进行活动。该党不同意孟什维克关于在反对专制制度斗争中的领导权属于资产阶级的论点,可是支持孟什维克反对第四届国家杜马中的布尔什维克代表。第一次世界大战爆发后,该党持国际主义立场,参加了1915年的齐美尔瓦尔德会议和1916年的昆塔尔会议。该党欢迎俄国十月革命。1918年12月,该党同波兰王国和立陶宛社会民主党一起建立了波兰共产主义工人党(1925年改称波兰共产党,1938年解散)。

波兰社会党"革命派"于1909年重新使用波兰社会党的名称,强调通过武装斗争争取波兰独立,但把这一斗争同无产阶级的阶级斗争割裂开来。从第一次世界大战开始起,该党的骨干分子参加了皮尔苏茨基站在奥德帝国主义一边搞的军事政治活动(成立波兰军团)。1917年俄国二月革命后,该党转而对德奥占领者采取反对立场,开展争取建立独立的民主共和国和进行社会改革的斗争。1918年该党参加创建独立的资产阶级波兰国家,1919年同原普鲁士占领区的波兰社会党和原奥地利占领区的加利西亚和西里西亚波兰社会民主党合并。该党不反对地主资产阶级波兰对苏维埃俄国的武装干涉,并于1920年7月参加了所谓国防联合政府。1926年该党支持皮尔苏茨基发动的政变,同年11月由于拒绝同推行"健全化"的当局合作而成为反对党。1939年该党解散。——367。

169 指木沙瓦特党领导的阿塞拜疆反革命政府。该政府于 1920 年 4 月 28 日被起义的人民推翻。——368。

170 抵制派共产党人即抵制派(弃权派)。

抵制派(弃权派)是意大利社会党的左派,因抵制资产阶级议会选举而得名,领导人是阿·博尔迪加。该派曾同意大利社会党内的改良主义者作过有力的斗争,但他们反对参加资产阶级议会的策略是错误的。1921 年 1 月 21 日,在里窝那代表大会上,该派同社会党决裂,随后参加创建意大利共产党。——374。

171 《苏维埃报》(«Il Soviet»)是意大利社会党的报纸。1918—1922 年在那波利(那不勒斯)出版。1920 年起成为意大利社会党抵制派(弃权派)的机关报,阿·博尔迪加任主编。——374。

172 这里说的是同俄共(布)党内以尼·伊·布哈林为代表的"左派共产主义者"作斗争一事。"左派共产主义者"反对列宁在 1918 年初提出的尽快同德国媾和的建议,认为同帝国主义国家媾和在原则上是不允许的,力主当时还没有军队的年轻的苏维埃共和国继续同德国作战。他们把德国革命将会爆发设想为在最近某个短时期内就要爆发,认为德国政府很快会被德国革命所推翻。1918 年夏末,"左派共产主义者"公开承认了自己的错误。——374。

173 指德国共产党汉堡组织的"左派"共产主义者集团。——375。

174 指英国工党。

英国工党成立于 1900 年,起初称劳工代表委员会,由工联、独立工党和费边社等组织联合组成,目的是把工人代表选入议会。1906 年改称工党。工党的领导机关执行委员会同工联总理事会、合作党执行委员会共同组成所谓全国劳动委员会。工党成立初期就成分来说是工人的政党(后来有大批小资产阶级分子加入),但就思想和政策来说是一个机会主义的组织。该党领导人从党成立时起就采取同资产阶级实行阶级合作的路线。第一次世界大战期间,工党领导机构多数人持沙文主义立场，工党领袖阿·韩德逊等参加了王国联合政府。从1924年起，工党领导人多次组织政府。——375。

175　光明社是法国作家昂·巴比塞在1919年建立的国际进步作家和文化工作者团体。这个团体是在“前参战者共和联盟”以及稍后并入联盟的其他一些国家的类似团体的基础上建立的。这些团体曾组成以“对战争宣战”为主要口号的“前参战者国际”。参加光明社的有第三国际的支持者巴比塞、阿·法朗士、保·瓦扬-古久里和怀有和平主义情绪的作家罗·罗兰、斯·茨威格、赫·威尔斯、托·哈代、厄·辛克莱等。1919年10月该社在巴黎创办了《光明》杂志。最初几年该杂志在法国和国外享有相当大的声望。但是，由于社内的思想分歧和组织上的软弱，光明社没有成为一个大的组织和取得更大的影响。1924年4月巴比塞辞去《光明》杂志主编职务，1928年1月杂志停刊，光明社也随之解散。

在克里姆林宫列宁图书馆中，保存着巴比塞起草的光明社宣言，也就是他编的一本书《深渊之光。“光明社”追求什么》。书上有如下题词：“向首先写了还没有人写过的伟大定律的列宁致以崇高的敬意。昂利·巴比塞。”——375。

176　这张表是在1920年2月16日和19日之间填写的。登记表前半部是用打字机打出的，政治经历栏是列宁填写的。——380。

人名索引

A

阿德勒，弗里德里希(Adler,Friedrich 1879—1960)——奥地利社会民主党右翼领袖之一，"奥地利马克思主义"理论家，第二半国际和社会主义工人国际的组织者和领袖之一；维·阿德勒的儿子。1907—1911年任苏黎世大学理论物理学讲师。1910—1911年任瑞士社会民主党机关报《民权报》编辑，1911年起任奥地利社会民主党书记。在哲学上是经验批判主义的信徒，主张以马赫主义哲学"补充"马克思主义。第一次世界大战期间主张社会民主党对帝国主义战争保持"中立"和促使战争早日结束。1914年8月辞去书记职务。1916年10月21日因枪杀奥匈帝国首相卡·施图尔克伯爵被捕。1918年11月获释后重新担任党的书记，走上改良主义道路。1919年当选为全国工人代表苏维埃执行委员会主席。1923—1939年任社会主义工人国际书记。——73、155、157—159。

阿尔然诺夫，米哈伊尔·米哈伊洛维奇(Аржанов,Михаил Михайлович 1873—1941)——俄国铁路工人，工程师，无党派人士。十月革命前在运输部门工作。1918年起在交通人民委员部系统担任负责职务。积极参加国内战争，1919—1922年任共和国革命军事委员会中央军事交通部部长，1921年是最高运输委员会委员。1922年起任工农红军供给部长，1924年起任铁道兵监察员，1924年底又回到交通人民委员部担任领导工作。晚年为交通人民委员部科学技术委员会委员。曾被苏联中央执行委员会授予社会主义劳动英雄称号。——103、378。

阿瓦涅索夫，瓦尔拉姆·亚历山德罗维奇(Аванесов,Варлаам Александрович 1884—1930)——1903年加入俄国社会民主工党，积极参加1905—1907年革命。1907—1913年在瑞士，曾任俄国社会民主工党联合小组书记。

1914年回国,参加布尔什维克。1917年二月革命后是莫斯科工人代表苏维埃布尔什维克党团成员和莫斯科苏维埃主席团委员。十月革命期间任彼得格勒军事革命委员会委员。1917—1919年任全俄中央执行委员会秘书和主席团委员。1919—1920年初任国家监察人民委员部部务委员,1920—1924年任副工农检查人民委员、全俄肃反委员会会务委员,后任副对外贸易人民委员。1925年起任最高国民经济委员会主席团委员。1922—1927年任苏联中央执行委员会委员。——78、79—81。

阿维洛夫,尼古拉·巴甫洛维奇(格列博夫,尼·)(Авилов,Николай Павлович(Глебов,Н.) 1887—1942)——1904年加入俄国社会民主工党。曾在卡卢加、莫斯科,彼得堡、乌拉尔等地做党的工作。积极参加俄国第一次革命,多次被捕和流放。1917年二月革命后任党的彼得堡委员会执行委员会委员,在彼得格勒总工会工作,6月起任全俄工会中央理事会执行委员会委员。1917年在党的第七次全国代表会议(四月代表会议)上当选为候补中央委员。十月革命后参加第一届人民委员会,任邮电人民委员。1918年5月任黑海舰队政委,后任全俄工会中央理事会主席团委员和书记、乌克兰劳动人民委员。1922年起在彼得格勒做党的工作。1924年在党的第十三次代表大会上再次当选为候补中央委员。1925年起参加"新反对派",后承认错误。1928年起任罗斯托夫农机制造厂厂长。——264。

埃尔,林肯(Eire,Lincoln)——美国资产阶级报纸《世界报》记者。——170—176。

奥莱尼科夫(Олейников)——俄国白卫军官。1919年底向苏维埃政权投诚,并把一些揭露美、英、法帝国主义政策的秘密文件上交苏维埃政府。——110。

奥新斯基,恩·(**奥博连斯基,瓦列里安·瓦列里安诺维奇**)(Осинский,Н.(Оболенский,Валериан Валерианович) 1887—1938)——1907年加入俄国社会民主工党。曾在莫斯科、特维尔、哈尔科夫等地做党的工作。屡遭沙皇政府迫害。斯托雷平反动时期是召回派分子,新的革命高涨年代参加布尔什维克的《明星报》、《真理报》和《启蒙》杂志的工作。1917年二月革命后在党的莫斯科区域局工作,参加布尔什维克的《社会民主党人报》编辑部。十月革命后任俄罗斯联邦国家银行总委员、最高国民经济委员会主席。1918年是“左派共产主义者”纲领起草人之一。1918—1919年在《真理报》编辑部和全俄中央执行委员会宣传部工作;是共产国际第一次代表大会的代表。1920年任图拉省执行委员会主席、粮食人民委员部部务委员。1920—1921年是民主集中派的骨干分子。1921—1923年任副农业人民委员、最高国民经济委员会副主席。后历任苏联驻瑞典全权代表、国家计划委员会主席团委员、中央统计局局长、最高国民经济委员会副主席。在党的第十次和第十四至第十七次代表大会上当选为候补中央委员。——296、297、300、307。

B

巴比塞,昂利(Barbusse,Henri 1873—1935)——法国作家和社会活动家。1923年加入法国共产党。第一次世界大战期间作为志愿兵上过前线;在此次战争和俄国十月革命的影响下形成了革命的、反军国主义的观点。是苏维埃俄国的朋友,曾积极参加反对协约国武装干涉苏维埃俄国的运动。20—30年代在法国和世界文化界进步人士的反战、反法西斯运动中起过重大作用。——373。

鲍威尔,奥托(Bauer,Otto 1882—1938)——奥地利社会民主党和第二国际领袖之一,“奥地利马克思主义”理论家。同卡·伦纳一起提出资产阶级民族主义的民族文化自治论。1907年起任社会民主党议会党团秘书,同年参与创办党的理论刊物《斗争》杂志。1912年起任党中央机关报《工人报》编辑。第一次世界大战期间应征入伍,在俄国前线被俘。俄国1917年二月革命后在彼得格勒,同年9月回国。敌视俄国十月革命。1918年11月—1919年7月任奥地利共和国外交部长,赞成德奥合并。1920年在维也纳出版反布尔什维主义的《布尔什维主义还是社会民主主义?》一书。1920年起为国民议会议员。第二半国际和社会主义工人国际的组织者和领袖之一。曾参与制定和推行奥地利社会民主党的机会主义路线,使奥地利工人阶级的革命斗争遭受严重损失。晚年修正了自己的某些改良主义观点。——155—159、373。

波德沃伊斯基,尼古拉·伊里奇(Подвойский,Николай Ильич 1880—1948)——1901年加入俄国社会民主工党。曾在乌克兰、伊万诺沃-沃兹涅先斯克、雅罗斯拉夫尔、科斯特罗马、巴库、彼得堡等地做党的工作，因从事革命活动多次被捕。积极参加俄国第一次革命。1910—1914 年参与创办和出版《明星报》和《真理报》。1917 年二月革命后任党的彼得堡委员会委员、彼得堡委员会军事组织的领导人、党中央委员会全俄前线和后方军事组织局主席。十月革命期间任彼得格勒军事革命委员会主席，是攻打冬宫的领导人之一。克伦斯基—克拉斯诺夫叛乱期间任彼得格勒军区司令，积极参与平定叛乱。1917 年 11 月—1918 年 3 月任陆军人民委员。1918 年 1 月起任全俄红军建军委员会主席。1918 年 9 月—1919 年 7 月任共和国革命军事委员会委员，1919 年 1—9 月兼任乌克兰陆海军人民委员。1919—1927 年任普遍军训部部长兼特种任务部队司令、红色体育运动国际主席。1924—1930 年为党中央监察委员会委员。晚年从事宣传和著述活动。——254。

布勃诺夫，安德列·谢尔盖耶维奇（Бубнов，Андрей Сергеевич 1884—1940）——1903 年加入俄国社会民主工党。曾在伊万诺沃-沃兹涅先斯克、莫斯科、彼得堡等城市做党的工作，屡遭沙皇政府迫害。1912 年在党的第六次（布拉格）全国代表会议上当选为候补中央委员，为《真理报》撰稿。1917 年二月革命后是党的莫斯科区域局成员。在党的第六次代表大会上当选为中央委员，是中央委员会驻彼得堡委员会的代表。在十月革命的准备和进行期间参加领导武装起义的彼得格勒军事革命委员会和党总部。十月革命后任交通人民委员部部务委员、派驻南方的共和国铁路委员，曾参与平定卡列金叛乱。1918 年参加“左派共产主义者”集团。1918 年 3 月参加乌克兰苏维埃政府，先后当选为乌克兰共产党（布）中央委员和中央政治局委员。以乌克兰方面军革命军事委员会委员、第 14 集团军革命军事委员会委员和乌克兰国防委员会委员的身份参加了国内战争前线部队的领导工作。1921 年起任北高加索军区和骑兵第 1 集团军革命军事委员会委员，党中央委员会东南局成员。1920—1921 年参加民主集中派。1922—1923 年主管党中央委员会鼓动宣传部的工作。1923 年参加托洛茨基反对派，不久脱离。1924—1929 年任工农红军政治部主任和苏联革命军事委员会委员，1925 年任党中央委员会书记。1929—1937 年任俄罗斯联邦教育人民委员。在党的第八、第十一和第十二次代表大会上当选为候补中央委员，在党的第十三至第十七次代表大会上当选为中央委员。——303。

布尔杜科夫，А.А.（Бурдуков，А.А. 生于1880年）——1905年加入俄国社会民主工党；职业是教员。曾在谢尔普霍夫从事革命工作。十月革命后任莫斯科军区司令部政委、莫斯科军区副司令，后任司令兼莫斯科防卫委员会委员。1921年被任命为莫斯科苏维埃国民教育局副局长。1925—1936年在苏联国家计划委员会工作，曾任国家模范大剧院院长、高等商业银行学校校长、季米里亚捷夫农学院院长。——96。

布哈林，尼古拉·伊万诺维奇（Бухарин，Николай Иванович 1888—1938）——1906年加入俄国社会民主工党。1907年进入莫斯科大学法律系经济学专业学习。1908年起任党的莫斯科委员会委员。1909—1910年几度被捕，1911年从流放地逃往欧洲。在国外开始著述活动，参加欧洲工人运动。1917年二月革命后回国，当选为莫斯科苏维埃执行委员会委员、党的莫斯科委员会委员，任《社会民主党人报》和《斯巴达克》杂志编辑。在党的第六至第十六次代表大会上当选为中央委员。1917年10月起任莫斯科军事革命委员会委员，参与领导莫斯科的武装起义。同年12月起任《真理报》主编。1918年初反对签订布列斯特和约，是"左派共产主义者"集团的领袖。1919年3月当选为党中央政治局候补委员。1919年共产国际成立后任共产国际执行委员会委员和主席团委员。1920—1921年工会问题争论期间领导"缓冲"派。1924年6月当选为中央政治局委员。1926—1929年主持共产国际的工作。1929年被作为"右倾派别集团"的领袖受到批判，同年被撤销《真理报》主编、中央政治局委员、共产国际执行委员会委员和主席团委员职务。1931年起任苏联最高国民经济委员会主席团委员。1934—1937年任《消息报》主编。1934年当选为候补中央委员。1937年3月被开除出党。1938年3月13日被苏联最高法院军事审判庭以"参与托洛茨基的恐怖、间谍和破坏活动"的罪名判处枪决。1988年平反并恢复党籍。——252、264、265、303、307、374。

布拉克（**亚历山大·玛丽·德鲁索**）（Bracke（Alexandre-Marie Desrousseaux）1861—1955）——法国社会党领袖之一，该党对外联络书记。1900年起是法国社会党多种定期刊物撰稿人，曾任《人道报》编辑。多次当选众议员。

第一次世界大战期间是社会沙文主义者。反对法国社会党人参加共产国际。1923年起为法国社会党驻社会主义工人国际的代表。——151。

布兰亭,卡尔·亚尔马(Branting,Karl Hjalmar 1860—1925)——瑞典社会民主党和第二国际创建人和领袖之一,持机会主义立场。1887—1917年(有间断)任瑞典社会民主党中央机关报《社会民主党人报》编辑。1896年起为议员。1907年当选为党的执行委员会主席。第一次世界大战期间是社会沙文主义者。1917年参加埃登的自由党—社会党联合政府,支持武装干涉苏维埃俄国。1920年、1921—1923年、1924—1925年领导社会民主党政府,1921—1923年兼任外交大臣。曾参与创建和领导伯尔尼国际。——373。

布利特,威廉·克里斯蒂安(Bullitt,William Christian 1891—1967)——美国外交家,新闻工作者。1917年领导美国国务院中欧情报局。1919年是美国出席巴黎和会代表团的随员。同年被威尔逊总统派往苏俄执行特别使命,后辞职。1933年重返外交界。1934—1936年为美国首任驻苏大使。1936—1941年任驻法大使。1942—1943年任美国海军部长特别助理。——235。

布罗夫,Я.И.(Буров,Я.И. 1881—1950)——1905年加入俄国社会民主工党。十月革命后从事政治教育工作。1918—1920年参与组织全俄中央执行委员会鼓动指导列车。1922年在农业人民委员部从事筹建中央农民之家的工作,后从事编辑工作和写作。晚年任区文化馆馆长。——88。

C

查理一世(**哈布斯堡**)(Karl I(Habsburg) 1887—1922)——奥地利皇帝(1916—1918)。——227。

D

德宾科,帕维尔·叶菲莫维奇(Дыбенко,Павел Ефимович 1889—1938)——1907年参加俄国革命运动,1912年起为布尔什维克。1911年起在波罗的海舰队服役。第一次世界大战期间在军队中从事革命宣传活动,是1915年"保罗一世"号战列舰水兵反战运动的领导人之一;多次被捕。1917年二月革命后任赫尔辛福斯苏维埃委员，4月起任波罗的海舰队中央委员会主席。积极参加波罗的海舰队准备十月武装起义的工作，任彼得格勒军事革命委员会委员。十月革命后参加第一届人民委员会，任陆海军事务委员会委员，后任海军人民委员，是苏联海军的组织者之一。1918年10月至国内战争结束在乌克兰、南方、高加索等战线指挥红军部队和兵团，后在红军中担任指挥职务。1928—1938年历任中亚军区、伏尔加河沿岸军区、西伯利亚军区和列宁格勒军区司令。——254。

德莱皮纳，莫里斯(Delépine，Moris)——法国社会党人，中派分子。1920年初参加第二国际重建委员会。——148。

邓尼金，安东·伊万诺维奇(Деникин，Антон Иванович 1872—1947)——沙俄将军。第一次世界大战期间曾任旅长和师长。1917年4—5月任俄军最高总司令的参谋长，后任西方面军司令和西南方面军司令。积极参加科尔尼洛夫叛乱。十月革命后参与组建白卫志愿军，1918年4月起任志愿军司令。在协约国扶植下，1919年1月起任"南俄武装力量"总司令。1919年夏秋进犯莫斯科，被击溃后率残部退到克里木。1920年4月将指挥权交给弗兰格尔，自己逃亡国外。——17、18、21、33、43、48、50、51、61、62、64、84、85、86、97、109、114、116、121、129、131、135、146、157、158、161、162、163、168、171、181、187、192、193、200、201、202、224、232、233、234、235、238、254、268、269、276、284、292、295、318、341、342、356、357、366。

迪努瓦，阿梅代(Dunois，Amédée 生于1879年)——法国社会党人。曾为一些社会党报刊撰稿。1920年初参加第二国际重建委员会。1920年12月加入法国共产党，成为党的领导委员会成员。后转向托洛茨基主义立场，被开除出共产党。1930年回到法国社会党。——148。

E

恩格斯，弗里德里希(Engels，Friedrich 1820—1895)——科学共产主义创始人之一，世界无产阶级的领袖和导师，马克思的亲密战友。——326、346。

F

弗拉基米尔斯基，米哈伊尔·费多罗维奇(Владимирский，Михаил Федорович

1874—1951)——1895年参加俄国社会民主主义运动，布尔什维克。曾在莫斯科、阿尔扎马斯、下诺夫哥罗德和国外做党的工作，屡遭沙皇政府迫害。1905年积极参加莫斯科十二月武装起义。1906年侨居国外，在布尔什维克巴黎小组工作。1917年7月回国，任俄国社会民主工党(布)莫斯科委员会常务委员会委员。十月革命期间参加莫斯科领导武装起义的党总部。十月革命后在莫斯科苏维埃主席团工作。1918年在党的第七次代表大会上当选为中央委员。1919年在第八次代表大会上当选为候补中央委员。1919—1921年任全俄中央执行委员会主席团委员、俄罗斯联邦副内务人民委员。1922—1925年任乌克兰苏维埃社会主义共和国人民委员会副主席，乌克兰共产党(布)中央委员会书记、中央监察委员会主席，乌克兰工农检查人民委员。1926—1927年任苏联国家计划委员会副主席。1930—1934年任俄罗斯联邦卫生人民委员。1925年在党的第十四次代表大会上当选为中央监察委员会委员。1927—1951年任联共(布)中央检查委员会主席。——379。

弗里斯，雅科布(Friis，Jakob)——挪威工党活动家。在共产国际第二次代表大会上代表挪威、瑞典和丹麦当选为共产国际执行委员会委员。——370—376。

弗罗，欧仁(Frot，Eugène 生于1883年)——法国政治活动家。曾为法国社会党党员，持中派立场。1920年初参加第二国际重建委员会。1934年任达拉第政府内务部长。第二次世界大战前夕支持慕尼黑政策。1941年1月参加贝当政府。反对共产主义运动和苏维埃国家。——148。

弗罗萨尔，吕多维克·奥斯卡尔(Frossard，Ludovic Oscar 1889—1946)——法国社会党人，1920年初参加第二国际重建委员会。曾参与创建法国共产党，成为党的领导委员会成员。1923年与共产主义运动决裂，转向改良主义。第二次世界大战前夕支持慕尼黑政策。1939—1940年任情报部长。反对共产主义运动和苏维埃国家。——148。

福尔，保尔(Faure，Paul 生于1878年)——法国社会党人，新闻工作者。1901年是法兰西社会党创建人之一。1920年起任《人民报》主编。第二国际重建委员会领导人之一。反对共产党和社会党统一行动。第二次世界大战前夕打着和平主义招牌支持慕尼黑政策。希特勒德国占领法国后参加贝当政府。——148。

福煦,斐迪南(Foch,Ferdinand 1851—1929)——法国军事活动家,元帅。1887年毕业于法国高等军事学院,1896—1900年任该院教授,1908—1911年任该院院长。第一次世界大战期间,1915—1916年任北方集团军群司令,1917—1918年任总参谋长,1918年4月起任盟军最高统帅。1919年起任协约国最高军事委员会主席。1918—1920年是武装干涉苏维埃俄国的策划者之一。曾参与起草凡尔赛和约。——170—171、174。

G

高尔察克,亚历山大·瓦西里耶维奇(Колчак,Александр Васильевич 1873—1920)——沙俄海军上将(1916),君主派分子。第一次世界大战期间任波罗的海舰队作战部部长、水雷总队长,1916—1917年任黑海舰队司令。1918年10月抵鄂木斯克,11月起任白卫军“西伯利亚政府”陆海军部长。11月18日在外国武装干涉者支持下发动政变,在西伯利亚、乌拉尔和远东建立军事专政,自封为“俄国最高执政”和陆海军最高统帅。叛乱被平定后,1919年11月率残部逃往伊尔库茨克,后被俘。1920年2月7日根据伊尔库茨克军事革命委员会的决定被枪决。——17、18、33、43、50、61、82、84、85、97—98、105、109、114、121、129、131、135、157、158、162、163、168、171、187、192、193、200、201、202、224、232、233、254、255、268、269、276、284、295、331、341、342、356、357、366。

哥尔茨曼,阿布拉姆·季诺维耶维奇(Гольцман,Абрам Зиновьевич 1894—1933)——1910年参加俄国革命运动,1917年4月加入俄国社会民主工党(布)。十月革命后担任工会和经济部门的领导工作。1917—1920年任五金工会中央委员会委员,1920—1921年任全俄工会中央理事会主席团委员、劳动国防委员会俄罗斯联邦资源利用委员会委员。工会问题争论期间支持托洛茨基的纲领。1922年起在最高国民经济委员会、中央监察委员会—工农检查院和民航总局担任负责工作。——310、311。

格列博夫,尼·——见阿维洛夫,尼古拉·巴甫洛维奇。

古尔多,昂利(Gourdeau,Henri 1881—1961)——法国工人运动和共产主义运动的老活动家之一。1901年加入法兰西社会党。曾任《社会斗争报》编辑。1920年初参加第二国际重建委员会。曾参与创建法国共产党，是党的领导委员会成员，后为中央委员。希特勒德国占领法国期间，参加了反对纳粹分子的地下斗争。1959年以前是巴黎市政委员会委员和塞纳省议会议员。——148。

古尔克维奇，康斯坦丁·尼古拉耶维奇（Гулькевич，Константин Николаевич 生于1865年）——俄国外交官。1914—1916年任外交部参赞。1917年二月革命前夕任驻挪威特任公使。1919年任高尔察克白卫政府驻瑞典公使。——110。

古科夫斯基，伊西多尔·埃马努伊洛维奇（Гуковский，Исидор Эммануилович 1871—1921）——1898年加入俄国社会民主工党，布尔什维克。曾在彼得堡和巴库的社会民主党组织中工作。1905年是布尔什维克《新生活报》的秘书，后侨居国外。1907年回国后在莫斯科工作。十月革命后任副财政人民委员和财政人民委员。1919—1920年任俄罗斯联邦驻爱沙尼亚全权代表。——107。

古谢夫，谢尔盖·伊万诺维奇（**德拉布金，雅柯夫·达维多维奇**）（Гусев，Сергей Иванович（Драбкин，Яков Давидович）1874—1933）——1896年在俄国彼得堡工人阶级解放斗争协会开始革命活动。1899年起住在顿河畔罗斯托夫，积极参加俄国社会民主工党顿河区委员会的工作，是1902年罗斯托夫罢工和1903年三月示威游行的领导人之一。1903年在俄国社会民主工党第二次代表大会上是顿河区委员会的代表，属火星派多数派。会后到俄国南方一些城市传达大会情况。1904年8月参加在日内瓦举行的22个布尔什维克的会议。1904年12月—1905年5月任多数派委员会常务局书记和党的彼得堡委员会书记，后为敖德萨布尔什维克组织的领导人之一。1906年起任党的莫斯科委员会委员，是党的第四次（统一）代表大会莫斯科组织的代表。当年被捕，流放托博尔斯克，1909年从流放地逃走。斯托雷平反动时期反对取消派和召回派。屡遭沙皇政府迫害。十月革命期间领导彼得格勒军事革命委员会秘书处。1918—1920年在红军中做政治工作，历任第5和第2集团军革命军事委员会委员，东方面军、东南方面军、高加索方面军和南方面军革命军事委员会委员，共和国革命军事委员会野战司令部政委等职。1921—1923年任工农红军政治部主任、共和国革命军事委员会委员。1923年起任党中央监察委员会书记和苏联工农检查人民委员部部务委员。1925—1926年任党中央报刊部部长。1929—1933年任共产国际执行委员会主席团委员。写有《统一的经济计划和统一的经济机构》(1920)、《经济建设的当前问题(关于俄共中央的提纲)》(1920)等小册子以及一些关于党史、军事、社会主义建设和国际工人运动方面的著作。——293。

H

韩德逊,阿瑟(Henderson,Arthur 1863—1935)——英国工党和工会运动领袖之一。1903年起为议员,1908—1910年和1914—1917年任工党议会党团主席,1911—1934年任工党书记。第一次世界大战期间是社会沙文主义者。1915—1917年先后参加阿斯奎斯政府和劳合-乔治政府,任教育大臣、邮政大臣和不管部大臣等职。俄国1917年二月革命后到俄国鼓吹继续进行战争。1919年参与组织伯尔尼国际。1923年起任社会主义工人国际执行委员会主席。1924年和1929—1931年两次参加麦克唐纳政府,先后任内务大臣和外交大臣。——159。

J

基谢廖夫,阿列克谢·谢苗诺维奇(Киселев,Алексей Семенович 1879—1937)——1898年加入俄国社会民主工党。曾在彼得堡、哈尔科夫、巴库、敖德萨和西伯利亚的一些城市做党的工作。1914年被增补进党中央委员会。多次被捕和流放。1917年二月革命后任伊万诺沃-沃兹涅先斯克市苏维埃主席和党的市委员会委员。在全俄苏维埃第一次代表大会上当选为全俄中央执行委员会委员。从党的第六次代表大会起多次当选为候补中央委员。十月革命后从事苏维埃、经济和工会工作。1918年当选为中央纺织工业委员会主席,后当选为最高国民经济委员会主席团委员。1920年任矿工工会主席。1920—1921年工会问题争论期间参加工人反对派。1921年在党的第十次代表大会上是莫斯科党组织的代表。1921—1923年任小人民委员会主席。1923年在党的第十二次代表大会上当选为中央监察委员会委员;曾任中央监察委员会主席团委员、俄罗斯联邦工农检查人民委员和苏联副工农检查人民委员。1924 年起任全俄中央执行委员会秘书。苏联中央执行委员会主席团委员。——79—81。

加里宁，米哈伊尔·伊万诺维奇(Калинин，Михаил Иванович 1875—1946)——1898 年加入俄国社会民主工党。曾在第一批秘密的马克思主义工人小组和彼得堡工人阶级解放斗争协会中工作，是《火星报》代办员和1905—1907 年革命的积极参加者。屡遭沙皇政府迫害。1912 年在党的第六次(布拉格)全国代表会议上当选为候补中央委员，后进入中央委员会俄国局。《真理报》的组织者之一。1917 年二月革命期间是彼得格勒工人和士兵武装发动的领导人之一，党的彼得堡委员会执行委员会委员。在彼得格勒积极参加十月武装起义。十月革命后任彼得格勒市长，1918 年任市政委员。1919 年雅·米·斯维尔德洛夫逝世后，任全俄中央执行委员会主席，1922 年起任苏联中央执行委员会主席，1938 年起任苏联最高苏维埃主席团主席。在党的第八至第十八次代表大会上当选为中央委员。1919 年起为中央政治局候补委员，1926 年起为中央政治局委员。写有许多关于社会主义建设和共产主义教育问题的著作。——185。

加米涅夫(**罗森费尔德**)，列夫·波里索维奇(Каменев(Розенфельд)，Лев Борисович 1883—1936)——1901 年加入俄国社会民主工党，党的第二次代表大会后是布尔什维克。是高加索联合会出席党的第三次代表大会的代表。1905—1907 年在彼得堡从事宣传鼓动工作，为党的报刊撰稿。1908 年底出国，任布尔什维克的《无产者报》编委。斯托雷平反动时期对取消派、召回派和托洛茨基分子采取调和主义态度。1914 年初回国，在《真理报》编辑部工作，曾领导第四届国家杜马布尔什维克党团。1914 年11 月被捕，在沙皇法庭上宣布放弃使沙皇政府在帝国主义战争中失败的布尔什维克口号，次年 2 月被流放。1917 年二月革命后反对列宁的《四月提纲》。从党的第七次全国代表会议(四月代表会议)起多次当选为中央委员。十月革命前夕反对举行武装起义的决定。在全俄苏维埃第二次代表大会上当选为全俄中央执行委员会第一任主席。1917 年 11 月主张成立有孟什维克和社会革命党人参加的联合政府，遭到否决后声明退出党中央。1918 年起任莫斯科苏维埃主席。1922 年起任人民委员会副主席，1924—1926 年任劳动国防委员会主席。1923 年起为列宁研究院第一任院长。1919—1925年为党中央政治局委员。1925年参与组织“新反对派”,1926年1月当选为中央政治局候补委员,同年参与组织“托季联盟”,10月被撤销政治局候补委员职务。1927年12月被开除出党,后来两次恢复党籍,两次被开除出党。1936年8月25日被苏联最高法院军事审判庭以“参与暗杀基洛夫、阴谋刺杀斯大林及其他苏联领导人”的罪名判处枪决。1988年6月苏联最高法院为其平反。——96、293。

捷尔任斯基,费利克斯·埃德蒙多维奇(Дзержинский,Феликс Эдмундович 1877—1926)——波兰和俄国革命运动活动家,波兰王国和立陶宛社会民主党的组织者和领导人之一。1895年在维尔诺加入立陶宛社会民主党组织,1903年当选为波兰王国和立陶宛社会民主党总执行委员会委员。积极参加1905—1907年革命,领导波兰无产阶级的斗争。1907年在俄国社会民主工党第五次(伦敦)代表大会上被缺席选入中央委员会。屡遭沙皇政府迫害,度过十年以上的监禁、苦役和流放生活。1917年二月革命后在莫斯科做党的工作。在党的第六次代表大会上当选为中央委员,进入党中央书记处。十月革命期间是彼得格勒军事革命委员会委员和党的军事革命总部成员。十月革命后当选为全俄中央执行委员会委员和主席团委员。1917年12月起任全俄肃反委员会(1923年起为国家政治保卫总局)主席。1918年初在布列斯特和约问题上一度采取“左派共产主义者”的立场。1919—1923年兼任内务人民委员,1921—1924年兼任交通人民委员,1924年起兼任最高国民经济委员会主席。1920年4月起为党中央组织局候补委员,1921年起为中央组织局委员,1924年6月起为中央政治局候补委员。——96、117、130、379。

K

考茨基,卡尔(Kautsky,Karl 1854—1938)——德国社会民主党和第二国际的领袖和主要理论家之一。1875年加入奥地利社会民主党,1877年加入德国社会民主党。1881年与马克思和恩格斯相识后,在他们的影响下逐渐转向马克思主义。从19世纪80年代到20世纪初写过一些宣传和解释马克思主义的著作:《卡尔·马克思的经济学说》(1887)、《土地问题》

(1899)等。但在这个时期已表现出向机会主义方面摇摆，在批判伯恩施坦时作了很多让步。1883—1917年任德国社会民主党理论刊物《新时代》杂志主编。曾参与起草1891年德国社会民主党纲领(爱尔福特纲领)。1910年以后逐渐转到机会主义立场，成为中派领袖。第一次世界大战前夕提出超帝国主义论，大战期间打着中派旗号支持帝国主义战争。1917年参与建立德国独立社会民主党，1922年拥护该党右翼与德国社会民主党合并。1918年后发表《无产阶级专政》等书，攻击俄国十月革命，反对无产阶级专政。——6、9、14、16、117、266、342、360—361、373、374。

科里乔纳，弗兰茨(Koritschoner, Franz 1891—1942)——奥地利共产党创建人之一(1918)，该党中央委员(直至1927年)。曾编辑党的中央机关报《红旗报》。主持过奥地利革命工会理事会的工作。1937年以前在莫斯科红色工会国际工作过一个时期。——155。

科西(Caussy)——法国社会党人。曾属法国社会党中派，1920年初参加第二国际重建委员会。——148。

克尔日扎诺夫斯基，格列勃·马克西米利安诺维奇(Кржижановский, Глеб Максимилианович 1872—1959)——1893年参加俄国革命运动，协助列宁组织彼得堡工人阶级解放斗争协会。1895年12月被捕，1897年流放西伯利亚(米努辛斯克专区捷辛斯克村)，为期三年。1901年流放期满后住在萨马拉，领导当地的火星派中心。1902年秋参加筹备召开俄国社会民主工党第二次代表大会的组织委员会。1903年在俄国社会民主工党第二次代表大会上缺席当选为中央委员。积极参加1905—1907年革命。在布尔什维克的出版机关做了大量工作。1917年二月革命后任莫斯科苏维埃委员，参加布尔什维克党团。十月革命后致力于恢复和发展莫斯科的动力事业。1919年底起任最高国民经济委员会电机工业总管理局局长。1920年被任命为俄罗斯国家电气化委员会主席。1921—1930年任国家计划委员会主席。1930—1936年历任最高国民经济委员会动力总管理局局长、苏联中央执行委员会高等技术教育委员会主席和俄罗斯联邦副教育人民委员。在党的第十三至第十七次代表大会上当选为中央委员。1929年当选为苏联科学院院士，1929—1939年任苏联科学院副院长。1930年创建苏联科学院动力研究所，担任所长直至逝世。写有许多动力学方面的著作。

——76—77、123、124。

克拉尔,范妮(Clar,Fanny)——法国社会党人。曾属法国社会党中派,任《人民报》编辑。1920年初参加第二国际重建委员会。法国社会党图尔代表大会(1920年12月)后是没有参加共产国际的少数派的成员。——148。

克拉斯诺夫,彼得·尼古拉耶维奇(Краснов,Петр Николаевич 1869—1947)——沙俄将军。第一次世界大战期间任哥萨克旅长和师长、骑兵军军长。1917年8月积极参加科尔尼洛夫叛乱。十月革命期间伙同克伦斯基发动反苏维埃叛乱,担任从前线调往彼得格勒镇压革命的军队指挥。叛乱被平定后逃往顿河流域。1918—1919年领导顿河哥萨克白卫军。1919年逃亡德国,继续进行反苏维埃活动。第二次世界大战期间与希特勒分子合作,被苏军俘获,由苏联最高法院军事庭判处死刑。——336。

克拉辛,列昂尼德·波里索维奇(Красин,Леонид Борисович 1870—1926)——1890年参加俄国社会民主主义运动,是布鲁斯涅夫小组成员。1895年被捕,流放伊尔库茨克三年。流放期满后进入哈尔科夫工艺学院学习,1900年毕业。1900—1904年在巴库当工程师,与弗·扎·克茨霍韦利一起建立《火星报》秘密印刷所。俄国社会民主工党第二次代表大会后加入布尔什维克党,被增补进中央委员会;在中央委员会里一度对孟什维克采取调和主义态度,帮助把三名孟什维克代表增补进中央委员会,但不久即同孟什维克决裂。俄国社会民主工党第三次代表大会的参加者,在会上当选为中央委员。1905年是布尔什维克第一份合法报纸《新生活报》的创办人之一。1905—1907年革命期间参加彼得堡工人代表苏维埃,领导党中央战斗技术组。在党的第四次(统一)代表大会上代表布尔什维克作了关于武装起义问题的报告,并再次当选为中央委员,在第五次(伦敦)代表大会上当选为候补中央委员。1908年侨居国外。一度参加反布尔什维克的"前进"集团,后脱离政治活动,在国内外当工程师。十月革命后是红军供给工作的组织者之一,任红军供给非常委员会主席、最高国民经济委员会主席团委员、工商业人民委员、交通人民委员。1919年起从事外交工作。1920年起任对外贸易人民委员,1920—1923年兼任驻英国全权代表和商务代表,参加了热那亚国际会议和海牙国际会议。1924年任驻法国全权代表,1925年起任驻英国全权代表。在党的第十三次和第十四次代表大会上当选为中央委员。——77、378。

克雷连柯，尼古拉·瓦西里耶维奇（Крыленко，Николай Васильевич 1885—1938）——1904年加入俄国社会民主工党。1905—1906年是彼得堡学生运动领袖之一，在彼得堡布尔什维克组织中工作。1907年脱党。1911年又回到布尔什维克组织中工作，先后为《明星报》和《真理报》撰稿。1913年12月被捕。第一次世界大战期间，1914—1915年侨居国外，后在军队服役。1917年二月革命后在《士兵真理报》工作，同年6月参加俄国社会民主工党（布）前线和后方军事组织全国代表会议，被选入党中央委员会全俄军事组织局。积极参加十月革命，是彼得格勒军事革命委员会委员。十月革命后参加第一届人民委员会，任陆海军事务委员会委员，1917年11月被任命为最高总司令。1918年3月起在司法部门工作。1922—1931年任全俄中央执行委员会最高革命法庭庭长、俄罗斯联邦副司法人民委员、检察长。1931年起任俄罗斯联邦司法人民委员，1936年起任苏联司法人民委员。1927—1934年为党中央监察委员会委员。全俄中央执行委员会主席团委员。——254。

克里斯平，阿尔图尔（Crispien，Artur 1875—1946）——德国社会民主党领袖之一，政论家。1917—1922年领导德国独立社会民主党右翼。1920年作为独立党代表团的成员出席共产国际第二次代表大会。回国后反对加入共产国际。1922年回到德国社会民主党，成为该党中央委员。法西斯上台后移居瑞士。——73。

克列孟梭，若尔日（Clemenceau，Georges 1841—1929）——法国国务活动家。第二帝国时期属左翼共和派。1871年巴黎公社时期任巴黎第十八区区长，力求使公社战士与凡尔赛分子和解。1876年起为众议员，80年代初成为激进派领袖，1902年起为参议员。1906年3—10月任内务部长，1906年10月—1909年7月任总理。维护大资产阶级利益，镇压工人运动和民主运动。第一次世界大战期间是沙文主义者。1917—1920年再度任总理，在国内建立军事专制制度，积极策划和鼓吹经济封锁和武装干涉苏维埃俄国。1919—1920年主持巴黎和会，参与炮制凡尔赛和约。1920年竞选总统失败后退出政界。——61、141、171。

克列斯廷斯基，尼古拉·尼古拉耶维奇（Крестинский，Николай Николаевич

1883—1938)——1903年加入俄国社会民主工党，布尔什维克。1905年革命的积极参加者。斯托雷平反动时期和新的革命高涨年代为布尔什维克报刊撰稿。屡遭沙皇政府迫害。1917年二月革命后任党的乌拉尔区域委员会主席和叶卡捷琳堡市委员会副主席。在党的第六至第九次代表大会上当选为中央委员。十月革命期间任叶卡捷琳堡军事革命委员会主席。十月革命后任人民银行总委员和彼得格勒劳动公社司法委员。1918年布列斯特和约谈判期间支持"左派共产主义者"。1918—1921年任俄罗斯联邦财政人民委员。1919—1921年任党中央政治局委员和中央书记处书记。1920—1921年工会问题争论期间支持托洛茨基的纲领。1921—1930年任苏联驻德国全权代表，1930—1937年任苏联副外交人民委员。曾任全俄中央执行委员会和苏联中央执行委员会委员。——264、265、302、315。

克伦斯基，亚历山大·费多罗维奇（Керенский，Александр Федорович 1881—1970）——俄国政治活动家，资产阶级临时政府首脑。1917年3月起为社会革命党人。第四届国家杜马代表，劳动派党团领袖。第一次世界大战期间是护国派分子。1917年二月革命后任彼得格勒工兵代表苏维埃副主席、国家杜马临时委员会委员。在临时政府中任司法部长（3—5月）、陆海军部长（5—9月）、总理（7月21日起）兼最高总司令（9月12日起）。执政期间继续进行帝国主义战争，七月事变时镇压工人和士兵，迫害布尔什维克。1917年11月7日彼得格勒爆发武装起义时，从首都逃往前线，纠集部队向彼得格勒进犯，失败后逃亡巴黎。在国外参加白俄流亡分子的反革命活动，1922—1932年编辑《白日》周刊。1940年移居美国。——197、222、234、246、284、357。

库恩·贝拉（Kun Béla 1886—1939）——匈牙利工人运动和国际工人运动活动家，匈牙利共产党创建人和领导人之一。1902年加入匈牙利社会民主党。第一次世界大战初应征入伍，1916年在俄国被俘，在托木斯克战俘中进行革命宣传，同俄国社会民主工党当地组织建立了联系，后加入布尔什维克党。俄国1917年二月革命后任俄国社会民主工党（布）托木斯克省委员会委员。1918年3月建立俄共（布）匈牙利小组并任主席；同年5月起任俄共（布）外国人团体联合会主席。1918年11月秘密回国，参与创建匈牙利共产党，当选为党的主席。1919年2月被捕，3月获释。匈牙利苏维埃共和国成立后任外交人民委员和陆军人民委员，是苏维埃政权的实际领导人。苏维埃政权被颠覆后流亡奥地利，1920年到苏俄，先后任南方面军革命军事委员会委员、克里木革命委员会主席。1921年起在乌拉尔担任党的领导工作，曾任全俄中央执行委员会主席团委员、俄共（布）中央驻俄国共产主义青年团中央委员会全权代表、共产国际执行委员会主席团委员等职。——150、374。

库尔斯基，德米特里·伊万诺维奇（Курский，Дмитрий Иванович 1874—1932）——1904年加入俄国社会民主工党。1900年毕业于莫斯科大学法律系。1905年积极参加莫斯科十二月武装起义。1906年起是布尔什维克组织莫斯科区域局成员。1914年被征入伍，在士兵中进行革命宣传活动。1917年5—8月任罗马尼亚方面军第4集团军士兵代表苏维埃主席；是全俄苏维埃第一次代表大会代表。1917年10月任敖德萨军事革命委员会委员。1918—1928年任俄罗斯联邦司法人民委员、苏联第一任总检察长，在他的领导下制定了民法典和刑法典。1919—1920年兼任工农红军总参谋部政委和野战司令部政委、共和国革命军事委员会委员。1921年起任全俄中央执行委员会主席团委员，1923年起任苏联中央执行委员会主席团委员。1924—1927年任党中央检查委员会主席，1927—1930年任党中央监察委员会委员。1928—1932年任驻意大利全权代表。——96。

库西宁，奥托·威廉莫维奇（Куусинен，Отто Вильгельмович 1881—1964）——芬兰工人运动和国际工人运动活动家，苏联共产党和国家的活动家。1904年起是芬兰社会民主党左翼领袖。1906—1908年任芬兰社会民主党理论刊物《社会主义杂志》编辑，1907—1916年任党中央机关报《工人日报》编辑，1911—1917年任芬兰社会民主党执行委员会主席。1908—1917年为芬兰议会议员和社会民主党议会党团领袖。1918年是芬兰革命的领导人之一和芬兰革命政府成员。1918年8月参与创建芬兰共产党，是共产国际历次（第二次除外）代表大会代表。在共产国际第三次代表大会上当选为执行委员会委员。1921—1939年任共产国际执行委员会书记。1940—1958年任卡累利阿-芬兰苏维埃社会主义共和国最高苏维埃主席团主席和苏联最高苏维埃主席团副主席。1941年起任苏共中央委员,1957年起任苏共中央主席团委员和苏共中央书记。1958年当选为苏联科学院院士。写有关于芬兰革命运动史和国际共产主义运动问题的著作。——374。

L

拉狄克,卡尔·伯恩哈多维奇(Радек,Карл Бернгардович 1885—1939)——生于东加利西亚。20世纪初参加加利西亚、波兰和德国的社会民主主义运动。1901年起为加利西亚社会民主党的积极成员,1904—1908年在波兰王国和立陶宛社会民主党内工作。1908年到柏林,为德国左派社会民主党人的报刊撰稿。第一次世界大战期间持国际主义立场,但表现出向中派方面动摇。1917年加入俄国社会民主工党(布)。十月革命后在外交人民委员部工作。1918年是"左派共产主义者"。在党的第八至第十二次代表大会上当选为中央委员。1920—1924年任共产国际执行委员会书记、委员和主席团委员。1923年起属托洛茨基反对派。1925—1927年任莫斯科中山大学校长。长期为《真理报》、《消息报》和其他报刊撰稿。1927年被开除出党,1930年恢复党籍,1936年被再次开除出党。1937年1月被苏联最高法院军事审判庭以"进行叛国、间谍、军事破坏和恐怖活动"的罪名判处十年监禁。1939年死于狱中。1988年6月苏联最高法院为其平反。——189、303、374—375。

拉柯夫斯基,克里斯蒂安·格奥尔吉耶维奇(Раковский,Христиан Георгиевич 1873—1941)——生于保加利亚。17岁时侨居日内瓦,受到普列汉诺夫的影响。曾参加保加利亚、罗马尼亚、瑞士、法国的社会民主主义运动。第一次世界大战期间是中派分子,参加齐美尔瓦尔德派。1917年二月革命后到彼得格勒,加入俄国社会民主工党(布)。十月革命后从事党和苏维埃的工作。1918年起任乌克兰人民委员会主席,1923年派驻英国和法国从事外交工作。在党的第八至第十四次代表大会上当选为中央委员。是托洛茨基反对派的骨干分子,1927年被开除出党。1935年恢复党籍,1938年被再次开除出党。1938年3月13日被苏联最高法院军事审判庭以"参与托洛茨基的恐怖、间谍和破坏活动"的罪名判处二十年监禁。1941年死于狱中。1988年平反昭雪并恢复党籍。——301、304。

拉林,尤·(**卢里叶,米哈伊尔·亚历山德罗维奇**)(Ларин,Ю.(Лурье, Михаил Александрович) 1882—1932)——1900年参加俄国社会民主主义运动,在敖德萨和辛菲罗波尔工作。1904年起为孟什维克。1905年是俄国社会民主工党彼得堡孟什维克委员会委员。1906年进入党的统一的彼得堡委员会;是党的第四次(统一)代表大会有表决权的代表。维护孟什维克的土地地方公有化纲领,支持召开"工人代表大会"的取消主义思想。党的第五次(伦敦)代表大会波尔塔瓦组织的代表。斯托雷平反动时期和新的革命高涨年代是取消派领袖之一,参加了"八月联盟"。第一次世界大战期间是中派分子。1917年二月革命后领导出版《国际》杂志的孟什维克国际主义派。1917年8月加入布尔什维克党。在彼得格勒参加十月武装起义。十月革命后主张成立有孟什维克和社会革命党人参加的联合政府。在苏维埃和经济部门工作,曾任最高国民经济委员会主席团委员、国家计划委员会主席团委员等职。1920—1921年工会问题争论期间先后支持布哈林和托洛茨基的纲领。——58。

拉斯普廷(**诺维赫**),格里戈里·叶菲莫维奇(Распутин(Новых),Григорий Ефимович 1872—1916)——俄国冒险家,沙皇尼古拉二世的宠臣。出身于农民家庭。1907年冒充"先知"和"神医"招摇撞骗,混入宫廷,干预国政。尼古拉二世和皇后把他奉为"活基督",言听计从。1916年12月被君主派分子刺死。——189。

莱西亚尼,吕西(Leiciagne,Lucie)——法国社会党人。曾属法国社会党中派,1920年初参加第二国际重建委员会。在法国社会党图尔代表大会(1920年12月)上加入组成共产党的多数派,并被选入党的领导委员会。——148。

兰斯伯里,乔治(Lansbury,George 1859—1940)——英国工党领袖之一。1892年加入社会民主联盟,1906年加入工党。1910—1912年和1922—1940年为议员。1912—1922年任《每日先驱报》社长。1929—1931年任公共工程大臣。1931—1935年任工党主席。——325。

劳芬贝格,亨利希(Laufenberg,Heinrich 1872—1932)——德国左派社会民主党人,政论家。曾任社会民主党《杜塞尔多夫人民报》(1904—1907)编辑。第一次世界大战期间持国际主义立场。1918年十一月革命后加入德国共产党，不久领导党内"左派"反对派，宣扬无政府工团主义观点和所谓"民族布尔什维主义"的小资产阶级民族主义纲领。1919年10月"左派"反对派被开除出共产党后，参与组织德国共产主义工人党，1920年底被该党开除。后脱离工人运动，为一些无政府主义刊物撰稿，写过有关文化问题的文章。——375。

劳合-乔治，戴维（Lloyd George，David 1863—1945）——英国国务活动家和外交家，自由党领袖。1890年起为议员。1905—1908年任商业大臣，1908—1915年任财政大臣。对英国政府策划第一次世界大战的政策有很大影响。曾提倡实行社会保险等措施，企图利用谎言和许诺来阻止工人阶级建立革命政党。1916—1922年任首相，残酷镇压殖民地和附属国的民族解放运动；是武装干涉和封锁苏维埃俄国的鼓吹者和策划者之一。曾参加1919年巴黎和会，是凡尔赛和约的炮制者之一。——141、157、158、171、235。

勒努，丹尼尔（Renoult，Daniel 1880—1958）——法国工人运动和共产主义运动活动家，新闻工作者。1906—1920年为法国社会党党员，1908年起任《人道报》编辑。1920年初参加第二国际重建委员会。曾参与创建法国共产党，被选入党的领导委员会。希特勒德国占领法国期间被关进集中营。1945—1950年任法国共产党中央委员，1950—1958年任中央财政监督委员会委员。——148。

勒特罗凯，安德列（Le Troquer，André 生于1884年）——法国政治活动家，新闻工作者。曾为法国社会党党员，《人道报》编辑之一。1920年初参加第二国际重建委员会。1943年11月被任命为设在阿尔及利亚的法国委员会的陆海军事务委员。1946年任内务部长，1946年12月—1947年1月任国防部长。1954年2月起任国民议会议长。——148。

李卜克内西，卡尔（Liebknecht，Karl 1871—1919）——德国工人运动和国际工人运动活动家，德国社会民主党左翼领袖之一，德国共产党创建人之一；威·李卜克内西的儿子；职业是律师。1900年加入社会民主党，积极反对机会主义和军国主义。1912年当选为帝国国会议员。第一次世界大战期间持国际主义立场，反对支持本国政府进行掠夺战争。1914年12月2日是国会中唯一投票反对军事拨款的议员。是国际派（后改称斯巴达克派和斯巴达克联盟)的组织者和领导人之一。1916年因领导五一节反战游行示威被捕入狱。1918年10月出狱,领导了1918年十一月革命,与卢森堡一起创办《红旗报》,同年底领导建立德国共产党。1919年1月柏林工人斗争被镇压后,于15日被捕,当天惨遭杀害。——188、197、224、281、330。

李可夫,阿列克谢·伊万诺维奇(Рыков,Алексей Иванович 1881—1938)——1899年加入俄国社会民主工党。曾在萨拉托夫、莫斯科、彼得堡等地做党的工作。1905年党的第三次代表大会起多次当选为中央委员。斯托雷平反动时期对取消派、召回派和托洛茨基分子采取调和主义态度。曾多次被捕流放并逃亡国外。1917年二月革命后被选进莫斯科苏维埃主席团,同年10月在彼得格勒参与领导武装起义。十月革命后参加第一届人民委员会,任内务人民委员。1917年11月主张成立有孟什维克和社会革命党人参加的联合政府,遭到否决后声明退出党中央和人民委员会。1918年2月起任最高国民经济委员会主席,1921年夏起任人民委员会和劳动国防委员会副主席。1923年当选为党中央政治局委员。1924—1930年任苏联人民委员会主席。1929年被作为"右倾派别集团"领袖之一受到批判。1930年12月被撤销政治局委员职务。1931—1936年任苏联交通人民委员。1934年当选为候补中央委员。1937年被开除出党。1938年3月13日被苏联最高法院军事审判庭以"参与托洛茨基的恐怖、间谍和破坏活动"的罪名判处枪决。1988年平反昭雪并恢复党籍。——52、58、254—255、301、305、306、310、315、352。

李维诺夫,马克西姆·马克西莫维奇(Литвинов,Максим Максимович 1876—1951)——1898年加入俄国社会民主工党,在切尔尼戈夫省克林齐市工人小组中进行社会民主主义宣传。1900年任党的基辅委员会委员。1901年被捕,在狱中参加火星派。1902年8月越狱逃往国外。作为《火星报》代办员,曾担任向国内运送《火星报》的工作。是俄国革命社会民主党人国外同盟的领导成员,出席了同盟第二次代表大会。1903年俄国社会民主工党第二次代表大会后是布尔什维克,任党的里加委员会、西北委员会委员和多数派委员会常务局成员;代表里加组织出席了党的第三次代表大会。1905年参加了布尔什维克第一份合法报纸《新生活报》的出版工作。1907年是出席国际社会党斯图加特代表大会的俄国社会民主工党代表团的秘书。1907 年底侨居伦敦。1908 年起任布尔什维克伦敦小组书记。1914 年 6 月起为俄国社会民主工党中央委员会驻社会党国际局的代表。1915 年 2 月受列宁委托在协约国社会党伦敦代表会议上发表谴责帝国主义战争的声明。十月革命后在外交部门担任负责工作。1918—1921 年任外交人民委员部部务委员，1921 年起任副外交人民委员。1922 年是出席热那亚国际会议的苏俄代表团团员和海牙国际会议的苏俄代表团团长。1930—1939 年任外交人民委员，1941—1943 年任副外交人民委员兼驻美国大使。从美国回国后至 1946 年任副外交人民委员。在党的第十七次和第十八次代表大会上当选为中央委员。曾任苏联中央执行委员会委员、第一届和第二届苏联最高苏维埃代表。——33、87。

里德，约翰(Reed，John 1887—1920)——美国工人运动活动家，作家和新闻记者。第一次世界大战期间是驻欧洲的军事记者，反对帝国主义战争。1917 年到俄国。俄国十月革命期间，参加了工人和士兵的群众大会和游行示威，出席了彼得格勒苏维埃和全俄苏维埃第二次代表大会的会议，目睹了赤卫队和革命士兵攻打冬宫和逮捕临时政府成员的情况，多次会见列宁和其他党政领导人。热烈欢迎俄国十月革命，并为此写了《震撼世界的十天》一书，列宁为该书写了序言。1918 年回到美国后，加入美国社会党左翼，成为左翼领导人之一。1919 年 9 月和其他左翼成员一起组建美国共产主义工人党，同年 10 月被派往莫斯科出席共产国际第二次代表大会，并当选为共产国际执行委员会委员。在莫斯科逝世，骨灰安放在红场克里姆林宫宫墙内。——67。

里亚布申斯基，帕维尔·巴甫洛维奇(Рябушинский，Павел Павлович 1871—1924)——俄国莫斯科大银行家和企业主，反革命首领之一。曾积极参与创建资产阶级的进步党，出版反映大资产阶级利益的《俄国晨报》。1917 年 8 月扬言要以饥饿手段窒息革命，是科尔尼洛夫叛乱的策划者和领导人之一。十月革命后逃亡法国，继续进行反对苏维埃俄国的活动。——246。

列宁，弗拉基米尔·伊里奇(**乌里扬诺夫，弗拉基米尔·伊里奇**；列宁，尼·)(Ленин，Владимир Ильич(Ульянов，Владимир Ильич，Ленин，Н.) 1870—1924)——3、35、39、43、54、66、79、87、88、148、156、180、185、193、213、214、265、266—267、305、308、319、336、360、374、379、380。

列诺得尔，皮埃尔(Renaudel,Pierre 1871—1935)——法国社会党右翼领袖之一。1899年参加社会主义运动。1906—1915年任《人道报》编辑，1915—1918年任社长。1914—1919年和1924—1935年为众议员。第一次世界大战期间是社会沙文主义者。反对社会党参加共产国际，主张社会党人参加资产阶级政府。1927年辞去社会党领导职务，1933年被开除出党。——9。

列扎瓦，安德列·马特维耶维奇(Лежава,Андрей Матвеевич 1870—1937)——1904年加入俄国社会民主工党。19世纪80年代末参加民粹主义运动。1893年因参与筹建地下印刷所被捕，监禁两年后，流放雅库特卡五年。在尼·叶·费多谢耶夫影响下成为马克思主义者。流放期满后在梯弗利斯、沃罗涅日、下诺夫哥罗德、萨拉托夫、莫斯科等地做党的工作。十月革命后担任经济部门和苏维埃的领导工作。1919—1920年任中央消费合作总社主席，1920—1922年任副对外贸易人民委员，1922—1924年任国内商业人民委员，1924—1930年任俄罗斯联邦人民委员会副主席兼俄罗斯联邦国家计划委员会主席，1930—1937年任苏联亚热带作物总管理局局长。1927—1930年为党中央监察委员会委员。多次当选为全俄中央执行委员会和苏联中央执行委员会委员。——89。

龙格，让(Longuet,Jean 1876—1938)——法国社会党和第二国际领袖之一，政论家；沙尔·龙格和燕妮·马克思的儿子。19世纪末至20世纪初积极为法国和国际的社会主义报刊撰稿。1914年和1924年当选为众议员。第一次世界大战期间持中派和平主义立场。是法国中派分子的报纸《人民报》的创办人(1916)和编辑之一。谴责外国武装干涉苏维埃俄国。反对法国社会党加入共产国际，反对建立法国共产党。1920年起是法国社会党中派领袖之一。1921年起是第二半国际执行委员会委员。1923年起是社会主义工人国际领导人之一。30年代主张社会党人和共产党人联合起来反对法西斯主义，参加了反法西斯和反战的国际组织。——6、16、148、149、373。

卢森堡，罗莎(Luxemburg,Rosa 1871—1919)——德国、波兰和国际工人运动活动家，德国社会民主党和第二国际左翼领袖和理论家之一，德国共产党创建人之一。生于波兰。19世纪80年代后半期开始革命活动，1893年参与创建和领导波兰王国社会民主党,为党的领袖之一。1898年移居德国,积极参加德国社会民主党的活动,反对伯恩施坦主义和米勒兰主义。曾参加俄国第一次革命(在华沙)。1907年参加俄国社会民主工党第五次(伦敦)代表大会,在会上支持布尔什维克。斯托雷平反动时期和新的革命高涨年代对取消派采取调和主义态度。1912年波兰王国和立陶宛社会民主党分裂后,曾谴责最接近布尔什维克的所谓分裂派。第一次世界大战期间持国际主义立场,是建立国际派(后改称斯巴达克派和斯巴达克联盟)的发起人之一。参加领导了德国1918年十一月革命,同年底参与领导德国共产党成立大会,作了党纲报告。1919年1月柏林工人斗争被镇压后,于15日被捕,当天惨遭杀害。主要著作有《社会改良还是革命》(1899)、《俄国社会民主党的组织问题》(1904)、《资本积累》(1913)等。——197、330。

卢托维诺夫,尤里·赫里桑福维奇(Лутовинов,Юрий Хрисанфович 1887—1924)——1904年加入俄国社会民主工党。曾在俄国一些城市做党的工作,屡遭沙皇政府迫害。十月革命后在顿河流域和乌克兰积极参加国内战争,1918年是处于地下状态的乌克兰共产党(布)中央委员会委员。后从事工会及苏维埃工作。1920年起任五金工会中央委员会委员和全俄中央执行委员会主席团委员;是全俄工会中央理事会主席团委员。1920—1921年工会问题争论期间是工人反对派的骨干分子。1921年被撤销工会负责职务,任命为俄罗斯联邦驻德国副商务代表。——264、302、303。

路易,保尔(Louis,Paul 1872—1955)——法国社会党人,作家和新闻工作者。曾为《人民报》及其他许多报刊撰稿。1920年初参加第二国际重建委员会。法国社会党分裂后,加入法国共产党。1923年退出共产党,后组建所谓的无产阶级统一党。1944年起为巴黎反动报纸《自由巴黎人报》撰稿。——148。

伦纳,卡尔(Renner,Karl 1870—1950)——奥地利政治活动家,奥地利社会民主党右翼领袖,"奥地利马克思主义"理论家。同奥·鲍威尔一起提出资产阶级民族主义的民族文化自治论。1907年起为社会民主党议员,同年参与创办党的理论刊物《斗争》杂志并任编辑。第一次世界大战期间是社会沙文主义者。1918—1920年任奥地利共和国总理,赞成德奥合并。1931—1933年任国民议会议长。1945年出任临时政府总理,同年12月当选为奥地利共和国总统，直至 1950 年 12 月去世。——155。

罗森霍尔茨，阿尔卡季·巴甫洛维奇（Розенгольц，Аркадий Павлович 1889—1938）——1905 年加入俄国社会民主工党。曾在基辅、叶卡捷琳诺斯拉夫等地做党的工作。1917 年二月革命后当选为莫斯科苏维埃主席团委员。十月革命期间任莫斯科军事革命委员会委员。国内战争期间担任一些集团军和方面军的革命军事委员会委员。1920—1921 年工会问题争论期间支持托洛茨基的纲领。1921—1922 年任财政人民委员部部务委员，后从事军事、外交和苏维埃的工作。1927 年后先后当选为党中央监察委员会委员、候补中央委员、苏联中央执行委员会委员。1937 年被开除出党。——378。

罗兹，玛丽安娜（Rauze，Marianne）——法国社会党人，属法国社会党中派。曾为《人民报》及社会党其他出版物撰稿。1920 年初参加第二国际重建委员会。——148。

洛里欧，斐迪南（Loriot，Ferdinand 1870—1930）——法国社会党人。第一次世界大战期间是国际主义者，在昆塔尔代表会议上加入齐美尔瓦尔德左派。1920—1927 年是法国共产党党员。共产国际第三次代表大会代表。1925 年 1 月在法国共产党第四次代表大会上反对共产国际第五次代表大会的决议。1927 年作为右倾机会主义分子被开除出党。——148。

洛莫夫，阿·（**奥波科夫，格奥尔吉·伊波利托维奇**）（Ломов，А.（Оппоков，Георгий Ипполитович）1888—1938）——1903 年加入俄国社会民主工党。曾在彼得堡、伊万诺沃-沃兹涅先斯克、莫斯科、萨拉托夫做党的工作，屡遭沙皇政府迫害。1917 年二月革命后任党的莫斯科区域局和莫斯科委员会委员、莫斯科工人代表苏维埃副主席。十月革命期间任莫斯科军事革命委员会委员。十月革命后参加第一届人民委员会，任司法人民委员。1918 年是"左派共产主义者"。1918—1921 年任最高国民经济委员会主席团委员和副主席，林业总委员会主席，1921—1931 年在党的机关和经济部门担任领导工作，1931—1933 年任苏联国家计划委员会副主席。在党的第六、第七和第十四次代表大会上当选为候补中央委员，第十五次和第十六次代表大会上当选为中央委员。历届苏联中央执行委员会委员。——58。

洛佐夫斯基（**德里佐**），索洛蒙·阿布拉莫维奇（Лозовский（Дридзо），Соломон

Абрамович 1878—1952)——1901 年加入俄国社会民主工党。曾在彼得堡、喀山、哈尔科夫做党的工作。积极参加俄国第一次革命。1906 年被捕，1908 年在押解途中逃往国外。1909—1917 年流亡日内瓦和巴黎，1912 年参加布尔什维克调和派。第一次世界大战期间参与组织法国社会党和工会中的国际主义派。1917 年 6 月回国，在全俄工会第三次代表会议（1917 年 7 月）上被选为全俄工会中央理事会书记。1917 年 12 月因反对党的政策被开除出党。1918—1919 年领导社会民主党人国际主义派，1919 年 12 月以该派成员身份重新加入俄共(布)。1920 年任莫斯科省工会理事会主席。曾参加共产国际第二次代表大会的工作。1921—1937 年任红色工会国际总书记。1937—1939 年任国家文学出版社社长，1939—1946 年先后任苏联副外交人民委员和外交部副部长。1927 年党的第十五次代表大会起为候补中央委员，1939 年在党的第十八次代表大会上当选为中央委员。——252、254。

M

马尔柯夫，谢尔盖·德米特里耶维奇（Марков，Сергей Дмитриевич 1880—1922）——1901 年加入俄国社会民主工党。1903—1904 年为布尔什维克彼得堡委员会委员，后在尼古拉耶夫、赫尔松和辛比尔斯克工作。1918 年底起任交通人民委员部部务委员，1919 年起任副交通人民委员。1920 年起任弗拉基高加索铁路局局长、高加索方面军革命军事委员会委员。——377。

马尔托夫，尔·（**策杰尔包姆，尤利·奥西波维奇**）（Мартов，Л.（Цедербаум，Юлий Осипович）1873—1923）——俄国孟什维克领袖之一。1895 年参与组织彼得堡工人阶级解放斗争协会。1896 年被捕并流放图鲁汉斯克三年。1900 年参与创办《火星报》，为该报编辑部成员。在俄国社会民主工党第二次代表大会上是《火星报》组织的代表，领导机会主义少数派，反对列宁的建党原则；从那时起成为孟什维克中央机关的领导成员和孟什维克报刊的编辑。曾参加党的第五次（伦敦）代表大会的工作。斯托雷平反动时期和新的革命高涨年代是取消派分子，编辑《社会民主党人呼声报》，参与组织“八月联盟”。第一次世界大战期间是中派分子，参加齐美尔瓦尔德代表会议和昆塔尔代表会议。曾参加孟什维克组织委员会国外书记处，为书记处编辑机关刊物。1917 年二月革命后领导孟什维克国际主义派。十月革命后反对镇压反革命和解散立宪会议。1919 年当选为全俄中央执行委员会委员，1919—1920 年为莫斯科苏维埃代表。1920 年 9 月侨居德国。参与组织第二半国际，在柏林创办和编辑孟什维克杂志《社会主义通报》。——6、14。

马克思，卡尔(Marx,Karl 1818—1883)——科学共产主义的创始人，世界无产阶级的领袖和导师。——9、12、13、20、326、345、346。

马克西莫夫斯基，弗拉基米尔·尼古拉耶维奇(Максимовский,Владимир Николаевич 1887—1941)——1903 年加入俄国社会民主工党。曾在莫斯科、图拉、科洛姆纳做党的工作。十月革命后历任莫斯科州执行委员会秘书、党中央登记分配处处长、内务人民委员部部务委员、教育人民委员部部务委员、副教育人民委员等职。1918 年布列斯特和谈期间为"左派共产主义者"。1920—1921 年工会问题争论期间是民主集中派的骨干分子。1923 年在托洛茨基的 46 人声明上签名，后参加"新反对派"。党的第十四次代表大会后同反对派决裂。1929 年起在高等院校从事教学科研工作。——296、297、298、299、300、307。

迈耶拉，巴泰勒米(Mayéras,Barthelemy 生于 1879 年)——法国社会党人，新闻工作者。1914—1919 年为众议员。第一次世界大战期间持中派和平主义立场，积极为《人民报》和法国中派的其他报刊撰稿。曾任法国社会党执行委员会委员，赞成同党内公开的社会沙文主义者保持统一。1920 年初参加第二国际重建委员会。——148。

麦克唐纳，詹姆斯·拉姆赛(MacDonald,James Ramsay 1866—1937)——英国政治活动家，英国工党创建人和领袖之一。1885 年加入社会民主联盟。1886 年加入费边社。1894 年加入独立工党，1906—1909 年任该党主席。1900 年当选为劳工代表委员会书记，该委员会于 1906 年改建为工党。1906 年起为议员，1911—1914 年和 1922—1931 年任工党议会党团主席。推行机会主义政策，鼓吹阶级合作和资本主义逐渐长入社会主义的理论。第一次世界大战初期采取和平主义立场，后来公开支持劳合-乔治政府进行帝国主义战争。1918—1920 年竭力破坏英国工人反对武装干涉苏维埃俄国的斗争。1924年和1929—1931年先后任第一届和第二届工党政府首相。1931—1935年领导由保守党决策的国民联合政府。——6、16、266—267、374。

米勒兰,亚历山大·埃蒂耶纳(Millerand, Alexandre Étienne 1859—1943)——法国政治家和国务活动家,法国社会党和第二国际的机会主义代表人物。1885年起多次当选议员。原属资产阶级激进派,90年代初参加法国社会主义运动,领导运动中的机会主义派。1898年同让·饶勒斯等人组成法国独立社会党人联盟。1899年参加瓦尔德克-卢梭内阁,任工商业部长,是有史以来社会党人第一次参加资产阶级政府,列宁把这个行动斥之为"实践的伯恩施坦主义"。1904年被开除出法国社会党,此后同阿·白里安、勒·维维安尼等前社会党人一起组成独立社会党人集团(1911年取名为"共和社会党")。1909—1915年先后任公共工程部长和陆军部长,竭力主张把帝国主义战争进行到底。俄国十月革命后是武装干涉苏维埃俄国的策划者之一。1920年1—9月任总理兼外交部长,1920年9月—1924年6月任法兰西共和国总统。资产阶级左翼政党在大选中获胜后,被迫辞职。1925年和1927年当选为参议员。——157、158、171。

米柳亭,弗拉基米尔·巴甫洛维奇(Милютин, Владимир Павлович 1884—1937)——1903年参加俄国社会民主主义运动,起初是孟什维克,1910年起为布尔什维克。曾在库尔斯克、莫斯科、奥廖尔、彼得堡和图拉做党的工作,屡遭沙皇政府迫害。1917年二月革命后任俄国社会民主工党(布)萨拉托夫委员会委员、萨拉托夫苏维埃主席。在党的第七次全国代表会议(四月代表会议)和第六次代表大会上当选为中央委员。十月革命后参加第一届人民委员会,任农业人民委员。1917年11月主张成立有孟什维克和社会革命党人参加的联合政府,遭到否决后声明退出党中央和人民委员会。1918—1921年任最高国民经济委员会副主席。1922年任西北地区经济会议副主席。1924年起历任工农检查人民委员部部务委员、中央统计局局长、国家计划委员会副主席、苏联中央执行委员会学术委员会主席等职。1920—1922年为候补中央委员。1924—1934年为中央监察委员会委员。写有一些关于经济问题的著作。——305、306、313、314、315、316、378。

莫兰，莫里斯（Maurin，Moris 生于 1879 年）——法国社会党人。曾属法国社会党中派，1920 年 11 月参加第二国际重建委员会。担任社会党常务委员会委员职务，直到 1938 年。——148。

莫朗日（Mauranges）——法国社会党人，中派分子。1920 年初参加第二国际重建委员会。——148。

莫罗佐夫，萨瓦·瓦西里耶维奇（Морозов，Савва Васильевич 1770—1862）——俄国工厂主，莫罗佐夫家族的始祖。原先是农奴，当过牧人、车夫、手工织工，后来在科诺诺夫丝织厂当雇工，由东家供给伙食，每年只得 5 卢布纸币。1797 年起开始独立经营，成为一家分活工厂的老板。1820 年花 17 000 卢布巨款为自己和四个儿子向地主赎了身。后来由丝织业改营毛纺业。1847 年开始经营棉布生产。——246。

穆列，让（Mouret，Jean 生于 1863 年）——法国社会党人。曾属法国社会党中派。1919 年为众议员。1920 年初参加第二国际重建委员会。——148。

N

尼古拉二世（**罗曼诺夫**）（Николай II（Романов）1868—1918）——俄国最后一个皇帝，亚历山大三世的儿子。1894 年即位，1917 年二月革命时被推翻。1918 年 7 月 17 日根据乌拉尔州工兵代表苏维埃的决定在叶卡捷琳堡被枪决。——191、192。

诺贝尔（Nobel）——瑞典企业家。路德维格·诺贝尔（1831—1888）是俄国最大的石油工业公司“诺贝尔兄弟公司”的创办人。俄国十月革命前，该公司在巴库拥有大油田。路·诺贝尔的儿子埃马努埃尔·诺贝尔（1859—1932）于 1888—1917 年领导诺贝尔兄弟公司，1918 年初回到瑞典。路·诺贝尔的弟弟阿尔弗勒德·伯恩哈德·诺贝尔（1833—1896）是诺贝尔奖金的创立者；他于 1867 年在英国取得制造炸药的专利权，后在法国、德国、英国和其他国家开办了生产硝化甘油炸药的工厂。——368。

诺斯克，古斯塔夫（Noske，Gustav 1868—1946）——德国社会民主党右翼领袖之一。第一次世界大战爆发前就维护军国主义，大战期间是社会沙文主义者，在国会中投票赞成军事拨款。1918 年 12 月任人民代表委员会负责国防的委员，血腥镇压了 1919 年柏林、不来梅及其他城市的工人斗争。

1919年2月—1920年3月任国防部长,卡普叛乱平息后被迫辞职。1920—1933年任普鲁士汉诺威省省长。法西斯专政时期从希特勒政府领取国家养老金。——73、153。

P

帕利科(Palicot)——法国社会党人。曾属法国社会党中派,1920年初参加第二国际重建委员会。在法国社会党图尔代表大会(1920年12月)上加入组成共产党的多数派,并当选为党的领导委员会候补委员。——148。

佩舍(Pecher)——法国社会党人。曾属法国社会党中派,1920年初参加第二国际重建委员会。——148。

彭加勒,雷蒙(Poincaré,Raymond 1860—1934)——法国政治活动家和国务活动家;职业是律师。1887—1903年为众议员。1893年起多次参加法国政府。1912—1913年任总理兼外交部长,1913—1920年任总统。推行军国主义政策,极力策划第一次世界大战。主张加强协约国和法俄同盟。俄国十月革命后是武装干涉苏维埃俄国的策划者之一。1922—1924年和1926—1929年任总理,力主分割德国(1923年占领鲁尔区),企图建立法国在欧洲的霸权。——141。

蓬特沃尔,米沙埃尔(Puntervold,Michael 1879—1937)——挪威律师。曾任中学教师、记者。1903年当选为挪威纳尔维尔市工党主席。——370。

皮尔苏茨基,约瑟夫(Pilsudski,Józef 1867—1935)——波兰国务活动家,法西斯独裁者。早年参与创建波兰社会党,1906年起是波兰社会党"革命派"领导人。第一次世界大战期间统帅波兰军团配合德军对俄作战。1918—1922年是地主资产阶级波兰的国家元首,残酷镇压革命运动。1920年是波兰进攻苏维埃俄国的积极策划者之一。1926年5月发动军事政变,建立法西斯独裁制度。1926—1935年任国防部长,1926—1928年和1930年任总理。1934年与希特勒德国订立同盟。——366。

Q

契里科夫,叶夫根尼·尼古拉耶维奇(Чириков,Евгений Николаевич 1864—1932)——俄国作家。他的短篇和中篇小说批判了小市民的生活习俗,揭示了民粹主义的危机。俄国第一次革命失败后,他的创作表现出颓废派的倾向。十月革命后移居国外,撰文攻击苏维埃政权。——224。

切尔诺夫,维克多·米哈伊洛维奇(Чернов, Виктор Михайлович 1873—1952)——俄国社会革命党领袖和理论家之一。1902—1905年任社会革命党中央机关报《革命俄国报》编辑。曾撰文反对马克思主义,企图证明马克思的理论不适用于农业。第一次世界大战期间持社会沙文主义立场,曾参加齐美尔瓦尔德代表会议和昆塔尔代表会议。1917年5—8月任临时政府农业部长,对夺取地主土地的农民实行残酷镇压。敌视十月革命。1918年1月任立宪会议主席;曾领导萨马拉的反革命立宪会议委员会,参与策划反苏维埃叛乱。1920年流亡国外,继续反对苏维埃政权。在他的理论著作中,主观唯心主义和折中主义同修正主义和民粹派的空想混合在一起;企图以资产阶级改良主义的"结构社会主义"对抗科学社会主义。——6、14。

丘吉尔,温斯顿(Churchill, Winston 1874—1965)——英国国务活动家,保守党领袖。1906—1917年历任副殖民大臣、商业大臣、内务大臣、海军大臣和军需大臣。1919—1921年任陆军大臣和空军大臣,是武装干涉苏维埃俄国的策划者之一。1921—1922年任殖民大臣。1924—1929年任财政大臣。1939年9月任海军大臣。1940—1945年任联合政府首相。1951—1955年再度出任首相。1955年辞职后从事著述,写有一些回忆录和历史著作。——145、171、174、192、195。

丘钦,费多尔·格里戈里耶维奇(Чучин, Федор Григорьевич 1883—1942)——1904年加入俄国社会民主工党,布尔什维克。曾在莫斯科和彼得堡等地做党的工作。1917年二月革命后任托木斯克士兵代表苏维埃委员。十月革命期间任安热罗—苏任斯克矿场委员、俄国社会民主工党(布)西伯利亚区域局成员。1918—1919年在捷克斯洛伐克军叛乱分子和高尔察克军队的占领区从事党的地下工作。1919—1920年任党的切列波韦茨省委员会委员。曾出席党的第九次代表大会。1921—1924年任全俄扫除文盲特设委员会主席和对外贸易人民委员部专家委员会主席。1924年起在莫斯科高等院校从事教学科研工作。——314、315、316。

瞿鲁巴,亚历山大·德米特里耶维奇(Цюрупа, Александр Дмитриевич 1870—

1928)——1891年参加俄国革命运动,1898年加入俄国社会民主工党。曾任《火星报》代办员。1901年起先后在哈尔科夫、图拉、乌法等地做党的工作,屡遭沙皇政府迫害。1917年二月革命后任俄国社会民主工党乌法统一委员会委员、乌法工兵代表苏维埃委员、省粮食委员会主席和市杜马主席。十月革命期间任乌法军事革命委员会委员。1917年11月起任副粮食人民委员,1918年2月起任粮食人民委员。国内战争时期主管红军的供给工作,领导征粮队的活动。1921年12月起任人民委员会和劳动国防委员会副主席。1922年起任全俄中央执行委员会和苏联中央执行委员会主席团委员。1922—1923年任工农检查人民委员,1923—1925年任国家计划委员会主席,1925年起任国内商业和对外贸易人民委员。在党的第十二至第十五次代表大会上当选为中央委员。——89、310、368。

R

茹奥,莱昂(Jouhaux,Léon 1879—1954)——法国工会运动和国际工会运动活动家。1909—1940年和1945—1947年任法国劳动总联合会书记,1919—1940年是阿姆斯特丹工会国际右翼领袖之一。20世纪初支持无政府工团主义的"极左"口号。第一次世界大战期间是沙文主义者。——149。

S

萨普龙诺夫,季莫费·弗拉基米罗维奇(Сапронов,Тимофей Владимирович 1887—1939)——1912年加入俄国布尔什维克党。十月革命后任莫斯科省执行委员会主席(1918—1919)、哈尔科夫省革命委员会主席(1919—1920)。此后历任党中央委员会乌拉尔局书记、小人民委员会主席、建筑工会中央委员会主席、国家建筑工程总委员会主席、最高国民经济委员会副主席、全俄中央执行委员会主席团委员、租让总委员会委员等职。1922年在党的第十一次代表大会上当选为中央委员。1918年是"左派共产主义者"。1920—1921年工会问题争论期间领导民主集中派。1923年在托洛茨基的46人声明上签名。1925—1927年是"新反对派"和"托季联盟"的骨干分子。1927年被开除出党,后恢复党籍,1932年被再次开除出党。

——295、296、297、298、300、301、302、307、311。

萨宗诺夫，谢尔盖·德米特里耶维奇（Сазонов，Сергей Дмитриевич 1860—1927）——俄国外交家，大地主和大资本家利益的代言人。1904年起多次担任驻欧洲的外交职务。1909年被任命为副外交大臣，1910—1916年任外交大臣，1916年被任命为驻伦敦大使；主张加强协约国。1917年二月革命后支持临时政府的政策。十月革命后先后为高尔察克和邓尼金白卫政府的成员，是他们派驻巴黎的代表，后留居巴黎。——110。

塞尔万蒂埃（Servantier）——法国社会党人。曾属法国社会党中派，为《人民报》撰稿。1920年初参加第二国际重建委员会。——148。

桑巴，马赛尔（Sembat，Marcel 1862—1922）——法国社会党改良派领袖之一，新闻工作者。曾为社会党和左翼激进派刊物撰稿。1893年起为众议员。1905年法国社会党与法兰西社会党合并后，是统一的法国社会党的右翼领袖之一。第一次世界大战期间是社会沙文主义者。1914年8月—1917年9月任法国帝国主义"国防政府"公共工程部长。1920年在法国社会党图尔代表大会上，支持以莱·勃鲁姆、让·龙格为首的少数派立场，反对加入共产国际。——151。

施略普尼柯夫，亚历山大·加甫里洛维奇（Шляпников，Александр Гаврилович 1885—1937）——1901年加入俄国社会民主工党。曾在索尔莫沃、穆罗姆、彼得堡和莫斯科做党的工作。1905—1906年两度被捕，1908年移居国外。第一次世界大战期间在彼得堡和国外做党的工作，负责在党中央委员会国外局同俄国局和彼得堡委员会之间建立联系。1917年二月革命后任党的彼得堡委员会委员、彼得格勒工兵代表苏维埃执行委员会委员和彼得格勒五金工会主席。十月革命后参加第一届人民委员会，任劳动人民委员，后领导工商业人民委员部。1918年参加国内战争，先后任南方面军革命军事委员会委员和里海—高加索方面军革命军事委员会主席。1919—1922年任全俄五金工会中央委员会主席，1921年5月起任最高国民经济委员会主席团委员。1920—1922年是工人反对派的组织者和领袖。1921年在党的第十次代表大会上当选为中央委员。后在经济部门担任负责职务。1933年清党时被开除出党。1935年因所谓"莫斯科反革命组织'工人反对派'集团"案被追究刑事责任，死于狱中。1988年恢复名誉。——

298、299、302。

施米特，奥托·尤利耶维奇（Шмидт，Отто Юльевич 1891—1956）——苏联学者，数学家、天文学家和地球物理学家，北极考察家和社会活动家，苏联科学院院士。1918年加入俄共（布）。1918—1920年任粮食人民委员部部务委员，1920年任中央消费合作总社理事会理事，1920—1921年任教育人民委员部部务委员，1921—1922年任财政人民委员部部务委员。1921—1924年任国家出版社社长。1932—1939年任北方海运总管理局局长，1939—1942年任苏联科学院副院长。是《苏联大百科全书》的首创人之一和总编辑、莫斯科大学及其他一些高等院校的教授。曾任苏联中央执行委员会委员、苏联第一届最高苏维埃代表。——89。

斯大林（**朱加施维里**），约瑟夫·维萨里昂诺维奇（Сталин（Джугашвили），Иосиф Виссарионович 1879—1953）——苏联共产党和国家领导人，国际共产主义运动活动家。1898年加入俄国社会民主工党，党的第二次代表大会后是布尔什维克。曾在梯弗利斯、巴统、巴库和彼得堡做党的工作。多次被捕和流放。1912年1月在党的第六次（布拉格）全国代表会议选出的中央委员会会议上，被缺席增补为中央委员并被选入中央委员会俄国局；积极参加布尔什维克《真理报》的编辑工作。1917年二月革命后从流放地回到彼得格勒，参加党中央委员会俄国局。在党的第七次全国代表会议（四月代表会议）以及此后的历次代表大会上当选为中央委员。在十月革命的准备和进行期间参加领导武装起义的彼得格勒军事革命委员会和党总部。在全俄苏维埃第二次代表大会上当选为全俄中央执行委员会委员；参加第一届人民委员会，任民族事务人民委员。1919年3月起兼任国家监察人民委员，1920年起为工农检查人民委员。国内战争时期任共和国革命军事委员会委员和一些方面军的革命军事委员会委员。1922年4月起任党中央总书记。1941年起同时担任苏联人民委员会主席，1946年起为部长会议主席。1941—1945年卫国战争时期任国防委员会主席、国防人民委员和苏联武装力量最高统帅。1919—1952年为中央政治局委员，1952—1953年为苏共中央主席团委员。1925—1943年为共产国际执行委员会委员。——79—81。

斯米尔加，伊瓦尔·捷尼索维奇（Смилга，Ивар Тенисович 1892—1938）——

1907年加入俄国社会民主工党，布尔什维克。曾在莫斯科和彼得堡做党的工作。1917年二月革命后任党的喀琅施塔得委员会委员，芬兰陆军、海军和工人区域执行委员会主席。从党的第七次全国代表会议（四月代表会议）起多次当选为中央委员和候补中央委员。十月革命后历任俄罗斯联邦人民委员会驻芬兰全权代表，共和国革命军事委员会委员，以及一些方面军的革命军事委员会委员。在党的第七次和第八次代表大会上当选为中央委员。1920—1921年工会问题争论期间支持托洛茨基的纲领。1921—1923年任最高国民经济委员会副主席和燃料总管理局局长，后任国家计划委员会副主席。1927年在联共（布）第十五次代表大会上作为托洛茨基反对派的骨干分子被开除出党。1930年恢复党籍，后被再次开除出党。——66。

斯维尔德洛夫，雅柯夫·米哈伊洛维奇（Свердлов，Яков Михайлович 1885—1919）——1901年加入俄国社会民主工党。曾在下诺夫哥罗德、索尔莫沃、科斯特罗马、喀山、莫斯科、彼得堡等地从事革命工作。1905—1907年革命期间领导乌拉尔布尔什维克组织。1912年俄国社会民主工党第六次（布拉格）全国代表会议后被增补为中央委员，参加中央委员会俄国局。曾参加《真理报》编辑部，是《真理报》领导人之一。第四届国家杜马布尔什维克党团领导人之一。屡遭沙皇政府迫害，在狱中和流放地度过十二年。1917年二月革命后是乌拉尔党组织领导人之一。在党的第七次全国代表会议（四月代表会议）上当选为中央委员，会后被选为中央委员会书记。党的第六次代表大会后领导中央书记处的工作。积极参加十月革命的准备和组织工作，任领导武装起义的彼得格勒军事革命委员会委员和党总部成员。1917年11月8日（21日）当选为全俄中央执行委员会主席。1918年发起成立全俄中央执行委员会鼓动员和指导员训练班，该训练班于1919年7月改组为斯维尔德洛夫共产主义大学。——256—263、273。

斯维杰尔斯基，阿列克谢·伊万诺维奇（Свидерский，Алексей Иванович 1878—1933）——1899年加入俄国社会民主工党，布尔什维克。曾在彼得堡、萨马拉、乌法等地做党的工作，参加过1905—1907年革命。曾被捕和流放。1917年二月革命后任在乌法出版的布尔什维克报纸《前进报》编辑，后任乌法工兵代表苏维埃主席。1918年起任粮食人民委员部部务委员,1922 年起任工农检查人民委员部部务委员,1923—1928 年任俄罗斯联邦副农业人民委员,1929 年起任苏联驻拉脱维亚全权代表。——377、378。

斯维亚季茨基,尼古拉·瓦西里耶维奇(Святицкий,Николай Васильевич 生于 1887 年)——俄国社会革命党人,立宪会议代表,1918 年是萨马拉的反革命立宪会议委员会秘书。高尔察克发动叛乱和许多立宪会议代表被捕后,加入拒绝同苏维埃政权进行武装斗争的社会革命党人民派。后在苏维埃机关工作。——1、3、4、9、10、19。

T

特兰迈尔,马丁(Tranmael,Martin 1879—1967)——挪威工人运动活动家。1911 年领导挪威工人运动中无政府工团主义的"工会反对派"。1913—1918 年任挪威工党机关报《新时代报》编辑。是在挪威工党 1918 年代表大会上获胜的革命派领袖。1918—1921 年任挪威工党书记。1923 年是退出共产国际的挪威工党中派主义多数派领袖之一。1925—1927 年为议员。1921—1940 年和 1945—1949 年任挪威工党中央机关报《工人报》主编。1921—1946 年是挪威工会中央联合会领导成员。1938—1967 年任挪威诺贝尔委员会委员。——371。

特鲁别茨科伊,叶夫根尼·尼古拉耶维奇(Трубецкой,Евгений Николаевич 1863—1920)——俄国资产阶级自由派思想家,宗教哲学家,公爵。曾先后任基辅大学和莫斯科大学法哲学教授,为俄国唯心主义者的纲领性文集《唯心主义问题》(1902)和《俄罗斯新闻》等出版物撰稿。1906 年以前是立宪民主党人,1906 年是君主立宪派政党"和平革新党"的组织者之一。在沙皇政府镇压 1905—1907 年革命和建立斯托雷平体制的过程中起过重要作用。第一次世界大战期间主张将战争进行到"最后胜利"。十月革命后反对苏维埃政权,是邓尼金的骨干分子。写有一些宗教神秘主义的哲学著作。——224。

特鲁尔斯特拉,彼得·耶莱斯(Troelstra,Pieter Jelles 1860—1930)——荷兰工人运动活动家,右派社会党人。荷兰社会民主工党创建人和领袖之一。1897—1925 年(有间断)任该党议会党团主席。20 世纪初转向极端机会主义立场，反对党内的左派论坛派，直至把论坛派开除出党。第一次世界大战期间是亲德的社会沙文主义者。1918 年 11 月在荷兰工人运动高潮中一度要求将政权转归社会主义者，但不久放弃这一立场。列宁曾严厉批判他的机会主义政策。——220。

托洛茨基（**勃朗施坦**），列夫·达维多维奇（Троцкий（Бронштейн），Лев Давидович 1879—1940）——1897 年参加俄国社会民主主义运动。在俄国社会民主工党第二次代表大会上是西伯利亚联合会的代表，属火星派少数派。1905 年同亚·帕尔乌斯一起提出和鼓吹“不断革命论”。斯托雷平反动时期和新的革命高涨年代，打着“非派别性”的幌子，实际上采取取消派立场。1912 年组织“八月联盟”。第一次世界大战期间持中派立场。1917 年二月革命后参加区联派，在党的第六次代表大会上随区联派集体加入布尔什维克党，当选为中央委员。参加十月武装起义的领导工作。十月革命后任外交人民委员，1918 年初反对签订布列斯特和约，同年 3 月改任共和国革命军事委员会主席、陆海军人民委员等职。参与组建红军。1919 年起为党中央政治局委员。1920 年起历任共产国际执行委员会候补委员、委员。1920—1921 年挑起关于工会问题的争论。1923 年起进行派别活动。1925 年初被解除革命军事委员会主席和陆海军人民委员职务。1926 年与季诺维也夫结成“托季联盟”。1927 年被开除出党，1929 年被驱逐出境，1932 年被取消苏联国籍。在国外组织第四国际。死于墨西哥。——57、58、60、61、66、148、196、208—209、254、305、308、310、320。

托马，阿尔伯（Thomas，Albert 1878—1932）——法国政治活动家，右派社会党人。1904 年起为社会党报刊撰稿。1910 年起为社会党议会党团领袖之一。第一次世界大战期间是社会沙文主义者。曾参加资产阶级政府，任军需部长。俄国 1917 年二月革命后到俄国鼓吹继续进行战争。1919 年是伯尔尼国际的组织者之一。1920—1932 年任国际联盟国际劳工组织的主席。——151、159、180、181、191、227、235。

托马西，约瑟夫（Tommasi，Joseph 1886—1926）——法国社会党人，后为共产党人。曾积极参加法国工会运动。1920 年初参加第二国际重建委员会。法国社会党图尔代表大会（1920 年 12 月）后加入法国共产党，在党内担任负责职务。——148。

托曼,卡尔(Toman,Karl)——奥地利共产党人,后成为叛徒。曾任奥地利共产党中央委员和该党中央机关报《红旗报》编辑。因进行派别活动,1927年被开除出党。1934年后投靠法西斯,在下奥地利任纳粹市长。——155。

托姆斯基(**叶弗列莫夫**),米哈伊尔·巴甫洛维奇(Томский(Ефремов),Михаил Павлович 1880—1936)——1904年加入俄国社会民主工党。1905—1906年在党的雷瓦尔组织中工作,开始从事工会运动。1907年当选为党的彼得堡委员会委员,任布尔什维克的《无产者报》编委。曾参加党的第五次(伦敦)代表大会的工作。多次被捕和流放。1917年二月革命后任党的彼得堡委员会执行委员会委员。十月革命后任莫斯科工会理事会主席。1919年起任全俄工会中央理事会主席团主席。1920年参与创建红色工会国际,1921年工会国际成立后担任总书记。在党的第八至第十六次代表大会上当选为中央委员,1923—1930年为中央政治局委员。1920年起任全俄中央执行委员会主席团委员,1922年12月起任苏联中央执行委员会主席团委员。支持民主集中派,坚持工会脱离党的领导的"独立性"。1929年被作为"右倾派别集团"领袖之一受到批判。1934年当选为候补中央委员。1936年因受政治迫害自杀。1988年恢复党籍。——79—81、254、264、265、296、298、302、303、307。

W

威尔逊,伍德罗(Wilson,Woodrow 1856—1924)——美国国务活动家。1910—1912年任新泽西州州长。1913年代表民主党当选为美国总统,任期至1921年。任内镇压工人运动,推行扩张政策,对拉丁美洲各国进行武装干涉,并促使美国站在协约国一方参加第一次世界大战。俄国十月革命后是武装干涉苏维埃俄国的策划者之一。1918年提出帝国主义的和平纲领"十四点",妄图争夺世界霸权。曾率领美国代表团出席巴黎和会(1919—1920)。1920年总统竞选失败,后退出政界。——141、157、158。

威廉二世(**霍亨索伦**)(Wilhelm II(Hohenzollern) 1859—1941)——普鲁士国王和德国皇帝(1888—1918)。——153。

韦弗伊，劳尔（Verfeuil, Raul）——法国社会党人。曾持中派立场，为《人民报》撰稿。1920 年初参加第二国际重建委员会。法国社会党图尔代表大会（1920 年 12 月）后加入法国共产党，1923 年退党。——148。

维干德，卡尔（Wigand, Karl）——美国世界新闻社驻柏林记者。——165—167。

沃尔弗海姆，弗里茨（Wolffheim, Fritz 1888—1942）——德国左派社会民主党人，政论家。第一次世界大战期间持国际主义立场，反对社会民主党右翼领袖的社会沙文主义和中派和平主义政策。1918 年十一月革命后加入德国共产党，在党内与亨·劳芬贝格一起领导"左派"反对派，宣扬无政府工团主义观点和所谓"民族布尔什维主义"的小资产阶级民族主义纲领。1919 年 10 月"左派"反对派被开除出共产党后，参与组织德国共产主义工人党，1920 年底被该党开除。后脱离工人运动。——375。

X

锡克斯特-凯南，阿纳托尔（Sixte-Quenin, Anatole 1870—1957）——法国社会党人，政论家。1910 年、1914 年、1918 年和 1932 年当选为议员。从《人民报》创刊起即为该报撰稿。曾属法国社会党中派，1920 年参加第二国际重建委员会。——148。

谢德曼，菲力浦（Scheidemann, Philipp 1865—1939）——德国社会民主党右翼领袖之一。1903 年起参加社会民主党国会党团。1911 年当选为德国社会民主党执行委员会委员，1917—1918 年是执行委员会主席之一。第一次世界大战期间是社会沙文主义者。1918 年 10 月参加巴登亲王马克斯的君主制政府，任国务大臣。1918 年十一月革命期间参加所谓的人民代表委员会，借助旧军队镇压革命。1919 年 2—6 月任魏玛共和国联合政府总理。1933 年德国建立法西斯专政后流亡国外。——9、73、166。

谢列达，谢苗·帕夫努季耶维奇（Середа, Семен Пафнутьевич 1871—1933）——1903 年加入俄国社会民主工党。曾在斯摩棱斯克、基辅、卡卢加做党的工作。1917 年二月革命后任梁赞省工兵农代表苏维埃执行委员会委员。十月革命期间任党的梁赞省委员会和市委员会委员、省军事革命委员会委员。1918—1921 年任俄罗斯联邦农业人民委员，1921 年起先后任最高国民经济委员会和国家计划委员会主席团委员、俄罗斯联邦中央统计局副局长和局长，1930 年起任国家计划委员会副主席。——301。

Y

伊先科，А.Г.（Ищенко，А.Г. 生于 1895 年）——1917 年 4 月加入俄国社会民主工党（布）。1917 年 7 月任水运工会中央委员会委员，同年 10 月任驱逐舰舰队政委。1919—1921 年和 1924—1927 年任水运工会中央委员会主席。1923 年起是托洛茨基反对派的骨干分子。1927 年被开除出党，1929 年 11 月恢复党籍，1935 年 2 月被再次开除出党。——252、264。

尤登尼奇，尼古拉·尼古拉耶维奇（Юденич，Николай Николаевич 1862—1933）——沙俄将军。1905—1906 年曾在亚美尼亚指挥讨伐队。第一次世界大战初期任高加索集团军参谋长，1915 年 1 月起任高加索集团军司令。1917 年 3—4 月任高加索方面军总司令。1918 年秋侨居芬兰，后移居爱沙尼亚。1919 年任西北地区白卫军总司令，是反革命的“西北政府”成员。1919 年两次进犯彼得格勒，失败后率残部退到爱沙尼亚。1920 年起为白俄流亡分子。——33、59、97、105、109、129、131、135、157、158、161、162、163、187、192、193、232、243、268、269、276、295、318、331。

尤列涅夫（**克罗托夫斯基**），康斯坦丁·康斯坦丁诺维奇（Юренев（Кротовский），Константин Константинович 1888—1938）——1905 年加入俄国社会民主工党，布尔什维克。曾在德文斯克、彼得堡等地做党的工作。1913 年—1917 年 7 月是彼得格勒区联组织领导人之一。1917 年二月革命后任彼得格勒工兵代表苏维埃执行委员会委员、中央执行委员会委员。在俄国社会民主工党（布）第六次代表大会上随区联派集体加入布尔什维克党。1917 年 9 月起任中央警卫司令部成员、赤卫队总司令部执行局主席、彼得格勒军事革命委员会委员。1917 年 12 月起任陆军人民委员部部务委员，1918—1919 年兼任全俄红军建军委员会委员、全俄政治委员局主席。1919 年 4—8 月任东方面军革命军事委员会委员，1919 年 10 月—1920 年 1 月任西方面军革命军事委员会委员。1920 年任党的莫斯科委员会委员、库尔斯克省执行委员会主席和党的省委委员。1920 年曾追随民主集中派。1921 年 6 月起从事外交工作，历任苏联驻欧洲和亚洲一些国家的全权代表。——298、299、300、302。

越飞，阿道夫·阿布拉莫维奇（Иоффе，Адольф Абрамович 1883—1927）——19世纪末参加俄国社会民主主义运动。1903年俄国社会民主工党第二次代表大会后是孟什维克。1908年起和托洛茨基一起在维也纳出版《真理报》。1917年二月革命后参加区联派，任彼得格勒工兵代表苏维埃委员、第一届中央执行委员会委员。在俄国社会民主工党（布）第六次代表大会上随区联派集体加入布尔什维克党，被选为候补中央委员。十月革命期间任彼得格勒军事革命委员会委员。在党的第七次代表大会上再次当选为候补中央委员。1918年布列斯特谈判期间先后任苏俄和谈代表团团长和团员，谈判后期为顾问；采取托洛茨基的"不战不和"的立场。1918年4—11月任俄罗斯联邦驻柏林全权代表。1919—1920年是同爱沙尼亚、立陶宛、拉脱维亚、波兰进行和谈的代表团成员。1922—1924年和1924—1925年先后任驻中国大使和驻奥地利大使。1925—1927年追随托洛茨基反对派。——107。

文献索引

奥新斯基,Н.等《关于集体管理制和个人管理制的提纲》(Осинский,Н.и др. Тезисы о коллегиальности и единоличии.(К IX съезду РКП).—«Экономическая Жизнь»,М.,1920,№68,28 марта.стр.1.Подпись:Н.Осинский,Т.Сапронов,В.Максимовский)——296、297、298、300、307。

巴比塞,昂·《地狱》(Barbusse,H.L'enfer)——373。

—《光明》(Clarté)——373。

—《火线》(Le feu)——373。

—《我们这些人》(Nous autres)——373。

鲍威尔,奥·《通往社会主义的道路》(Bauer,O.Der Weg zum Sozialismus. Berlin,«Freiheit»,1919.32 S.)——155—157、158。

布利特,威·克·《布利特受命赴俄记》(Bullitt,W.C.The Bullitt Mission to Russia.Testimony hefore the Committee on Foreign Relations United States Senate.New York,Huebsch,1919,151 p.)——235。

恩格斯,弗·《给弗·阿·左尔格的信》(1872 年 9 月 21 日)(Энгельс,Ф. Письмо Ф.А.Зорге.21 сентября 1872 г.)——346。

—《给弗·阿·左尔格的信》(1872 年 10 月 5 日)(Письмо Ф.А.Зорге.5 октября 1872 г.)——346。

—《给弗·阿·左尔格的信》(1874 年 8 月 4 日)(Письмо Ф.А.Зорге.4 августа 1874 г.)——346。

—《给弗·阿·左尔格的信》(1889 年 12 月 7 日)(Письмо Ф.А.Зорге.7 декабря 1889 г.)——346。

—《给卡·考茨基的信》(1882 年 9 月 12 日)(Письмо К.Каутскому.12 сентября 1882 г.)——346。

—《给卡·马克思的信》(1852 年 9 月 24 日)(Письмо К.Марксу.24

сентября 1852 г.)——346。

—《给卡·马克思的信》(1858年10月7日)(Письмо К.Марксу.7 октября 1858 г.)——346。

—《给卡·马克思的信》(1881年8月11日)(Письмо К.Марксу.11 августа 1881 г.)——346。

—《流亡者文献》(Эмигрантская литература.Июнь 1874 г.—апрель 1875 г.)——326。

—《〈英国工人阶级状况〉1892年德文第二版序言》(Предисловие ко второму немецкому изданию «Положения рабочего класса в Англии» 1892 года.21 июля 1892 г.)——346。

—《〈英国工人阶级状况〉1892年英文版序言》(Предисловие к английскому изданию«Положения рабочего класса в Англии» 1892 года. 11 января 1892 г.)——346。

歌德,约·沃·《浮士德》(Гёте,И.В.Фауст)——157。

古谢夫,谢·伊·《经济建设的当前问题(关于俄共中央的提纲)》(Гусев,С.И.Очередные вопросы хозяйственного строительства.(О тезисах ЦК РКП).Материалы к 9-му съезду РКП.Изд.РВС Кавказфронта.Б.м.,тип.штаба Кавказского фронта,[1920].30 стр.)——293。

[加里宁,米·伊·《在全俄哥萨克劳动者第一次代表大会上的报告(1920年2月29日)》]([Калинин,М.И.Доклад на I Всероссийском съезде трудовых казаков 29 февраля 1920 г.].—«Правда»,М.,1920,№47,2 марта,стр.1.Под общ.загл.:1-й Всероссийский съезд трудовых казаков)——185。

[加米涅夫,列·波·]《目前工人阶级的基本任务》([Каменев,Л.Б.]Основные задачи рабочего класса в настоящий момент.(Тезисы Л.Каменева).—«Известия ЦК РКП(б)»,М.,1920,№14,12 марта,стр.1)——293。

考茨基,卡·《恐怖主义和共产主义》(Kautsky,K.Terrorismus und Kommunismus.Ein Beitrag zur Naturgeschichte der Revolution.Berlin,Berger,1919.154 S.)——117。

—《斯拉夫人和革命》(Каутский,К.Славяне и революция.—«Искра»,

[Мюнхен],1902,№18,10 марта,стр.1)——360—361、362。

—《无产阶级专政》(Die Diktatur des Proletariats. Wien, Brand, 1918.63 S.)——342。

克尔日扎诺夫斯基,格·马·《俄罗斯电气化的基本任务》(Кржижановский, Г.М. Основные задачи электрификации России. М., Госиздат, 1920, 51 стр.; 1 л.карт.)——76、123。

—《〈工业电气化的任务〉一文提要》(Конспект статьи Г.Кржижановского «Задачи электрификации промышленности».—«Правда», М., 1920, №20, 30 января, стр.1)——76。

克里斯平,阿·《论国际》(Crispien, A. Die Internationale. Vom Bund der Kommunisten bis zur Internationale der Weltrevolution. Berlin, «Freiheit», 1919.40 S.)——73。

里德,约·《震撼世界的十天》(Reed, J. Ten Days that shook the World. New York, Boni and Liveright, 1919.371 p.)——67。

[列宁,弗·伊·]《俄共(布)中央关于东线局势的提纲》([Ленин, В.И.] Тезисы ЦК РКП (б) в связи с положением Восточного фронта.—«Правда», М., 1919, №79, 12 апреля, стр. 2. Подпись: Центральный Комитет РКП(больш.))——39。

—《俄共(布)中央政治局关于工人检查问题的指示》(Директива Политбюро ЦК РКП(б) по вопросу о Рабочей инспекции. 23 января 1920 г.)——79。

—《工兵代表苏维埃代表大会的土地法令》(Декрет о земле съезда Советов рабочих и с.д. (Принят на зас. 26 октября в 2 ч.н.).—«Известия ЦИК и Петроградского Совета Рабочих и Солдатских Депутатов», 1917, №209, 28 октября, стр.1)——14—15。

—《关于苏维埃政权的当前任务的报告[1918 年 4 月 29 日在全俄中央执行委员会会议上]》(Доклад об очередных задачах Советской власти [на заседании ВЦИК 29 апреля 1918 г.])——336。

—[《关于苏维埃政权的当前任务的提纲》]([Шесть тезисов об очередных задачах Советской власти].—В кн.: Ленин, В. И. Очередные задачи Советской власти. М., изд-во ВЦИК, 1918, стр. 28 — 30, в предписании

Президиума ВЦИК «Всем губернским, уездным, волостным Совдепам, всем, всем...». Перед загл. кн. авт.: Н. Ленин)——308、309、311、336。

—《关于用自由平等口号欺骗人民》(Об обмане народа лозунгами свободы и равенства. (Речь на съезде по внешкольному образованию). [19 мая 1919 г.]. —В кн.: [Ленин, В. И.] Две речи на 1-м Всероссийском съезде по внешкольному образованию. (6—19 мая 1919 года). М., Госиздат, 1919, стр. 10—32. (РСФСР. День советской пропаганды). Перед загл. авт.: Н. Ленин)——327。

—《和平法令(1917 年 10 月 26 日全俄工兵农代表苏维埃代表大会会议一致通过)》(Декрет о мире, принятый единогласно на заседании Всероссийского съезда Советов рабочих, солдатских и крестьянских депутатов 26 октября 1917 г. —«Известия ЦИК и Петроградского Совета Рабочих и Солдатских Депутатов», 1917, №208, 27 октября, стр. 1)——188。

—《就党代表大会的筹备工作给俄共各级组织的信》——见《就党代表大会的议程问题致俄共各级组织》。

—《就党代表大会的议程问题致俄共各级组织》(К организациям РКП по вопросу о порядке дня партийного съезда. —«Известия ЦК РКП(б)», М., 1920, №13, 2 марта, стр. 1. Подпись: ЦК РКП)——295—296、297、298。

—《列宁同志的讲话(12 月 5 日)》(Речь тов. Ленина 5 декабря. —«Правда», М., 1919, №275, 7 декабря, стр. 2; №276, 9 декабря, стр. 3; №277, 10 декабря, стр. 3)——106。

—《全俄中央执行委员会和人民委员会的报告([1919 年]12 月 5 日[在全俄苏维埃第七次代表大会上])》——见《列宁同志的讲话(12 月 5 日)》。

—《苏维埃政权的当前任务》(Очередные задачи Советской власти. М., изд-во ВЦИК, 1918. 30 стр. Перед загл. авт.: Н. Ленин)——308—311、336、337。

—《为战胜高尔察克告工农书》(载于弗·伊·列宁《为战胜邓尼金告乌克兰工农书》)(Письмо к рабочим и крестьянам по поводу победы над Колчаком. —В кн.: Ленин, В. И. Письмо к рабочим и крестьянам Украины по поводу побед над Деникиным. М., Гиз., б. г., стр. 17—32. Подпись: Н. Ленин)——43。

—《为战胜高尔察克告工农书》(载于1919年8月28日《真理报》第190号)(Письмо Ленина к рабочим и крестьянам по поводу победы над Колчаком. 24 августа 1919 г.—«Правда», М., 1919, №190, 28 августа, стр.1. Подпись: Н.Ленин)——43。

—《无产阶级革命和叛徒考茨基》(德文版)([Lenin, W.I.]Die Diktatur des Proletariats und der Renegat Karl Kautsky. Leipzig, Frank, 1919. 83 S. Перед загл.авт.: N.Lenin)——266。

—《无产阶级革命和叛徒考茨基》(英文版)(The Proletarian Revolution and Kautsky the Renegade. The Communist party. London, Strand, [1920]. 128 p. После загл. авт.: V.I.Ulianov(N. Lenin))——266—267。

—《无产阶级革命和叛徒考茨基》(载于1918年《共产党人》杂志)(Пролетарская революция и ренегат Каутский. М.—Пг., «Коммунист», 1918. 135 стр.(РКП(б)). Перед загл.авт.: Н.Ленин(Вл.Ульянов))——266—267。

—《在列·达·托洛茨基电报上的附言》(Приписка к телеграмме Л.Д. Троцкого. 17 января 1920 г.)——66。

—[《中央委员会的报告(1920年3月29日在俄共(布)第九次代表大会上)》]([Доклад Центрального Комитета 29 марта 1920 г. на IX съезде РКП(б)].—В кн.: Девятый съезд Российской Коммунистической партии. Стенографический отчет. (29-го марта — 4 апреля 1920 г.). М., Госиздат, 1920, стр.8—21.(РКП(б)))——295。

—[《中央委员会的总结报告(1919年3月18日在俄共(布)第八次代表大会上)》]([Отчет Центрального Комитета 18 марта 1919 г. на VIII съезде РКП(б)].—В кн.: VIII съезд Российской Коммунистической партии (большевиков). Москва, 18 — 23 марта 1919 года. Стеногр. отчет. М., «Коммунист», 1919, стр.11—23.(РКП(б)))——273。

[列宁,弗·伊·和季诺维也夫,格·叶·]《反潮流》([Ленин, В.И. и Зиновьев, Г. Е.] Против течения. Сборник статей из «Социал-Демократа», «Коммуниста» и «Сборника Социал-Демократа». Изд. Петрогр. Совета рабочих и солдатских депутатов. Пг., тип. «Рабочее Дело», 1918. XVI, 550 стр.; 2 л. портр. Перед загл.авт.: Г.Зиновьев и Н.Ленин)——222。

龙格,让·《如何欺骗俄国人?》(Longuet,J.Comment on trompe nos camarades Russes.—«Le Populaire»,Paris,1920,N 624,10 janvier)——148。

洛里欧,斐·《别闹,龙格!》(Loriot,F.Tout doux,Longuet! —«La Vie Ouvrière»,Paris,1920,N 37,16 janvier)——148。

洛西茨基,阿·《农村居民的粮食和肉类消费(1918—1919年)》(Лосицкий.А.Потреблениехлеба и мяса сельским населением в 1918—1919 году.—«Бюллетень Центрального Статистического Управления», М., 1920, №19—20,1 марта)——291、332、346。

马克思,卡·《法兰西内战》(Маркс, К. Гражданская война во Франции. Воззвание Генерального Совета Международного Товарищества Рабочих о гражданской войне во Франции 1871 г.Ко всем членам Товарищества в Европе и Соединенных Штатах.Апрель—май 1871 г.)——13。

—《给路·库格曼的信》(Письмо Л.Кугельману.13 декабря 1870 г.)——9。

—《卡·马克思关于巴里的代表资格证的发言记录》(Запись выступления К.Маркса о мандате Барри.Из протокола заседания Гаагского конгресса Международного Товарищества Рабочих 3 сентября 1872 года)——345—346。

—《路易·波拿巴的雾月十八日》(Восемнадцатое брюмера Луи Бонапарта, Декабрь 1851 г.—март 1852 г.)——13。

麦克唐纳,詹·拉·《评论与展望》(MacDonald, J. R. Socialist Review Outlook.—«The Socialist Review», London, 1919, October—December, p. 305—329.Подпись:The Editor)——266—267、374。

—《议会与革命》(Parliament and Revolution. Manchester, the national labour press,1919,116 p.(The socialist Libr.12))——266。

[皮尔苏茨基,约·]《致乌克兰全体居民》([Пилсудский,И.]Ко всем жителям Украины.(Прокламация Пилсудского).Варшава,28/IV,1920 г.—В кн.: «Красная книга».Сборник дипломатических документов о русско-польских отношениях 1918—1920 гг. М., 1920, стр. 104—105. (РСФСР. Народный комиссариат иностранных дел))——366。

普里厄费,J.《波旁王朝西克斯特王子的备忘录》(Prierrefeu, J. Les

Mémorandums du prince Sixte de Bourbon.—«Opinion», Paris, 1920, N 3, 17 janvier)——190—191、227、235。

—《波旁王朝西克斯特王子的秘密使命》(La mission secrète du prince Sixte de Bourbon.—«Opinion», Paris, 1920, N 2, 10 janvier)——190—191、227、235。

—《1917 年与奥地利单独媾和能否实现?》(Une paix séparée avec l'Autriche, était-elle possible en 1917 ? La mission secrète du prince Sixte de Bourbon d'après des mémorandums (6 décembre 1916 — 23 mai 1917).—«Opinion», Paris, 1920, N 1, 3 janvier)——190—191、227、235。

斯维亚季茨基,尼·瓦·《全俄立宪会议选举的结果》(Святицкий, Н.В. Итоги выборов во Всероссийское учредительное собрание.—В кн.: Год русской революции. (1917—1918 гг.). Сборник статей. М., «Земля и Воля», 1918, стр. 104—119)——1—4、5—6、7—8、9—11、17、19—20。

托洛茨基,列·达·《劳动、纪律、制度将拯救社会主义苏维埃共和国》(Троцкий, Л. Д. Труд, дисциплина, порядок спасут социалистическую Советскую республику. Доклад на Московской городской конференции Российской Коммунистической партии 28 марта 1918 г. М., «Жизнь и Знание», 1918, 32 стр. (Дешевая б-ка. Кн. 175-ая))——308。

—《让·龙格》(Жан Лонге.—«Коммунистический Интернационал», Пг., 1919, №7—8, ноябрь—декабрь, стлб. 969—974)——148。

托姆斯基,米·巴·《工会的任务》(Томский, М.П. Задачи профессиональных союзов. (Тезисы М. Томского).—«Экономическая Жизнь», М., 1920, №54, 10 марта, стр. 1)——252—253、265、296、298、307。

———

R.《俄国无产阶级革命》(R. Proletarian revolution in Russia. 1919. 440 p.)——320。

* * *

《白卫分子、协约国和波罗的海沿岸各国》(Белогвардейцы, союзники и прибалтийские государства.—«Правда», М., 1920, №24, 4 февраля, стр.

1)——110—112。

《保卫苏维埃共和国》(In difesa della republica dei Soviet.[Резолюция, принятая на съезде социалистических партий в Италии 7 октября 1919 г.].—«Avanti!», Milano, 1919, N. 279, 8 ottobre, p. 1. Под общ. загл.: La terza giornata del Congresso socialista)——146。

《波兰的建议》(Предложение Польши.—«Известия ВЦИК Советов Рабочих, Крестьянских, Казачьих и Красноарм. Депутатов и Моск. Совета Рабоч. и Красноарм. Депутатов», 1920, №68(915), 28 марта, стр. 1. Под общ. загл.: К мирным переговорам)——283、284、367。

《承认芬兰独立》(Признание независимости Финляндии.—«Известия ЦИК и Петроградского Совета Рабочих и Солдатских Депутатов», 1917, №255, 19 декабря, стр. 4)——193。

《德国独立社会民主党的信》——见《论国际的建设》。

《登记分配部》[工作报告](Учетно-распределительный отдел. [Отчет о работе].—«Известия ЦК РКП(б)», М., 1920, №15, 24 марта, стр. 2)——274。

《第七届全俄中央执行委员会的决定和决议(1920年2月2—7日第一次会议通过)》(Постановления и резолюции Всероссийского Центрального Исполнительного Комитета 7-го созыва, принятые на 1-й сессии (2—7 февраля 1920 г.).—«Известия ВЦИК Советов Рабочих, Крестьянских, Казачьих и Красноарм. Депутатов и Моск. Совета Рабоч. и Красноарм. Депутатов», 1920, №28(875), 8 февраля, стр. 2—3)——147。

[《俄共(布)第九次代表大会议程》]([Порядок дня IX съезда РКП(б)].—«Правда», М., 1920, №30, 11 февраля, стр. 2, в отд.: Извещения)——160。

《俄共(布)中央通报》(莫斯科)(«Известия ЦК РКП(б)», М., 1920, №13, 2 марта, стр. 1)——295—296、297、298。

—1920, №14, 12 марта, стр. 1, 2.——245、247、253、254—255、274、286—287、293、305。

—1920, №15, 24 марта, стр. 1—4.——274。

—1920,№16,28 марта,стр.1—2.——274。

《俄共第九次代表大会的决议和决定》(Резолюции и постановления IX съезда РКП.—В кн.:Девятый съезд Российской Коммунистической партии. Стенографический отчет.(29-го марта—4 апреля 1920 г.).М.,Госиздат, 1920,стр.369—397.(РКП(б)),в отд.:Приложения)——323、335、336、347、353、362。

《俄共中央关于动员工业无产阶级、实行劳动义务制、经济军事化以及为经济需要动用军队等问题的提纲》(Тезисы ЦК РКП о мобилизации индустриального пролетариата,трудовой повинности,милитаризации хозяйства и применении воинских частей для хозяйственных нужд.—«Правда», М.,1920,№14,22 января,стр.1)——94。

《俄国革命的一年(1917—1918年)》(Год русской революции.(1917—1918 гг.).Сборник статей.М.,«Земля и Воля»,1918.233 стр.)——1—4、5—6、7—8、9—11、17、19—20。

《俄国共产党(布尔什维克)纲领》(Программа Российской Коммунистической партии(большевиков).Принята 8-м съездом партии 18—23 марта 1919 г. М.—Пг.,«Коммунист»,1919.24 стр.(РКП(б)))——119、163、304。

《俄国共产党第九次代表大会。速记记录(1920年3月29日—4月4日)》(Девятый съезд Российской Коммунистической партии. Стенографический отчет.(29-го марта—4 апреля 1920г.).М.,Госиздат,1920.412 стр. (РКП(б)))——295、298、299、300、301、302、303、305、310、313—317、318、319、321、323、335、336、337、347、353、362。

《俄国共产主义青年团中央委员会报告》(Доклад ЦК РКСМ.(За год работы).—«Известия ЦК РКП(б)»,М.,1920,№15,24 марта,стр.2—3. Подпись:Центральный Комитет РКСМ)——274。

《俄国和爱沙尼亚的和平条约》(Мирный договор между Россией и Эстонией.—«Известия ВЦИК Советов Рабочих,Крестьянских,Казачьих и Красноарм. Депутатов и Моск. Совета Рабоч. и Красноарм. Депутатов»,1920,№28 (875),8 февраля,стр.2—3)——107、167、168、174—175、196、325。

《俄国同德国、奥匈帝国、保加利亚和土耳其签订的和平条约》(Мирный договор

между Россией с одной стороны и Германией, Австро-Венгрией, Болгарией и Турцией с другой. М., тип. Моск. Совета раб. и солд. депутатов, 1918. 150 стр.; 1 л. карт.)——290—291、374。

《俄罗斯联邦人民委员会告波兰政府和波兰人民书》(От Совета Народных Комиссаров РСФСР правительству Польши и польскому народу. Заявление. [28 января 1920 г.].—«Правда», М., 1920, №20, 30 января, стр. 1. Под общ. загл.: Перед важным решением)——114、116、126、165、199、214。

《俄罗斯社会主义联邦苏维埃共和国宪法(根本法)》(Конституция(Основной закон) Российской Социалистической Федеративной Советской Республики. Опубликована в №151«Известий Всерос. Центр. Исп. Комитета»от 19 июля 1918 г. М., Гиз., 1919. 16 стр. (РСФСР))——79、210、224、288、290。

《芬兰和布尔什维克》(Finland and the Bolshevists.—«The Times», London, 1919, No. 42, 239, Oktober 24, p. 4)——192。

《芬兰和苏维埃俄国》(Финляндия и Советская Россия.—«Известия ВЦИК Советов Рабочих, Крестьянских, Казачьих и Красноарм. Депутатов и Моск. Совета Рабоч. и Красноарм. Депутатов», 1920, №68(915), 28 марта, стр. 1. Под общ. загл.: К мирным переговорам)——283。

《格鲁吉亚外交部长的电报》(Радиотелеграмма грузинского министра иностранных дел.—«Правда», М., 1920, №22, 1 февраля, стр. 1)——114—115。

《给叛徒的酬劳》(Judaslohn.—«Die Rote Fahne», Wien, 1919, Nr. 96, 2. September, S. 2)——150。

《工农国防委员会关于第一革命劳动军的决定》[1920 年 1 月 15 日](Постановление Совета Рабоче-Крестьянской Обороны о Первой Революционной армии труда. [15 января 1920 г.].—«Известия ВЦИК Советов Рабочих, Крестьянских, Казачьих и Красноарм. Депутатов и Моск. Совета Рабоч. и Красноарм. Депутатов», 1920, №10(857), 16 января стр. 1. Под общ. загл.: Красная армия труда)——122—123、352。

《工农国防委员会[关于利用共和国后备集团军的人力和物力来改善莫斯科—喀山铁路区域内的铁路运输状况]的决定》[1920 年 1 月 23 日](Постановление Совета Рабоче-Крестьянской Обороны[об использовании сил и средств Запасной армии республики для улучшения железнодорожного транспорта в районе Московско-Казанской железной дороги. 23 января 1920 г.].—«Известия ВЦИК Советов Рабочих, Крестьянских, Казачьих и Красноарм. Депутатов и Моск. Совета Рабоч. и Красноарм. Депутатов», 1920, №19(866), 29 января, стр. 2, в отд.: Действия и распоряжения правительства)——122—123。

《工农检查院条例》(Положение о Рабоче-Крестьянской инспекции.—«Известия ВЦИК Советов Рабочих, Крестьянских, Казачьих и Красноарм. Депутатов и Моск. Совета Рабоч. и Красноарм. Депутатов», 1920, №28(875), 8 февраля, стр. 3. Под общ. загл.: Постановления и резолюции Всероссийского Центрального Исполнительного Комитета 7-го созыва, принятые на 1-й сессии(2—7 февраля 1920 г.))——147、218。

《工农检查院条例》[莫斯科工人检查院提出的草案](Положение о Рабоче-Крестьянской инспекции. [Проект, предложенный Московской рабочей инспекцией].—«Правда», М., 1920, №4, 6 января, стр. 2, в отд.: Действия и распоряжения Советской власти)——79、117—118。

《工农政府法令汇编》(«Собрание Узаконений и Распоряжений Рабочего и Крестьянского Правительства», М., 1919, №21, 6 июня, стр. 280—281)——116。

—1919, №36, 26 июля, стр. 415—416.——119—120。

《工人检查院条例草案[全俄中央执行委员会和全俄工会中央理事会提出]》(Проект положения о Рабочей инспекции [предложенный ВЦИК и ВЦСПС].—«Известия ВЦИК Советов Рабочих, Крестьянских, Казачьих и Красноарм. Депутатов и Моск. Совета Рабоч. и Красноарм. Депутатов», 1920, №14(861), 22 января, стр. 1. Под общ. загл.: Введение к проекту положения о Рабочей инспекции. (К заседанию сессии ВЦИК 1-го февраля))——79、117—118。

《工人、农民、哥萨克和红军代表苏维埃全俄中央执行委员会及莫斯科工人和红军代表苏维埃消息报》(«Известия ВЦИК Советов Рабочих, Крестьянских, Казачьих и Красноарм. Депутатов и Моск. Совета Рабоч. и Красноарм.

Депутатов»,1919,№63(615),23 марта,стр.2)——114—115。

—1919,№141(693),1 июля,стр.3.——119—120。

—1919,№279(831),12 декабря.Приложение к №279(831),стр.2.——53。

—1920,№9(856),15 января,стр.1.——117、130。

—1920,№10(857),16 января,стр.1.——122—123、352。

—1920,№14(861),22 января,стр.1,2.——79、116—118、130。

—1920,№16(863),25 января,стр.1,2.——64、114—115、122。

—1920,№19(866),29 января,стр.2.——122—123。

—1920,№21(868),31 января,стр.2.——119。

—1920,№24(871),4 февраля,стр.1.——122。

—1920,№25(872),5 февраля,стр.2.——122。

—1920,№28(875),8 февраля,стр.2—3.——107、123—124、147、167、168、169、174—175、182、196、218、325。

—1920,№52(899),7 марта,стр.1.——213。

—1920,№68(915),28 марта,стр.1.——283、284、367。

—1920,№75(922),6 апреля,стр.2.——367。

—1920,№80(927),16 апреля,стр.1.——366。

—1920,№102(949),13 мая,стр.2.——119—120。

《工人生活报》(巴黎)(«La Vie Ouvrière»,Paris,1920,N 37,16 janvier)——148。

《工人、士兵、农民和哥萨克代表苏维埃全俄中央执行委员会决议(1918 年 4 月 29 日会议根据列宁同志〈关于苏维埃政权的当前任务〉的报告通过)》(Резолюция Всероссийского Центрального Исполнительного Комитета рабоч.,солдат.,крест. и казач. депутатов, принятая в заседании от 29-го апреля 1918 года,по докладу тов. Ленина«Об очередных задачах Советской власти».—В кн.:Ленин,В.И.Очередные задачих Советской власти. М.,изд-во ВЦИК,1918,стр.27.Перед загл. кн. авт.:Н.Ленин)——308、309、336。

《工作者报》(华沙)(«Robotnik»,Warszawa)——367。

《共产国际》杂志(彼得格勒)(«Коммунистический Интернационал», Пг.,

1919,№7—8,ноябрь—декабрь,стлб.969—974)——148。

《共产主义星期六义务劳动报》(莫斯科)(«Коммунистический Субботник», М.,1920,11 апреля.4 стр.)——349。

《关于电气化的决议》(Резолюция об электрификации.—«Известия ВЦИК Советов Рабочих, Крестьянских, Казачьих и Красноарм. Депутатов и Моск. Совета Рабоч. и Красноарм. Депутатов», 1920, №28(875), 8 февраля,стр. 2. Под общ. загл.: Постановления и резолюции Всероссийского Центрального Исполнительного Комитета 7-го созыва,принятые на 1-й сессии(2—7 февраля 1920 г.))——123—124、169、182。

[《关于对合作社的态度》(1920年4月3日合作社问题小组多数人向俄共(布)第九次代表大会提出的决议案)]([Об отношении к кооперации. Резолюция,предложенная IX съезду РКП(б)большинством кооперативной секции 3 апреля 1920 г.].—В кн.: Девятый съезд Российской Коммунистической партии. Стенографический отчет. (29-го марта — 4 апреля 1920 г.).М.,Госиздат,1920,стр.330—331.(РКП(б)))——313、316。

[《关于对合作社的态度》(1920年4月3日合作社问题小组少数人向俄共(布)第九次代表大会提出的决议案)]([Об отношении к кооперации. Резолюция,предложенная IX съезду РКП(б)меньшинством кооперативной секции 3 апреля 1920 г.].—Там же,стр.253—258.Под загл.: Тезисы доклада тов.Крестинского)——313、316。

《关于俄国问题的决定》(Решение по русскому вопросу.—«Правда», М., 1920,№43,26 февраля,стр.2,в отд.: Телеграммы.Под общ. загл.: Среди союзников)——180—181。

《关于俄罗斯、乌克兰、拉脱维亚、立陶宛、白俄罗斯等苏维埃共和国联合起来抗击世界帝国主义的法令》(Об объединении Советских Республик: России, Украины,Латвии,Литвы,Белоруссии для борьбы с мировым империализмом.[Декрет ВЦИК от 1 июня 1919 г.].—«Собрание Узаконений и Распоряжений Рабочего и Крестьянского Правительства», М., 1919, №21,6 июня,стр. 280 — 281. Под общ. загл.: Декреты Всероссийского

Центрального Исполнительного Комитета)——116。

《关于经济建设的当前任务》(Об очередных задачах хозяйственного строительства.[Резолюция，принятая на IX съезде РКП(б) 31 марта 1920 г.].—В кн.：Девятый съезд Российской Коммунистической партии. Стенографический отчет.(29-го марта—4 апреля 1920 г.).М.，Госиздат，1920，стр. 371—383)——321。

《关于〈真理报〉和〈贫苦农民报〉出版工作报告的摘要》(Из отчета по изданию газет«Правда» и «Беднота».—«Известия ЦК РКП(б)»，М.，1920，№15，24 марта，стр.4)——274。

《关于组织问题》[1920年4月3日俄共(布)第九次代表大会通过的决议](По организационному вопросу.[Резолюция，принятая на IX съезде РКП(б) 3 апреля 1920 г.].—В кн.：Девятый съезд Российской Коммунистической партии. Стенографический отчет.(29-го марта—4 апреля 1920 г.).М.，Госиздат，1920，стр.389—394.(РКП(б)))——318、319。

《国防委员会关于吸收林业主管部门全体职工和农业人民委员部所有林业机关参加采伐木材的决定(1919年11月21日)》(Постановление Совета Обороны от 21 ноября 1919 г.«О привлечении к дровяным заготовкам всех сотрудников лесного ведомства и всех лесных органов Народного Комиссариата Земледелия».Известия ВЦИК №268 от 29 ноября 1919 г.)——230。

《国际关于目前形势的宣言[巴塞尔国际社会党非常代表大会通过]》(Manifest der Internationale zur gegenwärtigen Lage，[angenommen auf dem Außerordentlichen Internationalen Sozialistenkongreß zu Basel].—In：Außerordentlicher Internationaler Sozialistenkongreß zu Basel am 24.und 25.November 1912.Berlin，Buchh.«Vorwärts»，1912，S.23—27)——156。

《国际和平报》(彼得格勒)(«Мир Народов»(«Der Völkerfriede»)，Спб. На нем.яз.)——189—190。

《国际(齐美尔瓦尔德)社会党委员会和布尔什维克中央委员会国外代表处的呼吁书》(Воззвание международной(циммервальдской) социалистической комиссии и заграничного представительства ЦК большевиков. К пролетариям всех стран.—«Правда»(«Рабочий Путь»),Пг.,1917,№171(102),10 ноября(28 октября),стр. 3. Подпись: Международная социалистическая комиссия. Заграничное представительство Центрального Комитета большевиков)——188。

《红旗报》(维也纳)(«Die Rote Fahne»,Wien)——150、155。

—1919,Nr.79,2.August,S.3.——149。

—1919,Nr.80,5.August,S.2—3.——150。

—1919,Nr.84,12.August,S.1.——150。

—1919,Nr.86,14.August,S.3;Nr.87,16.August,S.3.——150。

—1919,Nr.91,23.August,S.1.——150。

—1919,Nr.96,2.September,S.2.——150。

《呼声报》(莫斯科)(«The Call»,Moscow)——189—190。

《会议通过的提案全文》(Wortlaut der angenommenen Anträge.—In: Protokoll über die Verhandlungen des außerordentlichen Parteitages in Leipzig vom 30. November bis 6. Dezember 1919. Berlin, «Freiheit», б. г., S. 531—539.(Unabhängige Sozialdemokratische Partei Deutschlands))——152。

《火星报》[慕尼黑](«Искра»,[Мюнхен],1902,№18,10 марта,стр.1)——360—361、362。

《见地》杂志(巴黎)(«Opinion», Paris, 1920, N 1, 3 janvier)——190—191、227、235。

—1920,N 2,10 janvier.——190—191、227、235。

—1920,N 3,17 janvier.——190—191、227、235。

《解除封锁》(Снятие блокады.—«Правда», М.,1920,№12,18 января,стр.1)——106、168、170、173。

《经济建设的当前任务》(中央委员会提交党代表大会的提纲)(Очередные задачи хозяйственного строительства.(Тезисы ЦК к партийному съезду).—«Известия ЦК РКП(б)», М.,1920,№14,12 марта,стр.1)——245、247、253、254—255、286—287、293、305。

《经济生活报》(莫斯科)(«Экономическая Жизнь», М.,1920,№31,12 февраля,

стр.2)——301、305。

—1920,№54,10 марта,стр.1.——252—253、265、296、298、307。

—1920,№68,28 марта,стр.1.——296、297、298、300、307。

《L.L.奥芬纳给雅科布·韦尔特纳的信》(L.L.Offener Brief an Jakob Weltner.—«Die Rote Fahne»,Wien,1919,Nr.84,12.August,S.1)——150。

《拉脱维亚的建议》(Предложение Латвии.—«Известия ВЦИК Советов Рабочих,Крестьянских,Казачьих и Красноарм.Депутатов и Моск.Совета Рабоч.и Красноарм.Депутатов»,1920,№68(915).28 марта,стр.1.Под общ.загл.:К мирным переговорам)——283。

《论法国工会领袖发动的罢工之失败》(Zum Streikbruch der französischen Gewerkschaftsbonzen.—«Die Rote Fahne»,Wien,1919,Nr.79,2.August,S.3)——149。

《论国际的建设》(Aufbau der Internationale.—«Freiheit»,Berlin,1920,Nr.1/A1,1.Januar.Morgen-Ausgabe,S.2)——68。

《每日快报》(伦敦)(«Daily Express»,London)——168。

《每日先驱报》(伦敦)(«The Daily Herald»,London)——225—226、266—267。

《明灯》周报(莫斯科)(«La Lanterne»,Moscou)——189—190。

《农村工作总结》(Работа в деревне.—«Известия ЦК РКП(б)»,М.,1920,№15,24 марта,стр.3—4)——274。

《农民、工人、士兵和哥萨克代表苏维埃全俄中央执行委员会消息报》(莫斯科)(«Известия ВЦИК Советов Крестьянских,Рабочих,Солдатских и Казачьих Депутатов»,М.,1918,№59(323),28 марта,стр.2)——308。

《农业人民委员部关于各村团、村庄以及其他农业联合组织中重新分配份地办法的决定[1919 年 7 月 1 日]》(Постановление Народного комиссариата земледелия.О порядке производства внутринадельных переделов в отдельных сельских обществах,селениях и других сельскохозяйственных объединениях.[1 июля 1919 г.].—«Собрание Узаконений и Распоряжений Рабочего и Крестьянского Правительства»,М.,1919,№36,26 июля,стр.415—416)——119—120。

《普遍劳动义务制推行委员会条例》(Положение о комитетах по всеобщей трудовой повинности.[29 января 1920 г.].—«Известия ВЦИК Советов Рабочих,Крестьянских,Казачьих и Красноарм.Депутатов и Моск.Совета Рабоч.и Красноарм. Депутатов», 1920, №25(872), 5 февраля, стр. 2, в отд.:Действия и распоряжения правительства)——122。

《前进报》(米兰)(«Avanti!»,Milano)——149。

—1919,N.279,8 ottobre,p.1.——146。

《前外交部档案秘密文件汇编》(Сборник секретных документов из архива бывшего министерства иностранных дел. №№1 — 7. Изд. Нар. ком. по иностр.делам. Пг., тип. Ком. по иностр. делам, декабрь 1917 — февраль 1918.7 кн.)——191、199。

《情报统计部工作报告》(1919 年 4 月 18 日至 1920 年 3 月 1 日)(Информационно-статистический отдел.(Отчет с 18 апреля 1919 г.по 1 марта 1920 года).—«Известия ЦК РКП(б)», М., 1920, №15, 24 марта, стр.1—2)——274。

《全俄农民代表苏维埃消息报》(彼得格勒)(«Известия Всероссийского Совета Крестьянских Депутатов» Пг.)——15。

—1917,№88,19 августа,стр.3—4;№89,20 августа,стр.3—4.——15。

《全俄苏维埃第七次代表大会关于苏维埃建设的决定》(Постановление 7-го Всерос.съезда Советов по вопросу о советском строительстве.——«Известия ВЦИК Советов Рабочих, Крестьянских, Казачьих и Красноарм. Депутатов и Моск. Совета Рабочих и Красноарм. Депутатов», 1919, №279 (831), 12 декабря. Приложение к №279(831), стр. 2. Под общ. загл.: Постановления, принятые 7-м Всероссийским съездом Советов рабочих, крестьянских, красноармейских и казачьих депутатов»)——53。

《全俄肃反委员会决定》(Постановление Всероссийской Чрезвычайной Комиссии.—«Известия ВЦИК Советов Рабочих, Крестьянских, Казачьих и Красноарм. Депутатов и Моск. Совета Рабоч. и Красноарм. Депутатов», 1920, №9(856), 15 января, стр.1)——117、130。

《全俄中央执行委员会第一次会议(2 月 3 日上午会议)》(ВЦИК.(Второй

день первой сессии). Утреннее заседание 3 февраля.—«Известия ВЦИК Советов Рабочих, Крестьянских, Казачьих и Красноарм. Депутатов и Моск. Совета Рабоч. и Красноарм. Депутатов», 1920, №24 (871), 4 февраля, стр. 1)——122。

《全俄中央执行委员会告波兰人民书》(Обращение ВЦИК к польскому народу.—«Правда», М., 1920, №25, 5 февраля, стр. 1)——114、116、165、199、214。

《全俄中央执行委员会和人民委员会[关于废除死刑]的决定》[1920 年 1 月 17 日](Постановление ВЦИК и Совета Народных Комиссаров [об отмене смертной казни. 17 января 1920 г.].—«Известия ВЦИК Советов Рабочих, Крестьянских, Казачьих и Красноарм. Депутатов и Моск. Совета Рабоч. и Красноарм. Депутатов», 1920, №14 (861), 22 января, стр. 2, в отд.: Действия и распоряжения правительства)——116—117、130。

《人道报》(巴黎)(«L'Humanité», Paris)——151。

《人民报》(巴黎)(«Le Populaire», Paris, 1920, N 624, 10 janvier)——148。

《人民委员会的决定(1917 年 12 月 29 日)》(Решение Совета Народных Комиссаров, принятое 29 декабря 1917 года)——352。

《人民委员会给波兰劳动人民的呼吁书》——见《俄罗斯联邦人民委员会告波兰政府和波兰人民书》。

《[人民委员会]关于重新分配土地的法令》[1920 年 4 月 30 日](Декрет[СНК] о переделах земли. [30 апреля 1920 г.].—«Известия ВЦИК Советов Рабочих, Крестьянских, Казачьих и Красноарм. Депутатов и Моск. Совета Рабоч. и Красноарм. Депутатов», 1920, №102 (949), 13 мая, стр. 2, в отд.: Действия и распоряжения правительства)——119—120。

《人民委员会关于各类合作组织的联合的法令》(1920 年 1 月 27 日)(Декрет Совета Народных Комиссаров об объединении всех видов кооперативных организаций. [27 января 1920 г.].—«Известия ВЦИК Советов Рабочих, Крестьянских, Казачьих и Красноарм. Депутатов и Моск. Совета Рабоч. и Красноарм. Депутатов», 1920, №21 (868), 31 января, стр. 2, в отд.: Действия и распоряжения правительства)——119。

《人民委员会关于实行普遍劳动义务制的办法的决定》(Постановление Совета Народных Комиссаров о порядке всеобщей трудовой повинности. [29 января 1920 г.].—«Известия ВЦИК Советов Рабочих, Крестьянских, Казачьих и Красноарм. Депутатов и Моск. Совета Рабоч. и Красноарм. Депутатов», 1920, №25(872), 5 февраля, стр. 2. в отд.: Действия и распоряжения правительства)——122。

《人民委员会关于收集亚麻的决定》(Постановление Совета Народных Комиссаров о сборе льна. [10 февраля 1920 г.].—«Экономическая Жизнь», М., 1920, №31, 12 февраля, стр. 2)——301、305。

《[人民委员会]关于铁路的集中管理、保护和提高运输能力的法令》[1918年3月23日](Декрет[СНК]о централизации управления, охране дорог и повышении их провозоспособности. [23 марта 1918 г.].—«Известия ВЦИК Советов Крестьянских, Рабочих, Солдатских и Казачьих Депутатов», М., 1918, №59(323), 28 марта, стр. 2, в отд.: Действия правительства)——308。

《人民委员会关于消费合作社的法令》[1918年3月29日(4月11日)](Декрет СНК о потребительских кооперативах. [29 марта(11 апреля) 1918 г.].—«Правда», М., 1918, №71, 13 апреля(31 марта), стр. 1, в отд.: Действия и распоряжения ВЦИК, СНК и С. р. и к. деп.)——118。

《人民政治日报》(斯德哥尔摩)(«Folkets Dagblad Politiken», Stockholm, 1919, N:r 195, 25 august, s. 1)——83、145、192。

《社会主义评论》杂志(伦敦)(«The Socialist Review», London)——266。

—1919, October—December, p. 305—329.——266—267、374。

《十四国军队进攻苏维埃俄国》(Fjorton staters arméer och resurser mot Soviet-Ryssland. Härnadståget skall börja i dagarne.—«Folkets Dagblad Politiken», Stockholm, 1919, N:r 195, 25 august, s. 1. Под общ. загл.: Imperialismens dråpslag mot den ryska revolutionen)——83、145、192。

《示范委托书》(Примерный наказ. Составленный на основании 242 наказов, доставленных с мест депутатами на 1-й Всероссийский съезд Советов крестьянских депутатов в Петрограде в 1917 году.—«Известия Всероссийского Совета Крестьянских Депутатов»，Пг.，1917，№88，19 августа，стр. 3—4；№89，20 августа，стр.3—4）——15。

《世界报》（纽约）（«The World»，New York）——170。

《世界革命报》（莫斯科）（«Weltrevolution»，Moskau）——189—190。

《苏维埃报》（那波利）（Il Soviet，Napoli）——374。

《苏维埃第七次代表大会的决定》——见《全俄苏维埃第七次代表大会关于苏维埃建设的决定》。

《苏维埃共和国的四个月》（Vier Monate Räterepublik.—«Die Rote Fahne»，Wien，1919，Nr.80，5.August，S.2—3）——150。

《泰晤士报》（伦敦）（«The Times»，London）——192、222。

—1919，No.42，239，October 24，p.4.——192。

《同爱沙尼亚签订和约》（Заключение мира с Эстонией.—«Правда»，М.，1920，№23，3 февраля，стр.2，в отд.：Последние известия）——107。

《外交人民委员部对格鲁吉亚、阿塞拜疆的呼吁》（Обращение НКИД к Грузии и Азербайджану.—«Правда»，М.，1920，№4，6 января，стр. 2，в отд.：Последние известия）——64、114—115。

《外交人民委员部声明》（1920 年 2 月 5 日）（От Народного комиссариата по иностранным делам. 5-е февраля 1920 г.—«Правда»，М.，1920，№26，6 февраля，стр.1）——126。

《外交人民委员部声明》[1920 年 4 月 2 日]（От Народного комиссариата по иностранным делам. [2 апреля 1920 г.].—«Известия ВЦИК Советов Рабочих，Крестьянских，Казачьих и Красноарм.Депутатов и Моск.Совета Рабоч.и Красноарм.Депутатов»，1920，№75(922)，6 апреля，стр.2，в отд.：Дела дипломатические）——367。

《我们要控告！》（Wir klagen an！—«Die Rote Fahne»，Wien，1919，Nr.91，23. August，S.1）——150。

《乌克兰劳动军委员会条例（俄罗斯联邦人民委员会在同全乌克兰革命委员会协商后通过）》[1920 年 1 月 20 日]（Положение об Укрсовтрударме，принятое по соглашению Совета Народных Комиссаров РСФСР с Всеукраинским Революционным Комитетом.[20 января 1920 г.].—«Известия

ВЦИК Советов Рабочих, Крестьянских, Казачьих и Красноарм. Депутатов и Моск. Совета Рабоч. и Красноарм. Депутатов», 1920, №16(863), 25 января, стр.2, в отд.: Действия и распоряжения правительства)——122。

《消灭邓尼金匪帮》(К ликвидации деникинщины.—«Известия ВЦИК Советов Рабочих, Крестьянских, Казачьих и Красноарм. Депутатов и Моск. Совета Рабоч. и Красноарм. Депутатов», 1920, №80(927), 16 апреля, стр. 1, в отд.: Дела дипломатические)——366。

《新当选的莫斯科苏维埃举行全会》(Пленум Московского Совета нового состава.—«Известия ВЦИК Советов Рабочих, Крестьянских, Казачьих и Красноарм. Депутатов и Моск. Совета Рабоч. и Красноарм. Депутатов», 1920, №52(899), 7 марта, стр.1)——213。

《匈牙利苏维埃政府为什么会失败?》(Wie und warum die ungarische Räteregierung fiel.—«Die Rote Fahne», Wien, 1919, Nr.86, 14. August, S.3; Nr. 87, 16. August, S.3)——150。

《1905年莫斯科十二月起义》(Декабрьское восстание в Москве 1905 г. Иллюстрированный сборник статей, заметок и воспоминаний под ред. Н. Овсянникова. Отдел печати Московского Совета р. и к. д. М., 10-я Гос. тип., 1919.275, [2] стр. (Материалы по истории пролетарской революции. Сборник №3-й))——30。

《战斗报》(巴黎)(«La Bataille», Paris)——151。

《真理报》(《工人之路报》)(彼得格勒)(«Правда»(«Рабочий Путь»), Пг., 1917, №171(102), 10 ноября(28 октября), стр.3)——188。

《真理报》(莫斯科)(«Правда», М., 1918, №71, 13 апреля(31 марта), стр.1)——118。

—1919, №79, 12 апреля, стр.2.——39。

—1919, №190, 28 августа, стр.1.——43。

—1919, №275, 7 декабря, стр.2; №276, 9 декабря, стр.3; №277, 10 декабря, стр.3.——106。

—1920, №4, 6 января, стр.2.——64、79、114—115、117—118。

—1920, №12, 18 января, стр.1.——106、168、170、173。

—1920,№14,22 января,стр.1.——94。

—1920,№20,30 января,стр.1.——76、114、116、126、165、199、214。

—1920,№22,1 февраля,стр.1.——114—115。

—1920,№23,3 февраля,стр.2.——107。

—1920,№24,4 февраля,стр.1.——110—112。

—1920,№25,5 февраля,стр.1.——114、116、165、199、214。

—1920,№26,6 февраля,стр.1.——126。

—1920,№30,11 февраля,стр.2.——160。

—1920,№43,26 февраля,стр.2.——180—181。

—1920,№47,2 марта,стр.1.——185。

《致各国人民的呼吁书(1917 年 11 月)》——见《国际(齐美尔瓦尔德)社会党委员会和布尔什维克中央委员会国外代表处的呼吁书》。

《致各级土地局》[农业人民委员部关于各村团、村庄以及其他农业联合组织中重新分配份地办法的决定(1917 年 7 月 1 日)](Всем земотделам. [Постановление Народного комиссариата земледелия о порядке производства внутринадельных переделов в отдельных сельских обществах, селениях и других сельскохозяйственных объединениях. 1 июля 1919 г.].—«Известия ВЦИК Советов Рабочих, Крестьянских, Казачьих и Красноарм. Депутатов и Моск. Совета Рабоч. и Красноарм. Депутатов», 1919, №141 (693), 1 июля, стр. 3, в отд.: Действия и распоряжения правительства)——119—120。

《致莫斯科外交人民委员》[阿塞拜疆外交部长的来电](Москва, народному комиссару по иностранным делам. [Радиотелеграмма азербайджанского министра иностранных дел].—«Известия ВЦИК Советов Рабочих, Крестьянских, Казачьих и Красноарм. Депутатов и Моск. Совета Рабоч. и Красноарм. Депутатов», 1920, №16(863), 25 января, стр. 1, в отд.: Дела дипломатические)——64、114—115。

《中央苏维埃政权和巴什基尔政府关于巴什基尔实行苏维埃自治的协议》(Соглашение центральной Советской власти с Башкирским правительством о Советской Автономной Башкирии.—«Известия ВЦИК Советов

Рабочих,Крестьянских,Казачьих и Красноарм.Депутатов и Моск.Совета Рабоч.и Красноарм.Депутатов»,1919,№63(615),23 марта,стр.2)——114—115。

《中央统计局公报》(莫斯科)(«Бюллетень Центрального Статистического Управления»,М.,1920,№19—20,1 марта)——291、332、346。

《中央委员会财务部工作报告》(Отчет финансового отдела ЦК.—«Известия ЦК РКП(б)»,М.,1920,№16,28 марта,стр.2)——274。

《中央委员会妇女工作部工作报告》(Отчет о деятельности отдела ЦК по работе среди женщин.—«Известия ЦК РКП(б)»,М.,1920,№14,12 марта,стр.2.Подпись:Отдел ЦК по работе среди женщин)——274。

《中央委员会政治报告》(Политический отчет ЦК.—«Известия ЦК РКП(б)»,М.,1920,№16,28 марта,стр.1.Подпись:ЦК РКП(б))——274。

《中央委员会组织工作报告》(Организационный отчет ЦК.(К 9-му съезду партии).—«Известия ЦК РКП(б)»,М.,1920,№16,28 марта,стр.1—2)——274。

《中央执行委员会和彼得格勒工兵代表苏维埃消息报》(«Известия ЦИК и Петроградского Совета Рабочих и Солдатских Депутатов»,1917,№208,27 октября,стр.1)——188。

—1917,№209,28 октября,стр.1.——14—15。

—1917,№255,19 декабря,стр.4.——193。

《自由报》(柏林)(«Freiheit»,Berlin)——68。

—1920,Nr.1/A1,1.Januar.Morgen-Ausgabe,S.2.——68。

《组织指导部[工作报告]》(Организационно-инструкторский отдел.[Отчет о работе].—«Известия ЦК РКП(б)»,М.,1920,№15,24 марта,стр.2.Подпись:А.Соколов)——274。

年　表

（1919年12月16日—1920年4月30日）

1919年

12月16日

列宁写完《立宪会议选举和无产阶级专政》一文。

1919年12月16日和1920年1月24日之间

写《对关于征用和没收的法令草案的意见》。

12月17日

主持工农国防委员会会议。会议讨论关于印刷工人的情况、关于统计无线电专家的法令草案、关于燃料外运办法的决定草案，以及关于帮助库列巴基工厂和维克萨工厂解决困难以完成国防订货、关于1920年3月15日以前所有执行军事订货任务的擀毡工人免服兵役等问题。

12月17日或24日

写便条给交通人民委员列·波·克拉辛，批评交通人民委员部机关工作存在无人负责的现象。

12月17日和23日之间

给司法人民委员德·伊·库尔斯基写两张便条，对他起草的人民委员会关于消除拖拉作风的决定草案提出意见，说明要惩罚既不知道也不实施这项法律的人。

不晚于12月18日

读32名被派往乌克兰工作的党的工作人员的声明；致函俄共(布)中央组织局，要求这些工作人员最严格地执行中央的路线和指示。

12月18日以前

写《致我们的接班人》一信，向彼得格勒省青年致贺。

不早于 12 月 18 日

看《立宪会议选举和无产阶级专政》一文的校样；致函格·叶·季诺维也夫，请他指定负责校对的人。

12 月 18 日和 20 日之间

同教育人民委员阿·瓦·卢那察尔斯基谈话，就莫斯科没有像样的卡尔·马克思纪念碑一事提出批评，并希望在 1920 年 5 月 1 日以前建立起这样的纪念碑。

12 月 19 日

同东方面军第 5 集团军司令米·尼·图哈切夫斯基谈活，建议首先把第 5 集团军的指挥人员调到南线（因为运输状况不好，在短时间内调动整个军队是不可能的），用该集团军的军事训练班毕业生代替调走的指挥人员；委托图哈切夫斯基提出第 5 集团军司令部在培训红军指挥员时所遵循的原则，向共和国革命军事委员会副主席埃·马·斯克良斯基报告。

同潘·尼·勒柏辛斯基谈任命他为土耳其斯坦共和国教育人民委员一事；致函土耳其斯坦委员会主席沙·祖·埃利亚瓦，介绍勒柏辛斯基的情况。

在普列斯尼亚区纪念 1905 年十二月起义十四周年大会上讲话，同普罗霍罗夫（现名三山）纺织厂工人座谈。

致函粮食人民委员部部务委员阿·巴·哈拉托夫，指示他在疗养院住一个月，把病彻底治好。

12 月 20 日以前

就推广共产主义星期六义务劳动这种社会劳动的新形式问题，同彼得格勒和其他城市的党的工作人员交谈。

不晚于 12 月 20 日

教育人民委员部研究改善科学家生活问题时，列宁建议对科学工作者实行特殊的“科学院”口粮标准。

12 月 20 日

出席俄共（布）中央政治局会议。会议讨论关于批准成立吉尔吉斯（哈萨克）革命委员会问题、东部各民族共产党组织中央局关于增新委员的请示报告、关于拒绝俄国社会主义工人党(国际主义派)代表大会提出的该党成员加入俄共(布)后其党龄应连续计算的请求等问题。

在俄共(布)莫斯科市代表会议上作关于星期六义务劳动的报告和总结发言。

12月20日和24日之间

同石油总委员会的特派员 M.Д.克留柯夫商谈组织兽力车把石油产品从多索尔区运到阿斯特拉罕问题和修建通往恩巴石油区的铁路问题。

12月21日

致函图拉省党和苏维埃组织,指示必须在10天内给莫斯科工人发运400车皮马铃薯。

致电梁赞省党和苏维埃组织,表示赞成他们为在10天内给莫斯科工人装运800车皮马铃薯所采取的措施。

12月22日

写便条给小人民委员会,建议在短时期内拟定并通过将教堂用做校舍的细则。

12月23日

致函彼得格勒苏维埃主席格·叶·季诺维也夫,指示修复彼得格勒的防御设施、修理机车和车皮、利用油页岩。

接见土耳其斯坦共和国代表团。

主持人民委员会会议;起草人民委员会关于向莫斯科调运粮食问题的决定;对人民委员会关于统计国营农场余粮的决定草案作补充。会议讨论关于改善科学家生活等问题。

12月24日

主持工农国防委员会会议。会议讨论关于建设通往恩巴石油区的铁路的问题、关于铁路戒严特别委员会活动的报告、国防委员会关于把1919年11月5日关于在东方战线和土耳其斯坦战线防治斑疹伤寒的措施的决定的有效期延长两个月的决定草案。会议还讨论了关于改善军队供应的措施、关于供应乌拉尔工人粮食和衣服、关于从辛比尔斯克区向莫斯科运送食品等问题。

12月24日或25日

读教育人民委员阿·瓦·卢那察尔斯基1919年12月24日关于在莫斯

科建造马克思纪念碑的设想的来信，并将此信批给莫斯科苏维埃主席列·波·加米涅夫，征求他对这个问题的意见。

12月25日

指示费·埃·捷尔任斯基和亚·弗·埃杜克采取严厉监督措施，防止木柴运输在宗教节日期间中断。

12月26日

签署人民委员会关于在俄罗斯联邦居民中扫盲的法令。

同最高国民经济委员会电机工业总管理局局长格·马·克尔日扎诺夫斯基谈泥炭在国内燃料平衡方面的作用和把泥炭用于电气化的可能性。

致电在哈尔科夫的国防委员会特派员季·弗·萨普龙诺夫，指示加紧修理机车，把煤炭运往莫斯科。

致函格·马·克尔日扎诺夫斯基，请他为《经济生活报》写一篇文章，谈谈苏维埃俄国泥炭的储量以及把泥炭用于电气化的可能性。

12月27日

出席俄共(布)中央政治局会议；在讨论格·瓦·契切林提出的罗斯塔社彼得格勒分社对彼得格勒防卫委员会一次会议的决议报道失实的问题时，建议契切林同尤·米·斯切克洛夫和尼·伊·布哈林商量制定对党的出版物进行检查的办法。会议讨论全俄工会中央理事会主席米·巴·托姆斯基关于必须重视工会工作的声明、全俄工会中央理事会共产党党团条例等问题。

函告格·瓦·契切林，俄共(布)中央政治局已采纳了他的各项建议：向格鲁吉亚政府提出对邓尼金采取联合军事行动。

主持人民委员会会议。会议讨论关于实行普遍劳动义务制、关于供应红军肥皂、供应工人粮食、供应居民马铃薯等问题。

12月28日

写《为战胜邓尼金告乌克兰工农书》。

致电在哥本哈根的马·马·李维诺夫，请他把一切有关左派社会主义和共产主义各种思想派别的材料，特别是无政府工团主义歪曲或攻击共产主义的材料都收集起来寄莫斯科。

在费·埃·捷尔任斯基命令各地肃反委员会机关采取紧急措施保证冬季铁路正常运营的电报的副本上批示：日内了解监督的措施。

12月30日

打电话给莫斯科市工会理事会主席格·纳·梅利尼昌斯基，告知莫斯科金属加工企业有34 000名职工面临失业威胁，建议调派10 000名职工参加修复铁路运输的工作。

主持人民委员会会议；起草人民委员会关于供给工人衣鞋问题的决定和关于采购原料指示的决定。会议讨论跨部门反投机特别委员会关于该委员会工作的性质、方法和工作成果的报告，关于供应肥皂厂动物油和植物油的措施，关于把水运划归交通人民委员部管理的计划，以及关于用面粉奖励铁路修配厂工人，关于请雕塑家谢·德·梅尔库罗夫设计马克思纪念碑等问题。

12月31日

出席俄共(布)中央政治局会议。会议讨论关于高加索革命委员会、关于乌克兰党和苏维埃工作人员等问题。

主持工农国防委员会会议；签署关于征召1886—1888年和1901年出生的所有公民服兵役的决定。会议讨论关于交通人民委员部专家享受红军指挥员待遇的法令草案、关于从军队中召回熟练的铁路技术工人的决定草案以及其他问题。

参加莫斯科巴斯曼区、普列斯尼亚区、罗戈日-西蒙诺沃区和列福尔托沃区劳动者举行的新年晚会；在巴斯曼区的晚会上讲话，谈红军的胜利和无产阶级战胜经济破坏的斗争任务。

12月下半月

设计苏维埃共和国居民在帝国主义战争以前和十月社会主义革命以后食品消费情况对照表，把草表送交中央统计局征求意见，并附致中央统计局局长帕·伊·波波夫的信。

年底

科斯特罗马各工厂的工人代表哥卢别夫前来请求批准救济失业工人的预算。列宁同他谈话，让他到最高国民经济委员会解决科斯特罗马各工厂开工的问题并到财政人民委员尼·尼·克列斯廷斯基那里解决救济失业工人的问题。

1919 年或 1920 年

在俄共(布)中央政治局的一次会议上,写短文《论纯洁俄罗斯语言(休息时的联想,即一些会上的发言引起的联想)》。

1920 年

年初

同石油总委员会委员伊·米·古布金商谈如何在交通断绝的条件下把石油从恩巴区运出来和开发乌拉尔州北部铁路沿线的油田等问题。

1 月 1 日

收到东方面军第 5 集团军革命军事委员会委员伊·尼·斯米尔诺夫关于库兹涅茨克煤田开采中存在困难的电报,批示秘书将电报抄送列·波·克拉辛,并把其中提到的对煤矿工人的各种供应由军队负担的问题列入国防委员会议事日程。

1 月 2 日

同图拉省叶夫列莫夫县讨论粮食问题的农民代表大会委派的代表 И.И.西拉耶夫、М.А.佩列雷金、И.М.沃罗宁谈话;记下他们对余粮收集制、对征粮队的违法乱纪行为以及对学校的状况等方面的意见。

主持工农国防委员会会议;修改并签署关于确认军事卫生总局属于军队建制的决定草案。会议讨论关于撤销省和县革命委员会、关于从各机关抽调电报电话专家、关于改善医疗卫生工作人员生活、关于保证莫斯科无线电报局连续正常工作等决定草案,以及关于为改善莫斯科近郊煤矿区的状况和提高生产率而采取的实际措施等问题。

1 月 3 日

出席俄共(布)中央政治局会议。会议讨论关于劳动义务制、关于高加索党组织、关于从其他部门抽调一些负责工作人员到交通人民委员部和粮食人民委员部以加强各地的铁路工作和粮食工作、关于从西伯利亚运粮、关于乌克兰的军事政策等问题。

主持人民委员会会议;起草人民委员会关于改组水运总管理局的决定;反对允许最高国民经济委员会各机关可按非固定价格收购饲料的建

议，但该建议被通过。会议讨论关于用兽力车运输恩巴石油、最高国民经济委员会主席团关于电力供应委员会工作总结的报告以及其他问题。

1月3日以后

接见库班人组成的第32师的代表В.П.普洛夏德金，向他了解库班的情况。

1月5日

收到莫斯科县巴拉希哈棉纺织厂工人大会关于工人严重缺粮的信，将信批给粮食人民委员部部务委员阿·伊·斯维杰尔斯基，请他接见工厂的代表，并报告粮食人民委员部的处理意见。

1月5日和23日之间

粮食人民委员亚·德·瞿鲁巴写信给俄共(布)中央，认为1920年1月3日人民委员会通过的关于允许最高国民经济委员会各机关可自行按自由价格购买役畜饲料的决定，破坏了粮食人民委员部粮食政策的基础，也取消了饲料采购方面的垄断制度。列宁读了这封信以后，虽然自己曾反对过关于可自行按自由价格购买役畜饲料的建议，但仍写便条给俄共(布)中央政治局各委员，认为马上撤销人民委员会的这一决定是不妥当的，建议由人民委员会通过一项决定：最高国民经济委员会各机关如自行按自由价格购买役畜饲料，国家监察人民委员部应将情况向粮食人民委员部逐一通报。

1月9日

主持工农国防委员会会议；修改关于整顿地方燃料工作领导的措施的决定草案。会议讨论关于保证不断充分供应奥伦堡—塔什干铁路用煤的决定草案以及其他问题。

1月10日

给彼得格勒省妇女代表大会写贺信。

土耳其斯坦方面军司令米·瓦·伏龙芝致电列宁，提出为了加强苏维埃政权对土耳其斯坦的影响，必须在阿姆河和锡尔河上组织商船队和派遣有组织驳船商店经验的谢·瓦·马雷舍夫到那里工作。列宁读了电报后，在电报上写批语，询问中央此事决定了没有，怎样决定的。

出席俄共(布)中央政治局会议。会议讨论与拉脱维亚资产阶级共和国停战等问题。

主持人民委员会会议。会议讨论关于利用兽力车运输以保证莫斯科的供应、关于采购马铃薯等问题，以及关于减少军事运输以加强粮食运输的决定草案、关于水运管理的条例草案。

1月12日

在全俄工会中央理事会共产党党团会议上发言谈经济方面实行集体管理制和一长制问题，认为要使集体管理制不流于空谈，必须把二者结合起来。

第3集团军革命军事委员会建议把集团军全部人力物力用于恢复车里雅宾斯克、托博尔斯克和叶卡捷琳堡省的运输和组织那里的经济工作并把该集团军改编为“第1革命劳动军”。列宁致电该集团军革命军事委员会，对此建议表示赞同并主张把一切力量都用在征收全部余粮和恢复运输的工作上。

致函人民委员会全体委员，提出把第3集团军革命军事委员会具有极其重大意义的建议交1月13日人民委员会会议讨论，认为应当原则上加以批准这一建议并予以公布。

1月13日

出席俄共(布)中央政治局会议。会议讨论与拉脱维亚停战和与爱沙尼亚媾和的问题以及费·埃·捷尔任斯基的如下建议：公布全俄肃反委员会关于从1920年2月1日起所有地方肃反委员会停止使用极刑(枪毙)和把此类案件交革命法庭处理的命令。会议还讨论了关于党和苏维埃政权在克里木的任务的提纲和克里木革命委员会的组成问题、关于乌克兰的国家政权和乌克兰与俄罗斯相互关系的形式问题。

在全俄中央执行委员会共产党党团会议上就劳动义务制问题发言。

主持人民委员会会议；把第3集团军革命军事委员会关于改编该集团军为第1革命劳动军的建议提交会议讨论；被选入为制定最有效地使用第3集团军的措施而设立的工作委员会。会议讨论国家建筑工程委员会关于1920年铁路工作计划的法令草案、关于保证燃料采运工作所需粮食和饲料的决定草案、关于用兽力车从恩巴石油区运出石油的决定草案，以及关于改善苏维埃职员生活、关于监督地方银行业务的措施等问题。

1月14日

接见伊万诺沃-沃兹涅先斯克省粮食委员米·扎·曼努伊尔斯基和全俄中央执行委员会主席团委员阿·谢·基谢廖夫，了解伊万诺沃-沃兹涅先斯克的局势，指示副交通人民委员谢·德·马尔柯夫在24小时内从莫斯科铁路枢纽站往伊万诺沃-沃兹涅先斯克发运19车皮粮食，并抓紧从产粮省运出粮食。

接见布良斯克铁路枢纽站装卸委员会委员П.Н.索隆科，听取他介绍布良斯克地区煤、硫化铁和白沙的分布情况；把索隆科关于建设新煤矿的建议书交煤炭总委员会；要求煤炭总委员会尽快汇报是否知道这些矿藏，是否有文献记载，为开采矿藏已经做了哪些工作，现在正在做哪些工作。

1月15日

写便条给副教育人民委员米·尼·波克罗夫斯基，建议指示国家图书馆收集白卫分子出版的所有报纸并检查1917年以来苏维埃成套报纸的收藏情况。

1月16日

致函全俄工会中央理事会主席米·巴·托姆斯基，批评工会在调派1万名莫斯科五金工人去修复铁路运输的工作中表现出来的拖拉、疲沓、官僚主义，要求全俄工会中央理事会共产党党团制定出同官僚主义、拖拉作风、无所事事和笨拙无能作斗争的实际措施。

主持工农国防委员会会议；起草关于全俄肃反委员会运输局的决定；补充和签署关于撤销铁路戒严特别委员会的决定草案、关于电报电话专业大学生和专家免服兵役的决定草案。会议讨论关于乌拉尔地区林业中的多头领导和为铁路运输燃料的决定草案、关于为卡希拉国营电站运送建筑材料的决定草案、国防委员会1919年12月17日关于印刷生产集中的措施的决定执行情况的报告，以及关于加强交通人民委员部政治部、关于图拉设防地区的局势等问题。

1月17日

主持人民委员会会议；补充关于把白卫分子出版的书刊交给教育人民委

员部的决定草案；修改邮电人民委员部关于邮电状况的报告的决定草案；审阅关于改善苏维埃职员生活和实行免费伙食的决定草案。会议讨论提高1920年播种面积、取消极刑、给亚·伊·赫尔岑建立纪念碑等项法令草案以及其他问题。

1月17日或18日

出席俄共(布)中央政治局会议；起草政治局关于对阿塞拜疆政府的政策的决定、关于协约国企图通过俄国合作组织开始同俄国建立贸易关系问题的决定、关于总司令对给土耳其斯坦方面军司令的命令提出抗议一事的决定。会议讨论关于军事、关于俄罗斯与乌克兰相互关系的形式、关于斗争派、关于乌共(布)中央内部的组织等问题。

1月18日

卫生人民委员尼·亚·谢马什柯要求副交通人民委员谢·德·马尔柯夫下令使波·索·魏斯布罗德所领导的防治斑疹伤寒非常委员会所乘坐的专用列车尽快地开往南线和乌克兰，列宁坚决支持这种要求，并委托秘书用电话告诉谢·德·马尔柯夫。

1月18日和5月5日之间

致函教育人民委员阿·瓦·卢那察尔斯基，谈应该编纂一部现代俄语词典问题。

不迟于1月19日

拟《俄共给德国独立社会民主党的复信草稿(提纲)》，答复德国独立社会民主党关于就加入共产国际的条件进行谈判的建议。

1月19日

出席俄共(布)中央政治局会议。会议讨论关于组织劳动和工业的提纲、最高国民经济委员会副主席弗·巴·米柳亭关于必须讨论对外进行商品交换问题的建议以及其他问题。

1月20日以前

委托人民委员会办公厅主任弗·德·邦契-布鲁耶维奇设法寻找列宁1906—1909年在国外秘密刊物上发表的关于赫尔岑的文章。

1月20日

同全俄工会中央理事会主席米·巴·托姆斯基和五金工会中央委员会

委员阿·季·哥尔茨曼商谈安排莫斯科停产的金属加工工厂的工人修理铁路机车的问题；同来自乌拉尔的Я.罗森塔利谈话，了解当地的局势、工人和农民的情绪以及他们对待苏维埃政权和布尔什维克党的态度。

出席俄共(布)中央政治局会议；把拟好的《俄共给德国独立社会民主党的复信草稿(提纲)》提交会议讨论；被选入复信定稿委员会。会议讨论关于组织劳动军的计划，以及关于乌共(布)代表会议和乌克兰苏维埃代表大会、关于斗争派等问题。

审阅乌克兰劳动军委员会条例草案，并在上面批示"明天提交人民委员会"。

为约翰·里德《震撼世界的十天》一书写序言。

1月21日

致电西伯利亚革命委员会主席伊·尼·斯米尔诺夫和东方面军第5集团军革命军事委员会，赞成他们提出的在贝加尔湖沿岸地区建立缓冲国的条件，并就解除捷克斯洛伐克军的武装和遣送他们回国问题作指示。

主持人民委员会会议。会议讨论关于采购原料的指示草案、关于改善铁路粮食运输状况的决定草案，以及关于任命约·维·斯大林为乌克兰劳动军委员会主席等问题。

不晚于1月23日

同交通人民委员列·波·克拉辛谈苏维埃俄国铁路电气化的可能性及其前景。

1月23日

读格·马·克尔日扎诺夫斯基为《真理报》写的《工业电气化的任务》一文的手稿；致函克尔日扎诺夫斯基，表示赞成这篇文章，并建议在文章中阐述国家电气化计划。

同格·瓦·契切林谈关于同爱沙尼亚和平谈判的进展情况，强调必须尽快结束谈判并签订和平条约。

出席俄共(布)中央政治局会议；把拟好的关于工人检查问题的指示提交会议审批。会议讨论告俄侨知识分子书的草稿、约·维·斯大林关于为支援乌克兰的粮食工作从彼得格勒、伊万诺沃-沃兹涅先斯克、莫斯科以及其他工业省调派400—500名工作人员的请求、巴什基尔革命委员会关于把斯捷尔利塔马克并入巴什基尔共和国的建议以及其他问题。

主持工农国防委员会会议；在讨论利用后备军改善莫斯科—喀山铁路段运输状况问题时，对有关决定草案作补充。会议讨论关于供应机车制造厂燃料的决定草案、高加索劳动军委员会条例草案、关于所有燃料机关的工人和职员实行军事化的决定草案，以及关于所有铁路保卫机关实行合并等问题。

1月24日

把对莫斯科工人检查院、全俄中央执行委员会与全俄工会中央理事会、国家监察人民委员部分别拟定的《工农检查院条例》草案的意见和补充送约·维·斯大林，并建议根据俄共(布)中央政治局1月23日指示把这三个草案并成一个。

在普列斯尼亚区非党工人和红军战士代表会议上讲话，回答关于同爱沙尼亚媾和的条件问题。

1月25日

同全俄中央执行委员会鼓动指导列车和轮船工作部主任Я.И.布罗夫谈话；听取他关于1919年工作的总结报告；写《关于鼓动指导列车和轮船工作的指示》。

1月26日

主持讨论合作社问题的专门会议；起草《关于合作社的决定草案和指示》。

读彼得格勒劳动军条例草案；在草案上批示秘书把草案列入1月27日人民委员会的议事日程，立即复制并分送各有关人民委员。

1月27日以前

听取原列宁号鼓动列车政委列·伊·卢泽尔关于列车在南乌拉尔和西伯利亚的工作情况汇报，委托他写出列车工作经验报告。

1月27日

给罗斯塔社负责人普·米·克尔任采夫转去外交人民委员格·瓦·契切林的报告，报告中批评通讯社不经外交人民委员部审查就发表乌克兰革命委员会委员弗·彼·扎东斯基就苏波关系所作的轻率谈话。列宁指示查清责任、给当事人以处分并报告执行情况，提出预防类似事件再次发生的措施。

出席俄共(布)中央政治局会议。会议讨论关于最高国民经济委员会主席团的组成等问题，以及斯大林关于在东方穆斯林工人和农民中间开展共产主义工作的提纲。

在全俄国民经济委员会第三次代表大会上讲话，论述一长制的意义和劳动军的任务。

主持人民委员会会议；起草关于卸马铃薯和清除莫斯科街道、铁路积雪的决定；修改关于撤销合作社代表大会理事会的决定草案。会议讨论关于国营农场管理的指示草案、关于信贷合作社的法令草案以及其他问题。

1月27日和30日之间

受俄共(布)中央政治局委托，指示土耳其斯坦方面军司令米·瓦·伏龙芝向巴什基尔共和国居民解释苏维埃政权民族政策的实质。

1月28日以前

同愿意帮助苏维埃政权的美国工程师罗·基利谈话，建议他到南方，到土耳其斯坦去。

1月29日

主持人民委员会会议；修改关于普遍劳动义务制实施办法的决定草案；签署关于给陆海军粮食供应总部拨款的程序问题的决定。会议讨论普遍劳动义务制推行委员会条例草案、关于职业技术教育的法令草案、关于职业技术教育委员会的权利和义务的条例草案、关于联合各类合作组织的法令草案以及其他问题。

1月30日

出席俄共(布)中央政治局会议。会议讨论关于告俄侨劳动知识分子书的草稿、关于民警等问题。

主持工农国防委员会会议。会议讨论关于铁路医生有权使用公务车的决定草案、关于统计应受入伍前训练和普遍军训的16岁和17岁男性公民的决定草案、关于加强莫斯科—喀山铁路运输能力的措施、关于乌拉尔劳动生产率下降的原因和改进的办法，以及莫斯科电车实行军事化、对铁路司机和司炉等员工普遍实行劳动动员等问题。

1月31日

出席俄共(布)中央全会会议。会议在讨论全俄中央执行委员会会议日程时,委托列宁代表全俄中央执行委员会主席团和人民委员会作总的政治报告。会议还讨论了党的第九次代表大会和工会第三次代表大会的有关事项、关于发放统一的党证和重新登记党员等问题。

主持人民委员会会议;签署关于工业管理的指示。

1月底

读最高国民经济委员会电机工业总管理局局长格·马·克尔日扎诺夫斯基的《俄罗斯电气化的基本任务》小册子的内容提要和手稿;为了赶在第七届全俄中央执行委员会第一次会议之前出版这本小册子,没有通过国家出版社就把稿子直接交给了印刷厂;请国家出版社社长瓦·瓦·沃罗夫斯基指示印刷厂尽快出版这本小册子。

2月1日

对劳动人民委员部拟定的工人和职员奖励条例草案提出意见,认为草案的内容抽象,不切实际。

致函国防委员会各委员,指示必须采取非常措施来扭转铁路运输的严重状况。

在省县执行委员会主席会议上发表关于当前任务的讲话。

2月2日

主持工农国防委员会会议;作关于运输状况的报告并写决定草案要点。列宁写的要点成为国防委员会关于改善铁路运输工作的措施的决定的基础。列宁在决定草案上写批语,要全体苏维埃领导工作人员重视这个问题,采取果断革命措施改变糟透了的运输状况。

在第七届全俄中央执行委员会第一次会议上作关于全俄中央执行委员会和人民委员会工作的报告,详细地分析了国内外形势,指出帝国主义者解除对苏维埃俄国的封锁是具有国际意义的重大事件,它表明社会主义革命的新时期到来了。

2月5日

同即将前往乌拉尔指导各省林业委员会工作的林业总委员会驻第1革

命劳动军特派员伊·伊·拉德琴柯谈话，在林业总委员会给他的委任状上写批语，希望有关人员尽力协助他的工作。

听取副邮电人民委员阿·马·尼古拉耶夫关于下诺夫哥罗德省无线电实验室的工作的汇报；读尼古拉耶夫转交的无线电实验室主任米·亚·邦契-布鲁耶维奇的信件；根据邦契-布鲁耶维奇的请求，分别致电下诺夫哥罗德省执行委员会主席和肃反委员会主席，指示尽快释放无线电方面的著名发明家亚·费·绍林，命令尽力协助和支持无线电实验室的工作，因为下诺夫哥罗德省无线电实验室的工作非常紧迫，而且特别重要。

致函下诺夫哥罗德省无线电实验室主任米·亚·邦契-布鲁耶维奇，对他在无线电研究方面所进行的重要工作表示谢意，答应全力协助他的工作。

在莫斯科枢纽站铁路员工代表会议上发表关于国内外形势的讲话，号召工人阶级首先要消除运输瘫痪现象，在经济战线上要像在战争中一样表现出英勇奋斗的精神。

主持人民委员会会议；就所讨论的各种问题先后 7 次发言；在讨论对修理机车和生产运输器材备件的工人实行优待的问题时起草关于这一问题的决定。

2 月 6 日

出席俄共(布)中央政治局会议；把起草好的关于乌克兰斗争派的决议提交会议审议。在讨论关于调土耳其斯坦方面军和第 2 集团军从事运输工作的建议时，政治局委托列宁同交通人民委员列·波·克拉辛就这个问题进行商谈。

出席俄共(布)中央全会会议。会议讨论关于党的第九次代表大会问题，并委托列宁作中央委员会工作报告。会议还讨论了全俄中央执行委员会党团关于各地方执行委员会、各人民委员部、人民委员会和全俄中央执行委员会之间的关系的决议以及其他问题。

在各省肃反委员会第四次代表会议上讲话。

2 月 7 日

写《既然是战争，就要有作战姿态》一文。

主持工农国防委员会会议；签署关于教育工作者有义务在红军中扫盲的决定和关于授权战地反逃跑委员会处罚逃兵窝藏者的决定。会议讨论关于授权铁路行政负责人和政委执行处分、关于取消纪律审判会、关于对地方和中央鼓动站的工作人员按后方红军战士的标准供应口粮等决定草案，以及关于波罗的海—马林斯克州水运工作人员的粮食供应、关于亚麻和皮革的采购、关于铁路燃料的储备等问题。

2月8日和14日之间

收到法国社会党领导人之一让·龙格的复信和《如何欺骗俄国人?》一文以及"国际重建委员会"的简报，在研究这些材料之后，写《对法国社会党决议草案的意见》。

2月9日

在布拉古舍—列福尔托沃区非党代表会议上讲话，谈国际形势和劳动战线问题。

2月10日

致电第1劳动军革命军事委员会，指示停止搞部门之间的摩擦，要集中一切力量恢复铁路运输、调集和运送粮食及木柴等。

致电西南方面军革命军事委员会委员约·维·斯大林，认为在攻克敖德萨以后把军队调往西线御防波兰人的进攻极为重要。

主持人民委员会会议；签署人民委员会关于莫斯科军事机关职员星期天参加清除铁路积雪劳动的决定。会议讨论关于贯彻公共伙食的法令、关于改进造纸工业的措施以及其他问题。

2月14日

写《政论家短评》一文。

致函农业人民委员谢·帕·谢列达和粮食人民委员亚·德·瞿鲁巴，要他们采纳叶·阿·普列奥布拉任斯基在2月11日《真理报》上发表的《不要错过时间!》一文中提出的关于利用城郊土地发展集体种菜业和养畜业等副业的建议，并拟定相应的法令草案。

2月14日和25日之间

致函让·龙格，指出法国社会党加入第三国际的主要条件是开除阿尔伯·托马、马赛尔·桑巴和布拉克(亚·德鲁索)这些露骨的机会主义分子。

2月16日

被选为莫斯科苏维埃代表。

不早于2月16日

填写莫斯科苏维埃代表登记表。

2月17日

致电高加索方面军革命军事委员会委员伊·捷·斯米尔加和格·康·奥尔忠尼启则,对高加索前线我军战斗力削弱表示担忧,要求采取一系列紧急措施来改变这种状况。

出席俄共(布)中央政治局会议。会议讨论关于党对俄国各穆斯林民族的政策的通电草稿、俄共(布)中央女工部关于出版月刊指导妇女工作的请求以及其他问题。

2月17日和26日之间

受俄共(布)中央政治局的委托,就党的第九次代表大会的筹备工作写信给各级党组织。

2月18日

书面回答美国世界新闻社驻柏林记者卡尔·维干德用电报提出的问题和英国《每日快报》记者的问题,郑重申明苏维埃国家的和平愿望,强调准备与各资本主义国家建立贸易关系,在一定条件下甚至愿意实行租让。

致电乌克兰劳动军委员会主席约·维·斯大林,指出必须保护好在顿巴斯开采的煤和盐,不折不扣完成余粮收集任务,用粮食和盐奖励贫苦农民,动员一部分哈尔科夫和顿巴斯的工人同军队一起参加征粮军的工作。

由于西伯利亚缺少苏维埃纸币,西伯利亚革命委员会主席伊·尼·斯米尔诺夫建议把资产阶级临时政府根据1917年8月11日的决定在美国印制的债券加盖苏维埃的印章后发行。列宁同财政人民委员尼·尼·克列斯廷斯基商谈并同意这一建议。

2月19日

致函邮电人民委员部部务委员、莫斯科电话局局长Г.Л.沃伦贝格,批评他没有完成修复克里姆林宫与哈尔科夫之间的直达电话线的任务,认为这是一种极端不负责任的态度。

收到约·维·斯大林关于不同意总司令从乌克兰劳动军抽调部队去增援高加索方面军的命令的电报,列宁写便条给俄共(布)中央政治局各委员,表示同意总司令的意见,并代表政治局起草给斯大林的电报,指出当前最重要的任务是彻底打垮邓尼金,因此必须竭尽全力增援高加索方面军。

主持人民委员会会议;签署关于向森林采伐部门供应粮食和饲料的决定;在讨论莫斯科的卫生状况和莫斯科苏维埃采取的清扫城市的措施时,修改并签署关于莫斯科卫生非常委员会的决定草案。会议讨论关于同土匪活动作斗争的措施、关于改组清扫铁路积雪非常委员会等决定草案,以及关于莫斯科粮食的供应、关于莫斯科防火措施和关于纸张的分配等问题。

2月20日以前

接见美国《世界报》记者林肯·埃尔,回答他关于苏维埃国家内外政策方面的问题。

2月20日

主持工农国防委员会会议。会议讨论关于莫斯科近郊煤矿区的状况、关于交通人民委员部总政治部的工作,以及关于第1革命劳动军的粮食供应等问题。

2月21日

写《致女工》一文,强调妇女愈来愈多地参加国家管理的必要性。

会见英国工党领袖之一、《每日先驱报》主编乔治·兰斯伯里,谈到英国工人运动和无产阶级阶级斗争形式问题,答应写一篇关于苏维埃国家宗教政策的文章。

2月22日

写《对共产国际执行委员会关于斗争派问题的决议的意见》。

致电在哈尔科夫的全乌克兰革命委员会委员德·扎·曼努伊尔斯基,就乌克兰的农民政策问题作指示。

致电在哈尔科夫的西南方面军革命军事委员会委员约·维·斯大

林，指示采取措施保证乌克兰语与俄罗斯语在方面军的所有机关内完全平等。

2月23日以前

指示西方面军革命军事委员会报告波兰重新部署军队、准备进攻后的前线形势。

2月23日

同粮食人民委员亚·德·瞿鲁巴谈对待乌克兰农民的政策。

2月24日

主持人民委员会会议。会议讨论关于配给土耳其斯坦居民布匹的问题、关于改进造纸工业的措施、关于修筑亚历山德罗夫盖—恩巴铁路的进展情况、关于动员石油专家的法令草案以及其他问题。

不早于2月24日

奥廖尔省博尔霍夫县国民教育局局长T.M.扎雷金电告列宁，他由于主张把破坏党的原则的县党委主席Г.Н.西马科夫开除出党而遭到逮捕。列宁在电报上批示立即释放被捕者并说明逮捕理由。

2月25日

在全俄各省国民教育局社会教育处处长第三次会议上讲话，强调教育要与经济建设任务相适应。

以B.И.普拉东诺夫为首的柳别尔齐农业机器厂工人代表团受工人群众大会委托前来请求粮食援助。列宁接见代表团，向他们介绍国内形势，了解工厂情况，强调农民需要机器，工厂必须保留；致函粮食人民委员部各部务委员，指示给工厂工人额外支援一些粮食。

2月26日

接见彼尔姆省乌索利耶县波洛沃多夫乡农民代表费·萨·桑尼科夫、格·伊·米哈列夫和普·巴·莫斯卡列夫；听取他们对地方政权某些工作人员违法乱纪行为的控告；同他们就农村形势交换意见；致函彼尔姆省党委会，指示满足这些农民代表关于审查县党委成员的请求，并报告审查结果。

主持人民委员会会议；签署关于保证莫斯科1920—1921年度供暖季节的燃料供应的决定。会议讨论关于改组渔业总管理局及其地方机关的法令草案、关于交通人民委员部农艺管理局条例草案、关于修复铁路构筑物的紧急措施的决定草案以及其他问题。

2月27日

接见特维尔省韦谢贡斯克县教师联合会执行委员会主席亚·亚·维诺格拉多夫,了解教师的情况和教师对待苏维埃政权的态度;函请粮食人民委员部各部务委员立即进行必要的查询,提高该县教师的口粮标准。

致电伏尔加河—里海舰队司令费·费·拉斯科尔尼科夫,指示开航后必须采取一切措施立即把石油从古里耶夫安全运出。

复电共和国革命军事委员会主席列·达·托洛茨基,指出波兰正在加紧发动战争的准备,因此必须做好备战工作加强西方面军。

主持工农国防委员会会议;签署关于动员交通工程师和技术员参加恢复铁路运输工作的决定、关于奖励提前修复卡马河桥的职工的决定。会议讨论粮食人民委员部未执行国防委员会关于奖励修理直达货运列车的工人的决定和交通人民委员部未执行关于运送木柴的命令等问题。

2月28日

致电彼得格勒苏维埃主席格·叶·季诺维也夫,指示采取一切措施保护原自由经济学会图书馆,制止抢劫和烧毁书籍的非法行为。

出席俄共(布)中央政治局会议;建议必须改善国内图书馆事业。会议讨论关于接受斗争派参加乌共(布)、关于动员共产党员参加运输工作、关于水运管理等问题。

主持人民委员会会议;对关于实行劳动义务制清除铁路积雪的决定草案作补充。会议讨论关于组织农业企业供应城市和工业中心牛奶和蔬菜等问题。

致电西南方面军革命军事委员会委员约·维·斯大林,指出从各集团军抽调负责的政治工作人员去铁路部门工作是挽救交通运输的最重要的保障,望电告抽调人员的人数和职务。

3月1日

接见格卢霍沃纺织厂工人代表团;读他们关于申请领取与莫斯科工人相同口粮的报告;在与他们谈话时记下了格卢霍沃纺织厂的简况。

在全俄哥萨克劳动者第一次代表大会上作关于国际形势和苏维埃

人民所面临的经济建设基本任务的报告。

在全俄医疗卫生工作者第二次代表大会上讲话，强调只有科学界人士同工人的合作，才能使俄国文明繁荣。

3月2日

出席俄共(布)中央政治局会议。会议讨论关于劳动和社会保障人民委员部分成两个部的问题、格·瓦·契切林关于泛伊斯兰主义者的君士坦丁堡宣言的信以及其他问题。

主持人民委员会会议；起草关于商品储备问题的决定；修改和签署关于组织农业企业供应城市和工业中心牛奶和蔬菜的决定。

3月3日

写《对托洛茨基〈经济建设的当前任务〉提纲草案的意见》。

3月4日

写《迎接国际劳动妇女节》一文。

主持人民委员会会议；修改并补充关于对未成年者的审判的法令草案。

3月5日

主持工农国防委员会会议；签署关于旧军官登记的期限的决定。会议讨论关于停办企业工人的登记和使用的手续的法令草案、关于铺设恩巴输油管、关于成立铁路反旷工委员会、关于铁路职员的粮食供应状况、关于保护乌法省的粮食、关于燃料状况等问题。

3月6日

在莫斯科工人和红军代表苏维埃会议上讲话。

在莫斯科苏维埃庆祝第三国际成立一周年大会上讲话。

3月8日

出席俄共(布)中央政治局会议。会议讨论为党的第九次代表大会准备的材料：关于经济建设的当前任务的提纲、关于实行民兵制的提纲、关于组织问题的提纲。会议还讨论了关于在1920年3月26日召开中央全会等问题。

3月9日

复电西伯利亚革命委员会主席伊·尼·斯米尔诺夫，指示在关于孟什维克和社会革命党人参加远东缓冲国政府的谈判中，对他们不作任何让步。

致电在阿尔汉格尔斯克的最高国民经济委员会主席团委员格·伊·洛莫夫，委托他找出有关乌赫塔河一带储油区的文字资料和报告。

主持人民委员会会议；起草关于改善国营农场组织的措施的决定；签署关于收集大麻纤维的决定。会议讨论关于纠正人民委员参加人民委员会会议迟到现象的措施、关于烟草工业状况和关于国营农场和劳动公社的现状等问题。

3月10日

接见伊万诺沃-沃兹涅先斯克省的代表B.C.斯米尔诺夫-马尔科夫和米·扎·曼努伊尔斯基以及全俄中央执行委员会主席团委员阿·谢·基谢廖夫；听取他们关于伊万诺沃-沃兹涅先斯克省工人严重缺粮的报告；指示召集粮食人民委员部、农业人民委员部、交通人民委员部、水运总管理局、中央纺织工业委员会和劳动人民委员部的代表开会，制定紧急援助措施。

主持工农国防委员会会议；签署关于成立国防委员会调度会议的决定、关于铁路反旷工措施的决定。会议讨论关于铁路军事法庭的条例草案、关于成立固定工劳动组合来完成铁路上的紧急任务、关于给卡希拉电站建设工地增加工人、关于加强森林采伐部门的粮食和饲料的供应、关于某些地区的建筑工人免服兵役等问题。

3月11日

共产国际工作人员扬·别尔津致函列宁，揭发外交人民委员部有人庇护孟什维克拉·阿布拉莫维奇，使他能寄信给德国社会民主党的机会主义首领鲁·希法亭。别尔津还认为，应清除外交人民委员部内的敌对分子。列宁写信给中央政治局，建议抓住这件事把问题追查到底。

致电高加索方面军革命军事委员会委员伊·捷·斯米尔加和格·康·奥尔忠尼启则，指出方面军革命军事委员会的主要任务不是组织高加索劳动军，而是准备把尽可能多的军队及早调往西线，因为对波战争迫在眉睫。

致电西方面军革命军事委员会委员约·斯·温什利赫特，指出波兰正在准备进攻，必须加强用波兰语进行宣传工作。

3月12日

主持工农国防委员会会议；通报外交人民委员部对未经该部同意就允许外国人通过前线一事提出的抗议；修改国防委员会关于吸收林务员参加木材采伐工作的决定草案；修改并签署国防委员会关于动员阿斯特拉罕省和察里津省居民参加渔业劳动的决定草案。会议讨论关于粮食状况、关于运送燃料列车的保卫措施等问题。

3月13日

同俄罗斯国家电气化委员会主席格·马·克尔日扎诺夫斯基谈话，审阅该委员会的工作规划，坚持必须宣传电气化的主张。

在俄共(布)莫斯科省第十七次代表会议上作关于国际形势和国内经济状况的报告。

3月14日

致函格·马·克尔日扎诺夫斯基，建议写一篇文章，用实际材料证明俄罗斯实现电气化的必要性及其巨大好处。

3月15日

写便条给共和国革命军事委员会副主席埃·马·斯克良斯基，指示共和国革命军事委员会必须立即作出关于准备进攻克里木的决定。

在全俄水运工人第三次代表大会上发表关于工业管理问题的讲话。

出席全俄工会中央理事会和莫斯科工会理事会共产党党团联席会议；在讨论米·巴·托姆斯基关于工会任务的提纲时8次发言，坚决主张在国民经济管理中实行一长制原则。

主持粮食人民委员部、交通人民委员部、林业总委员会和中央燃料管理局的代表开会，研究如何保证通过冰道把木柴运到火车站和适于流送的河边等问题。

3月16日

致电在哈尔科夫的全乌克兰斗争派代表会议主席团，感谢他们的致敬电，并祝愿他们同布尔什维克党合并取得成功。

在大剧院举行的纪念雅·米·斯维尔德洛夫逝世一周年大会上讲话。

主持人民委员会会议；就确定顿涅茨克省的省界问题作报告；在讨论有关从国外订购机车和修理铁路运输工具所需备件的决定草案时，写便条给对外贸易人民委员列·波·克拉辛，建议草案加进关于从国外招聘电工专家和为此拨款50万卢布的条款；签署关于采购大田作物和马铃薯薯种的法令、关于奖励甜菜种植场工作的决定、关于在消费地区建立种子储备的决定。会议讨论革命法庭条例、关于必须提供肉畜的法令草案、关于在吉尔吉斯成立粮食机关等问题。

3月17日

致电高加索方面军革命军事委员会委员伊·捷·斯米尔加和格·康·奥尔忠尼启则，指示尽一切努力收复巴库。

出席俄共(布)中央政治局会议；起草关于全俄工会中央理事会党团成员破坏党的纪律一事的决定，并在会议通过以后签署。

3月19日

主持工农国防委员会会议；签署关于实行劳动动员和劳动义务制的办法的决定、关于采取措施尽快从收复的油田运出石油和减轻伏尔加河沿岸石油库的负担的决定。会议讨论关于成立北方劳动军、关于加强保卫共和国边界的紧急措施、关于水运总管理局的报告、关于成立专门委员会来计算帝国主义国家的进攻和封锁给苏维埃共和国所带来的损失、关于应征入伍的铁路员工使用不当等问题。

3月20日

出席俄共(布)中央政治局会议。会议讨论关于交通人民委员部、关于铁路革命法庭、关于巴什基尔共和国等问题。

主持人民委员会会议；修改对外贸易人民委员部提出的关于租让提纲的草稿。会议讨论关于统一的口粮标准的法令草案以及其他问题。

3月22日

接见东部各民族共产党组织中央局的代表：中央局主席萨·赛德-加利耶夫、副主席 M.苏丹-加利耶夫和中央局机关报《工人报》编辑 Б.曼苏罗夫；同他们谈成立鞑靼自治共和国、喀山的出版事业、鞑靼书刊、鞑靼人的生活习惯以及他们与俄罗斯居民的相互关系等问题。

3月23日

主持人民委员会会议；修改并签署关于必须提供肉畜的法令草案和俄罗

斯国家电气化委员会条例草案。会议讨论向爱沙尼亚提供森林租让的合同，以及关于成立苏维埃职员物质生活状况调查和改善委员会等问题。

3月24日

起草人民委员会关于把直属最高国民经济委员会的各中央机构管理的企业名单提交全俄中央执行委员会审批的决定。

受俄共(布)中央政治局的委托，致电共和国革命军事委员会委员兼西南方面军革命军事委员会委员约·维·斯大林，告知俄共(布)中央关于解散新选出的乌共(布)中央委员会和成立临时中央局的决定，因为新选出的乌共(布)中央委员会不能体现乌克兰大多数共产党员的意志。

3月25日

被俄共(布)莫斯科市代表会议选为俄共(布)第九次全国代表大会代表。

签署人民委员会1920年3月20日批准的《关于租让的提纲》。

给对外贸易人民委员列·波·克拉辛、外交人民委员部部务委员马·马·李维诺夫和最高国民经济委员会主席团委员维·巴·诺根签发代表俄罗斯联邦同外国进行谈判和签订贸易协定的全权证书；给列·波·克拉辛和马·马·李维诺夫签发同英国、美国、比利时、意大利、法国和日本代表就签订和约的条件进行预备谈判的全权证书。

主持工农国防委员会会议。会议讨论关于水运、关于同收归国有的集材场原场主清账等问题。

主持人民委员会会议；签署关于供应莫斯科和列宁格勒粮食的决定、关于国家垄断木材的条例。会议讨论关于重新分配土地的法令草案，以及关于拨10亿卢布专款采购纺织原料等问题。

3月27日以前

列宁在副民族事务人民委员纳·纳·纳里曼诺夫去阿塞拜疆之前同他谈巴库和阿塞拜疆的形势、木沙瓦特党统治崩溃的情况、苏维埃政府对待外高加索各民族主义政府的策略。

3月28日

写便条给最高国民经济委员会主席阿·伊·李可夫，指示对在格罗兹尼缴获的汽油必须严加保管并运到各中心油库。

主持工农国防委员会会议;签署关于加强水运的决定。会议讨论关于莫斯科—喀山铁路的粮食运输、关于汽油等问题。

3月29日

填写俄共(布)第九次代表大会代表履历表。

出席俄共(布)第九次代表大会第1次会议;致开幕词;被选进代表大会主席团;代表中央委员会作报告。

3月29日和4月5日之间

接见来自喀山省的俄共(布)第九次代表大会代表:俄共(布)喀山省委书记Г.С.戈尔杰耶夫、省工会理事会主席亚·伊·多加多夫和省执行委员会主席约·伊·霍多罗夫斯基;向他们仔细了解关于成立鞑靼自治共和国的筹备工作,赞扬他们在鞑靼地区各民族之间执行友好团结的政策。

3月30日

上午,在俄共(布)第九次代表大会第2次会议上作关于中央委员会报告的总结发言。

晚上,参加代表大会第3次会议。

3月31日

上午,在第九次代表大会第4次会议上作关于经济建设问题的发言。

不晚于3月

写《〈无产阶级革命和叛徒考茨基〉一书英文版序言》。

3月底

发表两次留声机片录音讲话:关于运输工作和关于劳动纪律。

不早于3月底

读俄共(布)中央委员会机关工作人员A.H.索柯洛夫起草的星期六义务劳动条例,并写补充意见。

3月—4月

写《论妥协》一文。

4月初

接见在奥伦堡执行警备任务的第3工人团的代表团;接受他们递交的信和工人团荣誉红军战士证书;询问红军战士的情绪、红军战士的需要和居民的生活状况,感谢他们所给予的荣誉。

4月2日

致电高加索方面军革命军事委员会委员格·康·奥尔忠尼启则，指示他谨慎从事，对穆斯林必须表现出最大的善意，以最郑重的方式表示对他们的同情。

4月3日

晚上，在俄共(布)第九次代表大会第8次会议上作关于合作社问题的发言。

4月4日

上午，在俄共(布)第九次代表大会第9次会议上被选为俄共(布)中央委员。

4月4日和6日之间

在全俄矿工第一次代表大会上讲话。

4月5日

同来自叶卡捷琳堡党组织的俄共(布)第九次代表大会代表、第九届中央委员会委员安·安·安德列耶夫谈话，向他了解乌拉尔的情况、各工厂的工作、农民各阶层的情绪。

在俄共(布)第九次代表大会第10次会议上致闭幕词。代表大会结束后，代表们建议祝贺列宁即将到来的五十寿辰。列宁坚决反对，提议唱《国际歌》。代表们开始致颂词后，列宁离开会场，并一再要求停止这些发言。会议通过出版《列宁全集》的决定。代表们致词完毕后，列宁回到会场，就候补中央委员名单发表简短讲话。

出席俄共(布)中央全会会议，被选为中央政治局委员。会议讨论关于中央组织局和书记处的组成和职能划分、关于全俄工会第三次代表大会、关于乌克兰等问题。

4月6日

致函在喀山的弗·维·阿多拉茨基教授，答应采取措施给他增加口粮和烧柴，询问他能否为撰写国内战争史和苏维埃共和国史收集资料。

主持人民委员会会议。会议讨论关于对不准时参加会议者的处罚办法的决定草案，以及关于进行调查等问题。

4月7日

在全俄工会第三次代表大会上讲话。

主持劳动国防委员会全体会议;签署关于供应放木工人粮食、关于义务防汛、关于水运专家军事化等决定。会议讨论最高国民经济委员会关于加快建设具有全国意义的伊万诺沃-沃兹涅先斯克电站的建议,以及关于奖励乌拉尔工人等问题。

4月8日

为《共产主义星期六义务劳动报》写《从破坏历来的旧制度到创造新制度》一文。

出席俄共(布)中央全会会议。会议讨论关于给国际联盟复信的草稿、关于同波兰的谈判以及关于协约国对波兰和苏维埃俄国的政策、关于巴什基尔的局势、关于俄共(布)中央西伯利亚局的组成等问题。

接见前来参加俄共(布)第九次全国代表大会的乌克兰党政领导干部伊·伊·施瓦尔茨("谢苗"),同他谈顿巴斯采煤业的状况、乌克兰苏维埃和经济工作干部的情况以及乌共(布)内部的派别斗争。

主持人民委员会会议。会议讨论关于对专业人员进行调查,关于修改1920年3月5日人民委员会关于向甜菜制糖工业、酒精工业、淀粉工业、糖浆工业、烟草工业、榨油工业和制茶工业提供原料的决定等问题。

4月13日

主持人民委员会会议。会议讨论关于统计播种面积、关于秋明省和车里雅宾斯克省不再隶属于西伯利亚革命委员会等问题。

4月14日

出席俄共(布)中央政治局会议。会议讨论关于水运工会中央委员会和水运总管理局政治书记处、关于统一乌克兰和俄罗斯联邦的职业教育、关于最高纲领派加入俄共(布)的条件、教育人民委员部关于必须设法改善教育工作者生活的请示报告等问题,以及格·瓦·契切林提出的给英国复信的草稿。

主持人民委员会任命的第1劳动军革命军事委员会条例审定委员会会议;起草人民委员会专门委员会关于李可夫同志迟到问题的决定。

不晚于4月15日

同俄罗斯国家电气化委员会主席格·马·克尔日扎诺夫斯基谈话,证实自己曾下达过发给该委员会15份优待口粮的指示。

4 月 15 日

出席俄共(布)中央政治局会议。会议讨论关于鼓动站、关于交通人民委员部统管水运工作等问题。

主持人民委员会会议;签署关于征用和没收的法令;介绍全俄工会中央理事会、粮食人民委员部、中央供应管理局、交通人民委员部和水运工会中央委员会代表组成联合委员会对水运工作人员的粮食供应进行紧急调查的情况。会议讨论关于组织国营农场的措施、关于对产品分配总管理局计划外发放实物的监督办法以及少发或不发这类实物的措施、关于统计播种面积等问题。

4 月 16 日

同劳动国防委员会派往巴库地区组织石油生产及调运石油和石油产品的全权代表亚·巴·谢列布罗夫斯基谈话。

主持劳动国防委员会全体会议;签署关于旧军官登记、关于波罗的海舰队和伏尔加河—里海舰队的燃料供应、关于动员采矿工人、关于铺设亚历山德罗夫盖—恩巴宽轨铁路线和改造红库特—亚历山德罗夫盖窄轨铁路线等决定。会议讨论关于顿巴斯采煤工业的状况、关于为铁路和水运工人建立专用粮食储备等问题。

4 月 17 日

教育人民委员阿·瓦·卢那察尔斯基来信谈教师物质生活极为困难。列宁读信后批示照卢那察尔斯基的建议办理,要优先照顾教师。

4 月 19 日

在全俄纺织工人第三次代表大会上讲话。

4 月 19 日—20 日

同外交人民委员格·瓦·契切林讨论关于接待英国工联代表团的问题。

4 月 20 日

出席俄共(布)中央政治局会议。会议决定把装载从高尔察克军队收缴的黄金的列车停在喀山。会议还讨论了关于中央委员会乌拉尔局、关于对英国外交大臣乔·纳·寇松 1920 年 4 月 18 日照会的答复、关于民族事务人民委员部的改组等问题。

主持人民委员会会议;修改并签署关于藏书和其他出版物国有化的

法令草案。会议讨论关于地下资源的法令草案、关于执行委员会委员和苏维埃机关职员纪律处分和行政处分的条例草案以及其他问题。

4月22日

同阿·马·高尔基谈苏维埃建设任务以及知识分子在苏维埃建设中的作用；在谢·巴·科斯特切夫教授向高尔基请求调拨实验室所需要的物品和材料的信上，批示彼得格勒苏维埃给予全力协助。

接见来自萨马拉的第5集团军政治部副主任瓦·尼·卡尤罗夫和工人A.Л.谢列布罗夫，同他们谈俄罗斯联邦的粮食状况，赞成他们关于派工人到农村去组织贫苦农民的建议。

致电红军通讯部、土耳其斯坦方面军革命军事委员会、第4集团军革命军事委员会和邮电人民委员部，指示立即架设一条从萨拉托夫至新乌津斯克的电报专线，以便配合亚历山德罗夫盖—恩巴铁路线的建设。

4月23日

接见给莫斯科运来20车皮粮食作为祝贺列宁五十寿辰礼物的土耳其斯坦方面军代表；向他们了解萨马拉和巴什基尔的情况，同他们谈苏维埃政权的任务和党在土耳其斯坦的政策以及解放东方各殖民地国家的前景；电话指示粮食人民委员部部务委员阿·巴·哈拉托夫把运来的10车皮粮食转给开采泥炭的工人，其余10车皮粮食转给莫斯科、彼得格勒和伊万诺沃-沃兹涅先斯克的孩子们。

主持劳动国防委员会全体会议；起草并签署关于所有部门和机关都要支持国家纸币印刷厂管理局的决定；签署关于建立水利工程队的决定；修改给列·波·克拉辛和马·马·李维诺夫的关于同法国企业家进行贸易的条件的电报稿。会议讨论关于使用军队中的专家的实际措施、关于彻底调查专家使用不当的现象、关于粮食在码头和水上运输途中的保卫工作等问题。

主持人民委员会会议。会议讨论关于授权农业人民委员部同“旅苏德侨联合会”签订合同的决定草案以及其他问题。

列宁在俄共(布)莫斯科委员会庆祝他五十寿辰的共产主义晚会快结束的时候，来到莫斯科委员会大厅并发表关于布尔什维克党的任务的讲话。

4月26日

出席俄共(布)中央政治局会议。会议讨论乌克兰受到波兰进攻后的形势,以及关于顿河州等问题。

4月27日以前

读著名学者和社会活动家克·阿·季米里亚捷夫所赠的《科学和民主。1904—1919年论文集》一书。

4月27日

致函克·阿·季米里亚捷夫,对他反对资产阶级、支持苏维埃政权表示非常高兴。

写完《共产主义运动中的"左派"幼稚病》一书的主要部分。

主持人民委员会会议;写《对劳动口粮法令的意见》;签署关于允许对外贸易人民委员部从购买外国机车及备用部件的专用基金中借用2 000万金卢布等决定。会议讨论关于社会保障人民委员部部务委员会的组成等问题。

4月27日和5月23日之间

函请外交人民委员格·瓦·契切林和共产国际工作人员约·伊·法因贝格对《共产主义运动中的"左派"幼稚病》一书的手稿提意见。

得知格·瓦·契切林对《共产主义运动中的"左派"幼稚病》一书手稿的意见以后,致函表示感谢。

4月28日

出席俄共(布)中央政治局会议。会议讨论波兰的进攻引起的许多极其重要的问题,赞同由列宁亲自参加制定的粉碎干涉者的计划。会议还讨论了约·维·斯大林关于同总司令磋商战略问题的报告,以及关于接见英国工人代表团等问题。

主持劳动国防委员会会议;签署关于创造节约燃料条件、关于粮食人民委员部与抽调做粮食工作的国内警卫部队的相互关系等决定,以及关于组织机车备件批量生产和继续增加机车生产的紧急措施等问题。

4月29日

在全俄玻璃瓷器业工人代表大会上讲话。

4月30日

主持劳动国防委员会全体会议。会议讨论关于尽快培养医生的决定草案、关于保证西方面军粮食和药品等物品供应的措施、关于普遍检修电报电话线的紧急措施以及其他问题。

4月底

同挪威工党活动家雅·弗里斯谈话。

《列宁全集》第二版第38卷编译人员

译文校订：何宏江　刘功勋　蒯启发　伊阳明

资料编写：张瑞亭　郭值京　冯如馥　王丽华　刘彦章　周秀凤

编　　辑：李洙泗　许易森　翟民刚　李桂兰　蒋素琴　刘燕明

译文审订：林基洲　岑鼎山

《列宁全集》第二版增订版编辑人员

李京洲　高晓惠　翟民刚　张海滨　赵国顺　任建华　刘燕明
孙凌齐　门三姗　韩　英　侯静娜　彭晓宇　李宏梅　付　哲
戢炳惠　李晓萌

审　　定：韦建桦　顾锦屏　柴方国

本卷增订工作负责人：韩　英　张海滨

项目统筹：崔继新
责任编辑：崔继新
装帧设计：石笑梦
版式设计：周方亚
责任校对：马　婕

图书在版编目(CIP)数据

列宁全集.第38卷/(苏)列宁著；中共中央马克思恩格斯列宁斯大林著作编译局编译.
—2版(增订版)-北京：人民出版社，2017.3
ISBN 978-7-01-017122-7
Ⅰ.①列…　Ⅱ.①列…②中…　Ⅲ.①列宁著作-全集　Ⅳ.①A2
中国版本图书馆CIP数据核字(2016)第316445号

书　　名　列宁全集
LIENING QUANJI
第三十八卷
编 译 者　中共中央马克思恩格斯列宁斯大林著作编译局
出版发行　人民出版社
（北京市东城区隆福寺街99号　邮编 100706）
邮购电话　(010)65250042　65289539
经　　销　新华书店
印　　刷　北京新华印刷有限公司
版　　次　2017年3月第2版增订版　2017年3月北京第1次印刷
开　　本　880毫米×1230毫米 1/32
印　　张　17.25
插　　页　4
字　　数　452千字
印　　数　0,001—3,000册
书　　号　ISBN 978-7-01-017122-7
定　　价　43.00元

ISBN 978-7-01-017122-7
9 787010 171227 >

书　　名　列宁全集

印　　刷　[illegible]印刷有限公司

版　　次　2017年[illegible]

开　　本　880毫米×1230毫米 1/32

书　　号　ISBN [illegible]

定　　价　[illegible]元